# 红层泥岩铁路路基

## ——路用特性、工程对策及关键技术

魏永幸　王智猛　张广泽　邱恩喜　陈明浩　曾小波　等　著

科学出版社

北京

# 内 容 简 介

红层泥岩在全球广泛分布,其具有强度低、易风化、易软化、微膨胀等工程特性,铁路(公路)挖方边坡、填筑路堤极易出现病害。本书基于相关试验研究及工程实践,从红层泥岩特征及基本特性入手,对红层泥岩路基工程特性,以及红层泥岩填料及填筑体质量控制、红层软黏土地基沉降控制、红层路堑边坡加固防护、红层泥岩路基面隆起变形控制等进行系统研究,聚焦红层泥岩非良质填料改良应用、红层泥岩路基沉降精准控制、红层泥岩路基面隆起变形控制、红层泥岩边坡"防塌-抗蚀-阻滑"综合防护,着重工程特性、病害机理、工程对策的分析,以及工程技术、工艺流程、参数指标的介绍,具有系统性、先进性、实用性和可推广性。

本书可供交通岩土工程的教学、研究、设计及管理人员借鉴与参考。

**图书在版编目(CIP)数据**

红层泥岩铁路路基:路用特性、工程对策及关键技术 / 魏永幸等著. —
北京:科学出版社, 2024.3
ISBN 978-7-03-075945-0

Ⅰ.①红… Ⅱ.①魏… Ⅲ.①泥岩–铁路路基 Ⅳ.①U213.1

中国国家版本馆 CIP 数据核字(2023)第 116063 号

责任编辑:朱小刚 / 责任校对:彭 映
责任印制:罗 科 / 封面设计:陈 敬

**科学出版社**出版
北京东黄城根北街16号
邮政编码:100717
http://www.sciencep.com

四川煤田地质制图印务有限责任公司 印刷
科学出版社发行 各地新华书店经销

\*

2024 年 3 月第 一 版 开本:B5 (720×1000)
2024 年 3 月第一次印刷 印张:18 3/4
字数:370 000

**定价:228.00 元**
(如有印装质量问题,我社负责调换)

# 作 者 简 介

**魏永幸**，四川名山人，教授级高级工程师、注册土木工程师(岩土)，中铁二院工程集团有限责任公司副总工程师。长期从事铁路(公路)路基及地基处理、地灾防治、边坡防护等工程的勘察、设计和研究工作，历任路基专业设计负责人、科(室)负责人、处副总工程师，技术中心副主任、主任，公司副总工程师兼总工办(技术中心)主任。结合工程主持开展了 20 余项科学试验研究，在巨型滑坡、斜坡软土、红层泥岩等特殊地质灾害防治，路基支挡安全保障，以及高铁路基毫米级沉降控制等方面取得突出成果。荣获四川省工程勘察设计大师、四川省学术和技术带头人，享受国务院政府特殊津贴专家等，担任中国铁道学会高速铁路委员会委员、中国铁道学会标准化(路基)专业技术委员会委员。

作为第一发明人获发明专利 12 项；出版学术专著 10 部，发表学术论文 100 余篇；参与编写行业技术标准 5 部、省部级工法 4 项。获省部级以上科技奖、工程创优奖 30 余项，其中国家级科技奖一等奖 1 项、全国优秀工程勘察设计奖 1 项、中国专利优秀奖 1 项，四川省科技奖一等奖 4 项。

**王智猛**，山东庆云人，教授级高级工程师、注册土木工程师(岩土)，中铁二院工程集团有限责任公司土建三院副总工程师。2009 年毕业于西南交通大学，工学博士。主要从事铁路、公路路基设计和研究工作。参与了成兰铁路、成昆铁路复线、玉磨铁路等重点项目的设计工作，主研"西南地区红层泥岩道路工程特性及修建技术研究"和"红层泥岩路基基床动力学特性试验研究"等课题，获省部级科技奖等 10 余项，国家专利 30 余项。参与编制《铁路特殊路基设计规范》和《铁路工程地基处理技术规程》等规范 6 部，发表学术论文 20 余篇。

**张广泽**，贵州关岭人，教授级高级工程师，中铁二院工程集团有限责任公司地勘院总工程师，四川省学术和技术带头人，四川省艰险山区轨道交通安全风险防控工程研究中心副主任。从事铁路勘察设计工作32年，主持川藏、滇藏、成昆、长昆等15条国家铁路干线的勘察工作和10余项重大科研项目。在红层泥岩物理力学特性及水稳性、深长复杂隧道、峡谷特桥勘察评价，以及高地应力、岩溶、滑坡等研究领域，取得了丰富的成果。获省部级科技奖等9项，国家、省部级优秀工程勘察奖28项，国家专利31项；参与编制规范6部，出版学术专著5部，发表学术论文56篇。

**邱恩喜**，江苏句容人，西南石油大学土木工程与测绘学院副教授，硕士生导师。2009年毕业于西南交通大学，工学博士。主要从事铁路、公路路基设计和教学研究工作。参与了云桂铁路、大瑞铁路等项目设计工作，主研"西南地区红层泥岩道路工程特性及修建技术研究"和"复杂山区红层软岩高边坡开挖变形破坏特征及支挡技术研究"等多个课题。获省部级科技奖等5项，参与出版学术专著2部，发表学术论文30余篇。

**陈明浩**，重庆璧山人，教授级高级工程师、注册土木工程师(岩土)，四川省优秀青年工程勘察设计师，中铁二院工程集团有限责任公司地勘院副总工程师。主持成渝客运专线、成渝中线铁路、渝昆高铁、遂渝二线等多条国家干线铁路工程地质勘察，市域(郊)铁路成眉线、成德线岩土工程勘察工作；主研"川藏铁路重大工程风险识别与对策研究"等10余项科研项目。获省部级科技奖等2项；全国优秀工程勘察设计奖二等奖2项，省部级优秀工程勘察设计奖一等奖2项、二等奖2项，发表学术论文30余篇。

**曾小波**，四川泸州人，教授级高级工程师。2008年毕业于西南交通大学，岩土工程硕士。主要从事铁路、公路等岩土工程方面的设计和研究工作。主持云桂铁路路基设计与研究工作，参与了沪昆、成兰、大瑞、南宁枢纽等重大铁路项目的路基设计与研究；主研"膨胀土地区高速铁路路基关键技术研究"等多个课题。获省部级科技奖等3项；省部级优秀工程勘察设计奖一等奖2项、二等奖2项，发表学术论文10余篇。

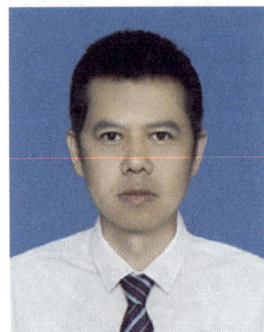

# 前　言

　　红层，是道路工程领域对外观上以红色为主色调的陆相沉积地层的一种习惯性简称，红层中的泥质岩石统称为红层泥岩。红层泥岩，由于物质成分、成岩作用的特殊性，其具有强度低、易风化、易软化、微膨胀等工程特性，铁路(公路)路基开挖边坡防护不当极易产生边坡坍塌、滑坡等病害，泥岩软黏土地基处理不当、利用泥岩填筑路堤工艺不当极易出现路堤沉降、失稳等病害，影响铁路(公路)正常运营。红层，在全球广泛分布。因此，研究红层泥岩的工程特性，寻求经济有效的工程对策、研发技术可行的工程技术，具有十分重要的工程意义。

　　结合达成铁路、遂渝铁路、成渝客运专线等项目，作者先后主持开展了红层泥岩工程特性、红层泥岩填筑工艺、红层泥岩软弱地基处理、红层路堑边坡防护等的试验研究及工程实践工作，解决了红层地区修建高标准铁路路基的技术难题，在红层地区成功建成了中国首条无砟轨道铁路——遂渝无砟轨道试验铁路，成功修建了西南首条时速200km客货共线铁路——成-遂-渝铁路，以及首条时速350km客运专线铁路——成渝客运专线，由此形成了红层泥岩地区修建高标准铁路路基的成套技术，相关成果先后获得国家科学技术进步奖、四川省科学技术奖。这些技术在沪昆、云桂、成贵、郑万等西南山区7000余公里的铁路建设中得到了推广应用。为进一步推广红层泥岩路基技术，作者组织相关人员在上述研究成果与工程实践经验的基础上，开展了进一步的深化研究，形成了"红层泥岩道路工程特性及路基修建关键技术"成果，于2021年获中国交通运输协会科学技术奖。

　　为进一步推广、共享成果，作者组织相关人员编撰了本书。本书从红层泥岩特征及基本特性入手，紧紧围绕红层泥岩路基工程特性，以及红层泥岩填料及填筑体质量控制、红层软黏土地基沉降控制、红层路堑边坡加固防护、红层泥岩路基面隆起变形控制等关键工程技术，介绍相关研究成果。在内容的安排上，突出红层泥岩的路基工程特性、工程对策和关键技术，聚焦非良质填料改良应用、红层泥岩路基沉降精准控制、红层泥岩路基面隆起变形控制、红层泥岩边坡"防塌-抗蚀-阻滑"防护技术。在内容的阐述上，以试验、测试数据为基础，着重工程特性及病害机理、工程对策的分析，工程技术的思路与流程，以及关键技术(工艺、参数、指标)的介绍，注重成果的系统性、先进性、实用性和可推广性。

　　全书由魏永幸、王智猛、张广泽、邱恩喜、陈明浩、曾小波合作撰写，由魏永幸负责策划和统稿。魏永幸主持了红层泥岩路用特性与工程对策相关课题的研究，负责第 1 章、第 2 章、第 3 章、第 7 章的编写；王智猛参与了红层泥岩相关课题研究，参与了第 3 章的编写；张广泽负责红层泥岩地质方面的课题研究，参与了第 2 章的编写；邱恩喜负责红层边坡现场快速检测与稳定性评价研究，负责第 5 章的编写；陈明浩负责红层泥岩地基面隆起特性及机理研究，负责第 6 章的编写；曾小波负责红层泥岩地基变形控制标准研究，负责第 4 章的编写。

特别感谢西南石油大学钟昌茂协助书稿编排校核。中铁二院工程集团有限责任公司土建一院刘菀茹，重庆公司刘勇，地勘院李东、王朋、陈兴海、李嘉雨、张营旭，成都理工大学钟志彬参与了编写。中铁二院工程集团有限责任公司副总经理秦小林，副总工程师蒋良文、李安洪提出了修改建议和意见。

本书的出版得到中铁二院工程集团有限责任公司科技图书出版基金的资助，特此致谢！

本书撰写中借鉴和参考的文献已列出，但难免遗漏，在此谨向有关文献作者一并致谢！

由于作者水平有限，书中难免存在不妥之处，敬请读者批评指正。

# 目　　录

# 第1章 概　　述

## 1.1　红层及其分布

红色岩层(简称红层)，是外观上以红色为主色调的陆相碎屑盆地河湖环境沉积地层，颜色多为红色、紫红色或棕红色，一般由红色砾岩、砂岩、砂砾岩、粉砂岩、砂质页岩和泥质岩等交互组成。红层中所含的填充物或胶结物主要为氧化铁，以赤铁矿居多，所以呈现红色。红层在全球范围内均有分布。我国红层分布总面积约 $8.26 \times 10^5 \text{km}^2$，广泛分布于数十个省(自治区、直辖市)，其大多形成于中、新生代漫长的地质历史时期，主要沉积时代为三叠纪、侏罗纪、白垩纪、古近纪—新近纪[1-3]。

我国西南地区川、渝、滇等省市红层分布最为集中，总面积约为 $23.8 \times 10^4 \text{km}^2$，占全国红层总面积的 28.8%，如典型的川东红层、滇西红层等。其中川渝地区红层主要是侏罗系和白垩系地层，其次是三叠系，还有少量古近系—新近系及寒武系地层，主要集中在四川盆地、盆地边缘与攀西地区。云南红层是指继三叠系海退后形成的一套红色地层，以洱海-红河断裂为界，东部和西部因属不同相区，分别称为"滇中红层"和"滇西红层"。贵州省红层泥岩主要分布在黔西-黔北地区，赤水、习水一带红层分布比较集中，且厚度较大，而黔中及黔南地区红层零星分布于各小型山间盆地，分布面积较小，且厚度相对不大。在广西境内红层均有分布，广西南部分布较为密集[4]。

### 1.1.1　川渝地区红层分布特征

川渝地区红层分布广泛，除甘孜、阿坝以外，其余各市级行政区域均有红层出露，四川盆地和攀枝花、西昌地区(以下简称攀西地区)是四川省红层发育最集中的两个地区。四川盆地内除成都平原、华蓥山等地区外，几乎全部为红层出露区。

考虑到各地区红层分布时代、地表红层出露情况及其构造特征，将四川盆地红层划分为 3 个分区，分别是盆北西南区、盆东区(包括重庆地区)、盆中区，其中又将盆北西南分为 3 个小区，分别为盆西小区(包括成都平原地区)、盆北小区、盆南小区。

四川盆地盆北西南区基本上是四川盆地的边缘地区。盆北小区介于龙门山和龙泉山之间，以白垩系地层为主，只在北边沿线龙门山一带有侏罗系出露。成都平原地区为冲积平原，地表为第四系沉积覆盖层，红层主要分布在成都平原周边及长丘山区的广大地区，包括乐山、眉山、洪雅、芦山、宝兴、名山、大邑、绵竹及蒲江、新津、彭山等地。盆南小区出露的地层比较复杂，侏罗系、白垩系、古近系—新近系均有出露，以白垩系红层为主。

四川盆地盆中区为典型的红层丘陵区，区内几乎全是侏罗系地层，红层分布广泛。盆东区主要是侏罗系红层，但与三叠系呈条带状交替在地表出露，介于方斗山与华蓥山之间，由一系列走向北东-南西的条形山和谷地组成，使该区地形上表现为平行岭谷区。

四川省攀西地区红层主要分布在攀枝花、西昌地区，但分布情况比较复杂。大致是在会东-会理与西昌两个地区红层比较集中，其特点是中部是白垩系，边缘是侏罗系[5,6]。

## 1.1.2  云南红层分布特征

云南红层是指分布于云南省境内的侏罗系、白垩系以及少量的古近系—新近系地层，其岩性主要为泥岩和少量长石石英砂岩。云南红层主要为中生代红层，而在元古宙、早古生代和晚古生代的红层分布极少，其在中古生代的红层以侏罗纪、白垩纪红层分布最为广泛，这是本书的重点关注时代，同时少量地分布古近系—新近系红层。云南侏罗系发育较好，出露比较广泛，除滇东南及滇西北中甸地区缺失外，其他地区皆有出露，以兰坪-思茅及滇中地区发育最好，层序完整。云南白垩系集中分布于兰坪-思茅及滇中两大盆地，但在芒市、彝良地区还有小块出露。除勐腊及滇中盆地北部有上白垩统发育外，其他地区仅有下白垩统或下白垩统部分层位。由于沉积环境的差异和后期地质作用的改造，红层的颜色主要为棕黄、褐黄、紫红、褐红、灰紫等偏红色调。红层面积约占云南省面积的1/3，约为 $12.06\times10^4 km^2$。结合红层分布的地理范围将云南红层划分为滇西和滇中两大部分。

滇西红层：分布于迪庆藏族自治州维西傈僳族自治县大部分地区，德钦县的少部分地区，普洱市思茅地区的大部分地区，西双版纳傣族自治州勐腊县全部地区。

滇中红层：分布于楚雄彝族自治州辖全部县市，昆明市辖安宁市、禄劝彝族苗族自治县、富民县的大部分地区，玉溪市辖玉溪市、通海县、易门县、峨山彝族自治县、新平彝族傣族自治县部分地区，大理白族自治州辖的宾川县、祥云县大部分地区，金沙江以南，哀牢山以东，禄丰市金山镇董户村以西的广大地区[7,8]。

### 1.1.3　广西红层分布特征

广西红层在元古宙、早古生代的岩层中分布极少,在晚古生代的泥盆纪、中生代和新生代中均有分布。广西泥盆纪红层主要分布在三角洲相(石桥组、贺县组、信都组等)、滨海陆屑滩相(信都组和部分四排组、应堂组,桂北区仅有小面积分布)。广西三叠系广泛分布于桂西及桂西南地区,桂中亦有小面积出露。广西侏罗系分布不广,仅出露于恭城-宁明一线以东地区。下白垩统主要分布于桂东南大洲、自良、社步,大塘及桂东北永福等盆地;上白垩统主要分布于桂东南-桂南地区,如水汶、博白、自良、社步、合浦等盆地,在来宾-都安一带亦有零星分布。

广西红层分布较为分散,表现为两个方面:第一,各时代的红层分布地点分散,即同一时代形成的红层并不集中在某一小范围内,分布较广;第二,红层分布地点分散,即各时代形成的红层分布不集中,往往一个地区只有一个时代的红层。在广西境内均有分布,广西南部分布较为密集。

从各地点出露红层的特点分析,同一地点分布有不同岩组红层的地区如下。

(1)防城港地区扶隆坳:含有三叠系平桐组、扶隆坳组和中侏罗统石梯群。

(2)上思县:含有侏罗系汪门组、百姓组和那荡组。

(3)平南县:平南县平山汗芦村分布有白垩系新隆组;平南县大坡圩白垩系大坡组;平南县大坡圩双鱼嘴村白垩系双鱼嘴组。

根据统计,可以看出广西红层泥岩从泥盆系到古近系—新近系均有分布,其中泥盆系 4 个组,三叠系 2 个组,侏罗系 5 个组,白垩系 5 个组,古近系—新近系 3 个组。红层泥岩的分布范围也较为广泛[9]。

### 1.1.4　贵州红层分布特征

贵州红层大多形成于中、新生代漫长的地质历史时期,主要沉积时代为三叠纪、侏罗纪、白垩纪、古近纪—新近纪,贵州省的陆相沉积岩主要见于晚三叠世后期之后的地层中,以侏罗系至上白垩统最为发育,以内陆盆地的河湖相沉积为主。

从贵州三叠系分布地区来看,分属于扬子和右江两个地区。扬子区主要为浅水碳酸盐岩,按沉积环境和岩石组合的差异,分为黔西-黔北和黔中两个分区。右江区主要是深水陆源碎屑浊积岩和钙屑重力流沉积,即黔南分区。

贵州的侏罗系零星分布于道真-遵义-贵阳-郎岱-盘州一线北西,以及天柱附近。可分为遵义、威宁-郎岱、天柱 3 个区。其中以遵义分区北部的赤水-习水一带发育最好,上、中、下三统齐全,厚逾 3000m,往南则中、下统残缺不全,威宁-郎岱分区的下侏罗统与滇中相似，中、上统也发育不全。

贵州白垩系跨川滇和扬子两地层区，属四川型，贵州北部和西部为川滇区的川南小区，贵州大部分属扬子区的贵阳小区。

贵州古近系—新近系红层分布于威宁-紫云一线的南西，包括盘州、普安、兴仁、兴义等地的山间盆地，仅发育始新统—渐新统。发育有彭家屯组，分布于盘州、兴仁潘家庄、普安、兴义等山间盆地。其下部岩性为褐红色、棕红色含砾砂质泥岩和灰色砾岩，中上部岩性为紫灰色、灰黄色含砾砂质泥岩及砾岩夹煤线[10,11]。

## 1.2　红层泥岩地区道路工程突出问题

红层泥岩是一种典型的软岩，表现出特殊的工程性质，整体强度低，结构松散，胶结不良或呈半胶结状态，遇水后易发生崩解、膨胀和软化等多种水岩作用和失稳现象。

(1)红层泥岩易崩解。红层泥岩浸水后黏土颗粒吸收大量水分，使晶胞间距增大或扩散层增厚，使黏土胶结物崩解，而碎屑颗粒之间失去联结造成重力解体。另外，吸湿力的作用可使岩样产生新的软弱面，并沿软弱面产生破坏，从而造成岩石的崩解。显然，岩石的崩解受黏土矿物含量及类型、胶结物类型及固结程度等因素的综合影响。一般膨胀矿物含量高的岩石浸水后结构易遭受破坏产生崩解，钙质胶结的岩石具有一定稳定性，崩解性差。胶结程度越差，则越易崩解，尤其是红层风化带，结构疏松，具有极大的不稳定性。

(2)红层泥岩易膨胀。在红层泥岩中起膨胀作用的黏土矿物主要为蒙脱石和伊利石，红层泥岩的膨胀是矿物晶胞间吸收不定量水分子造成的"粒内膨胀"和矿物颗粒扩散层厚度增大造成的"粒间膨胀"的综合表现。

(3)红层泥岩易软化。在降水及地下水的长期作用下，红层泥岩易发生软化，强度降低。当水浸入岩石内部时，常顺着裂隙进入岩石，润湿自由面上每个矿物颗粒。水分子的介入改变了岩石的物理状态，削弱了颗粒间的联系。

近年来，上述红层泥岩的不良特性引发了大量的工程病害，且技术上尚未得到彻底解决。大量文献资料和现场调研表明，红层地区铁路路基工程病害主要表现在以下几个方面。

### 1. 红层泥岩路基填料问题

红层泥岩填料碾压不密实，受雨水浸湿和大气环境干湿循环变化的影响而发生软化和崩解，导致路基产生沉陷、路桥过渡段常出现不均匀沉降，路基边坡滑塌骨架护坡开裂等多种病害，严重影响交通安全[12]。

### 2. 红层软黏土地基变形失稳问题

红层软黏土具有厚度分布不均、含水量大、压缩性高、强度低等特点。红层软黏土地基，如果处理不当，将不能满足地基沉降要求，甚至发生地基失稳破坏。红层软黏土地基主要病害有地基沉降变形过大、路堤失稳破坏、斜坡红层软黏土路基不均匀沉降、红层软黏土斜坡路堤沿软弱带滑动等[13]。

### 3. 层边坡问题

西南地区降雨较多，红层具有特殊性质，遇水易软化膨胀，且红层的风化问题突出，因此红层边坡的开挖常伴有顺层滑动、崩塌落石、风化剥落等一系列病害问题[14]。

### 4. 红层泥岩深路堑路基面上拱问题

近年来，红层泥岩地区高铁无砟轨道路基产生了上拱病害，严重影响了高速铁路行车安全性，上拱病害一旦发生，整治处理的难度较大、代价较高。搜集红层泥岩地区路基上拱病害的工程案例，研究红层泥岩地区高速铁路路基上拱机理、影响因素以及综合防控对策，以有效降低路基上拱风险。

随着红层地区铁路工程的大规模建设，红层的工程地质特征及其对工程建设的影响越来越受关注。研究西南地区红层泥岩的分布特征、红层泥岩填料利用、红层软黏土地基处理及红层边坡防护工程技术，对我国红层地区铁路工程建设具有重要意义。

## 1.3　本书主要研究内容及主要研究成果

### 1.3.1　主要研究内容

#### 1. 西南红层泥岩分布与基于路用性的分区评价研究

在详细调查西南地区红层泥岩相关文献的基础上，采用实地取样、室内试验和现场试验等研究方法，对西南地区红层泥岩的组成成分、物理力学性质以及路用性进行了系统全面的研究，提出基于路用性的红层泥岩填料分级标准。其主要研究内容如下。

1) 西南红层的分布特征及宏观工程特性研究

本书分析统计包括四川地区、广西地区、贵州地区、云南地区、重庆地区的红层泥岩典型岩组的分布范围、时代背景及各红层泥岩典型岩组特征，并对各岩组的厚度及面积进行分析。按各地区红层泥岩的分布地点将其划分为若干小区域，并根据各小区红层泥岩的不同性质进行讨论。

2) 西南红层泥岩的工程特性及路用性研究

通过室内土工试验得出各地区红层泥岩的物理性质指标和红层泥岩的最大干密度及最优含水量，并在最优含水量情况下得出红层泥岩填料的承载比(CBR值)；通过软化试验得出各地区红层泥岩岩样的软化系数，以评价各地区泥岩的软化性；通过膨胀性试验得出各地区红层泥岩的自由膨胀率值；通过崩解试验得出各地区红层泥岩的崩解特性，最后整理试验数据，并进行对比分析。

3) 基于路用性的红层泥岩填料分级标准

建立基于路用性的填料分级标准并绘制西南地区红层泥岩填料级别分布图。在西南各地区红层泥岩分布及填料工程特性研究的基础上，对试验数据进行有序的质量最优解分割，建立路用性分级评价标准，绘制包含红层分布范围、工程特性、填料级别等信息的分布图，以供工程实际应用。

## 2. 红层泥岩填料路用性及改良应用技术研究

结合遂渝线、达成线、渝万高铁红层泥岩路基试验段，开展了红层泥岩及其改良土填筑高速铁路路基适应性及工程技术的研究工作，通过室内土工试验、现场路基循环加载试验、现场路基沉降观测与数值分析等手段，对红层泥岩土的动静力学性质、水稳定特性、红层泥岩土路基的动态响应、沉降变形规律、红层泥岩路堤边坡的降雨入渗影响以及施工工艺等进行了详细的研究。主要研究内容如下。

1) 红层泥岩及其改良土填料特性试验研究

针对遂渝线与达成线路基试验段代表性红层泥岩填料，开展击实试验、三轴剪切试验、振动三轴试验、自由膨胀率试验、有(无)荷载膨胀率试验、CBR试验、软化试验等，研究红层泥岩及其改良土压实、强度、变形、动力学特性和水稳定性等工程特性。其中，红层泥岩的自由膨胀率试验、有(无)荷载膨胀率试验、CBR试验和软化试验是与红层泥岩填料水稳定性有关的试验。针对遂渝线路基试验段代表性红层泥岩填料，开展石灰与水泥两种改良土试验，包括不同配合比条件下的击实试验、无侧限抗压强度试验、CBR 试验等,研究红层泥岩改良土的工程特性。

基于红层泥岩的工程特性和路基工程性能要求,建立红层泥岩作为路基填料的简易判别指标体系,用作红层泥岩是否能作为路基填料的判断依据。

2) 红层泥岩铁路路基结构研究

基于层状体系结构设计理论、红层泥岩工程特性、铁路与公路路基功能要求,提出红层泥岩用于不同时速铁路、不同等级公路路基填料时的路基结构形式和力学控制指标。

3) 红层泥岩及其改良土路基基床动力学特性研究

采用理论计算、现场路基循环加载试验等方法,系统研究红层泥岩及其改良土路基基床的动力学特性。使用 ZSS50 循环加载试验设备对达成线红层泥岩土路基基床进行现场循环加载试验,试验段分 3 种基床结构,分别为红层泥岩土基床,A、B 组填料基床及红层泥岩改良土基床。3 种基床的结构形式分别为:0.6m 级配砂砾石+0.2m 中粗砂夹复合土工膜+1.7m 红层泥岩;0.6m 级配砂砾石+1.9mA、B 组填料;0.6m 级配砂砾石+1.9m 红层泥岩改良土。循环加载试验用来模拟旅客列车(时速 200km、轴重 18t)及集装箱车(时速 120km、轴重 25t)对轨道及路基的动力作用,研究降雨前后循环荷载作用下 3 种类型基床的动力学特性及沉降变形特性。

4) 红层泥岩及其改良土路基沉降特性试验研究

采用现场路基沉降观测试验等方法,系统研究红层泥岩及其改良土路基的沉降变形特性。红层泥岩及其改良土路基试验段位于遂渝线无砟轨道综合试验段,里程范围为 DK132+393～DK132+453。地基为红层泥岩夹砂岩、灰岩,处于弱风化带,并经强夯处理;红层泥岩土路堤由级配碎石,以及 A、B 组填料和红层泥岩填筑而成,红层泥岩改良土由级配碎石、红层泥岩改良土填筑而成,分别长 30m。

5) 降雨入渗对红层泥岩及改良土路堤边坡稳定性影响研究

通过数值分析方法研究降雨条件下的降雨强度、压实系数、渗透性、初始饱和度、坡度、坡高等因素对红层泥岩土路基边坡破坏或软化深度的影响规律,并通过现场路基人工降雨试验进行验证,有针对性地提出工程措施。

6) 红层泥岩及其改良土路基设计及施工关键技术研究

结合红层泥岩本身的材料特性(崩解性、软化性、膨胀性等)与相关的路基工程设计施工经验,提出系统的高速铁路红层泥岩及其改良土路基设计与施工关键技术，主要包括红层泥岩的选用标准与使用方法、路基结构形式(包括无砟轨道与有砟轨道)、路基边坡加固和防护技术、防排水技术、施工工艺、改良工艺、质量检测标准等。

### 3. 红层软黏土工程特性及地基加固技术研究

结合新建时速200km客货共线铁路——遂渝铁路建设工程，采用室内试验、离心模型试验及现场监测等多种研究方法，对西南地区红层软黏土成分、物理力学特性、工程特性、地基沉降规律、软基处理技术等进行了系统全面的研究。主要研究内容如下。

1) 红层泥岩软黏土分布区域、物理力学性质及其工程特性

根据红层软黏土成因，研究其主要分布区域；查阅铁路、公路等工程资料，全面总结红层地区软基主要工程问题；通过室内试验分析其矿物成分、化学成分及微结构；测得天然含水量、液塑限、孔隙比等物理指标变化范围，抗剪强度参数变化规律，固结(压缩)特性，地基承载力大小，并与内陆及沿海软黏土进行对比分析。根据试验结果及规范资料建立红层泥岩软黏土判别标准。

2) 红层软黏土路基沉降变形特性及控制措施

结合遂渝铁路红层软黏土地基处理，采用离心模型试验、现场监测等方法，研究不同加固措施下红层软黏土地基的沉降变形规律和加固效果，包括粉喷桩和碎石桩等传统加固方法和水泥粉煤灰碎石桩、旋喷桩及桩-网(筏)、桩-板结构等新技术，以及斜坡红层软黏土路基稳定控制技术，实现红层软黏土路基工后沉降的精准控制。

### 4. 红层泥岩边坡工程特性及加固防护技术研究

结合野外调查和文献资料，对红层边坡的破坏形式、岩体结构类型、稳定性以及加固防护进行研究。主要研究内容如下。

1) 红层泥岩边坡现场调查

调查边坡及边坡岩体参数，包括边坡几何参数、边坡岩体结构参数及边坡破坏类型等；明确红层边坡坡度与动弹性模量、回弹值、结构面组数、结构面长度、结构面粗糙度系数、回弹比、岩体块度、坡高相关关系。研究红层边坡岩体结构分类及其破坏形式，研究红层泥岩边坡风化致灾机理、水平岩层滑动破坏机理。

2)红层泥岩边坡稳定性分析及快速评价

通过野外大量边坡调查,获得红层边坡基本特征和边坡岩体参数统计特征。提出普通红层边坡坡度设计公式、岩体强度差异调整权值项,建立考虑软弱互层的红层边坡修正岩体质量评价方法,建立该法与坡度之间的经验公式,提出了基于可拓理论与层次分析法的红层边坡稳定性评价方法。

3)红层泥岩边坡综合加固防护技术

结合调查研究和工程案例,对红层边坡的加固防护技术进行归纳总结,将红层边坡加固防护方法提炼为"防塌"、"抗蚀"和"阻滑",并提出了基于失稳破坏模式的红层泥岩边坡"防塌-抗蚀-阻滑"综合加固防护技术。对三类措施进行了系统的梳理,并针对红层边坡不同的结构类型和破坏形式,提出相应的工程防护方法。

## 5. 红层泥岩路基面隆起变形控制对策研究

高速铁路列车高速运行,对线路平顺性要求严苛,对线下基础变形限制严格。成渝客运专线 2015 年建成通车以来,3 处红层泥岩路堑地段先后出现路基面隆起变形,不得不进行工程整治。基于相关试验、测试资料,对红层泥岩路基面隆起变形机理进行了探讨,并重点对红层泥岩路基面隆起变形评价方法、隆起变形防控对策进行了研究。主要研究内容如下。

1)红层泥岩隆起变形特征机理研究

基于相关试验、测试资料,开展了红层泥岩隆起变形特征、变形规律的分析研究,对红层泥岩隆起变形工点的地形、地貌、岩性、环境等特征参数进行了归纳研究;开展了红层泥岩隆起变形的分析研究,梳理红层泥岩隆起变形的影响因素,探讨了红层泥岩隆起变形机理。

2)红层泥岩路基面隆起变形评价方法及防控对策研究

在上述研究基础上,开展了红层泥岩路基面隆起变形评价方法研究,研究了评价指标及其取值;开展了红层泥岩路基面隆起变形防控对策研究,研究了红层泥岩开挖变形卸荷松弛圈判识及其确定方法,研究了红层泥岩路基面隆起变形"隔断"、"消能"和"脱离"防控对策及关键技术。

## 1.3.2　主要研究成果

通过对红层泥岩工程特性、路用性，红层泥岩填料改良，红层泥岩路基沉降控制，红层泥岩边坡加固防护，以及红层泥岩路基面隆起变形控制的系统研究，解决了红层地区修改铁路路基的关键技术难题，形成了红层泥岩铁路路基修建的成套技术。主要创新成果如下。

(1)建立了红层泥岩填料"压实性能"+"抗蚀能力"双控制的路用性评价指标体系和分级标准，绘制了基于路用性分级的西南地区红层泥岩分区图。

(2)揭示了列车荷载作用下红层泥岩填筑体动力学特性，提出了基于路基面刚度控制的红层泥岩路基结构以及红层泥岩填筑体施工工艺和质量控制参数。

(3)揭示了不同桩-土强度比复合地基的沉降变形特性，提出了红层软黏土地基处理成套技术，实现了红层泥岩路基工后沉降的精准控制。

(4)提出了基于回弹强度和动弹性模量参数的红层边坡稳定性快速评价方法，提出了基于失稳破坏模式的红层泥岩边坡"防塌-抗蚀-阻滑"综合加固防护技术。

(5)提出了红层泥岩开挖变形卸荷松弛圈判识及其确定方法，提出了红层泥岩路基面隆起变形"隔断"、"消能"和"脱离"防控对策。

# 参 考 文 献

[1] 潘志新，彭华. 国内外红层分布及其地貌发育的对比研究[J]. 地理科学，2015，35(12)：1575-1584.

[2] 郭永春，谢强，文江泉. 我国红层分布特征及主要工程地质问题[J]. 水文地质工程地质，2007，(6)：67-71.

[3] 程强，寇小兵，黄绍槟，等. 中国红层的分布及地质环境特征[J]. 工程地质学报，2004，12(1)：34-40.

[4] 中铁二院工程集团有限责任公司，等. 西南地区红层泥岩分布及路基填料特性研究报告[R]. 成都：中铁二院工程集团有限责任公司，2012.

[5] 四川省地质矿产局. 四川省区域地质志[M]. 北京：地质出版社，1991.

[6] 四川省区域地层表编写组. 西南地区区域地层表(四川省分册)[M]. 北京：地质出版社，1978.

[7] 云南省地质矿产局. 云南省区域地质志[M]. 北京：地质出版社，1990.

[8] 云南省区域地层表编写组. 西南地区区域地层表(云南省分册)[M]. 北京：地质出版社，1978.

[9] 广西壮族自治区地质矿产局. 广西壮族自治区区域地质志[M]. 北京：地质出版社，1985.

[10] 贵州省地质矿产局. 贵州省区域地质志[M]. 北京：地质出版社，1987.

[11] 贵州省地层古生物工作队. 西南地区区域地层表(贵州省分册)[M]. 北京：地质出版社，1977.

[12] 赵明华，邓觐宇，曹文贵. 红砂岩崩解特性及其路堤填筑技术研究[J]. 中国公路学报，2003，16(3)：1-5.

[13] 卿三惠. 红层软岩地区高速铁路路基软基路堤沉降控制研究[D]. 成都：成都理工大学，2007.

[14] 胡厚田. 焦柳线红层边坡病害规律性的研究[J]. 四川建筑，1996，16(2)：55-57.

# 第 2 章  红层泥岩特征及基本特性

## 2.1  红层泥岩表观特征

### 2.1.1  宏观特征

红层为红色的陆相碎屑沉积物,形成于古盆地和湖泊环境,主要形成于炎热、干燥的地质时期。红层的沉积结构和构造具有一定的规律性。与老地层相比,成岩作用差,有的呈半胶结状,强度较低,总体上属软岩类,是一个很复杂的弹性模量相差甚大的软硬相间的不等厚的组合岩体。由于各地区红层的岩性、构造运动、气候条件和时间因素不同,红层中发育了多种地貌,如山地、丘陵、高原、丹霞地貌等。

红层软岩一般分为两类:一类为碎屑岩,包括泥质砂岩、泥质粉砂岩、泥质细砂岩、粉砂岩、砂岩、砾岩和长石砂岩等;另一类为黏土岩,包括泥岩、页岩、砂质泥岩和砂质页岩等。碎屑岩具有粒状碎屑结构,岩石碎屑含量高达 60%~90%,碎屑颗粒之间以孔隙式胶结为主,这类岩石强度较高,抗风化能力较强。黏土岩具泥状结构或含粉砂泥状结构,以基底式胶结和泥质接触式胶结为主,有时表现为碳酸盐胶结。岩石碎屑含量低于 20%,一般为 5%~10%或更低。这类岩石强度低,抗风化能力弱。含砂泥状结构的红层软岩比典型泥状结构的红层软岩强度略高、抗风化能力稍强[1]。

岩石的强度指标和耐崩解能力与岩石的颗粒矿物成分、结构、胶结物质有密切关系。砂岩颗粒成分相同,由于胶结物质不同,其强度差别很大,青灰色、灰褐色砂岩为硅质、钙质胶结,强度高;紫红色、紫褐色砂岩为铁泥质胶结,强度较低,二者相差 2 倍左右。紫红色泥岩、粉砂岩饱和条件下的抗剪强度要低于自然状态下的抗剪强度约 30%。

### 2.1.2  物质组成

红层由多种岩类组成,岩石在化学成分、黏土矿物含量、岩屑含量、水理特性方面差别很大,各类岩石有着显著不同的成岩和风化经历。红层的矿物组成一般为石英、长石、方解石、高岭石、蒙脱石及伊利石等，化学成分主要为 $SiO_2$、$Fe_2O_3$、$Al_2O_3$、$CaO$、$K_2O$ 等，其中 $SiO_2$、$Fe_2O_3$ 及 $Al_2O_3$ 含量较大。采用 X 射线衍射法对粒径小于 0.002mm 的黏土矿物进行分析，泥质粉砂岩和泥岩的黏土矿物主要为伊利石，有少量高岭石、绿泥石、蒙脱石等。一般而言红层泥岩的黏土矿物含量均大于 10%。采用原子吸收法对红层软岩岩石样品进行化学成分分析，其主要化学成分为 $SiO_2$、$Al_2O_3$、$Fe_2O_3$，三项之和达 73% 以上，有 6%～11% 的烧失量，易溶盐小于 2%。组成成分及含量的不同，将直接导致红层材料的软化、崩解、泥化等工程性质的差异。

## 1. 川渝地区红层泥岩的物质组成

### 1) 川渝地区红层泥岩的矿物成分

红层泥岩矿物成分中主要含有石英、方解石以及黏土矿物并含有少量长石、石膏、云母等。具体含量如表 2.1 和表 2.2 所示。

表 2.1　四川盆地红层泥岩矿物成分表

| 地层组 | 岩性 | 矿物成分/% | | | | | | | | |
|---|---|---|---|---|---|---|---|---|---|---|
| | | 石英 | 长石 | 方解石 | 绢云母 | 白云母 | 泥质 | 岩屑 | 铁质 | 其他 |
| 侏罗系 | 粉砂质泥岩(钙质) | 25～40 | 1～3 | 3～10 | 10～40 | | 20～60 | | | |
| | 粉砂质泥岩 | 35～50 | 5～50 | | 5～10 | 5 | 30 | | | |
| | 粉砂质泥岩(泥质) | 5～20 | 3 | 15～20 | 15 | | 40～80 | | | |
| | 泥岩 | 40 | | | | | 55 | | | 3 |
| 白垩系 | 粉砂质泥岩 | 20～60 | 2～8 | 8～15 | | 3～10 | <40 | | | |
| | 泥岩 | 10 | <20 | | | | <15 | 50～60 | | <25 |

表 2.2　攀西地区红层泥岩矿物成分表

| 地层组 | 岩性 | 矿物成分/% | | | | | | | |
|---|---|---|---|---|---|---|---|---|---|
| | | 石英 | 钙质 | 铁质 | 长石 | 高岭石 | 水云母 | 绿泥石 | 石膏 |
| 侏罗系 | 粉砂质泥岩 | 50～90 | 5～35 | 1～20 | 0～15 | 1～2 | 1～5 | | 1 |
| | 泥岩 | 15～45 | 30～54 | 3～15 | 3 | 1～3 | 4～50 | 1 | |
| 白垩系 | 粉砂质泥岩 | 62 | 15 | 2 | | | | | |
| | 泥岩 | 52 | 10 | 8 | | 10 | 18 | | |

影响岩石物理力学性质的因素主要有物质成分和岩体结构，这些因素不但反映了岩石的形成环境，还影响着岩石的工程性质。不同物质成分及其含量的变化

对红层泥岩有较大影响，红层泥岩矿物成分中含有较多黏土矿物，如高岭石、蒙脱石、伊利石、绿泥石等，其中伊利石和蒙脱石亲水性较强，两者含量大小是决定红层泥岩水稳性差，易崩解软化的主要因素。一般来说，蒙脱石与伊利石含量之和大于 20%的红层泥岩崩解性强烈，5%～20%的红层泥岩也具有明显崩解性，20%以下为不崩解的红层泥岩。这是红层岩体遇水膨胀、崩解，失水干缩开裂的物质基础。

2) 川渝地区红层泥岩的化学成分

川渝地区红层泥岩化学成分中主要含有硅、钙、铝、铁、镁的氧化物，如表 2.3 所示。

表 2.3　川渝地区红层泥岩化学成分表

| 岩性 | 化学成分/% | | | | | |
|---|---|---|---|---|---|---|
| | $SiO_2$ | $Al_2O_3$ | $Fe_2O_3$ | FeO | CaO | MgO |
| 粉砂质泥岩 | 52.39 | 10.90 | 2.71 | 1.24 | 12.18 | 0.07 |
| 泥岩 | 40 | 21 | 7 | | 7 | 2.5 |

由川渝地区红层泥岩矿物成分与化学成分分析可知，其泥质胶结物在泥岩中具有相当大的作用，且在化学成分中存在的暗色矿物含量较高，其 $SiO_2$ 可达 52.39%，CaO 可达 12.18%。

西南交通大学通过对遂宁、合川、西岭雪山等地的红层泥岩进行化学成分与矿物组成分析，结果表明：样品中 $SiO_2$ 含量较高，均超过50%，为57.83%～68.87%，$Al_2O_3$ 含量为8.23%～15.35%，$Fe_2O_3$ 含量为2.50%～3.86%，CaO 含量为2.76%～10.36%，游离氧化物 $Fe_2O_3$ 含量为0.26%～0.55%，游离 $SiO_2$ 含量皆为0，仅西岭雪山的游离 $Al_2O_3$ 含量为0.075%。X 射线衍射物相分析图表明遂宁及合川试样以石英衍射强度最高，蒙脱石及伊利石的特征衍射峰值明显，说明石英含量最高，蒙脱石及伊利石也较高，西岭雪山泥岩的蒙脱石衍射强度最大，石英与伊利石较小，膨胀率试验表明西岭雪山泥岩的自由膨胀率为155%，远大于遂宁与合川泥岩的自由膨胀率。

## 2. 云南红层泥岩的物质组成

滇中红层颗粒在镜下观察，主要成分为石英碎屑，少量燧石、长石、方解石，颗粒为棱角-次棱角状，分选性差。其胶结物质有两种，其中青灰色、灰褐色砂岩为硅质、钙质胶结，紫红色、红褐色砂岩为铁泥质胶结。紫红色、红褐色粉砂岩颗粒为石英碎屑，占 60%～70%，铁泥质胶结物质占 30%～40%，有的铁泥质重结晶为绢云母、绿泥石和硅质。泥岩主要成分为粒径较小的铁泥质，有少量重结晶为绢云母、绿泥石，泥质结构。

滇西红层化学成分为 $SiO_2$、$Al_2O_3$ 和 CaO 等，岩石以软质岩、泥岩和泥质粉砂岩为主，少量硬质岩、砂岩、粉砂岩，多呈不等厚互层软硬岩石相间出现，层间结合强度低的泥岩等软质岩石遇水易软化与泥化并形成软弱层，抗风化能力弱，失水易崩解，且普遍含膏盐成分，其地下水中含盐较多，对混凝土有侵蚀作用。

### 3. 广西红层泥岩的物质组成

对广西红层泥岩进行矿物成分、化学成分分析，结果如表 2.4 和表 2.5 所示。

表 2.4　广西红层泥岩矿物成分表

| 地层组 | 岩性 | 矿物成分/% | | | | | | | |
| --- | --- | --- | --- | --- | --- | --- | --- | --- | --- |
| | | 石英 | 长石 | 方解石 | 绢云母 | 白云母 | 泥质 | 铁质 | 其他 |
| 侏罗系 | 粉砂质泥岩（钙质） | 24~42 | 1~3 | 3~8 | 11~42 | | 21~62 | | |
| | 粉砂质泥岩 | 36~48 | 5~55 | | 5~12 | 7 | 32 | | |
| | 粉砂质泥岩（泥质） | 7~22 | 4 | 14~22 | 16 | | 41~76 | | |
| | 泥岩 | 39 | | | | | 53 | | 7 |
| 白垩系 | 粉砂质泥岩 | 21~58 | 1~9 | 7~17 | | 3~13 | <37 | | |
| | 泥岩 | 9 | 17 | | | 16 | 52~64 | 5~24 | |

表 2.5　广西红层泥岩化学成分表

| 岩性 | 化学成分/% | | | | | |
| --- | --- | --- | --- | --- | --- | --- |
| | $SiO_2$ | $Al_2O_3$ | $Fe_2O_3$ | FeO | CaO | MgO |
| 粉砂质泥岩 | 52.28 | 10.74 | 2.69 | 1.54 | 12.20 | 0.12 |
| 泥岩 | 39 | 25 | 8 | | 9 | 2.6 |

由广西红层泥岩的矿物成分与化学成分分析可知，其泥质胶结物较大程度在泥岩中起作用，且在化学成分中存在的暗色矿物含量较高，其 CaO 可达 12.20%，$Al_2O_3$ 可达 10.74%。

### 4. 贵州红层泥岩的物质组成

贵州红层泥岩矿物成分中主要含有石英、方解石以及黏土矿物，并可含有少量长石、石膏、燧石、云母、芒硝等。具体含量见表 2.6。

表 2.6　贵州红层泥岩矿物成分表（黔桂线）

| 地层组 | 岩性 | 矿物成分/% | | | | | | | |
|---|---|---|---|---|---|---|---|---|---|
| | | 石英 | 方解石 | 高岭石 | 长石 | 燧石 | 云母 | 芒硝 | 石膏 |
| 侏罗系 | 粉砂质泥岩 | 60～80 | 5～35 | 1～22 | 0～8 | 1～2 | 1～5 | 少量 | 1 |
| | 泥岩 | 17～46 | 31～53 | 2～17 | 2 | 1～3 | 1～5 | | 1 |
| 白垩系 | 粉砂质泥岩 | 64 | 14 | 7 | | | | | |
| | 泥岩 | 55 | 11 | 9 | | 8 | 7 | 少量 | |

贵州红层泥岩化学成分中主要含有硅、钙、铝、铁、镁的氧化物。其成分如表 2.7 所示。

表 2.7　贵州红层泥岩化学成分表（黔桂线）

| 岩性 | 化学成分/% | | | | | |
|---|---|---|---|---|---|---|
| | $SiO_2$ | $Al_2O_3$ | $Fe_2O_3$ | FeO | CaO | MgO |
| 粉砂质泥岩 | 50.21 | 11.47 | 3.76 | 1.19 | 12.16 | 0.09 |
| 泥岩 | 43 | 18 | 7 | | 6.6 | 2.3 |

由贵州红层泥岩矿物成分与化学成分分析可知，其泥质胶结物较大程度在泥岩中起作用，且在化学成分中存在的暗色矿物含量较高，其 $SiO_2$ 可达 50.21%，CaO 可达 12.16%。

## 2.2　红层泥岩物理力学特性

### 2.2.1　川渝地区红层泥岩的基本物理力学性质

搜集成渝客专、成都市域（郊）等铁路勘察资料，得到川渝地区红层泥岩物理力学性质指标[2]，如表 2.8 和表 2.9 所示。

表 2.8　成渝客专红层泥岩物理力学指标参考表

| 岩土类型 | 形成时代 | 风化程度 | 天然密度/(g/cm³) | 黏聚力/kPa | 内摩擦角/(°) | 天然饱和抗压强度 $R_e$/MPa | 基本承载力/kPa |
|---|---|---|---|---|---|---|---|
| 泥岩夹砂岩、页岩；泥岩与砂岩、页岩互层，砂质泥岩、泥质砂岩 | 白垩纪、侏罗纪、三叠纪 | 全风化 | 2.0 | 20 | 18 | | 200 |
| | | 强风化 | 2.1 | | 35 | | 300 |
| | | 弱风化 | 2.3 | | 45 | 4～5 | 400 |
| 砂岩、石英砂岩、砾岩 | 白垩纪、侏罗纪、三叠纪 | 全风化 | 2.0 | 20 | 20 | | 200 |
| | | 强风化 | 2.2 | | 40 | | 350 |
| | | 弱风化 | 2.4 | | 50 | 4～7 | 400～500 |

表 2.9　成都市域(郊)铁路红层泥岩物理力学参数表

| 岩土名称 | 形成时代 | 天然密度/(g/cm³) | 干密度/(g/cm³) | 天然含水量/% | 孔隙比 | 黏聚力/kPa | 内摩擦角/(°) | 无侧限抗压强度/kPa | 天然单轴极限抗压强度/MPa |
|---|---|---|---|---|---|---|---|---|---|
| 泥岩(全风化) | 白垩系灌口组 | 1.88 | 1.50 | 28.80 | 0.88 | 39 | 18 | 300 | / |
| 泥岩(强风化) | | 2.21 | | 12.80 | | 60 | 30 | / | / |
| 泥岩(中等风化) | | 2.47 | | 8.20 | | 300 | 31.3 | / | 7.06 |
| 砂岩(全风化) | | 1.82 | | 38.40 | | 15 | 18 | / | / |
| 砂岩(强风化) | | 2.25 | | | | 70 | 32 | / | / |
| 砂岩(中等风化) | | 2.49 | | 6.42 | | 350 | 32 | / | 8.0 |
| 泥岩(全风化) | 侏罗系夹关组 | 1.91 | | | | 22 | 18 | 300 | / |
| 泥岩(强风化) | | 2.20 | | | | 60 | 30 | / | / |
| 泥岩(中等风化) | | 2.34 | | | | 300 | 31 | / | 5.0 |
| 泥砂岩(全风化) | | 1.90 | | | | 22 | 18 | / | / |
| 泥砂岩(强风化) | | 2.25 | | 4.75 | | 70 | 32 | / | / |
| 泥砂岩(中等风化) | | 2.38 | | 8.15 | | 340 | 32 | / | 5.0 |
| 砾岩(强风化) | | 2.30 | | | | 80 | 33 | / | / |
| 砾岩(中等风化) | | 2.55 | | | | 350 | 34 | / | 8.0 |
| 泥岩(全风化) | 侏罗系白龙组 | 1.91 | | | | 30 | 18 | 300 | / |
| 泥岩(强风化) | | 2.20 | | | | 60 | 30 | / | / |
| 泥岩(中等风化) | | 2.34 | | | | 300 | 31 | / | 5.0 |
| 泥砂岩(全风化) | | 1.90 | | | | 22 | 18 | / | / |
| 泥砂岩(强风化) | | 2.25 | | 4.75 | | 70 | 32 | / | / |
| 泥砂岩(中等风化) | | 2.38 | | 8.15 | | 340 | 32 | / | 5.0 |
| 砾岩(强风化) | | 2.30 | | | | 80 | 33 | / | / |
| 砾岩(中等风化) | | 2.55 | | | | 350 | 37 | / | 8.0 |
| 泥岩(全风化) | 侏罗系沙溪庙组 | 1.90 | | | | 30 | 14 | 300 | / |
| 泥岩(强风化) | | 2.20 | | | | 60 | 30 | / | / |
| 泥岩(中等风化) | | 2.50 | | | | 300 | 31 | / | 4.63 |
| 泥砂岩(全风化) | | 1.90 | | | | 22 | 18 | / | / |
| 泥砂岩(强风化) | | 2.25 | | 4.75 | | 70 | 32 | / | / |
| 泥砂岩(中等风化) | | 2.38 | | 8.15 | | 340 | 32 | / | 5.0 |
| 砾岩(强风化) | | 2.30 | | | | 80 | 33 | / | / |
| 砾岩(中等风化) | | 2.55 | | | | 350 | 32 | / | 8.06 |
| 泥岩(全风化) | 侏罗系蓬莱镇组 | 1.97 | 1.66 | 19.70 | 0.63 | 35 | 15 | 300 | / |
| 泥岩(强风化) | | 2.28 | | 13.80 | | 60 | 30 | / | / |

| 岩土名称 | 形成时代 | 天然密度/(g/cm³) | 干密度/(g/cm³) | 天然含水量/% | 孔隙比 | 黏聚力/kPa | 内摩擦角/(°) | 无侧限抗压强度/kPa | 天然单轴极限抗压强度/MPa |
|---|---|---|---|---|---|---|---|---|---|
| 泥岩(中等风化) | 侏罗系蓬莱镇组 | 2.48 | | 5.80 | | 300 | 32.5 | / | 5.0 |
| 砂岩(全风化) | | 2.10 | 1.76 | 19.20 | 0.55 | 30 | 18 | / | / |
| 砂岩(强风化) | | 2.25 | | | | 70 | 32 | / | / |
| 砂岩(中等风化) | | 2.47 | | 5.70 | | 350 | 31.5 | / | 8.76 |

## 2.2.2　云南红层泥岩的基本物理力学性质

　　云南红层泥岩主要有松散岩土、软质岩组和硬质岩组。松散岩土主要包括红层软岩的全风化和残坡积物质，岩性主要为含砾砂质黏土、亚黏土和微-弱膨胀性土。云南大瑞铁路红层泥岩物理力学指标如表2.10所示，云南南永、楚大红层泥岩物理力学指标如表2.11所示。

表 2.10　大瑞线岩石试验结果统计表

| 地层组 | 取样点 | 天然密度/(g/cm³) | 饱和密度/(g/cm³) | 颗粒密度/(g/cm³) | 含水率/% | 天然单轴抗压强度/MPa | 饱和单轴抗压强度/MPa | 自由膨胀率/% | 饱和吸水率/% |
|---|---|---|---|---|---|---|---|---|---|
| 侏罗系坝注路组 | 大理南郊深长村 | 2.57 | 2.61 | 2.76 | 3.48 | 11.31 | 8.16 | 6.67 | 10.92 |
| 白垩系景星组 | 河西乡下街村 | 2.61 | 2.61 | 2.76 | 2.76 | 18.00 | 13.74 | 9.00 | 1.99 |
| 侏罗系坝注路组 | 太平乡大古坪 | 2.75 | 2.75 | 2.83 | 1.13 | 38.35 | 28.89 | | |
| 侏罗系花开左组 | 北斗彝族乡东北 | 2.70 | 2.70 | 2.77 | 1.63 | 25.81 | 16.66 | 4.00 | 2.01 |
| 白垩系景星组 | 北斗彝族乡东南 | 2.68 | 2.68 | 2.77 | 2.39 | 15.54 | 7.85 | 1.00 | 4.03 |
| 白垩系景星组 | 永平县东南喻家河 | 2.57 | 2.57 | 2.75 | 2.69 | 11.23 | 2.24 | | |
| 侏罗系坝注路组 | 永平县城东 | 2.62 | 2.65 | 2.76 | 2.72 | 15.83 | 11.58 | 8.75 | 3.50 |
| 侏罗系花开左组 | 永平县以南，迤坝田以东 | 2.60 | 2.61 | 2.77 | 3.69 | 11.69 | 11.87 | 15.00 | 27.69 |
| 侏罗系坝注路组 | 永平县曲硐镇 | 2.57 | 2.59 | 2.75 | 3.07 | 17.35 | 12.78 | 9.33 | 4.60 |

表 2.11　云南红层公路软质岩组物理力学指标表

| 公路 | 岩性 | 密度/(g/cm³) | 抗压强度/MPa | | 抗剪断试验(天然) | | | |
|---|---|---|---|---|---|---|---|---|
| | | | 天然(干)值 | 浸水饱和值 | 垂直压力/MPa | 水平剪力/MPa | 内摩擦角/(°) | 黏聚力/MPa |
| 南永 | 泥岩 | | | 2.3~3.1 | 1.0 | 1.5 | 38.5 | 0.7 |
| 楚大 | 泥岩 | 2.35~2.7 | (20.9~29.2) | | | | 30~35 | |

### 2.2.3　广西红层泥岩的基本物理力学性质

针对广西红层泥岩[3]，搜集了柳南线、黔桂线、湘桂线、南钦线四条线路红层泥岩地质资料。柳南线 DK714～DK740 沿线大致位于七塘圩、潭井坡、涤村、屯里附近，该段弱风化泥岩为新近系，其物理力学指标如表 2.12 所示。柳南线 DK739～DK784 沿线大致位于屯里至南宁市，该段泥岩为新近系，呈强风化，其物理力学指标如表 2.13 所示。

表 2.12　柳南线新近系弱风化泥岩试验数据表

| 参数 | 物理性质 | | | | | 力学性质 | | | | | |
| | 天然毛体积密度/(g/cm³) | 饱和毛体积密度/(g/cm³) | 比重 | 吸水率/% | 含水率/% | 天然抗压强度/MPa | | | 饱和抗压强度/MPa | | |
| | | | | | | 组1 | 组2 | 组3 | 组1 | 组2 | 组3 |
| 标准值 | 2.65 (66) | 2.68 (65) | 2.69 (66) | 2.53 (48) | 1.50 (66) | 11.22 (66) | 11.28 (66) | 11.16 (66) | 3.92 (65) | 3.93 (65) | |

注：括号内为样本数。

表 2.13　柳南线新近系强风化泥岩试验数据表

| 参数 | 物理性质 | | | | | 力学性质 | | | | | | 自由膨胀率 $F_s$ /% |
| | 天然毛体积密度/(g/cm³) | 饱和毛体积密度/(g/cm³) | 比重 | 吸水率/% | 含水率/% | 天然抗压强度/MPa | | | 饱和抗压强度/MPa | | | |
| | | | | | | 组1 | 组2 | 组3 | 组1 | 组2 | 组3 | |
| 标准值 | 2.47 (147) | 2.60 (104) | 2.69 (147) | 6.78 (121) | 3.50 (118) | 1.14 (144) | 1.19 (106) | 1.23 (100) | 0.25 (103) | 0.22 (84) | 15.59 (22) | |

注：括号内为样本数。

湘桂线经过广福、全州等地，红层泥岩属于下白垩统永福群，其物理力学指标如表 2.14 所示。

表 2.14　湘桂线红层泥岩试验数据表

| 参数 | 力学性质 | | | | 软化系数 | 物理性质 | | | |
| | 天然抗压强度/MPa | 烘干抗压强度/MPa | 天然饱和抗压强度/MPa | 烘干饱和抗压强度/MPa | | 天然块体密度/(g/cm³) | 烘干块体密度/(g/cm³) | 天然饱和块体密度/(g/cm³) | 烘干饱和块体密度/(g/cm³) |
| 标准值 | 10.81 (127) | 19.68 (84) | 6.51 (127) | 0.17 (101) | 0.33 (75) | 2.54 (124) | 2.51 (86) | 2.57 (80) | 2.47 (83) |

注：括号内为样本数。

南钦线红层泥岩主要分布在南宁市附近，主要为侏罗系汪门组，白垩系新隆组、罗文组、大岭组，侏罗系那荡组红层，其物理力学指标如表 2.15 所示。

表 2.15 南钦线红层泥岩试验数据表

| 参数 | 物理性质 | | | | | 力学性质 | | |
|---|---|---|---|---|---|---|---|---|
| | 块体密度/(g/cm³) | 颗粒密度/(g/cm³) | 含水率/% | 饱和吸水率/% | 自由膨胀率/% | 天然抗压强度/MPa | 天然饱和抗压强度/MPa | 膨胀力/kPa |
| 标准值 | 2.40 (85) 2.48 (29) | 2.73 (85) | 6.88 (85) | 26.26 (52) | 24.62 (52) | 7.01 (84) | 6.13 (29) | 114.80 (32) |

注：括号内为样本数。

### 2.2.4 贵州红层泥岩的基本物理力学特性

针对贵州红层泥岩，搜集了贵广铁路、黔桂铁路等铁路以及其他工程红层泥岩地质资料。贵州红层泥岩物理力学指标，主要统计贵州地区贵广铁路、黔桂铁路等红层泥岩，其主要力学性质如表 2.16～表 2.18 所示。

表 2.16 贵州省各铁路线红层泥岩物理指标参考表

| 取样点 | 岩性 | 块体密度/(g/cm³) | 比重 | 含水率/% | 孔隙率/% | 自然吸水率/% |
|---|---|---|---|---|---|---|
| 贵州省龙里县麻芝乡麻芝铺附近 1 号点 | 泥岩 | 2.56 | 2.75 | 3.85 | | |
| 贵州省龙里县麻芝乡麻芝铺附近 2 号点 | 泥岩 | 2.70 | 2.75 | 0.20 | | |
| 贵州省从江县洛香镇附近 | 砂质泥岩 | 2.54 | 2.78 | 0.38 | 1.72 | 0.17 |
| 贵州省都匀市拉林-翁奇之间路段 | 泥岩 | 2.62 | 2.66 | | 1.44 | 0.81 |

表 2.17 黔桂线(改建工程)红层黏土物理指标统计表

| 参数 | 天然密度/(g/cm³) | 比重 | 天然含水量/% | 天然孔隙比 | 孔隙率/% | 饱和度/% | 液限/% | 塑限/% | 塑性指数 | 液性指数 |
|---|---|---|---|---|---|---|---|---|---|---|
| | 1.67 | 2.27 | 22.1 | 0.767 | 43.4 | 78.4 | 50.1 | 21.1 | 20.2 | 0.01 |
| | 1.93 | 2.8 | 52.9 | 1.5 | 60 | 113.2 | 89.7 | 44.3 | 47.4 | 0.88 |
| 标准值 | 1.852 | 2.687 | 36.67 | 1.009 | 49.935 | 98.694 | 58.33 | 28.09 | 30.25 | 0.292 |
| | 0.057 | 0.108 | 6.36 | 0.161 | 3.7445 | 5.028 | 9.412 | 5.175 | 5.956 | 0.186 |
| | 0.031 | 0.04 | 0.173 | 0.159 | 0.075 | 0.0509 | 0.161 | 0.184 | 0.197 | 0.635 |
| | 1.825 | 2.636 | 33.68 | 0.934 | 48.175 | 96.331 | 53.9 | 25.66 | 27.45 | 0.205 |

注：样本数为 34 个。

表 2.18　黔桂线（贵州地区）红层黏土力学指标统计表

| 参数 | 黏聚力/kPa | 内摩擦角/(°) | 压缩系数 $a_{1-2}$/MPa$^{-1}$ | 压缩模量 $E_s$/MPa |
|---|---|---|---|---|
| 标准值 | 9 | 4.2 | 0.12 | 3.99 |
| | 90 | 19 | 0.55 | 15.35 |
| | 43.18 | 8.216 | 0.3147 | 7.19 |
| | 17.56 | 3.312 | 0.1126 | 2.694 |
| | 0.407 | 0.403 | 0.3577 | 0.375 |
| | 34.93 | 6.659 | 0.2618 | 5.924 |

注：样本数为 34 个。

## 2.3　红层泥岩水稳性

红层泥岩爆破开挖后，由于大气、阳光，特别是雨水作用会迅速崩解成碎块状、粒状或泥渣状土。在勘探过程中钻孔取出的泥岩、粉砂岩岩心，晴天 3～5h 就会出现裂纹，2～3 天就会崩解成碎块或岩屑；而红层软岩刚爆破时，其粒径一般为 20～30cm，大者达 40cm，爆破后经 10 天崩解，粒径迅速减小，一般减至 2～5cm，并部分泥化。红层软岩崩解后的岩石强度丧失殆尽。图 2.1 为现场爆破后的块状红层软岩，图 2.2 为崩解后的红层软岩散体。

图 2.1　现场爆破后的块状红层软岩

图 2.2　崩解后的红层软岩散体

大量相关试验结果表明，红层软岩一般均属于崩解性岩石[4, 5]，只有崩解速度快慢和崩解程度的不同，这个特性与其胶结物质成分和泥岩矿物成分有关。粉砂岩的胶结物质和泥岩的矿物成分均为铁泥质，而铁泥质的黏土矿物主要为伊利石/绢云母混层，含量为 51.41%～100%。伊利石是较强亲水矿物，是泥岩、粉砂岩遇水易软化、塑变、强度低、在水的作用下易膨胀、失水易崩解等特性的内在因素。除个别岩样外，一般蒙脱石与伊利石含量之和大于 10% 的红层软岩崩解性强烈，含量为 5%～10% 的红层软岩也具有明显崩解性，含量在 5% 以下的为不崩解的红层软岩。即亲水性强的蒙脱石和伊利石的高含量是红层软岩的水稳定性差、极易崩解和软化的主要原因。因此，红层软岩的主要矿物成分中蒙脱石与伊利石的含量决定了红层软岩的崩解特性。

黏土矿物含量并非是红层软岩崩解的决定因素，因为黏土矿物含量很少的岩石同样会出现崩解现象，因此要完全揭示软岩的崩解机理尚需进一步探讨。红层软岩的崩解机理可简单描述为：某些红层软岩黏聚力较小，软岩组成颗粒遇水膨胀、脱水收缩，导致颗粒之间的松动，岩石颗粒嵌锁力丧失，在重力作用下迅速瓦解成颗粒状态(或泥状)；另一些红层软岩黏聚力稍大，颗粒的膨胀、收缩过程使其联结不断损伤，最终崩解。

在不同的环境介质中，红层软岩崩解过程的显著性有明显差异。在室内环境中，红层软岩会出现失水干裂和岩石结构破坏的现象，但不发生显著崩解过程。在野外大气环境中，红层软岩发生显著的渐进崩解过程，并伴有气温自然变化和周期性干湿循环。浸没在自然水中，红层软岩发生程度不同的崩解作用，过程的显著性与红层软岩的岩石结构及黏土矿物成分有关。环境温度变化与干湿循环是影响红层软岩崩解的重要因素，这就启发我们可通过加大温度变化幅度、增加干湿循环次数来加快红层软岩渐进崩解过程，促使其在工程期限内达到稳定的颗粒级配状态。

## 2.3.1　川渝地区红层泥岩崩解特性

针对四川地区红层的崩解试验，选取西昌侏罗系官沟组泥岩、攀枝花白垩系小坝组泥岩、达州地区侏罗系蓬莱镇组泥岩、遂宁地区侏罗系遂宁组红层泥岩、重庆地区侏罗系沙溪庙组泥岩、四川江油三叠系飞仙关组泥岩岩样分别进行 4 次干湿循环，并按照岩样的崩解状态，将软岩的崩解强弱程度分为 4 个等级。

(1) 不崩解：岩样浸水 24h 以上或 2 次以上干湿试验循环后，仍不崩解。

(2) 弱崩解：岩样浸水后 24h 内不崩解，浸水 24h 以上或 1～2 次干湿试验循环后块状崩解。

(3) 中崩解：岩样浸水后 30min 内缓慢崩解，且为块状崩解，24h 内仍呈块状崩解。

(4) 强崩解：岩样浸水后 30min 内迅速崩解为块状、颗粒状或渣状，24h 内成泥状、渣状或粒状。

由表 2.19 可知，对于西昌侏罗系官沟组红层泥岩岩样在经历 4 次干湿循环后，颗粒大于 2mm 的减少了很多，崩解物颗粒大部分集中在 0.5～2mm 和 <0.25mm，可以判定为中崩解。

表 2.19    四川西昌红层泥岩岩样的崩解颗粒含量变化

| 循环次数 /次 | 颗粒含量/% | | | | |
|---|---|---|---|---|---|
| | >5mm | 2～5mm | 0.5～2mm | 0.25～0.5mm | <0.25mm |
| 1 | 62.15 | 24.88 | 7.63 | 1.43 | 3.91 |
| 2 | 33.54 | 34.21 | 20.44 | 3.59 | 8.22 |
| 3 | 15.80 | 28.45 | 32.81 | 7.01 | 15.93 |
| 4 | 12.34 | 20.57 | 35.95 | 8.91 | 22.23 |

由表 2.20 可知，在对攀枝花白垩系小坝组红层泥岩进行崩解试验时，浸水后 30min 内缓慢崩解，且为块状崩解，24h 内仍呈块状崩解。因此，攀枝花地区岩样在经历 4 次干湿循环后，颗粒大于 2mm 的减少了很多，崩解物颗粒大部分集中在 0.5～2mm 和<0.25mm，可以判定为中崩解。

表 2.20    四川攀枝花红层泥岩岩样的崩解颗粒含量变化

| 循环次数 /次 | 颗粒含量/% | | | | |
|---|---|---|---|---|---|
| | >5mm | 2～5mm | 0.5～2mm | 0.25～0.5mm | <0.25mm |
| 1 | 19.90 | 50.53 | 23.13 | 4.00 | 2.44 |
| 2 | 12.89 | 21.47 | 48.88 | 8.83 | 7.93 |
| 3 | 4.17 | 13.11 | 45.05 | 13.99 | 23.68 |
| 4 | 0.09 | 1.07 | 41.40 | 17.73 | 39.71 |

由表 2.21 可知，在对达州地区侏罗系蓬莱镇组红层泥岩进行崩解试验时，浸水 30min 后多较迅速崩解成块状、颗粒状，24h 后大多数成为颗粒状和渣状。因此，达州地区岩样在经历 4 次干湿循环后，颗粒大于 2mm 的减少了很多，崩解物颗粒大部分集中在 0.25～0.5mm 和<0.25mm，可以判定为强崩解。

表 2.21    四川达州红层泥岩岩样的崩解颗粒含量变化

| 循环次数 /次 | 颗粒含量/% | | | | |
|---|---|---|---|---|---|
| | >5mm | 2～5mm | 0.5～2mm | 0.25～0.5mm | <0.25mm |
| 1 | 28.23 | 35.85 | 10.57 | 11.39 | 13.96 |
| 2 | 18.52 | 19.18 | 17.39 | 23.64 | 21.27 |
| 3 | 9.78 | 8.42 | 20.76 | 37.06 | 23.98 |
| 4 | 0.32 | 2.54 | 21.91 | 47.96 | 27.27 |

由表 2.22 可知，在对遂宁地区侏罗系遂宁组红层泥岩进行崩解试验时，浸水后 30min 内缓慢崩解，且为块状崩解，24h 内仍呈块状崩解。因此，遂宁地区岩

样在经历 4 次干湿循环后，颗粒大于 2mm 的减少了很多，崩解物颗粒大部分集中在 0.5～2mm 和 0.25～0.5mm，可以判定为中崩解。

表 2.22  四川遂宁红层泥岩岩样的崩解颗粒含量变化

| 循环次数 /次 | 颗粒含量/% | | | | |
|---|---|---|---|---|---|
| | >5mm | 2～5mm | 0.5～2mm | 0.25～0.5mm | <0.25mm |
| 1 | 9.92 | 50.56 | 23.18 | 11.95 | 4.39 |
| 2 | 0.91 | 21.50 | 48.93 | 16.78 | 11.88 |
| 3 | 0.19 | 9.14 | 53.10 | 22.94 | 14.63 |
| 4 | 0.11 | 5.10 | 41.45 | 30.68 | 22.66 |

由表 2.23 可知，在对重庆地区侏罗系沙溪庙组红层泥岩进行崩解试验时，浸水后 24h 内不崩解，浸水 24h 以上呈块状崩解。因此，重庆地区岩样在经历 4 次干湿循环后，颗粒大于 2mm 的减少了很多，崩解物颗粒大部分集中在 0.5～2mm 和 <0.25mm，可以判定为弱崩解。

表 2.23  重庆红层泥岩岩样的崩解颗粒含量变化

| 循环次数 /次 | 颗粒含量/% | | | | |
|---|---|---|---|---|---|
| | >5mm | 2～5mm | 0.5～2mm | 0.25～0.5mm | <0.25mm |
| 1 | 62.14 | 24.85 | 7.57 | 1.48 | 3.96 |
| 2 | 33.52 | 34.18 | 20.39 | 3.64 | 8.27 |
| 3 | 15.78 | 28.42 | 32.76 | 7.06 | 15.98 |
| 4 | 12.32 | 20.54 | 35.90 | 8.96 | 22.28 |

由表 2.24 可知，在对四川的盆北西南区中江油三叠系飞仙关组红层泥岩进行崩解试验时，浸水 30min 后观察基本为块状，在 24h 后泥岩大多数仍为块状，只有少部分为泥状或颗粒状。因此，江油地区岩样在经历 4 次干湿循环后，其崩解物颗粒大多数为 0.5～2mm，同时 2～5mm 和 0.25～0.5mm 中也占有较多部分，判定为弱崩解。

表 2.24  江油红层泥岩岩样的崩解颗粒含量变化

| 循环次数 /次 | 颗粒含量/% | | | | |
|---|---|---|---|---|---|
| | >5mm | 2～5mm | 0.5～2mm | 0.25～0.5mm | <0.25mm |
| 1 | 57.34 | 27.08 | 7.05 | 4.88 | 3.65 |
| 2 | 42.08 | 25.65 | 10.22 | 13.82 | 8.23 |
| 3 | 14.46 | 22.42 | 32.33 | 18.52 | 12.27 |
| 4 | 3.12 | 19.64 | 42.04 | 21.85 | 13.35 |

### 2.3.2　云南红层泥岩崩解特性

对于云南红层的崩解性，分别对滇中的白垩系江河底组红层泥岩、滇西北白垩系景星组红层泥岩、滇西南侏罗系漾江组红层泥岩岩样进行了 4 次干湿循环，并对其崩解物进行了颗粒分析，试验结果如表 2.25～表 2.27 所示。

表 2.25　滇中红层泥岩的崩解颗粒含量变化

| 循环次数 /次 | 颗粒含量/% | | | | |
|---|---|---|---|---|---|
| | >5mm | 2～5mm | 0.5～2mm | 0.25～0.5mm | <0.25mm |
| 1 | 53.08 | 31.32 | 8.47 | 1.89 | 5.24 |
| 2 | 14.02 | 23.14 | 14.76 | 25.02 | 23.06 |
| 3 | 3.72 | 12.20 | 15.93 | 37.39 | 30.76 |
| 4 | 1.74 | 2.14 | 18.45 | 38.92 | 38.75 |

表 2.26　滇西北红层泥岩的崩解颗粒含量变化

| 循环次数 /次 | 颗粒含量/% | | | | |
|---|---|---|---|---|---|
| | >5mm | 2～5mm | 0.5～2mm | 0.25～0.5mm | <0.25mm |
| 1 | 55.34 | 23.68 | 10.74 | 3.56 | 6.68 |
| 2 | 40.57 | 22.75 | 14.58 | 13.04 | 9.06 |
| 3 | 13.27 | 19.74 | 30.05 | 16.63 | 20.31 |
| 4 | 3.58 | 4.21 | 39.64 | 18.24 | 34.33 |

表 2.27　滇西南红层泥岩的崩解颗粒含量变化

| 循环次数 /次 | 颗粒含量/% | | | | |
|---|---|---|---|---|---|
| | >5mm | 2～5mm | 0.5～2mm | 0.25～0.5mm | <0.25mm |
| 1 | 61.06 | 25.93 | 7.61 | 1.49 | 3.91 |
| 2 | 32.45 | 25.26 | 17.42 | 12.65 | 12.22 |
| 3 | 14.71 | 22.50 | 28.79 | 18.07 | 15.93 |
| 4 | 3.25 | 20.62 | 31.93 | 22.97 | 21.23 |

由表 2.25～表 2.27 可知，滇中白垩系江河底组红层泥岩在浸水 30min 后观察，泥岩迅速崩解成颗粒状与渣状物质较多，且在 24h 后基本为泥状和渣状，在经历 4 次干湿循环后，颗粒大于 2mm 的减少了很多，崩解物颗粒大部分集中在 0.25～

0.5mm 和＜0.25mm，判定为强崩解。滇西北的白垩系景星组红层泥岩在浸水 30min 后观察，泥岩主要为块状，而 24h 后大多数呈块状，具有少部分泥状物质，在经历 4 次干湿循环后，颗粒大于 2mm 的减少了很多，崩解物颗粒大多集中在 0.5～2mm、＜0.25mm，判定为中崩解；滇西南的侏罗系漾江组红层泥岩在浸水 30min 时基本不崩解，在 24h 后基本以块状崩解为主，在经历 4 次干湿循环后，崩解物颗粒基本在 2～5mm 和 0.5～2mm，共占有 52.55%，而 0.25～0.5mm 的物质具有 22.97%，判定为弱崩解。

### 2.3.3　广西红层泥岩崩解特性

在广西红层泥岩的崩解性试验中分别对广西昭平的泥盆系莲花山组红层泥岩和广西上思的侏罗系那荡组红层泥岩岩样进行了 4 次干湿循环，并对其崩解物进行了颗粒分析，试验结果如表 2.28 和表 2.29 所示。

表 2.28　广西昭平红层泥岩的崩解颗粒含量变化

| 循环次数 /次 | 颗粒含量/% | | | | |
|---|---|---|---|---|---|
| | ＞5mm | 2～5mm | 0.5～2mm | 0.25～0.5mm | ＜0.25mm |
| 1 | 53.06 | 31.28 | 8.44 | 1.91 | 5.31 |
| 2 | 14.01 | 43.10 | 24.72 | 5.04 | 13.13 |
| 3 | 3.72 | 32.16 | 35.88 | 7.41 | 20.83 |
| 4 | 1.74 | 20.10 | 40.41 | 8.93 | 28.82 |

表 2.29　广西上思红层泥岩的崩解颗粒含量变化

| 循环次数 /次 | 颗粒含量/% | | | | |
|---|---|---|---|---|---|
| | ＞5mm | 2～5mm | 0.5～2mm | 0.25～0.5mm | ＜0.25mm |
| 1 | 41.08 | 35.91 | 7.53 | 11.51 | 3.97 |
| 2 | 32.46 | 30.24 | 10.35 | 15.67 | 11.28 |
| 3 | 14.72 | 13.48 | 18.72 | 37.09 | 15.99 |
| 4 | 8.26 | 7.60 | 13.87 | 48.99 | 21.28 |

由表 2.28 和表 2.29 可知，广西昭平的泥盆系莲花山组红层泥岩在浸泡 30min 内观察其崩解主要为块状，在 24h 后观察多数仍为块状；广西上思的侏罗系那荡组红层泥岩进行崩解试验时，浸泡 30min 后多较迅速崩解成块状、颗粒状，24h 后大多数成为颗粒状和渣状。因此，广西两地区的岩组在经历 4 次干湿循环后，

都表现出了不同程度的崩解，广西昭平红层泥岩经历 4 次干湿循环后，颗粒大于 2mm 的减少了很多，崩解物颗粒大部分集中在 0.5～2mm 和＜0.25mm，判定为中崩解；广西上思红层泥岩经历 4 次干湿循环后，颗粒大于 2mm 的减少了很多，其崩解物颗粒集中于 0.25～0.5mm 和＜0.25mm，判定为强崩解。

### 2.3.4　贵州红层泥岩崩解特性

对于贵州红层泥岩岩样的崩解性试验，分别对贵州习水的侏罗系蓬莱镇组红层泥岩和余庆的白垩系扎佐组、旧州组并层中的红层泥岩进行 4 次干湿循环，并对其崩解物进行了颗粒分析，试验结果如表 2.30 和表 2.31 所示。

表 2.30　贵州习水红层泥岩的崩解颗粒含量变化

| 循环次数 /次 | 颗粒含量/% | | | | |
| --- | --- | --- | --- | --- | --- |
| | ＞5mm | 2～5mm | 0.5～2mm | 0.25～0.5mm | ＜0.25mm |
| 1 | 54.10 | 30.27 | 8.45 | 1.88 | 5.30 |
| 2 | 15.04 | 42.00 | 24.73 | 5.11 | 13.12 |
| 3 | 4.74 | 31.15 | 35.90 | 7.39 | 20.82 |
| 4 | 2.76 | 19.09 | 40.42 | 8.92 | 28.81 |

表 2.31　贵州余庆红层泥岩的崩解颗粒含量变化

| 循环次数 /次 | 颗粒含量/% | | | | |
| --- | --- | --- | --- | --- | --- |
| | ＞5mm | 2～5mm | 0.5～2mm | 0.25～0.5mm | ＜0.25mm |
| 1 | 62.08 | 24.90 | 7.54 | 1.51 | 3.97 |
| 2 | 33.47 | 34.23 | 20.36 | 3.66 | 8.28 |
| 3 | 15.73 | 28.47 | 32.73 | 7.08 | 15.99 |
| 4 | 12.27 | 20.59 | 36.88 | 7.97 | 22.29 |

由表 2.30 和表 2.31 可知，贵州红层泥岩岩样的崩解试验中，贵州习水与贵州余庆地区的红层泥岩在 30min 内缓慢崩解，主要以块状物质出现，而在 24h 之后其泥岩大多数仍为块状。在经历 4 次干湿循环后，都表现出了不同程度的崩解。习水和余庆的岩样在经历 4 次干湿循环后，颗粒大于 2mm 的减少了很多，崩解物颗粒大部分集中在 0.5～2mm 和＜0.25mm，并在前两次循环后＞5mm 的颗粒减少了很多，可以判定均为中崩解。

# 2.4　红层泥岩填料路用性指标与分级标准

## 2.4.1　路用性判别指标建立

综合关于红层泥岩的研究资料来看，红层泥岩主要表现出极强的水理特性，同时考虑到路基填料强度、刚度、水稳性、耐久性要求，可以选用干密度、CBR值、自由膨胀率、软化系数作为西南红层泥岩路用性的判别指标[6-13]。

### 1. 干密度

土的干密度是单位体积土中的干土粒重。与工程有关的土一般都含有或多或少的水分。但干密度越大孔隙比越小（$\gamma_s$ 不变），即土越密实，故堤坝、机场、填土地基与路基等工程常以土压实后的干密度作为保证填土质量的指标。在工程实践中，用土的压实度或压实系数来直接控制填方质量。压实系数用 $\lambda$ 表示，它定义为工地压实时要求达到的干密度 $\rho_d$ 与室内击实试验所得到的最大干密度 $\rho_{d\max}$ 之值。可见，$\lambda$ 越接近于 1，表示压实质量的要求越高，这应用于主要受力层或重要工程中。在高速公路的路基工程中，要求 $\lambda > 0.95$，但是对于路基的下层或次要工程，$\lambda$ 值可取得小一些。如填筑黏性土路堤，堤面以下 1.2m 内的干密度一般应达到其试验所得最大值的 90%～95%，1.2m 以下要求达到 85%～90%；而在填土地基，则一般应达到 94%～97%。因此，可以选用干密度指标评价红层泥岩填料的压实性。

### 2. CBR 值

红层泥岩的强度值也是其作为工程材料必不可少的评判标准。CBR 值是用于评定路基土和路面材料的强度指标，对路基填筑材料合理性的选择具有重要的参考意义。CBR 值是用材料抵抗局部荷载压入变形的能力来表示，用以判断土体承载力的大小，目的是模拟路基在使用期间经历气象变化和常年运行过程中含水量的变化，以及在最恶劣的条件下推算出 CBR 值。新建遂渝铁路重庆段与达成线仓山段已有相应红层泥岩填料路用性试验数据，在该段铁路及无砟轨道的红层泥岩试验路堤已修建成功且顺利运营。

### 3. 自由膨胀率

红层泥岩的膨胀是矿物晶胞间吸收不定量水分子造成的"粒内膨胀"和矿物

颗粒扩散层厚度增大造成的"粒间膨胀"的综合表现。在红层泥岩中起膨胀作用的黏土矿物主要为蒙脱石和伊利石，而且当黏土矿物含量达到一定的比例时才表现出显著的膨胀性。红层泥岩中单一黏土矿物很少，多数为多重黏土矿物的组合体，如高岭石、伊利石组合，高岭石、伊利石和蒙脱石混合矿物组合及伊利石和蒙脱石混合矿物绿泥石组合等，在某些层段的泥岩中伊利石和蒙脱石混合矿物含量可达 80%以上，不同的矿物组合及黏土矿物含量影响着膨胀性与崩解性。岩样浸水后黏土颗粒吸收大量水分，使晶胞间距增大或扩散层增厚，使黏土胶结物崩解，而碎屑颗粒之间失去联结造成重力解体。另外，吸湿力的作用可使岩样产生新的软弱面，并沿软弱面产生破坏，从而造成岩石的崩解。显然，岩石的崩解受黏土矿物含量及类型、胶结物类型及固结程度等因素的综合影响。一般膨胀矿物含量高的岩石浸水后结构易遭受破坏产生崩解，钙质胶结的岩石具有一定稳定性，崩解性差。胶结程度越差，则越易崩解，尤其是红层风化带，结构疏松，具有极大的不稳定性。泥岩的膨胀还与胶结物成分及含量、胶结程度有关。钙质含量高的岩石具有相当的稳定性，胶结程度越高，岩石强度越高者膨胀性越低，当黏聚力大于 0.5MPa 时膨胀性可忽略。

### 4. 软化系数

通常情况下泥岩岩性比较软弱，特别是红层泥岩富含蒙脱石、伊利石、高岭石等黏土矿物，其颗粒小、亲水性强。黏粒含量越高，岩石遇水后强度降低幅度越大。在降水及地下水的长期作用下，岩石易发生软化，强度降低。当水浸入岩石内部时，常顺着裂隙进入，润湿岩石全部自由面上每个矿物颗粒。水分子的介入改变了岩石的物理状态，削弱了颗粒间的联系。在干燥状态和饱水状态下所求得的单轴抗压强度具有明显的差别，这一差异在软岩中表现得更加突出，即前者比后者大得多，软化系数很小，这种岩石吸水软化与矿物成分的亲水性有着密切联系，与岩石的总孔隙率有着直接的联系。软化系数 $K_R$ 是判定红层泥岩路用性的重要指标之一，软化系数的高低反映了岩石的水理性质和岩石遇水后其强度变化的程度。

## 2.4.2  红层泥岩填料的击实指标

对西南地区的川渝、云南、广西、贵州地区的红层泥岩的重塑土进行击实试验研究，绘制含水量与干密度的关系曲线。以下为各个地区的击实试验分析。

### 1. 川渝地区红层泥岩填料的击实指标

1) 四川达州

四川达州侏罗系自流井组红层泥岩的 $\rho_d$ - $\omega$ 关系曲线如图 2.3 所示，随着含水量的增加，重型击实试验下红层泥岩填料的干密度先增大后减小，符合曲线的一般规律。四川达州红层泥岩填料的最大干密度为 2.11g/cm³，对应的最优含水率为 9.68%。

2) 四川泸州

四川泸州侏罗系遂宁组红层泥岩的 $\rho_d$ - $\omega$ 关系曲线如图 2.4 所示，随着含水量的增加，重型击实试验下红层泥岩填料的干密度先增大后减小，符合曲线的一般规律。四川泸州红层泥岩填料的最大干密度为 2.06g/cm³，对应的最优含水率为 12.50%。

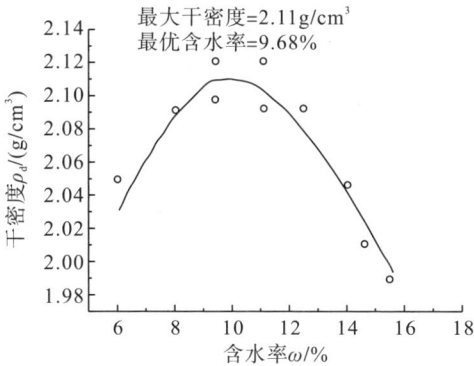

图 2.3　四川达州侏罗系自流井组红层泥岩重塑土样 $\rho_d$ - $\omega$ 关系曲线

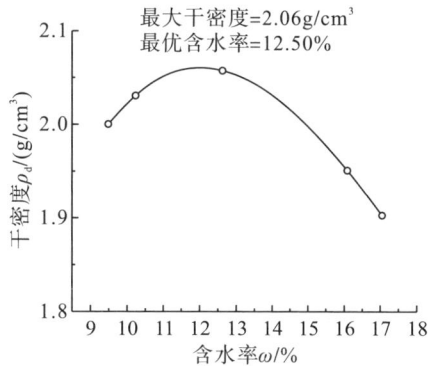

图 2.4　四川泸州侏罗系遂宁组红层泥岩重塑土样 $\rho_d$ - $\omega$ 关系曲线

3) 重庆

重庆侏罗系沙溪庙组红层泥岩的 $\rho_d$ - $\omega$ 关系曲线如图 2.5 所示，随着含水量的增加，重型击实试验下红层泥岩填料的干密度先增大后减小，符合曲线的一般规律。重庆红层泥岩填料的最大干密度为 2.09g/cm³，对应的最优含水率为 9.00%。

4) 四川遂宁

四川遂宁侏罗系遂宁组红层泥岩的 $\rho_d$ - $\omega$ 关系曲线如图 2.6 所示，随着含水量的增加，重型击实试验下红层泥岩填料的干密度先增大后减小，符合曲线的一般规律。四川遂宁红层泥岩填料的最大干密度为 2.13g/cm³，对应的最优含水率为 9.40%。

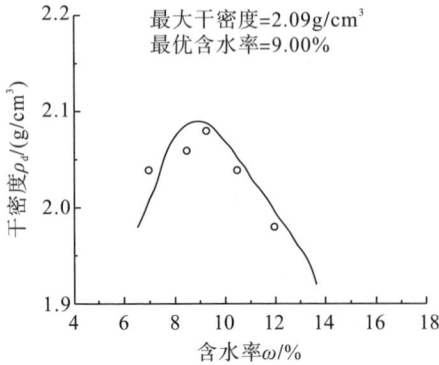

图 2.5　重庆侏罗系沙溪庙组红层
泥岩重塑土样 $\rho_d$ - $\omega$ 关系曲线

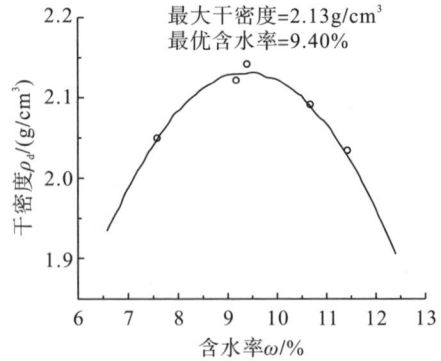

图 2.6　四川遂宁侏罗系遂宁组红层
泥岩重塑土样 $\rho_d$ - $\omega$ 关系曲线

5) 四川雅安

四川雅安白垩系灌口组红层泥岩的 $\rho_d$ - $\omega$ 关系曲线如图 2.7 所示,随着含水量的增加,重型击实试验下红层泥岩填料的干密度先增大后减小,符合曲线的一般规律。四川雅安红层泥岩填料的最大干密度为 1.82g/cm³,对应的最优含水率为 18.75%。

6) 四川攀枝花

四川攀枝花白垩系小坝组红层泥岩的 $\rho_d$ - $\omega$ 关系曲线如图 2.8 所示,随着含水量的增加,重型击实试验下红层泥岩填料的干密度先增大后减小,符合曲线的一般规律。四川攀枝花红层泥岩填料的最大干密度为 2.21g/cm³,对应的最优含水率为 8.42%。

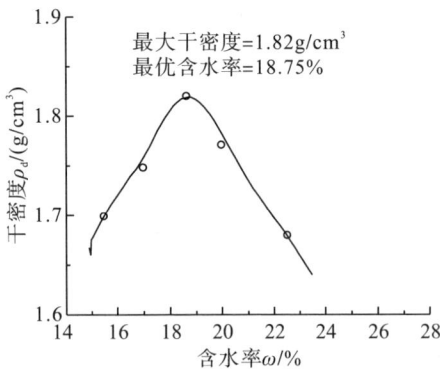

图 2.7　四川雅安白垩系灌口组红层
泥岩重塑土样 $\rho_d$ - $\omega$ 关系曲线

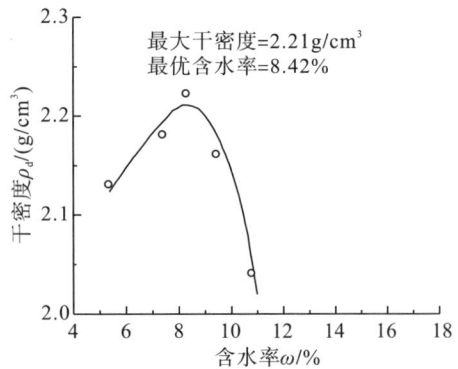

图 2.8　四川攀枝花白垩系小坝组红层
泥岩重塑土样 $\rho_d$ - $\omega$ 关系曲线

7) 四川西昌

四川西昌侏罗系官沟组红层泥岩的 $\rho_d$-$\omega$ 关系曲线如图 2.9 所示，随着含水量的增加，重型击实试验下红层泥岩填料的干密度先增大后减小，符合曲线的一般规律。四川西昌红层泥岩填料的最大干密度为 2.22g/cm³，对应的最优含水率为 7.06%。

## 2. 云南红层泥岩填料击实指标

1) 云南楚雄

云南楚雄侏罗系妥甸组红层泥岩的 $\rho_d$-$\omega$ 关系曲线如图 2.10 所示，随着含水量的增加，重型击实试验下红层泥岩填料的干密度先增大后减小，符合曲线的一般规律。云南楚雄红层泥岩填料的最大干密度为 2.08g/cm³，对应的最优含水率为 10.58%。

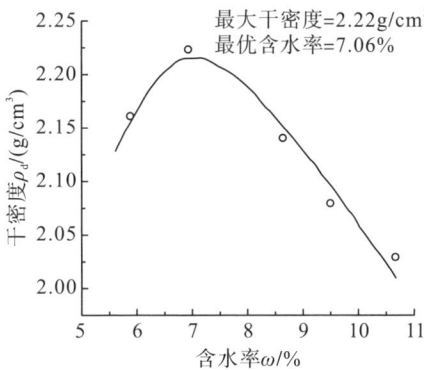

图 2.9　四川西昌侏罗系官沟组红层泥岩重塑土样 $\rho_d$-$\omega$ 关系曲线

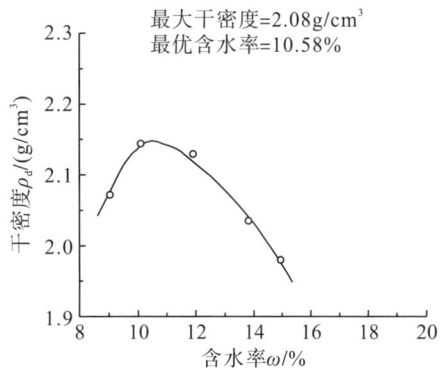

图 2.10　云南楚雄侏罗系妥甸组红层泥岩重塑土样 $\rho_d$-$\omega$ 关系曲线

2) 云南永平

云南永平侏罗系坝注路组红层泥岩的 $\rho_d$-$\omega$ 关系曲线如图 2.11 所示，随着含水量的增加，重型击实试验下红层泥岩填料的干密度先增大后减小，符合曲线的一般规律。云南永平红层泥岩填料的最大干密度为 1.99g/cm³，对应的最优含水率为 12.18%。

3) 云南普洱

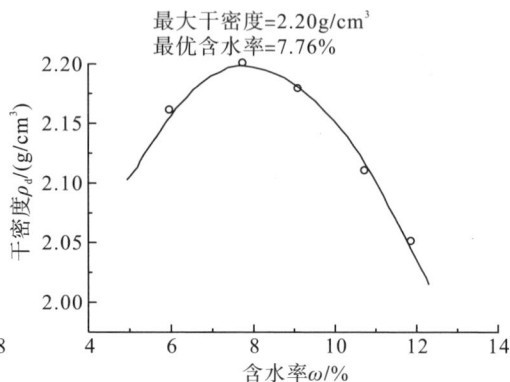

云南普洱白垩系曼宽河组红层泥岩的 $\rho_d$-$\omega$ 关系曲线如图 2.12 所示，随着含水量的增加，重型击实试验下红层泥岩填料的干密度先增大后减小，符合曲线的一般规律。云南普洱红层泥岩填料的最大干密度为 2.20g/cm³，对应的最优含水率为 7.76%。

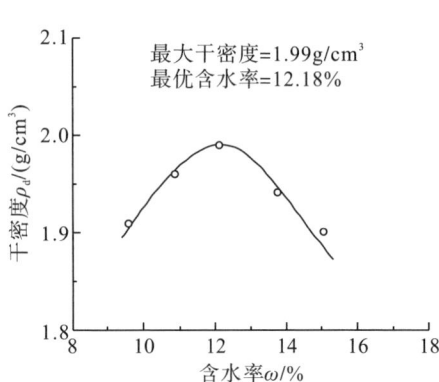

图 2.11　云南永平侏罗系坝注路组红层　　图 2.12　云南普洱白垩系曼宽河组红层
泥岩重塑土样 $\rho_d$-$\omega$ 关系曲线　　　　泥岩重塑土样 $\rho_d$-$\omega$ 关系曲线

### 3. 广西红层泥岩填料击实指标

对广西红层的击实性研究，以广西贺州市昭平县的泥盆系莲花山组红层泥岩和防城港市上思县的侏罗系那荡组(代表广西十万大山沉积区的红层泥岩)为主，对这两组红层泥岩分别进行重型击实试验，从而得出其击实特性。

1) 广西昭平

广西昭平泥盆系莲花山组红层泥岩的 $\rho_d$-$\omega$ 关系曲线如图 2.13 所示，随着含水量的增加，重型击实试验下红层泥岩填料的干密度先增大后减小，符合曲线的一般规律。广西昭平红层泥岩填料的最大干密度为 1.81g/cm³，对应的最优含水率为 18.45%。

2) 广西上思

广西上思侏罗系那荡组红层泥岩的 $\rho_d$-$\omega$ 关系曲线如图 2.14 所示，随着含水量的增加，重型击实试验下红层泥岩填料的干密度先增大后减小，符合曲线的一般规律。广西上思红层泥岩填料的最大干密度为 1.97g/cm³，对应的最优含水率为 14.03%。

最大干密度=1.81g/cm³
最优含水率=18.45%

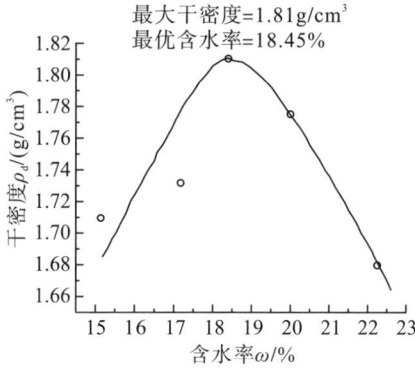

图 2.13　广西昭平泥盆系莲花山组红层
泥岩重塑土样 $\rho_d$ - $\omega$ 关系曲线

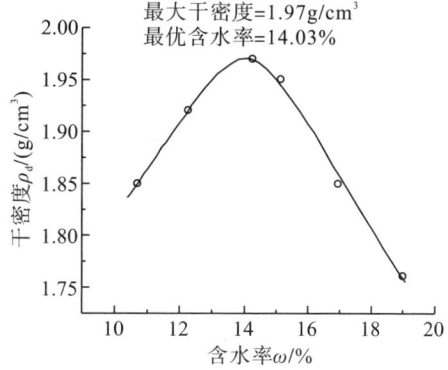

最大干密度=1.97g/cm³
最优含水率=14.03%

图 2.14　广西上思侏罗系那荡组红层
泥岩重塑土样 $\rho_d$ - $\omega$ 关系曲线

### 4. 贵州红层泥岩填料击实指标

1）贵州习水

贵州习水侏罗系自流井组红层泥岩的 $\rho_d$ - $\omega$ 关系曲线如图 2.15 所示，随着含水量的增加，重型击实试验下红层泥岩填料的干密度先增大后减小，符合曲线的一般规律。贵州习水红层泥岩填料的最大干密度为2.12g/cm³，对应的最优含水率为9.03%。

2）贵州余庆

贵州余庆白垩系扎佐组、旧州组并层红层泥岩的 $\rho_d$ - $\omega$ 关系曲线如图 2.16 所示，随着含水量的增加，重型击实试验下红层泥岩填料的干密度先增大后减小，符合曲线的一般规律。贵州余庆红层泥岩填料的最大干密度为2.06g/cm³，对应的最优含水率为9.45%。

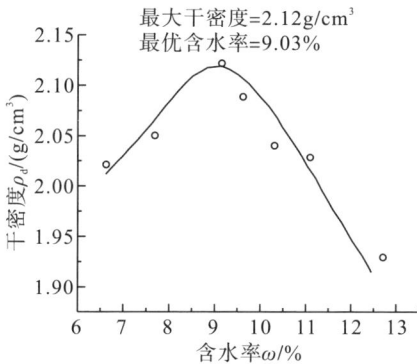

最大干密度=2.12g/cm³
最优含水率=9.03%

最大干密度=2.06g/cm³
最优含水率=9.45%

图 2.15　贵州习水侏罗系自流井组红层
泥岩重塑土样 $\rho_d$ - $\omega$ 关系曲线

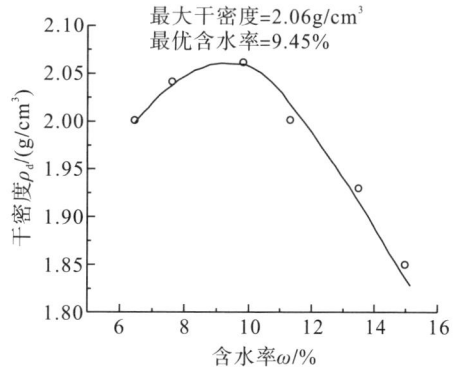

图 2.16　贵州余庆白垩系扎佐组、旧州组并层
红层泥岩重塑土样 $\rho_d$ - $\omega$ 关系曲线

　　土的含水量决定着土体所处状态及土颗粒和孔隙水膜间的作用力，含水量较小时，土体在颗粒间引力作用下保持比较疏松的凝聚结构，土孔隙水少气多，大都相互连通。在外部击实作用下土体孔隙中的气体易于被排出，密度会随之增大，但由于较薄的强结合水膜的润滑作用不足以克服颗粒间引力，土粒相对移动不显著，故击实效果较差。

　　当含水量逐渐增大时，由于水膜变厚，颗粒间引力减弱，在击实作用、水膜润滑作用下，土颗粒移动显著，击实作用逐渐明显。当含水量接近最优含水率时，土中所含的水量最有利于土粒受击时发生相对移动，达到最大干密度。当含水率过大，在排水不畅的情况下，过多次数的反复击实，甚至会导致土体密度不增大而土体结构被破坏的现象。

　　因此，红层泥岩作为路基填料进行压实的过程中，合理控制含水率对于提高压实效果具有重要意义。

### 2.4.3　红层泥岩填料的 CBR 指标

　　红层泥岩的强度值也是其作为工程材料必不可少的评判标准。CBR 值用于评定路基土和路面材料的强度指标，对路基填筑材料合理的选择具有重要的参考意义。CBR 值是用材料抵抗局部荷载压入变形的能力来表示，用以判断土体承载力的大小，目的是模拟路基在使用期间经历气象变化和常年运行过程中含水量的变化，以及在最恶劣的条件下推算出 CBR 值。

　　以新建遂渝铁路重庆段与达成线仓山段的红层泥岩填料试验数据为例，该段铁路及无砟轨道红层泥岩试验路堤已修建成功且顺利运营，并参考相关规范作为参考值，按照路用性可将 CBR 值分为三类：G1（适用：CBR＞5）、G2（需处理：4≤CBR≤5）、G3（不适用：CBR＜4）。

#### 1. 川渝地区红层泥岩填料的 CBR 指标

　　对于四川盆地红层研究是将四川地区分为四川盆地和攀西区进行研究，其中对四川盆地的研究又分为对四川盆东区、盆中区和盆北西南区进行研究。

　　1）盆东区

　　在盆东区重庆、达州、泸州等地区进行取样研究盆东区红层的 CBR 特性，其 CBR 特性如表 2.32 所示。

　　盆东区的达州侏罗系蓬莱镇组泥岩、重庆侏罗系沙溪庙组泥岩、泸州侏罗系遂宁组泥岩 $CBR_{2.5}$ 值都小于 $CBR_{5.0}$ 值，因此取 $CBR_{5.0}$ 值作为其结果，但由于达州侏罗系蓬莱镇组岩样的试验数据的变异系数均大于12%，则应去掉 1 个偏大的值，取其余 2 个数据的平均值作为试验结果，于是该组样的 $CBR_{5.0}$ 为 4.09%，$CBR_{2.5}$ 为 3.56%且该点的 CBR 值取 4.09%。达州侏罗系自流井组粉砂质泥岩、重庆侏罗系沙溪庙组粉砂质泥岩填料的 $CBR_{2.5}$ 值大于 $CBR_{5.0}$ 值，因此取 $CBR_{2.5}$ 值作为其结果。

表 2.32　四川盆东区红层填料的 CBR 特性

| 取样点 | 地层组 | 岩性 | CBR 特性 | CBR 值/% | | | 平均值/% | 变异系数/% |
|---|---|---|---|---|---|---|---|---|
| | | | | 样 1 | 样 2 | 样 3 | | |
| 达州 | 侏罗系自流井组 | 粉砂质泥岩 | $CBR_{2.5}$ | 6.92 | 7.05 | 7.13 | 7.03 | 1.51 |
| | | | $CBR_{5.0}$ | 6.54 | 6.66 | 6.84 | 6.68 | 2.26 |
| 重庆 | 侏罗系沙溪庙组 | 粉砂质泥岩 | $CBR_{2.5}$ | 6.72 | 6.78 | 6.96 | 6.82 | 1.83 |
| | | | $CBR_{5.0}$ | 6.12 | 6.25 | 6.32 | 6.23 | 1.63 |
| | | 泥岩 | $CBR_{2.5}$ | 4.71 | 4.72 | 4.87 | 4.77 | 1.88 |
| | | | $CBR_{5.0}$ | 5.35 | 5.36 | 5.60 | 5.44 | 2.60 |
| 达州 | 侏罗系蓬莱镇组 | 泥岩 | $CBR_{2.5}$ | 4.39 | 3.71 | 3.41 | 3.84(3.56) | 13.02 |
| | | | $CBR_{5.0}$ | 5.02 | 4.14 | 4.04 | 4.40(4.09) | 12.26 |
| 泸州 | 侏罗系遂宁组 | 泥岩 | $CBR_{2.5}$ | 3.40 | 3.31 | 3.45 | 3.39 | 2.09 |
| | | | $CBR_{5.0}$ | 3.80 | 3.84 | 3.93 | 3.86 | 1.72 |

注：括号内为去掉一个偏大的值后的平均值。

2）盆中区

盆中区在遂宁进行取样，研究盆中区的 CBR 特性，其岩样分别为遂宁侏罗系沙溪庙组粉砂质泥岩、侏罗系蓬莱镇组泥岩、侏罗系遂宁组粉砂质泥岩和泥岩，其结果分析如表 2.33 所示。

表 2.33　四川盆中区红层填料的 CBR 特性

| 取样点 | 地层组 | 岩性 | CBR 特性 | CBR 值/% | | | 平均值/% | 变异系数/% |
|---|---|---|---|---|---|---|---|---|
| | | | | 样 1 | 样 2 | 样 3 | | |
| 遂宁 | 侏罗系沙溪庙组 | 粉砂质泥岩 | $CBR_{2.5}$ | 5.72 | 5.84 | 5.96 | 5.84 | 2.05 |
| | | | $CBR_{5.0}$ | 5.32 | 5.35 | 5.47 | 5.38 | 1.48 |
| | 侏罗系蓬莱镇组 | 泥岩 | $CBR_{2.5}$ | 2.14 | 2.41 | 2.41 | 2.32 | 6.70 |
| | | | $CBR_{5.0}$ | 2.41 | 2.43 | 2.69 | 2.51 | 6.20 |
| | 侏罗系遂宁组 | 粉砂质泥岩 | $CBR_{2.5}$ | 4.43 | 4.32 | 4.14 | 4.30 | 3.40 |
| | | | $CBR_{5.0}$ | 5.42 | 5.41 | 5.07 | 5.30 | 4.45 |
| | | 泥岩 | $CBR_{2.5}$ | 3.32 | 3.47 | 3.56 | 3.45 | 3.51 |
| | | | $CBR_{5.0}$ | 3.14 | 3.17 | 3.32 | 3.21 | 3.00 |

由表 2.33 中盆中区的 CBR 值可知，盆中区侏罗系蓬莱镇组泥岩和侏罗系遂宁组粉砂质泥岩(遂宁)的 $CBR_{2.5}$ 值小于 $CBR_{5.0}$ 值，因此取 $CBR_{5.0}$ 值作为其结果，则有侏罗系蓬莱镇组泥岩、侏罗系遂宁组粉砂质泥岩的 CBR 值分别为 2.51%、5.30%。对于侏罗系沙溪庙组粉砂质泥岩、侏罗系遂宁组泥岩的 $CBR_{2.5}$ 值大于 $CBR_{5.0}$ 值，因此取 $CBR_{2.5}$ 值作为其结果，则有侏罗系沙溪庙组粉砂质泥岩、侏罗系遂宁组泥岩的 CBR 值分别为 5.84%、3.45%，且所有填料的试验数据的变异系数均小于 12%，符合规范要求。

3) 盆北西南区

盆北西南区在江油和雅安进行取样，研究盆北西南区的 CBR 特性。在江油以三叠系飞仙关组泥岩，侏罗系沙溪庙组、遂宁组并层粉砂质泥岩和泥岩及侏罗系莲花口组泥岩，雅安以白垩系灌口组泥岩、古近系—新近系名山组泥岩岩样进行 CBR 值分析，如表 2.34 所示。

表 2.34　四川盆北西南区红层填料的 CBR 特性

| 取样点 | 地层组 | 岩性 | CBR 特性 | CBR 值/% | | | 平均值/% | 变异系数/% |
|---|---|---|---|---|---|---|---|---|
| | | | | 样 1 | 样 2 | 样 3 | | |
| 江油 | 三叠系飞仙关组 | 泥岩 | $CBR_{2.5}$ | 6.10 | 6.65 | 5.88 | 6.21 | 6.39 |
| | | | $CBR_{5.0}$ | 6.21 | 6.12 | 5.78 | 6.04 | 3.76 |
| | 侏罗系沙溪庙组、遂宁组并层 | 粉砂质泥岩 | $CBR_{2.5}$ | 6.42 | 6.33 | 6.85 | 6.53 | 4.26 |
| | | | $CBR_{5.0}$ | 6.68 | 7.28 | 6.77 | 6.91 | 4.68 |
| | | 泥岩 | $CBR_{2.5}$ | 5.08 | 5.25 | 4.98 | 5.10 | 2.68 |
| | | | $CBR_{5.0}$ | 5.08 | 4.98 | 4.72 | 4.93 | 3.77 |
| | 侏罗系莲花口组 | 泥岩 | $CBR_{2.5}$ | 5.21 | 5.12 | 4.74 | 5.02 | 4.97 |
| | | | $CBR_{5.0}$ | 5.06 | 4.77 | 4.68 | 4.84 | 4.11 |
| 雅安 | 白垩系灌口组 | 泥岩 | $CBR_{2.5}$ | 4.48 | 4.62 | 4.25 | 4.45 | 4.20 |
| | | | $CBR_{5.0}$ | 4.74 | 4.35 | 4.44 | 4.51 | 4.53 |
| | 古近系—新近系名山组 | 泥岩 | $CBR_{2.5}$ | 4.86 | 4.54 | 4.74 | 4.71 | 3.43 |
| | | | $CBR_{5.0}$ | 5.07 | 4.90 | 4.62 | 4.86 | 4.68 |

由盆北西南区红层泥岩的 CBR 值可知，江油的三叠系飞仙关组泥岩，侏罗系沙溪庙组、遂宁组并层泥岩，侏罗系莲花口组泥岩的 $CBR_{2.5}$ 值大于 $CBR_{5.0}$ 值，因此取 $CBR_{2.5}$ 值作为其结果，则有三叠系飞仙关组泥岩 CBR 值为 6.21%，侏罗系沙溪庙组、遂宁组并层泥岩 CBR 值为 5.10%，侏罗系莲花口组泥岩 CBR 值为 5.02%。

对于江油的侏罗系沙溪庙组、遂宁组并层粉砂质泥岩，雅安的白垩系灌口组泥岩、古近系—新近系名山组泥岩的 $CBR_{2.5}$ 值小于 $CBR_{5.0}$ 值，因此取 $CBR_{5.0}$ 值作为其结果，则有侏罗系沙溪庙组、遂宁组并层粉砂质泥岩 CBR 值为 6.91%，白垩系灌口组泥岩 CBR 值为 4.51%，古近系—新近系名山组泥岩 CBR 值为 4.86%。

4）攀西区

针对四川攀西区红层，在西昌喜德县对侏罗系官沟组和白垩系飞天山组红层泥岩取样，在攀枝花市会理县对白垩系小坝组红层泥岩进行取样，对这两地区红层试样进行 CBR 值分析，其结果如表 2.35 所示。

表 2.35　四川攀西区红层填料的 CBR 特性

| 取样点 | 地层组 | 岩性 | CBR 特性 | CBR 值/% | | | 平均值 /% | 变异系数 /% |
|---|---|---|---|---|---|---|---|---|
| | | | | 样 1 | 样 2 | 样 3 | | |
| 西昌 | 侏罗系 官沟组 | 泥岩 | $CBR_{2.5}$ | 5.14 | 5.09 | 5.22 | 5.15 | 0.93 |
| | | | $CBR_{5.0}$ | 4.86 | 4.97 | 4.92 | 4.92 | 1.12 |
| | 白垩系 飞天山组 | 泥岩 | $CBR_{2.5}$ | 5.20 | 5.30 | 5.35 | 5.28 | 2.05 |
| | | | $CBR_{5.0}$ | 5.26 | 5.12 | 5.05 | 5.14 | 2.95 |
| 攀枝花 | 白垩系 小坝组 | 泥岩 | $CBR_{2.5}$ | 5.29 | 5.34 | 5.58 | 5.40 | 2.87 |
| | | | $CBR_{5.0}$ | 5.38 | 6.20 | 5.83 | 5.80 | 7.08 |

由攀西区红层泥岩 CBR 值可知西昌的侏罗系官沟组、白垩系飞天山组红层泥岩岩样的 $CBR_{2.5}$ 值大于 $CBR_{5.0}$ 值，因此取 $CBR_{2.5}$ 值作为其结果，其 CBR 值分别为 5.15%、5.28%。攀枝花白垩系小坝组红层泥岩填料的 $CBR_{2.5}$ 值小于 $CBR_{5.0}$ 值，因此取 $CBR_{5.0}$ 值作为其结果，其 CBR 值为 5.80%，且试验数据的变异系数均小于 12%，符合规范要求。

## 2. 云南红层泥岩填料的 CBR 指标

1）滇中区

对于滇中区红层，选取楚雄的侏罗系冯家河组泥岩、侏罗系妥甸组泥岩、白垩系普昌河组泥岩、白垩系马头山组泥岩和大姚的白垩系江河底组泥岩进行 CBR 分析，其结果如表 2.36 所示。

表 2.36    云南滇中区红层填料的 CBR 特性

| 取样点 | 地层组 | 岩性 | CBR 特性 | CBR 值/% | | | 平均值 /% | 变异系数 /% |
|---|---|---|---|---|---|---|---|---|
| | | | | 样 1 | 样 2 | 样 3 | | |
| 楚雄 | 侏罗系 冯家河组 | 泥岩 | $CBR_{2.5}$ | 4.10 | 3.86 | 4.45 | 4.14 | 7.17 |
| | | | $CBR_{5.0}$ | 3.58 | 4.16 | 4.32 | 4.02 | 9.78 |
| | 侏罗系 妥甸组 | 泥岩 | $CBR_{2.5}$ | 6.23 | 5.77 | 5.58 | 5.86 | 4.59 |
| | | | $CBR_{5.0}$ | 6.30 | 6.98 | 7.06 | 6.78 | 6.16 |
| | 白垩系 普昌河组 | 泥岩 | $CBR_{2.5}$ | 2.42 | 2.38 | 2.46 | 2.42 | 1.65 |
| | | | $CBR_{5.0}$ | 3.14 | 3.27 | 3.36 | 3.26 | 3.39 |
| | 白垩系 马头山组 | 泥岩 | $CBR_{2.5}$ | 5.42 | 4.96 | 5.16 | 5.18 | 4.44 |
| | | | $CBR_{5.0}$ | 5.02 | 5.20 | 5.74 | 5.32 | 7.04 |
| 大姚 | 白垩系 江河底组 | 泥岩 | $CBR_{2.5}$ | 3.33 | 3.70 | 3.82 | 3.62 | 7.06 |
| | | | $CBR_{5.0}$ | 3.37 | 3.58 | 3.65 | 3.53 | 4.13 |

由滇中区红层的 CBR 值可知楚雄侏罗系妥甸组泥岩、白垩系普昌河组泥岩和白垩系马头山组泥岩填料的 $CBR_{2.5}$ 值小于 $CBR_{5.0}$ 值，因此取 $CBR_{5.0}$ 值作为其结果，则侏罗系妥甸组、白垩系普昌河组和白垩系马头山组泥岩的 CBR 值分别为 6.78%、3.26% 和 5.32%，且该取样地点的试验数据的变异系数均小于 12%，符合规范要求。对于楚雄的侏罗系冯家河组和大姚的白垩系江河底组红层泥岩 $CBR_{2.5}$ 值大于 $CBR_{5.0}$ 值，因此取 $CBR_{2.5}$ 值作为其结果，侏罗系冯家河组和白垩系江河底组 CBR 值分别为 4.14% 和 3.62%。

2）滇西北区

对于滇西北区的红层泥岩，选取永平和云龙红层泥岩进行 CBR 分析，其结果如表 2.37 所示。

表 2.37    云南滇西北区红层填料的 CBR 特性

| 取样点 | 地层组 | 岩性 | CBR 特性 | CBR 值/% | | | 平均值 /% | 变异系数 /% |
|---|---|---|---|---|---|---|---|---|
| | | | | 样 1 | 样 2 | 样 3 | | |
| 永平 | 侏罗系 坝注路组 | 泥岩 | $CBR_{2.5}$ | 5.66 | 5.85 | 6.21 | 5.91 | 4.73 |
| | | | $CBR_{5.0}$ | 5.91 | 6.19 | 6.59 | 6.23 | 5.49 |
| | 侏罗系 花开左组 | 泥岩 | $CBR_{2.5}$ | 4.54 | 5.12 | 4.94 | 4.87 | 6.10 |
| | | | $CBR_{5.0}$ | 4.76 | 4.64 | 4.35 | 4.58 | 4.60 |
| | 白垩系 景星组 | 泥岩 | $CBR_{2.5}$ | 4.86 | 5.22 | 5.04 | 5.04 | 3.57 |
| | | | $CBR_{5.0}$ | 5.04 | 5.42 | 5.38 | 5.28 | 3.95 |
| 云龙 | 古近系—新近系 云龙组 | 泥岩 | $CBR_{2.5}$ | 2.96 | 2.88 | 3.28 | 3.04 | 6.96 |
| | | | $CBR_{5.0}$ | 3.21 | 3.28 | 3.46 | 3.32 | 3.89 |

由滇西北区红层的 CBR 值可知，从永平的侏罗系坝注路组、白垩系景星组和云龙的古近系—新近系云龙组泥岩填料的 $CBR_{2.5}$ 值小于 $CBR_{5.0}$ 值，因此取 $CBR_{5.0}$ 值作为其结果，则滇西北区红层中的侏罗系坝注路组、白垩系景星组和古近系—新近系云龙组岩样的 CBR 值分别为 6.23%、5.28% 和 3.32%，对于侏罗系花开左组泥岩的 $CBR_{2.5}$ 值大于 $CBR_{5.0}$ 值，则取 $CBR_{2.5}$ 值作为其结果，其 CBR 值为 4.87%，且所有填料的试验数据的变异系数均小于 12%。

3）滇西南区

对于滇西南区的红层泥岩，选取普洱思茅和普洱江城红层泥岩进行 CBR 分析，其结果如表 2.38 所示。

表 2.38　云南滇西南区红层填料的 CBR 特性

| 取样点 | 地层组 | 岩性 | CBR特性 | CBR 值/% | | | 平均值/% | 变异系数/% |
| --- | --- | --- | --- | --- | --- | --- | --- | --- |
| | | | | 样 1 | 样 2 | 样 3 | | |
| 普洱思茅 | 侏罗系漾江组 | 泥岩 | $CBR_{2.5}$ | 6.40 | 6.31 | 6.50 | 6.40 | 1.49 |
| | | | $CBR_{5.0}$ | 6.32 | 6.21 | 6.47 | 6.33 | 2.06 |
| | 侏罗系花开左组 | 泥岩 | $CBR_{2.5}$ | 4.65 | 4.75 | 5.06 | 4.82 | 4.43 |
| | | | $CBR_{5.0}$ | 4.83 | 4.58 | 4.54 | 4.65 | 3.38 |
| 普洱江城 | 白垩系曼宽河组 | 泥岩 | $CBR_{2.5}$ | 3.60 | 3.52 | 3.33 | 3.48 | 3.99 |
| | | | $CBR_{5.0}$ | 3.78 | 3.55 | 3.61 | 3.65 | 3.27 |

由滇西南区红层的 CBR 值可知，对于滇西南区普洱思茅的侏罗系漾江组、花开左组泥岩的 $CBR_{2.5}$ 值大于 $CBR_{5.0}$ 值，因此取 $CBR_{2.5}$ 值作为其结果，其 CBR 值分别为 6.40%、4.82%。而普洱江城白垩系曼宽河组泥岩的 $CBR_{2.5}$ 值小于 $CBR_{5.0}$ 值，因此取 $CBR_{5.0}$ 值作为其结果，其 CBR 值为 3.65%，而且对于滇西南区红层泥岩 CBR 值的试验数据变异系数均小于 12%，符合规范要求。

## 3. 广西红层泥岩填料的 CBR 指标

1）桂东-桂东南地区

对于桂东-桂东南地区红层泥岩，取广西昭平泥盆系莲花山组和广西平南白垩系新隆组泥岩进行 CBR 分析，其结果如表 2.39 所示。

表 2.39　广西桂东-桂东南地区红层填料的 CBR 特性

| 取样点 | 地层组 | 岩性 | CBR特性 | CBR 值/% | | | 平均值/% | 变异系数/% |
|---|---|---|---|---|---|---|---|---|
| | | | | 样 1 | 样 2 | 样 3 | | |
| 广西昭平 | 泥盆系莲花山组 | 泥岩 | CBR$_{2.5}$ | 3.25 | 3.75 | 3.57 | 3.52 | 7.20 |
| | | | CBR$_{5.0}$ | 4.28 | 4.52 | 4.94 | 4.58 | 2.40 |
| 广西平南 | 白垩系新隆组 | 泥岩 | CBR$_{2.5}$ | 2.05 | 1.52 | 1.07 | 1.55(1.30) | 31.65 |
| | | | CBR$_{5.0}$ | 3.15 | 3.51 | 1.96 | 2.87(2.56) | 28.26 |

注：括号内为去掉一个偏大的值后的平均值。

由于该取样点中的白垩系新隆组泥岩的试验数据的变异系数均大于 12%，则应去掉 1 个偏大的值，取其余 2 个数据的平均值作为试验结果，于是得到白垩系新隆组泥岩的 CBR$_{2.5}$ 值为 1.30%，CBR$_{5.0}$ 值为 2.56%且将 CBR$_{5.0}$ 值 2.56%作为最终结果，而泥盆系莲花山组泥岩的 CBR$_{2.5}$ 值小于 CBR$_{5.0}$ 值，因此取 CBR$_{5.0}$ 值作为其结果，CBR 值为 4.58%，符合试验规范要求。

2）十万大山沉积区

对于十万大山沉积区的红层泥岩，取广西上思地区的侏罗系汪门组、百姓组、那荡组泥岩作为代表十万大山沉积区的红层进行 CBR 分析，其结果如表 2.40 所示。

表 2.40　广西十万大山沉积区红层泥岩填料的 CBR 特性

| 取样点 | 地层组 | 岩性 | CBR特性 | CBR 值/% | | | 平均值/% | 变异系数/% |
|---|---|---|---|---|---|---|---|---|
| | | | | 样 1 | 样 2 | 样 3 | | |
| 广西上思 | 侏罗系汪门组 | 泥岩 | CBR$_{2.5}$ | 3.68 | 4.17 | 4.21 | 4.02 | 2.12 |
| | | | CBR$_{5.0}$ | 4.34 | 4.21 | 4.80 | 4.45 | 6.97 |
| | 侏罗系百姓组 | 泥岩 | CBR$_{2.5}$ | 3.00 | 3.01 | 3.35 | 3.12 | 6.40 |
| | | | CBR$_{5.0}$ | 3.05 | 3.70 | 3.78 | 3.51 | 11.40 |
| | 侏罗系那荡组 | 泥岩 | CBR$_{2.5}$ | 0.54 | 1.46 | 1.25 | 1.08(0.90) | 44.64 |
| | | | CBR$_{5.0}$ | 2.39 | 3.61 | 2.36 | 2.79(2.38) | 25.56 |

注：括号内为去掉一个偏大的值后的平均值。

广西上思的泥岩的 CBR$_{2.5}$ 值都小于 CBR$_{5.0}$ 值，因此取 CBR$_{5.0}$ 值作为其结果。但由于侏罗系那荡组泥岩的 CBR 试验数据的变异系数均大于 12%，则应去掉 1 个偏大的值，取其余 2 个数据的平均值作为试验结果，则上思的侏罗系汪门组、百姓组泥岩的 CBR 值分别为 4.45%、3.51%，而那荡组去掉偏大值后其 CBR$_{5.0}$ 值为 2.38%且将 CBR$_{5.0}$ 值为 2.38%作为最终结果。

## 4. 贵州红层泥岩填料的 CBR 指标

1) 黔西-黔北区

对于黔西-黔北区红层泥岩，选取贵州毕节和习水岩样进行 CBR 分析，其结果如表 2.41 所示。

表 2.41　贵州黔西-黔北区红层填料的 CBR 特性

| 取样点 | 地层组 | 岩性 | CBR 特性 | CBR 值/% | | | 平均值/% | 变异系数/% |
| --- | --- | --- | --- | --- | --- | --- | --- | --- |
| | | | | 样 1 | 样 2 | 样 3 | | |
| 贵州毕节 | 三叠系飞仙关组 | 泥岩 | $CBR_{2.5}$ | 6.54 | 6.64 | 6.85 | 6.68 | 1.68 |
| | | | $CBR_{5.0}$ | 6.93 | 6.74 | 6.90 | 6.86 | 1.05 |
| 贵州习水 | 侏罗系自流井组 | 泥岩 | $CBR_{2.5}$ | 5.16 | 5.34 | 5.42 | 5.31 | 1.77 |
| | | | $CBR_{5.0}$ | 5.05 | 5.24 | 5.39 | 5.23 | 2.31 |
| | 侏罗系沙溪庙组 | 泥岩 | $CBR_{2.5}$ | 5.10 | 4.89 | 4.92 | 4.97 | 1.62 |
| | | | $CBR_{5.0}$ | 5.16 | 5.00 | 5.15 | 5.10 | 1.24 |
| | 侏罗系蓬莱镇组 | 泥岩 | $CBR_{2.5}$ | 1.92 | 1.92 | 2.03 | 1.96 | 3.24 |
| | | | $CBR_{5.0}$ | 2.77 | 2.31 | 2.48 | 2.52 | 9.23 |

贵州毕节的三叠系飞仙关组，贵州习水的侏罗系沙溪庙组、侏罗系蓬莱镇组泥岩填料的 $CBR_{2.5}$ 值小于 $CBR_{5.0}$ 值，因此取 $CBR_{5.0}$ 值作为其结果，则贵州三叠系飞仙关组、侏罗系沙溪庙组、侏罗系蓬莱镇组填料的 CBR 值分别为 6.86%、5.10%、2.52%。对于侏罗系自流井组泥岩，其 $CBR_{2.5}$ 值大于 $CBR_{5.0}$ 值，因此取 $CBR_{2.5}$ 值作为其结果，则其 CBR 值为 5.31%，且所有填料的试验数据的变异系数均小于 12%，符合规范要求。

2) 贵州余庆区

对于贵州余庆区，选取白垩系扎佐组、旧州组并层泥岩进行 CBR 分析，其结果如表 2.42 所示。

表 2.42　贵州余庆区红层填料的 CBR 特性

| 取样点 | 地层组 | 岩性 | CBR 特性 | CBR 值/% | | | 平均值/% | 变异系数/% |
| --- | --- | --- | --- | --- | --- | --- | --- | --- |
| | | | | 样 1 | 样 2 | 样 3 | | |
| 贵州余庆 | 白垩系扎佐组、旧州组并层 | 泥岩 | $CBR_{2.5}$ | 3.04 | 2.83 | 3.36 | 3.08 | 8.67 |
| | | | $CBR_{5.0}$ | 4.22 | 4.64 | 3.92 | 4.26 | 8.49 |

余庆红层泥岩填料的 $CBR_{2.5}$ 值小于 $CBR_{5.0}$ 值，按《土工试验规程》（YS/T5225—2016）要求，又进行了一组同样试验条件下的试验，得到的结果仍是如此，因此取 $CBR_{5.0}$ 值作为其结果，则贵州余庆岩样的 CBR 值为 4.26%，且该取样点的试验数据的变异系数均小于 12%，符合规范要求。

### 2.4.4　红层泥岩填料的膨胀指标

试验时红层泥岩按仪器规格制成 120mm 高的试样，在仪器上方安置一个百分表，然后连同仪器和试样一并放入水桶中，在水桶中灌入水，水深要盖过仪器。分别浸泡 4 天，每天记一次百分表变化的数据，4 天后膨胀基本完成。计算出膨胀率，相同地区的泥岩分别做 3 个样，编号为 A、B、C，最后取平均值作为该地区红层泥岩的膨胀率。

#### 1. 川渝地区红层泥岩的膨胀特性

针对川渝地区红层泥岩，根据《铁路工程特殊岩土勘察规程》（TB 10038—2022），可知其膨胀性小于弱膨胀土的膨胀性，满足铁路路堤对填料的要求。

由表 2.43 可知，四川攀西地区的红层泥岩的膨胀性较低，其平均值为 1.60%，主要是与其泥岩中所含的黏土矿物、化学成分、形成气候干燥、降水稀少有关。

表 2.43　四川攀西地区红层泥岩自由膨胀率试验成果表

| 地层组 | 试样 | 原试件高度/mm | 浸泡 1 天后试件高度/mm | 浸泡 2 天后试件高度/mm | 浸泡 3 天后试件高度/mm | 浸泡 4 天后试件高度/mm | 膨胀率/% | 膨胀率平均值/% |
|---|---|---|---|---|---|---|---|---|
| 侏罗系官沟组 | A | 120 | 121.11 | 121.45 | 121.56 | 121.66 | 1.38 | |
| | B | 120 | 120.87 | 121.22 | 121.54 | 121.64 | 1.37 | 1.35 |
| | C | 120 | 120.98 | 121.32 | 121.46 | 121.57 | 1.31 | |
| 白垩系飞天山组 | A | 120 | 120.85 | 121.35 | 121.58 | 121.85 | 1.54 | |
| | B | 120 | 120.96 | 121.48 | 121.75 | 121.98 | 1.65 | 1.54 |
| | C | 120 | 120.95 | 121.42 | 121.58 | 121.72 | 1.43 | |
| 白垩系小坝组 | A | 120 | 121.38 | 121.76 | 121.98 | 122.28 | 1.90 | |
| | B | 120 | 121.43 | 121.85 | 122.11 | 122.32 | 1.93 | 1.92 |
| | C | 120 | 121.46 | 121.96 | 122.15 | 122.32 | 1.93 | |

由表 2.44 可知，四川盆地盆东区的粉砂质泥岩和泥岩的膨胀率，以侏罗系自流井组粉砂质泥岩的膨胀率最小，同时同一岩组的粉砂质泥岩的膨胀系数明显比

同一岩组的泥岩的膨胀率要小，主要是由于泥岩中所含的黏土矿物大于粉砂质泥岩，侏罗系红层泥岩的膨胀率较大，其遂宁组泥岩中最大可达到 21.06%。

表 2.44　四川盆东区红层泥岩自由膨胀率试验成果表

| 地层组 | 岩性 | 试样 | 原试件高度/mm | 浸泡 1 天后试件高度/mm | 浸泡 2 天后试件高度/mm | 浸泡 3 天后试件高度/mm | 浸泡 4 天后试件高度/mm | 膨胀率/% | 膨胀率平均值/% |
|---|---|---|---|---|---|---|---|---|---|
| 侏罗系自流井组 | 粉砂质泥岩 | A | 120 | 125.94 | 127.35 | 129.27 | 130.85 | 9.04 | |
| | | B | 120 | 126.14 | 127.68 | 129.02 | 129.87 | 8.22 | 8.40 |
| | | C | 120 | 126.08 | 127.34 | 128.36 | 129.54 | 7.95 | |
| 侏罗系沙溪庙组 | 粉砂质泥岩 | A | 120 | 127.87 | 130.75 | 133.24 | 134.47 | 12.06 | |
| | | B | 120 | 128.36 | 131.24 | 133.39 | 134.33 | 11.94 | 12.47 |
| | | C | 120 | 128.06 | 132.06 | 133.97 | 136.08 | 13.40 | |
| | 泥岩 | A | 120 | 129.08 | 133.21 | 135.24 | 136.56 | 13.80 | |
| | | B | 120 | 129.26 | 133.42 | 134.46 | 135.30 | 12.75 | 13.20 |
| | | C | 120 | 128.76 | 132.67 | 134.77 | 135.66 | 13.05 | |
| 侏罗系蓬莱镇组 | 泥岩 | A | 120 | 129.80 | 135.25 | 137.32 | 139.04 | 15.87 | |
| | | B | 120 | 129.34 | 136.52 | 139.25 | 141.90 | 18.25 | 17.39 |
| | | C | 120 | 130.42 | 137.02 | 139.42 | 141.65 | 18.04 | |
| 侏罗系遂宁组 | 泥岩 | A | 120 | 132.34 | 139.54 | 142.32 | 145.27 | 21.06 | |
| | | B | 120 | 133.53 | 137.06 | 139.96 | 141.76 | 18.13 | 19.00 |
| | | C | 120 | 132.34 | 136.94 | 139.45 | 141.36 | 17.80 | |

由表 2.45 可知，盆中区红层的膨胀率普遍较高，粉砂质泥岩膨胀率平均值为 13.55%，泥岩的膨胀率的平均值为 24.02%，其中以侏罗系蓬莱镇组泥岩的膨胀率最高，其膨胀率值可达 28.02%。对于盆中区的膨胀率比盆东区膨胀率要高，主要是由于盆中区以静水沉积的浅海相-湖泊相沉积为主，形成的红层中黏土矿物颗粒含量升高，膨胀率逐渐变大。

表 2.45　四川盆中区红层泥岩自由膨胀率试验成果表

| 地层组 | 岩性 | 试样 | 原试件高度/mm | 浸泡 1 天后试件高度/mm | 浸泡 2 天后试件高度/mm | 浸泡 3 天后试件高度/mm | 浸泡 4 天后试件高度/mm | 膨胀率/% | 膨胀率平均值/% |
|---|---|---|---|---|---|---|---|---|---|
| 侏罗系沙溪庙组 | 粉砂质泥岩 | A | 120 | 129.54 | 133.42 | 136.06 | 137.54 | 14.62 | |
| | | B | 120 | 130.02 | 133.97 | 136.41 | 137.94 | 14.95 | 14.50 |
| | | C | 120 | 129.15 | 133.52 | 135.52 | 136.72 | 13.93 | |
| 侏罗系蓬莱镇组 | 泥岩 | A | 120 | 135.35 | 144.32 | 149.78 | 153.62 | 28.02 | |
| | | B | 120 | 136.68 | 143.05 | 148.82 | 151.25 | 26.04 | 26.50 |
| | | C | 120 | 135.02 | 143.24 | 148.63 | 150.54 | 25.45 | |

续表

| 地层组 | 岩性 | 试样 | 原试件高度/mm | 浸泡1天后试件高度/mm | 浸泡2天后试件高度/mm | 浸泡3天后试件高度/mm | 浸泡4天后试件高度/mm | 膨胀率/% | 膨胀率平均值/% |
|---|---|---|---|---|---|---|---|---|---|
| 侏罗系遂宁组 | 粉砂质泥岩 | A | 120 | 128.64 | 133.22 | 134.42 | 135.62 | 13.02 | |
| | | B | 120 | 127.85 | 131.04 | 133.46 | 134.26 | 11.88 | 12.60 |
| | | C | 120 | 128.08 | 132.46 | 134.50 | 135.48 | 12.90 | |
| | 泥岩 | A | 120 | 133.84 | 140.57 | 145.44 | 148.50 | 23.75 | |
| | | B | 120 | 134.26 | 138.22 | 141.84 | 143.81 | 19.84 | 21.54 |
| | | C | 120 | 134.82 | 140.06 | 143.55 | 145.22 | 21.02 | |

由表 2.46 可知，盆北西南区红层的膨胀率较高，其中以白垩系灌口组泥岩的膨胀率最高，其膨胀率值可达 27.58%。三叠系飞仙关组泥岩的膨胀率最低，其膨胀率平均值为 8.04%。盆北西南区红层的膨胀率的平均值为 15.91%。

表 2.46　四川盆北西南区红层泥岩自由膨胀率试验成果表

| 地层组 | 岩性 | 试样 | 原试件高度/mm | 浸泡1天后试件高度/mm | 浸泡2天后试件高度/mm | 浸泡3天后试件高度/mm | 浸泡4天后试件高度/mm | 膨胀率/% | 膨胀率平均值/% |
|---|---|---|---|---|---|---|---|---|---|
| 三叠系飞仙关组 | 泥岩 | A | 120 | 125.05 | 127.12 | 128.85 | 129.88 | 8.23 | |
| | | B | 120 | 126.02 | 127.32 | 128.94 | 129.72 | 8.10 | 8.04 |
| | | C | 120 | 125.58 | 127.64 | 128.62 | 129.34 | 7.78 | |
| 侏罗系沙溪庙组、遂宁组并层 | 粉砂质泥岩 | A | 120 | 126.22 | 128.32 | 129.95 | 131.24 | 9.37 | |
| | | B | 120 | 125.85 | 127.92 | 129.13 | 129.98 | 8.32 | 8.70 |
| | | C | 120 | 126.05 | 128.12 | 129.24 | 130.08 | 8.40 | |
| | 泥岩 | A | 120 | 129.54 | 134.84 | 137.55 | 139.46 | 16.22 | |
| | | B | 120 | 130.22 | 133.30 | 135.84 | 137.88 | 14.90 | 15.31 |
| | | C | 120 | 130.13 | 133.52 | 135.48 | 137.76 | 14.80 | |
| 侏罗系莲花口组 | 泥岩 | A | 120 | 131.02 | 134.13 | 136.56 | 137.21 | 14.34 | |
| | | B | 120 | 130.86 | 133.65 | 136.44 | 137.30 | 14.42 | 14.21 |
| | | C | 120 | 130.55 | 133.26 | 135.94 | 136.63 | 13.86 | |
| 白垩系灌口组 | 泥岩 | A | 120 | 136.52 | 144.26 | 149.85 | 153.10 | 27.58 | |
| | | B | 120 | 137.88 | 145.02 | 149.05 | 152.88 | 27.40 | 27.20 |
| | | C | 120 | 135.52 | 144.03 | 148.64 | 151.94 | 26.62 | |
| 古近系—新近系名山组 | 泥岩 | A | 120 | 131.58 | 137.33 | 142.68 | 145.25 | 21.04 | |
| | | B | 120 | 132.05 | 139.12 | 144.52 | 147.30 | 22.75 | 22.01 |
| | | C | 120 | 133.12 | 139.52 | 143.83 | 146.69 | 22.24 | |

## 2. 云南红层泥岩的膨胀特性

云南红层泥岩，滇中白垩系普昌河组和滇西白垩系曼宽河组膨胀率较高，其他均较低。滇中侏罗系冯家河组平均自由膨胀率为 4.65%，侏罗系妥甸组为 4.25%，白垩系普昌河组为 14.11%，白垩系马头山组为 5.76%，白垩系江河底组为 11.70%。滇西侏罗系坝注路组平均自由膨胀率为 7.49%，侏罗系花开左组（北）为 8.56%，白垩系景星组为 9.04%，古近系—新近系云龙组为 10.54%，侏罗系漾江组为 9.14%，侏罗系花开左组（南）为 13.99%，白垩系曼宽河组为 16.35%。滇中红层和滇西红层的膨胀性试验成果数据见表 2.47 和表 2.48 所示。

表 2.47　云南滇中红层自由膨胀率试验成果表

| 地层组 | 试样 | 原试件高度/mm | 浸泡 1 天后试件高度/mm | 浸泡 2 天后试件高度/mm | 浸泡 3 天后试件高度/mm | 浸泡 4 天后试件高度/mm | 膨胀率/% | 膨胀率平均值/% |
|---|---|---|---|---|---|---|---|---|
| 侏罗系冯家河组 | A | 120 | 123.75 | 124.82 | 124.49 | 125.99 | 5.00 | |
| | B | 120 | 122.97 | 123.02 | 124.62 | 124.98 | 4.15 | 4.65 |
| | C | 120 | 122.61 | 123.98 | 125.35 | 125.77 | 4.81 | |
| 侏罗系妥甸组 | A | 120 | 121.76 | 122.98 | 123.87 | 124.81 | 4.01 | |
| | B | 120 | 122.04 | 123.08 | 124.52 | 125.30 | 4.42 | 4.25 |
| | C | 120 | 121.97 | 123.52 | 124.34 | 125.17 | 4.31 | |
| 白垩系普昌河组 | A | 120 | 128.76 | 133.44 | 134.86 | 135.70 | 13.08 | |
| | B | 120 | 127.52 | 132.57 | 134.85 | 136.40 | 13.67 | 14.11 |
| | C | 120 | 129.61 | 133.78 | 136.05 | 138.70 | 15.58 | |
| 白垩系马头山组 | A | 120 | 123.18 | 124.86 | 125.74 | 126.46 | 5.38 | |
| | B | 120 | 123.35 | 125.07 | 126.35 | 127.26 | 6.05 | 5.76 |
| | C | 120 | 123.77 | 124.96 | 126.21 | 127.03 | 5.86 | |
| 白垩系江河底组 | A | 120 | 125.78 | 128.95 | 131.62 | 132.70 | 10.58 | |
| | B | 120 | 127.06 | 121.54 | 133.68 | 135.55 | 12.96 | 11.70 |
| | C | 120 | 126.33 | 129.42 | 132.04 | 133.88 | 11.57 | |

表 2.48　云南滇西红层自由膨胀率试验成果表

| 地层组 | 试样 | 原试件高度/mm | 浸泡 1 天后试件高度/mm | 浸泡 2 天后试件高度/mm | 浸泡 3 天后试件高度/mm | 浸泡 4 天后试件高度/mm | 膨胀率/% | 膨胀率平均值/% |
|---|---|---|---|---|---|---|---|---|
| 侏罗系坝注路组 | A | 120 | 124.58 | 126.42 | 127.31 | 128.18 | 6.82 | |
| | B | 120 | 125.64 | 127.91 | 129.02 | 129.82 | 8.18 | 7.49 |
| | C | 120 | 123.96 | 125.78 | 127.42 | 128.96 | 7.47 | |

| 地层组 | 试样 | 原试件高度/mm | 浸泡1天后试件高度/mm | 浸泡2天后试件高度/mm | 浸泡3天后试件高度/mm | 浸泡4天后试件高度/mm | 膨胀率/% | 膨胀率平均值/% |
|---|---|---|---|---|---|---|---|---|
| 侏罗系花开左组（北） | A | 120 | 127.04 | 129.14 | 130.42 | 131.18 | 9.32 | |
| | B | 120 | 127.21 | 128.42 | 129.08 | 129.53 | 7.94 | 8.56 |
| | C | 120 | 127.02 | 128.56 | 129.47 | 130.10 | 8.42 | |
| 白垩系景星组 | A | 120 | 124.48 | 127.31 | 130.02 | 131.66 | 9.72 | |
| | B | 120 | 125.06 | 127.36 | 129.52 | 130.86 | 9.05 | 9.04 |
| | C | 120 | 124.85 | 127.08 | 128.94 | 130.03 | 8.36 | |
| 古近系—新近系云龙组 | A | 120 | 126.67 | 128.88 | 130.32 | 132.74 | 10.62 | |
| | B | 120 | 127.03 | 129.22 | 131.43 | 133.25 | 11.04 | 10.54 |
| | C | 120 | 126.21 | 128.62 | 130.52 | 131.94 | 9.95 | |
| 侏罗系漾江组 | A | 120 | 125.65 | 128.34 | 130.05 | 131.02 | 9.18 | |
| | B | 120 | 125.42 | 128.02 | 129.85 | 131.76 | 9.80 | 9.14 |
| | C | 120 | 126.04 | 128.34 | 129.47 | 130.13 | 8.44 | |
| 侏罗系花开左组（南） | A | 120 | 128.78 | 131.45 | 133.96 | 135.90 | 13.25 | |
| | B | 120 | 129.96 | 133.38 | 135.67 | 137.56 | 14.63 | 13.99 |
| | C | 120 | 129.05 | 133.58 | 135.48 | 136.92 | 14.10 | |
| 白垩系曼宽河组 | A | 120 | 129.04 | 133.55 | 137.32 | 139.58 | 16.32 | |
| | B | 120 | 129.96 | 134.65 | 137.97 | 140.28 | 16.90 | 16.35 |
| | C | 120 | 128.68 | 132.06 | 135.54 | 138.98 | 15.82 | |

### 3. 广西红层泥岩的膨胀特性

针对广西红层泥岩，选择对广西上思的侏罗系汪门组、百姓组和那荡组，广西昭平的泥盆系莲花山组和广西平南的白垩系新隆组红层泥岩进行膨胀试验分析，其试验数据及分析如表 2.49 所示。

表 2.49　广西红层泥岩自由膨胀率试验成果表

| 地层组 | 试样 | 原试件高度/mm | 浸泡1天后试件高度/mm | 浸泡2天后试件高度/mm | 浸泡3天后试件高度/mm | 浸泡4天后试件高度/mm | 膨胀率/% | 膨胀率平均值/% |
|---|---|---|---|---|---|---|---|---|
| 泥盆系莲花山组 | A | 120 | 122.86 | 123.98 | 124.75 | 125.57 | 4.64 | |
| | B | 120 | 123.05 | 123.86 | 124.54 | 125.52 | 4.60 | 4.67 |
| | C | 120 | 123.22 | 123.95 | 124.80 | 125.72 | 4.77 | |
| 白垩系新隆组 | A | 120 | 127.25 | 129.02 | 131.54 | 132.76 | 10.63 | |
| | B | 120 | 127.97 | 129.85 | 131.87 | 133.25 | 11.04 | 10.62 |
| | C | 120 | 126.78 | 129.08 | 131.45 | 132.24 | 10.20 | |

| 地层组 | 试样 | 原试件高度/mm | 浸泡1天后试件高度/mm | 浸泡2天后试件高度/mm | 浸泡3天后试件高度/mm | 浸泡4天后试件高度/mm | 膨胀率/% | 膨胀率平均值/% |
|---|---|---|---|---|---|---|---|---|
| 侏罗系汪门组 | A | 120 | 128.98 | 132.87 | 135.45 | 136.50 | 13.75 | |
| | B | 120 | 129.65 | 132.24 | 134.35 | 135.26 | 12.72 | 13.26 |
| | C | 120 | 128.78 | 132.04 | 134.85 | 135.96 | 13.30 | |
| 侏罗系百姓组 | A | 120 | 130.97 | 134.58 | 138.36 | 141.04 | 17.53 | |
| | B | 120 | 131.58 | 136.67 | 139.06 | 142.22 | 18.52 | 18.05 |
| | C | 120 | 131.84 | 136.85 | 138.95 | 141.72 | 18.10 | |
| 侏罗系那荡组 | A | 120 | 134.56 | 142.87 | 147.25 | 149.54 | 24.62 | |
| | B | 120 | 133.28 | 141.21 | 146.05 | 148.54 | 23.78 | 24.08 |
| | C | 120 | 133.96 | 142.54 | 146.87 | 148.61 | 23.84 | |

由上述可知广西昭平(代表桂东-桂东南区)的泥盆系莲花山组与广西平南的白垩系新隆组的红层泥岩的自由膨胀率较小,而广西上思(代表十万大山区)的侏罗系汪门组、百姓组、那荡组的红层泥岩的自由膨胀率较高,其平均值最高可达24.08%,逐渐达到具有膨胀岩的类型。

**4. 贵州红层泥岩的膨胀特性**

针对贵州红层泥岩,贵州习水三叠系飞仙关组红层泥岩散体的平均自由膨胀率为3.84%,侏罗系自流井组为8.47%,侏罗系沙溪庙组为6.94%,侏罗系蓬莱镇组为12.86%,贵州余庆的白垩系扎佐组、旧州组并层为5.59%。其各个岩组的自由膨胀率如表2.50所示。

表2.50　贵州红层泥岩自由膨胀率试验成果表

| 地层组 | 试样 | 原试件高度/mm | 浸泡1天后试件高度/mm | 浸泡2天后试件高度/mm | 浸泡3天后试件高度/mm | 浸泡4天后试件高度/mm | 膨胀率/% | 膨胀率平均值/% |
|---|---|---|---|---|---|---|---|---|
| 三叠系飞仙关组 | A | 120 | 121.98 | 122.85 | 123.64 | 124.27 | 3.56 | |
| | B | 120 | 122.23 | 123.04 | 123.98 | 124.82 | 4.02 | 3.84 |
| | C | 120 | 122.35 | 123.24 | 124.04 | 124.73 | 3.94 | |
| 侏罗系自流井组 | A | 120 | 124.58 | 126.87 | 128.95 | 130.22 | 8.52 | |
| | B | 120 | 124.86 | 127.05 | 128.36 | 130.20 | 8.85 | 8.47 |
| | C | 120 | 124.42 | 126.96 | 128.14 | 129.65 | 8.04 | |
| 侏罗系沙溪庙组 | A | 120 | 124.56 | 126.05 | 127.36 | 128.38 | 6.98 | |
| | B | 120 | 124.86 | 125.94 | 126.56 | 127.82 | 6.52 | 6.94 |
| | C | 120 | 125.08 | 126.52 | 127.88 | 128.78 | 7.32 | |

续表

| 地层组 | 试样 | 原试件高度/mm | 浸泡 1 天后试件高度/mm | 浸泡 2 天后试件高度/mm | 浸泡 3 天后试件高度/mm | 浸泡 4 天后试件高度/mm | 膨胀率/% | 膨胀率平均值/% |
|---|---|---|---|---|---|---|---|---|
| 侏罗系蓬莱镇组 | A | 120 | 127.86 | 131.85 | 134.26 | 135.85 | 13.21 | |
| | B | 120 | 129.08 | 132.05 | 133.84 | 134.98 | 12.48 | 12.86 |
| | C | 120 | 129.20 | 132.21 | 134.36 | 135.48 | 12.90 | |
| 白垩系扎佐组、旧州组并层 | A | 120 | 123.45 | 124.88 | 125.95 | 126.74 | 5.62 | |
| | B | 120 | 123.85 | 124.86 | 125.75 | 126.29 | 5.24 | 5.59 |
| | C | 120 | 124.05 | 125.97 | 126.58 | 127.10 | 5.92 | |

对于贵州红层泥岩，黔西-黔北区域的三叠系飞仙关组，侏罗系自流井组、沙溪庙组、蓬莱镇组的自由膨胀率有逐渐升高的趋势，主要是由于其形成年代逐渐变新。而对于贵州余庆地区(黔中地区)的白垩系扎佐组、旧州组并层的自由膨胀率并不高，其平均值为 5.59%。

### 2.4.5　红层泥岩填料的软化指标

红层泥岩通常情况下岩性较弱，富含蒙脱石、伊利石、高岭石等黏土矿物，其颗粒小、亲水性强。黏粒含量越高，岩石遇水后强度降低幅度越大。岩石的软化性受岩石的矿物成分、孔隙、胶结物等影响。在降水及地下水长期作用下，遇到亲水性或可溶性的矿物，才能使岩石颗粒间的联结削弱，引起强度降低，岩石软化。对西南地区红层取样进行干、饱和单轴抗压强度试验，计算得出各个代表地区岩样的软化系数。

红层泥岩在降水及地下水的长期作用下，岩石易发生软化，强度降低。当水浸入岩石内部时，常顺着裂隙进入，润湿岩石全部自由面上每个矿物颗粒。水分子的介入改变了岩石的物理状态，削弱了颗粒间的联系。在干燥状态和饱水状态下所求得的单轴抗压强度具有明显的差别，这一差异在软岩中表现得更加突出，即前者比后者大得多，软化系数很小，这种岩石吸水软化与矿物成分的亲水性有着密切联系，与岩石的总孔隙率有着直接的联系。

软化系数 $K_R$ 是判定红层泥岩路用性的重要指标之一，软化系数的高低反映了岩石的水理性质和岩石遇水后其强度变化的程度。

#### 1. 川渝地区红层泥岩软化系数试验分析

四川地区红层泥岩在四川盆地、四川攀西区取样。四川盆地划为盆东区(包括重庆)、盆中区、盆北西南区，盆东区在达州、重庆、泸州地区取样，盆中区在遂宁地区取样，盆北西南区在江油和雅安进行取样。对各个地区岩样的软化系数论述如下。

1) 四川盆地

对四川盆地的红层泥岩进行软化系数试验分析，其结果如表 2.51 所示。

表 2.51　四川盆地区红层泥岩软化系数试验结果

| 地区 | 地层组 | 取样点 | 岩性 | 软化系数 |
|---|---|---|---|---|
| 盆东区 | 侏罗系自流井组 | 达州 | 粉砂质泥岩 | 0.75 |
| | 侏罗系沙溪庙组 | 重庆 | 粉砂质泥岩 | 0.36 |
| | 侏罗系沙溪庙组 | 重庆 | 泥岩 | 0.63 |
| | 侏罗系蓬莱镇组 | 达州 | 泥岩 | 0.41 |
| | 侏罗系遂宁组 | 泸州 | 泥岩 | 0.20 |
| 盆中区 | 侏罗系沙溪庙组 | 遂宁 | 粉砂质泥岩 | 0.36 |
| | 侏罗系蓬莱镇组 | 遂宁 | 泥岩 | 0.36 |
| | 侏罗系遂宁组 | 遂宁 | 粉砂质泥岩 | 0.77 |
| | 侏罗系遂宁组 | 遂宁 | 泥岩 | 0.28 |
| 盆北西南区 | 三叠系飞仙关组 | 江油 | 泥岩 | 0.68 |
| | 侏罗系沙溪庙组、遂宁组并层 | 江油 | 粉砂质泥岩 | 0.84 |
| | 侏罗系沙溪庙组、遂宁组并层 | 江油 | 泥岩 | 0.50 |
| | 侏罗系莲花口组 | 江油 | 泥岩 | 0.47 |
| | 白垩系灌口组 | 雅安 | 泥岩 | 0.67 |
| | 古近系—新近系名山组 | 雅安 | 泥岩 | 0.27 |

四川盆地盆东区红层泥岩的软化系数为 0.20～0.63，平均值为 0.41，粉砂质泥岩软化系数为 0.36～0.75，平均值为 0.56；盆中区红层泥岩软化系数为 0.28～0.36，平均值为 0.32，粉砂质泥岩软化系数为 0.36～0.77，平均值为 0.57；盆北西南区红层泥岩软化系数为 0.27～0.68，平均值为 0.52。

由上述对比可知盆地区域的红层的软化系数基本在 0.5 左右，但统计得到盆中区的泥岩软化系数较小。统计得到的软化系数数值跨度较大主要是由于取样地点不同，红层泥岩的形成地质时代不同，化学矿物成分不同，黏土矿物含量高低不同，岩体形成过程中的节理裂隙发育不一样，从而导致各地区红层泥岩的抗压强度及饱和抗压强度相差悬殊，使各个地区的软化系数数值跨度较大，因此其软化系数也不尽相同。

对比以上盆东区、盆中区、盆北西南区红层软化系数，可知盆北西南区的红层抗压强度较高，而盆东区与盆中区红层的抗压强度较低，但总体来说基本属于较软岩(15～30MPa)、软岩(5～15MPa)，还有少部分岩样属于极软岩(小于5MPa)。

这是由于在四川盆地中盆东区以半深水湖相沉积为主，主要形成于侏罗纪—新近纪，局部为三叠纪，盆中区的红层主要形成于侏罗纪，其形成时代较新，主要沉积环境为滨浅湖相、浅湖相至半深水湖相，远离盆周山系物源区，属于静水沉积环境而使红层胶结差、胶结物以泥质或钙质为主，其抗压强度普遍较低，对于盆北西南区红层以侏罗系、白垩系及少部分古近系—新近系为主的地层岩性。

盆西南缘具有三叠系红层，其形成环境以河流相、洪泛相等沉积为主，它们距离盆周物源山区较近，属于动水环境，水动力条件较强，而红层岩类中钙质成分较高，使该类盆北西南区的红层具有相对较高的抗压强度，这些都与三叠纪以前较老的沉积岩多属于中等坚硬-坚硬岩石形成鲜明对比。

2) 攀西区

四川攀西区红层在攀枝花与西昌进行取样，对攀枝花市会理县白垩系小坝组红层泥岩进行取样，西昌喜德县米市镇侏罗系官沟组和白垩系飞天山组红层泥岩岩样，进行软化系数试验分析，其结果如表2.52所示。

表2.52　四川攀西区红层泥岩软化系数试验结果

| 地层组 | 取样点 | 岩性 | 软化系数 |
|---|---|---|---|
| 侏罗系官沟组 | 西昌 | 泥岩 | 0.54 |
| 白垩系飞天山组 | 西昌 | 泥岩 | 0.51 |
| 白垩系小坝组 | 攀枝花 | 泥岩 | 0.60 |

红层泥岩的最小软化系数为0.51，最大软化系数为0.60，其软化系数的平均值为0.55。其数值较接近，主要由于其古气候环境相似，都是降水较少，其沉积环境也相似。

四川攀西区红层主要以会东-会理与西昌两个地区红层比较集中，其特点是中部是白垩系，边缘以侏罗系为主，其沉积环境在侏罗纪时期以滨浅湖相的湖泊沉积环境为主，其静水沉积使红层胶结差，当到白垩纪时期则以河湖交替相的河湖交替沉积环境为主，其动水沉积环境使红层岩类中钙质成分较高，软化系数较高。

攀枝花红层泥岩取样为白垩系小坝组泥岩为陆内拗陷盆地萎缩期的湖泊沉积环境，西昌红层泥岩取样为侏罗系官沟组、白垩系飞天山组泥岩为山前拗陷盆地沉积期的湖泊沉积环境，由于沉积环境不同，攀枝花岩样主要为盆内静水环境，而西昌岩样为山前的静水环境，但离物源较近，因此西昌岩样的软化系数较低。

各取样地点不同，红层泥岩的形成地质时代不同，使化学矿物成分不同，黏土矿物含量高低不同。同时各个岩样的风化程度不一样，使攀西区红层的软化系数不同。

### 2. 云南红层泥岩软化系数试验分析

云南红层主要对三个大的地质区域进行研究，分别为滇中区、滇西北区、滇西南区，在滇中于楚雄侏罗系冯家河组、侏罗系妥甸组泥岩，白垩系普昌河组、白垩系马头山组泥岩和大姚白垩系江河底组泥岩取样，滇西北区于大理永平取侏罗系花开左组、侏罗系坝注路组泥岩和白垩系景星组泥岩，云龙县取古近系—新近系云龙组岩样，滇西南区于普洱思茅取侏罗系漾江组、侏罗系花开左组，普洱江城取白垩系曼宽河组泥岩岩样，对这几个地区红层岩样进行软化系数试验分析，其结果如表 2.53 所示。

表 2.53　云南红层泥岩软化系数试验记录

| 地区 | 地层组 | 取样点 | 岩性 | 软化系数 |
|---|---|---|---|---|
| 滇中区 | 侏罗系冯家河组 | 楚雄 | 泥岩 | 0.48 |
| | 侏罗系妥甸组 | 楚雄 | 泥岩 | 0.57 |
| | 白垩系普昌河组 | 楚雄 | 泥岩 | 0.33 |
| | 白垩系马头山组 | 楚雄 | 泥岩 | 0.46 |
| | 白垩系江河底组 | 大姚 | 泥岩 | 0.29 |
| 滇西北区 | 侏罗系花开左组 | 永平 | 泥岩 | 0.53 |
| | 侏罗系坝注路组 | 永平 | 泥岩 | 0.63 |
| | 白垩系景星组 | 永平 | 泥岩 | 0.49 |
| | 古近系—新近系云龙组 | 云龙 | 泥岩 | 0.25 |
| 滇西南区 | 侏罗系漾江组 | 普洱思茅 | 泥岩 | 0.64 |
| | 侏罗系花开左组 | 普洱思茅 | 泥岩 | 0.44 |
| | 白垩系曼宽河组 | 普洱江城 | 泥岩 | 0.38 |

由上述试验数据可知，滇中区红层泥岩的最小软化系数为 0.29，最大软化系数为 0.57，平均值为 0.43，且白垩系江河底组的平均软化系数为 0.29。滇西北区红层泥岩的最小软化系数为 0.25，最大软化系数为 0.63，平均值为 0.48，且古近系—新近系云龙组的平均软化系数为 0.25。

滇西南区红层泥岩的最小软化系数为 0.38，最大软化系数为 0.64，平均值为 0.49，且取样中最小的为白垩系曼宽河组红层泥岩，其平均软化系数为 0.38。滇中区红层泥岩主要形成于侏罗纪与白垩纪，其处于浅湖-滨湖相沉积与河湖交互相沉积环境，岩石的软化系数指标与岩石的颗粒矿物成分、结构、胶结物质有密切关系，其矿物成分均含有铁泥质，而铁泥质的黏土矿物主要为伊利石和绢云母混层，其红层泥岩的软化系数数值跨度较大，特别对于白垩系江河底组的红层泥岩，其软化系数相当小，说明胶结状况更加松散，成岩状况较差。

滇西北区红层泥岩主要形成于侏罗纪、白垩纪，少部分形成于三叠纪和古近纪—新近纪等，并多处于浅湖-滨湖相沉积、海相、海陆交互相沉积，其大多数岩石胶结物具有铁质胶结与钙质胶结，使得其抗压强度与软化系数普遍大于滇中区红层泥岩，同时可知滇西北区的侏罗纪与白垩纪的红层泥岩软化系数数值跨度不大，既说明滇中区红层泥岩的化学矿物成分相差不大，黏土矿物含量也比较接近，也说明其沉积较均匀。

滇西南区主要沉积环境为侏罗纪时期浅湖-滨湖相沉积、海漫半深湖相环境，白垩纪时期为浅湖-滨湖相沉积环境，其胶结差，以泥质胶结与钙质胶结为主。总的来说，它们的水理性质比较差。

### 3. 广西红层泥岩软化系数试验分析

对于广西桂东-桂东南地区的红层泥岩，取泥盆系莲花山组和白垩系新隆组的红层泥岩，而十万大山沉积地区的红层泥岩，取侏罗系汪门组、侏罗系百姓组和侏罗系那荡组泥岩，分别进行软化系数试验分析，其结果如表 2.54 所示。

表 2.54　广西红层泥岩软化系数试验记录

| 地层组 | 取样点 | 岩性 | 软化系数 |
| --- | --- | --- | --- |
| 泥盆系莲花山组 | 昭平 | 泥岩 | 0.57 |
| 白垩系新隆组 | 平南 | 泥岩 | 0.39 |
| 侏罗系汪门组 | 上思 | 泥岩 | 0.52 |
| 侏罗系百姓组 | 上思 | 泥岩 | 0.49 |
| 侏罗系那荡组 | 上思 | 泥岩 | 0.41 |

广西红层泥岩的最大软化系数为 0.57，最小软化系数为 0.39，在昭平所取得的岩样为泥盆系莲花山组、白垩系新隆组的红层泥岩，其代表桂东-桂东南地区的红层泥岩地区，而上思所取得红层岩样为侏罗系汪门组、百姓组和那荡组的红层，其代表十万大山沉积区红层泥岩地区。

昭平地区红层为泥盆系、白垩系岩层，沉积环境为滨海陆屑滩相沉积，上思地区红层为下、中侏罗统岩层，沉积环境为三角洲相、河流-滨湖相的沉积环境。

两地区的软化系数数值跨度较大,因为取样地点不同,红层泥岩的形成地质时代不同,从而导致化学矿物成分不同,黏土矿物含量高低不同。另外,岩体形成过程中的节理裂隙发育不一样,导致各地区红层泥岩的抗压强度及饱和抗压强度相差悬殊,软化系数数值跨度较大。

对于桂东-桂东南地区由于取样岩层的时代相距较大,其软化系数的数值差距也较大,而十万大山区域的红层泥岩形成时代较近,其软化系数数值较接近,相差不是很大。

### 4. 贵州红层泥岩软化系数试验分析

贵州地区的红层主要在两大地质区域进行研究,分别为黔西-黔北区、山间小盆地或山间凹地(主要研究黔中区)。贵州红层以黔西-黔北红层分布最为集中,主要分布在赤水至习水一带,与四川地区盆东区红层属于同一个沉积区域旋回,其余为山间小盆地或是山间凹地的河流相为主的红层沉积。

对于贵州红层,选取毕节三叠系飞仙关组泥岩,习水侏罗系自流井组、沙溪庙组、蓬莱镇组泥岩和余庆白垩系扎佐组、旧州组并层泥岩,对岩样进行软化系数试验分析,其结果如表 2.55 所示。

表 2.55　贵州黔西-黔北区红层泥岩抗压强度及软化系数试验记录

| 地层组 | 取样点 | 岩性 | 软化系数 |
| --- | --- | --- | --- |
| 三叠系飞仙关组 | 毕节 | 泥岩 | 0.68 |
| 侏罗系自流井组 | 习水 | 泥岩 | 0.49 |
| 侏罗系沙溪庙组 | 习水 | 泥岩 | 0.54 |
| 侏罗系蓬莱镇组 | 习水 | 泥岩 | 0.34 |
| 白垩系扎佐组、旧州组并层 | 余庆 | 泥岩 | 0.46 |

贵州红层泥岩的最大软化系数为 0.68,最小软化系数为 0.34。各个地区的软化系数数值跨度较大是由于贵州地区取样的红层泥岩取样地点不同,位于黔西-黔北红层形成环境是以巴蜀湖海退形成的残留湖与大型内陆河湖相的沉积环境为主。

在黔西-黔北地区取样中,三叠系飞仙关组岩层形成年代较久,胶结程度与成岩程度均较好,使其软化系数普遍大于侏罗系红层泥岩的软化系数。侏罗纪时期红层的沉积环境与四川盆地的盆东区的红层属于同一沉积构造环境且沉积年代接近。

因此黔西-黔北红层泥岩与四川盆地盆东区红层泥岩的矿物成分、化学性质相似,物理力学性质极其相似(软化系数与抗压强度两者相似),特别是两地都具有相同的岩层组名,对于沙溪庙组、蓬莱镇组、遂宁组(本次采样中未取到遂宁组岩样而未统计)都是四川盆地盆东区的典型岩组。

贵州余庆红层泥岩属于山间盆地和山间凹地型的红层沉积,以孤立分散的粗碎屑沉积的小型内陆河湖相和山麓洪积-河湖相沉积为主,其化学矿物成分、黏土矿物与贵州黔西北红层泥岩相差很大,只能代表该山间小盆地(黔中红层)的红层泥岩的物理力学性质。

### 2.4.6 红层泥岩填料路用性指标分级评价标准

#### 1. 路用性等级的划分

西南地区红层填料路用性的等级划分,是用有序型数据表示红层填料工程性质的差异性,除了要研究填料的基本要求是否满足之外,还应考虑红层泥岩的具体物理力学性质,特别是水理特性。根据西南红层泥岩的特点,结合填料的实际可操作性,可将西南红层泥岩填料划分为 G1、G2、G3 三个等级。

G1 等级:自由膨胀率较小,黏土矿物含量较少,遇水后的软化系数较大,强度降低不显著,强度较高,压实性较好。可以直接作为路基填料。

G2 等级:自由膨胀率较大,黏土矿物含量一般,遇水后的软化系数偏小,强度降低明显,强度一般,压实性一般。适当处理后才能在工程实践中应用。

G3 等级:自由膨胀率较大,黏土矿物含量较多,遇水后的软化系数很小,强度降低显著,强度小,压实性较差。不能作为路基填料,须经过特殊处理后方可作为路基填料。

#### 2. 有序地质量最优分割

为了找到连续型指标取值区间与红层泥岩填料等级之间的对应关系,需要有序地对质量进行最优分割。

1) 基本原理

若对 $n$ 个按顺序排列的样品进行分割(分段),共有

$$C_{n-1}^1 + C_{n-2}^2 + \cdots + C_{n-1}^{n-1} = 2^{n-1} - 12 \tag{2.1}$$

种划分方法,每一种分法称为一种分割。在所有分割中,存在这样一种分割,它使得各段(组)内部样品之间的差异性最小(即样品数据的组内离差平方和最小),而使段(组)之间的差异性最大(即样品数据的组间离差平方和最大)。这种对 $n$ 个样品分段并使组内离差平方和最小的分割方法,称为最优分割法。

样品变量总离差平方和的分解式为

$$T = W + B \tag{2.2}$$

式中，$T$ 为总离差平方和；$W$ 为组内离差平方和；$B$ 为组间离差平方和。

如果 $n$ 个样品分为 $K$ 段，每段的样品个数为 $n_k$，若每个样品只取一个变量，则

$$W = \sum_{k=1}^{K} \sum_{i=1}^{n_k} (x_{ik} - \overline{x}_k)^2 \tag{2.3}$$

$$B = \sum_{k=1}^{K} \sum_{i=1}^{n_k} (\overline{x}_k - \overline{x})^2 = \sum_{k=1}^{K} n_k (\overline{x}_k - \overline{x})^2 \tag{2.4}$$

因此，寻求最优分割，就是用计算的方法找出使组内离差平方和($W$)最小的那些分割点。在多变量的情况下，可把一段样品多个变量合并为一个变量来处理。

2)计算方法

(1)数据正规化。

设原始数据矩阵为

$$X = \begin{bmatrix} x_{11} & x_{12} & \cdots & x_{1p} \\ x_{21} & x_{22} & \cdots & x_{2p} \\ \vdots & \vdots & \vdots & \vdots \\ x_{n1} & x_{n2} & \cdots & x_{np} \end{bmatrix}_{n \times p} \tag{2.5}$$

对 $X$ 中的元素 $x_{ij}$ 进行正规化变换：

$$z_{ij} = (x_{ij} - \min_{1 \leqslant i \leqslant n}\{x_{ij}\}) / (\max_{1 \leqslant i \leqslant n}\{x_{ij}\} - \min_{1 \leqslant i \leqslant n}\{x_{ij}\}) \quad (i = 1, 2, \cdots, n; l = 1, 2, \cdots, p)$$

得正规化数据矩阵：

$$Z = \begin{bmatrix} z_{11} & z_{12} & \cdots & z_{1p} \\ z_{21} & z_{22} & \cdots & z_{2p} \\ \vdots & \vdots & \vdots & \vdots \\ z_{n1} & z_{n2} & \cdots & z_{np} \end{bmatrix}_{n \times p} \tag{2.6}$$

(2)计算段直径矩阵 $D$。

$$d(i,j) = \sum_{\alpha=i}^{j} \sum_{\beta=1}^{p} [z_{\alpha\beta} - \overline{z_\beta}(i,j)]^2 \quad {}_{1 \leqslant i \leqslant j \leqslant n} \tag{2.7}$$

其中

$$\overline{z_\beta}(i,j) = \frac{1}{j-i+1} \sum_{\alpha=i}^{j} z_{\alpha\beta} \tag{2.8}$$

因为

$$d(i,j) = \begin{cases} 0 & (i = j) \\ d(j,i) & (i \neq j) \end{cases} \tag{2.9}$$

故只需计算 $\dfrac{n(n-1)}{2}$ 个 $d(i,j)$，得

$$D = \begin{bmatrix} d(1,1) & d(1,2) & \cdots & d(1,n) \\ & d(2,2) & \cdots & d(2,n) \\ & & \ddots & \vdots \\ & & & d(n,n) \end{bmatrix}_{n \times n} \tag{2.10}$$

（3）计算全部分割的组内离差平方和（或段直径和）及各种分段的最优分割。

第一，最优二段分割由 $D$ 矩阵对每一个 $m = n, n-1, \cdots, 2$ 计算相应的组内离差平方和：

$$W_m(2;j) = d(1,j) + d(j+1,m) \quad (j = 1,2,\cdots,m-1) \tag{2.11}$$

找出最小值，确定相应的最优二段分割点，即

$$W_m[2;\alpha_1(m)] = \min_{1 \leqslant j \leqslant m-1}\{W_m(2;j)\} \tag{2.12}$$

分割点为 $\alpha_1(n), \alpha_1(n-1), \cdots, \alpha_1(2)$。从而得到 $n$ 个样品（$m=n$）最优二段分割为 $\{x_1, x_2, \cdots, x_{\alpha_1(n)}\}, \{x_{\alpha_1(n)+1}, \cdots, x_n\}$，其中 $\alpha_1(n)$ 为最优二段分割点。

第二，最优三段分割根据 $D$ 矩阵及最优二段分割结果，对每一个 $m = n, n-1, \cdots, 3$ 计算相应的三段分割的组内离差平方和：

$$W_m[3;\alpha_1(j),j] = W_j[2;\alpha_1(j)] + d(j+1,m)$$

$$\begin{pmatrix} j = 2,3,\cdots,m-1 \\ m = n, n-1, \cdots, 3 \end{pmatrix} \tag{2.13}$$

然后求出最小值，并确定相应的最优三段分割点：

$$W_m[3;\alpha_1(m),\alpha_2(m)] = \min_{2 \leqslant j \leqslant m-1}\{W_m[3;\alpha_1(j),j]\}$$

$$\alpha_1(n), \alpha_2(n); \alpha_1(n-1), \alpha_2(n-1); \cdots, \alpha_1(3), \alpha_2(3) \tag{2.14}$$

从而得到 $n$ 个样品（$m=n$）的最优三段分割：

$\{x_1, x_2, \cdots, x_{\alpha_1(n)}\}, \{x_{\alpha_1(n)+1}, \cdots, x_{\alpha_2(n)}\}, \{x_{\alpha_2(n)+1}, \cdots, x_n\}$，其中 $\alpha_1(n), \alpha_2(n)$ 为最优三段分割点。

第三，最优 $K$ 段分割根据矩阵 $D$ 及最优 $K$-1 段分割计算结果，对于每一个 $m = n, n-1, \cdots, K$ 分别计算相应的 $K$ 段分割的组内离差平方和：

$$W_m[K;\alpha_1(j),\alpha_2(j),\cdots,\alpha_{K-2}(j),j] = W_j[K-1;\alpha_1(j),\alpha_2(j),\cdots,\alpha_{K-2}(j)] + d(j+1,n)$$

$$(j = K=1, K, \cdots, m-1; m = n, n-1, \cdots, K) \tag{2.15}$$

找出最小值，并确定相应的最优 $K$ 段分割点，即

$$W_m[K;\alpha_1(m),\alpha_2(m),\cdots,\alpha_{K-1}(m)] = \min_{K-1 \leqslant j \leqslant m-1}\{W_m[K;\alpha_1(j),\alpha_2(j),\cdots,\alpha_{K-2}(j),j]\} \tag{2.16}$$

从而得到 $n$ 个样品（$m=n$）的最优 $K$ 段分割：

$$\{x_1,\cdots,x_{\alpha_1(n)}\}, \{x_{1(n)+1},\cdots,x_{\alpha_2(n)}\}, \cdots\cdots, \{x_{\alpha_{(K-2)}(n)},\cdots,x_{\alpha_{(K-1)}(n)}\}, \{x_{\alpha_{(K-1)}(n)+1},\cdots,x_n\} \tag{2.17}$$

其中 $\alpha_1(n), \alpha_2(n), \cdots, \alpha_{K-1}(n)$ 为最优分割点。

第四，绘制 $W$ - $K$ 曲线。

若以 $K$ 作为 $x$，$W$ 作为 $y$，作二维平面图，就得到 $W$ - $K$ 图。在 $W$ - $K$ 曲线上，选择曲线拐点对应的 $K$ 值(取整)作为最终分段数。

### 3. 路用性等级与判别指标取值区间的对应

对于西南地区红层泥岩填料，确定出判别指标后，统计出各地区的各个判别指标的数据，再对各个判别指标的数据进行分离，即按一定顺序组合到一起或存入一个数据文件。这样，就得到了同一指标的数据值(存入一个数据文件中)。首先对各个这样的数据文件中的指标值按由小到大或由大到小的顺序进行排序，然后利用有序地质量的最优分割法对排序过的数据文件中的数据进行最优分割。

对于西南地区红层泥岩填料，根据其路用性等级划分为三级的情况进行最优三段分割。例如，自由膨胀率指标的数据经过由小到大排序后的值为 $x_1, x_2, \cdots, x_{n-1}, x_n$，经过最优三段分割后得到最优三段分割点为 $\alpha_1(n), \alpha_2(n)$，则其最优三段分割为

$$\{x_1, x_2, \cdots, x_{\alpha_1(n)}\}, \{x_{\alpha_1(n)+1}, \cdots, x_{\alpha_2(n)}\}, \{x_{\alpha_2(n)+1}, \cdots, x_n\} \tag{2.18}$$

则自由膨胀率指标值的取值范围与路用性等级的对应关系可取为表 2.56 的形式。

表 2.56　路用性等级与判别指标取值区间对应关系

| 等级指标 | G1 | G2 | G3 |
|---|---|---|---|
| 自由膨胀率 | $\leqslant x_{\alpha_1(n)}$ | $\left(x_{\alpha_1(n)}, x_{\alpha_2(n)}\right]$ | $> x_{\alpha_2(n)}$ |

判别指标体系中的其他指标值的取值区间与路用性等级的对应关系可类似处理，在此不再赘述。

考虑到红层泥岩填料路用性的特殊性，根据最优分割处理结果，可将自由膨胀率、软化系数、CBR 值与干密度等红层泥岩路用性判别指标标准总结如表 2.57 所示。需要说明的是，在路用性等级判别时，红层泥岩填料的 4 个指标不一定会同时满足某一等级的判别标准，此时宜更多考虑 CBR 值与软化系数指标。

表 2.57　红层泥岩路用性判别标准

| 判别指标 | 路用性 | | |
|---|---|---|---|
| | G3 | G2 | G1 |
| 软化系数 | <0.2 | [0.2, 0.4) | ≥0.4 |
| CBR 值/% | <4 | [4, 5) | ≥5 |
| 自由膨胀率/% | >30 | (20, 30] | ≤20 |
| 干密度/(g/cm³) | <2.0 | [2.0, 2.1) | ≥2.1 |

## 2.4.7 西南红层泥岩路用性分区评价

### 1. 川渝地区红层泥岩路用性分区评价

1) 盆东区

根据本次取样调查研究，分析得到的四川盆东区各个地层组红层泥岩物理、水理性质试验数据，如表 2.58 所示。由表可以看出，盆东区侏罗系红层泥岩中，粉砂质泥岩的干密度大于泥岩，天然含水量小于泥岩，单轴抗压强度则明显大于泥岩，而软化系数与自由膨胀率呈近似反比例关系，CBR 值随着软化系数的降低而降低。在抗压强度方面，侏罗系遂宁组和侏罗系蓬莱镇组泥岩强度值较低，在软化性方面，侏罗系遂宁组局部泥岩软化性较差。通过上述红层泥岩路用性评判标准可以看出，对于代表盆东区的各个岩组的填料评价中侏罗系自流井组粉砂质泥岩、侏罗系沙溪庙组泥岩属于 G1 级填料，可直接作为路基填料；侏罗系沙溪庙组粉砂质泥岩、侏罗系蓬莱镇组泥岩属于 G2 级填料，需要经过工程处理后使其遇水软化性降低，方可作为路基填料；侏罗系遂宁组泥岩属 G3 级填料，不适于作为路基填料，当在 G3 地区进行土木工程时需要特别谨慎。

表 2.58  四川盆东区红层泥岩物理、水理性质试验结果

| 地层组 | 岩性 | 干密度/(g/cm³) | 天然含水量/% | 单轴抗压强度/MPa | 软化系数 | 自由膨胀率/% | CBR 值/% | 级别 |
|---|---|---|---|---|---|---|---|---|
| 侏罗系自流井组 | 粉砂质泥岩 | 2.11 | 3.33 | 15.80 | 0.75 | 8.40 | 7.03 | G1 |
| 侏罗系沙溪庙组 | 粉砂质泥岩 | 2.17 | 3.53 | 12.57 | 0.36 | 12.47 | 6.82 | G2 |
| 侏罗系沙溪庙组 | 泥岩 | 2.09 | 4.27 | 7.92 | 0.63 | 13.20 | 5.44 | G1 |
| 侏罗系蓬莱镇组 | 泥岩 | 2.01 | 5.88 | 6.05 | 0.41 | 17.39 | 4.09 | G2 |
| 侏罗系遂宁组 | 泥岩 | 2.06 | 4.69 | 3.52 | 0.20 | 19.00 | 3.86 | G3 |

2) 盆中区

对于四川盆中区红层泥岩的路用性评价中，在表 2.59 中表示四川盆中区侏罗系各个地层组红层泥岩物理、水理性质试验数据。对于盆中区的粉砂质泥岩干密度和天然含水量与泥岩相近，但是单轴抗压强度方面粉砂质泥岩为泥岩的 6~10 倍。在软化性上除了侏罗系遂宁组粉砂质泥岩表现较好外，侏罗系沙溪庙组粉砂质泥岩、蓬莱镇组泥岩和遂宁组泥岩遇水易软化，尤其是遂宁组泥岩和蓬莱镇组泥岩经试验结果表明，其自由膨胀率较高且 CBR 值低于作为路基填料的要求，属于 G3 级填料，不适于作为路基填料，在盆中区的侏罗系蓬莱镇组泥岩、遂宁组泥岩地区进行土木工程时需要特别谨慎；侏罗系沙溪庙组粉砂质泥岩的软化系数

小于 0.4 则划分于 G2 级填料，需要采取适当措施处理后才能在工程实践中应用；侏罗系遂宁组粉砂质泥岩可以直接作为路基填料，属于 G1 级填料。因此在四川盆中区的红层地区进行土木工程活动建设时需要对侏罗系蓬莱镇组和遂宁组泥岩采取谨慎的态度，并且这些 G3 级填料不适于作为路基填料。

表 2.59　四川盆中区红层泥岩物理、水理性质试验结果

| 地层组 | 岩性 | 干密度/(g/cm³) | 天然含水量/% | 单轴抗压强度/MPa | 软化系数 | 自由膨胀率/% | CBR 值/% | 级别 |
|---|---|---|---|---|---|---|---|---|
| 侏罗系沙溪庙组 | 粉砂质泥岩 | 2.19 | 6.87 | 12.58 | 0.36 | 14.50 | 5.84 | G2 |
| 侏罗系蓬莱镇组 | 泥岩 | 1.90 | 7.65 | 1.92 | 0.36 | 26.50 | 2.51 | G3 |
| 侏罗系遂宁组 | 粉砂质泥岩 | 2.21 | 6.16 | 13.17 | 0.77 | 12.60 | 5.30 | G1 |
| 侏罗系遂宁组 | 泥岩 | 1.82 | 7.89 | 3.12 | 0.28 | 21.54 | 3.45 | G3 |

3）盆北西南区

在盆北西南区分布有较多地层时代的红层泥岩，主要有三叠系、侏罗系、白垩系和古近系—新近系。各组红层泥岩物理、水理性质试验结果如表 2.60 所示。由表可以看出，该区域红层泥岩物理指标相近，干密度和含水量相差不大，白垩系灌口组红层泥岩干密度偏小，天然含水量偏大。单轴抗压强度基本都较好，符合路基填料要求，但在软化系数上，古近系—新近系名山组只有 0.27，且 CBR 值为 4.86%，同时自由膨胀率为 22.01%，其值较接近 30%，则将其划分为 G2 级填料；白垩系灌口组泥岩软化系数满足 G1 级填料要求，但自由膨胀率接近 30%，且 CBR 值小于 5%，应判别为 G2 级填料，必须经过工程措施处理后才可作为路基填料；其他各组红层泥岩路用性较好，其三叠系飞仙关组泥岩，侏罗系沙溪庙组、遂宁组并层粉砂质泥岩和泥岩，侏罗系莲花口组泥岩属于 G1 级填料，可直接作为路基填料。

表 2.60　四川盆北西南区红层泥岩物理、水理性质试验结果

| 地层组 | 岩性 | 干密度/(g/cm³) | 天然含水量/% | 单轴抗压强度/MPa | 软化系数 | 自由膨胀率/% | CBR 值/% | 级别 |
|---|---|---|---|---|---|---|---|---|
| 三叠系飞仙关组 | 泥岩 | 2.23 | 3.22 | 16.85 | 0.68 | 8.04 | 6.21 | G1 |
| 侏罗系沙溪庙组、遂宁组并层 | 粉砂质泥岩 | 2.19 | 3.30 | 16.40 | 0.84 | 8.70 | 6.91 | G1 |
| 侏罗系沙溪庙组、遂宁组并层 | 泥岩 | 2.21 | 3.83 | 8.37 | 0.50 | 15.31 | 5.10 | G1 |
| 侏罗系莲花口组 | 泥岩 | 1.97 | 4.55 | 11.67 | 0.47 | 14.21 | 5.02 | G1 |
| 白垩系灌口组 | 泥岩 | 1.82 | 5.60 | 12.35 | 0.67 | 27.20 | 4.51 | G2 |
| 古近系—新近系名山组 | 泥岩 | 1.80 | 4.85 | 8.83 | 0.27 | 22.01 | 4.86 | G2 |

4) 攀西区

根据对四川攀西区白垩系和侏罗系红层泥岩的试验分析，这两组红层泥岩物理、水理性质试验数据如表 2.61 所示。由表可以看出，该地区红层泥岩干密度和天然含水量相近，但含水量相比盆东区和盆中区均要小，这与攀西区气候相关，因为该区平均气温稍高且降水量少于四川盆地其他地区。此外，从红层泥岩力学强度、软化性、膨胀性来看，攀西区泥岩路用性能明显表现较好，属于 G1 级填料，均可直接作为路基填料。

表 2.61　四川攀西区红层泥岩物理、水理性质试验结果

| 地层组 | 岩性 | 干密度/(g/cm³) | 天然含水量/% | 单轴抗压强度/MPa | 软化系数 | 自由膨胀率/% | CBR 值/% | 级别 |
|---|---|---|---|---|---|---|---|---|
| 侏罗系官沟组 | 泥岩 | 2.22 | 1.77 | 13.15 | 0.54 | 1.35 | 5.15 | G1 |
| 白垩系飞天山组 | 泥岩 | 2.19 | 1.83 | 13.06 | 0.51 | 1.54 | 5.28 | G1 |
| 白垩系小坝组 | 泥岩 | 2.21 | 1.56 | 12.16 | 0.60 | 1.92 | 5.80 | G1 |

从上述试验研究分析，可看出在四川地区红层泥岩分布区中以攀西区红层泥岩路用性相比最好，属于 G1 级填料，可直接作为路基填料。侏罗系红层泥岩路用性总体表现相对要差，而且分布范围广泛，其中盆东区侏罗系遂宁组泥岩、盆中区侏罗系遂宁组和侏罗系蓬莱镇组泥岩均属于 G3 级填料，不适于作为路基填料。此外，盆东区侏罗系沙溪庙组粉砂质泥岩、侏罗系蓬莱镇组泥岩，盆中区侏罗系沙溪庙组粉砂质泥岩，盆北西南区白垩系灌口组泥岩、古近系—新近系名山组泥岩，属于 G2 级填料，需要经过谨慎的工程措施处理后才可以作为路基填料。

## 2. 云南红层泥岩路用性分区评价

1) 滇中区

根据本次取样调查研究，分析得到的云南滇中区各个地层组红层泥岩物理、水理性质试验数据，如表 2.62 所示。由表可以看出，滇中区红层泥岩中，软化系数与自由膨胀率呈近似反比例关系，CBR 值随着软化系数的降低而降低。在抗压强度方面，各个岩组相接近，在软化性方面，侏罗系妥甸组泥岩的软化系数和 CBR 值较高，白垩系江河底组泥岩软化性较差。通过上述红层泥岩路用性评判标准可以看出，对于代表滇中区的各个岩组的填料评价中侏罗系妥甸组泥岩、白垩系马头山组泥岩属于 G1 级填料，可直接作为路基填料；侏罗系冯家河组泥岩的软化

系数值虽达到 G1 级填料要求，但 CBR 值位于 4%～5%，则将其划分为 G2 级填料，在实际工程中需要经过工程处理使其遇水软化性降低，方可作为路基填料；而对于白垩系普昌河组泥岩和白垩系江河底组泥岩的 CBR 值均小于 4%，因此白垩系普昌河组泥岩和白垩系江河底组泥岩属 G3 级填料，不适于作为路基填料，当在滇中地区具有白垩系普昌河组泥岩和白垩系江河底组泥岩的 G3 级填料地区进行土木工程时需要特别谨慎。

表 2.62　云南滇中区红层泥岩物理、水理性质试验结果

| 地层组 | 岩性 | 干密度 /(g/cm³) | 天然含水量/% | 单轴抗压强度/MPa | 软化系数 | 自由膨胀率/% | CBR 值/% | 级别 |
|---|---|---|---|---|---|---|---|---|
| 侏罗系冯家河组 | 泥岩 | 2.11 | 5.47 | 8.13 | 0.48 | 4.65 | 4.14 | G2 |
| 侏罗系妥甸组 | 泥岩 | 2.08 | 4.87 | 14.76 | 0.57 | 4.25 | 6.78 | G1 |
| 白垩系普昌河组 | 泥岩 | 1.96 | 3.75 | 10.71 | 0.33 | 14.11 | 3.26 | G3 |
| 白垩系马头山组 | 泥岩 | 2.21 | 4.03 | 15.49 | 0.46 | 5.76 | 5.32 | G1 |
| 白垩系江河底组 | 泥岩 | 1.89 | 3.59 | 10.92 | 0.29 | 11.70 | 3.62 | G3 |

2) 滇西区

对于滇西区红层评价中，在工程地质分区时将滇西区分为滇西北区和滇西南区，由于滇西区的较多地层沉积时属于同一时代，具有同一套地层岩性和相同的物理力学特性，因此在路用性评价时将其划分为一个地区。对于滇西区红层泥岩的路用性评价中，在表 2.63 中表示滇西区侏罗系、白垩系、古近系—新近系各个地层组红层泥岩物理、水理性质试验数据。对于滇西区的侏罗系、白垩系泥岩干密度和天然含水量较相近，只是古近系—新近系云龙组泥岩的干密度较小，其含水量较大。在软化性上侏罗系红层基本维持于 0.5 左右，古近系—新近系云龙组泥岩遇水易软化，其软化系数只有 0.25。试验结果表明，古近系—新近系云龙组泥岩属于 G3 级填料，同时白垩系曼宽河组泥岩的 CBR 值低于作为路基填料的要求，也属于 G3 级填料，不适于作为路基填料，在滇西区的古近系—新近系云龙组泥岩、白垩系曼宽河组泥岩地区进行土木工程时需要特别谨慎；对于侏罗系花开左组泥岩的软化系数虽滇西北大于滇西南泥岩，但是其 CBR 值都位于 4%～5%，不能满足直接使用路基填料的 CBR 值大于 5% 的条件，因此将其划分为 G2 级填料，需要采取适当措施处理后才能使用；其他红层泥岩路用性较好，侏罗系坝注路组泥岩、侏罗系漾江组泥岩和白垩系景星组泥岩可以直接作为路基填料，属于 G1 级填料。

表 2.63　云南滇西区红层泥岩物理、水理性质试验结果

| 地层组 | 岩性 | 干密度/(g/cm³) | 天然含水量/% | 单轴抗压强度/MPa | 软化系数 | 自由膨胀率/% | CBR 值/% | 级别 |
|---|---|---|---|---|---|---|---|---|
| 侏罗系坝注路组 | 泥岩 | 1.99 | 2.72 | 19.06 | 0.63 | 7.49 | 6.32 | G1 |
| 侏罗系花开左组(北) | 泥岩 | 2.11 | 3.69 | 11.76 | 0.53 | 8.56 | 4.87 | G2 |
| 白垩系景星组 | 泥岩 | 2.19 | 2.69 | 13.47 | 0.49 | 9.04 | 5.28 | G1 |
| 古近系—新近系云龙组 | 泥岩 | 2.09 | 5.67 | 8.28 | 0.25 | 10.54 | 3.32 | G3 |
| 侏罗系漾江组 | 泥岩 | 2.27 | 3.72 | 10.67 | 0.64 | 9.14 | 6.40 | G1 |
| 侏罗系花开左组(南) | 泥岩 | 2.12 | 2.63 | 15.82 | 0.44 | 13.99 | 4.82 | G2 |
| 白垩系曼宽河组 | 泥岩 | 2.20 | 4.10 | 8.85 | 0.38 | 16.35 | 3.65 | G3 |

### 3. 广西红层泥岩路用性分区评价

广西红层分布较为分散,对其路用性评价时主要选择红层出露较多地区的红层泥岩,其主要区域为十万大山沉积区(上思)、桂东-桂东南区(昭平、平南),其地层主要有泥盆系、侏罗系和白垩系。各组红层泥岩物理、水理性质试验结果如表 2.64 所示。由表可以看出,该十万大山沉积区红层泥岩物理指标相近,干密度和含水量相差不大,对于桂东-桂东南区的红层泥岩的密度相差较大,泥盆系地层明显小于白垩系地层干密度。经过试验表明,对于十万大山沉积区的侏罗系百姓组、侏罗系那荡组泥岩的 CBR 值均小于 4%,同时侏罗系那荡组泥岩的自由膨胀率达到为 24.08%,其值较接近 30%,则将侏罗系百姓组、侏罗系那荡组泥岩划分为 G3 级填料,不适于作为路基填料;对于侏罗系汪门组泥岩软化系数满足 G1 级填料要求,但其 CBR 值小于 5%,应判别为 G2 级填料,必须经过工程措施处理后才可作为路基填料。对于桂东-桂东南区白垩系新隆组泥岩的 CBR 值小于 4%,将其划分为 G3 级填料,不适于作为路基填料;对于泥盆系莲花山组泥岩软化系数满足 G1 级填料要求,但其 CBR 值小于 5%,应判别为 G2 级填料,必须经过工程措施处理后才可作为路基填料。因此对于广西红层泥岩路用性评价中可知,广西大部分红层泥岩的软化系数较小,CBR 值也偏小,多属于 G3 级和 G2 级填料,对于广西红层泥岩的工程应用中至少需要对红层泥岩进行处理后才能用于路基填料,因此在广西红层泥岩中的土木工程建设中应该需要较谨慎对待其红层泥岩。

表 2.64　广西红层泥岩物理、水理性质试验结果

| 代表沉积区 | 地层组 | 岩性 | 干密度/(g/cm³) | 天然含水量/% | 单轴抗压强度/MPa | 软化系数 | 自由膨胀率/% | CBR 值/% | 级别 |
|---|---|---|---|---|---|---|---|---|---|
| | 侏罗系汪门组 | 泥岩 | 1.96 | 5.68 | 10.93 | 0.52 | 13.26 | 4.45 | G2 |
| 十万大山 | 侏罗系百姓组 | 泥岩 | 1.87 | 5.56 | 10.15 | 0.49 | 18.05 | 3.51 | G3 |
| | 侏罗系那荡组 | 泥岩 | 1.97 | 6.08 | 8.82 | 0.41 | 24.08 | 2.38 | G3 |

续表

| 代表沉积区 | 地层组 | 岩性 | 干密度/(g/cm³) | 天然含水量/% | 单轴抗压强度/MPa | 软化系数 | 自由膨胀率/% | CBR 值/% | 级别 |
|---|---|---|---|---|---|---|---|---|---|
| 桂东-桂东南 | 泥盆系莲花山组 | 泥岩 | 1.81 | 3.61 | 18.91 | 0.57 | 4.67 | 4.58 | G2 |
| | 白垩系新隆组 | 泥岩 | 2.01 | 6.77 | 9.49 | 0.39 | 10.62 | 2.56 | G3 |

### 4. 贵州红层泥岩路用性分区评价

对于贵州红层的路用性研究，由于贵州红层主要集中于黔西-黔北地区，而山间小盆或山间小凹红层分布较为分散，因此对其路用性评价时主要选择红层出露较多地区的红层泥岩，其主要区域为黔西-黔北区（习水、毕节）、黔中区（余庆），其地层主要有三叠系、侏罗系和白垩系。各组红层泥岩物理、水理性质试验结果如表 2.65 所示。由表可以看出，黔西-黔北区侏罗系红层泥岩物理指标相近，干密度和含水量相差不大，而三叠系干密度大于侏罗系岩样，含水量小于侏罗系。对于黔中区红层泥岩的干密度和含水量与黔西-黔北区相差不大。经过试验表明，对于黔西-黔北区的侏罗系蓬莱镇组泥岩的 CBR 值小于 4%，同时其软化系数只有 0.34，因此将侏罗系蓬莱镇组泥岩划分为 G3 级填料，不适于作为路基填料；对于三叠系飞仙关组泥岩、侏罗系自流井组泥岩和侏罗系沙溪庙组泥岩的软化系数和 CBR 值都满足路基填料要求，可以直接用于路基填料中，属于 G1 级填料。对于黔中区（余庆）的白垩系扎佐组、旧州组并层泥岩的软化系数满足路基填料要求，但 CBR 值为 4%～5%，将其划分为 G2 级填料，在工程实践中必须经过工程措施处理后才可作为路基填料。因此通过贵州红层泥岩路用性评价可知黔中区（代表小盆地）红层泥岩的 CBR 值偏小，多属于 G2 级填料，在贵州各小盆地或小凹地的红层泥岩的工程应用中至少需要对红层泥岩进行处理后才可作为路基填料；对于黔西-黔北区红层的沉积环境多与四川盆东区红层的沉积环境相似，其路用性也相似，当在黔西-黔北区进行土木工程时需要较谨慎对待侏罗系蓬莱镇组红层泥岩（G3 级填料）。

表 2.65　贵州红层泥岩物理、水理性质试验结果

| 代表沉积区 | 地层组 | 岩性 | 干密度/(g/cm³) | 天然含水量/% | 单轴抗压强度/MPa | 软化系数 | 自由膨胀率/% | CBR 值/% | 等级 |
|---|---|---|---|---|---|---|---|---|---|
| 黔西-黔北 | 三叠系飞仙关组 | 泥岩 | 2.14 | 3.26 | 18.57 | 0.68 | 3.84 | 6.86 | G1 |
| | 侏罗系自流井组 | 泥岩 | 2.12 | 3.88 | 11.84 | 0.49 | 8.47 | 5.31 | G1 |
| | 侏罗系沙溪庙组 | 泥岩 | 1.98 | 4.17 | 12.43 | 0.54 | 6.94 | 5.10 | G1 |
| | 侏罗系蓬莱镇组 | 泥岩 | 1.87 | 6.53 | 7.12 | 0.34 | 12.86 | 2.52 | G3 |
| 黔中（余庆） | 白垩系扎佐组、旧州组并层 | 泥岩 | 2.06 | 3.85 | 7.68 | 0.46 | 5.59 | 4.26 | G2 |

# 2.5　小　结

通过资料调研、野外调查、室内土工试验，对西南地区红层泥岩的组成成分、物理力学性质以及路用性进行了系统全面的研究，提出基于路用性的红层泥岩填料分级标准。主要得出如下结论。

(1)对于西南地区红层泥岩软化系数，地层较老的红层泥岩软化系数值普遍大于地层形成年代较新的红层泥岩的软化系数值，总体为泥盆系>三叠系>侏罗系>白垩系>古近系>新近系。就西南各个地区红层泥岩的工程地质特性及各分区特征来说其软化系数值具有以下特点。

四川地区(包括重庆)的红层泥岩，粉砂质泥岩的软化系数值普遍大于泥岩的软化系数值；盆东区(包括重庆)以侏罗系自流井组粉砂质泥岩的软化系数值最大，侏罗系遂宁组泥岩最小；盆中区以侏罗系遂宁组粉砂质泥岩的软化系数最大，遂宁组泥岩最小；盆北西南区以侏罗系沙溪庙组、遂宁组并层粉砂质泥岩最大，以古近系—新近系名山组泥岩的软化系数最小；攀西地区的红层泥岩，其值普遍较大。四川盆地红层泥岩的软化系数，总体为三叠系>侏罗系>白垩系>古近系>新近系，侏罗系红层泥岩中，盆中区红层泥岩的软化系数较小，盆东区次之，盆北西南区的最大，特别以侏罗系遂宁组、蓬莱镇组泥岩的软化系数最小；盆地区和攀西区的红层泥岩，由于攀西区的古气候较为干燥，沉积环境较为均匀，而使其软化系数较大且集中。

云南红层泥岩，以侏罗系、白垩系和古近系—新近系红层泥岩为主，普遍具有侏罗系>白垩系>古近系>新近系，侏罗系红层泥岩中软化系数最大的为漾江组，古近系—新近系红层泥岩主要分布于大理云龙地区。

广西红层泥岩的软化系数普遍比其余西南地区的软化系数小，泥盆系泥岩的软化系数较大，其中泥盆系莲花山组红层泥岩的软化系数最大，侏罗系泥岩和白垩系泥岩的软化系数较小。

贵州红层泥岩的软化系数与四川盆地红层泥岩的软化系数较接近。三叠系飞仙关组泥岩的软化系数最大，侏罗系蓬莱镇组泥岩软化系数最小。

(2)对于西南地区的红层泥岩的击实特性，地层较老的红层泥岩的击实特性值普遍好于地层形成年代较新的红层泥岩的击实特性值，对于西南地区普遍具有红层泥岩的地层来说，有泥盆系>三叠系>侏罗系>白垩系>古近系—新近系。

四川盆地的红层泥岩击实特性普遍具有盆东区明显好于盆中区，而盆北西南区以白垩系的击实试验为主，其值较小，对于盆地区，特别以侏罗系遂宁组和蓬莱镇组泥岩的击实特性为最差，主要是沉积环境的差异造成的，盆中区以静水沉积为主，使其击实性较弱；四川攀西区的红层泥岩击实特性比盆地区普遍较好，主要是攀西区的古地理、古气候环境较为干燥，使其具有较好的击实特性。云南红层泥岩击实特性也较好；而广西红层泥岩的击实特性普遍比其余西南地区的要差得多；贵州红层泥岩的击实特性与四川盆地的相似，主要是由于其沉积旋回相同，沉积环境相似。

(3) 对西南各地区的红层泥岩进行膨胀性试验中，以广西十万大山地区、四川盆中区和盆北西南区 (只有灌口组和名山组较高) 红层泥岩的平均膨胀率较高，云南地区和贵州的黔西-黔北区、桂东-桂东南区红层次之，四川盆东区、四川攀西区、四川盆西北区 (以三叠系、侏罗系为主)、黔中区 (余庆) 的红层泥岩的膨胀性较小，特别以攀西区的红层泥岩的膨胀性最小。

四川盆东区的红层粉砂质泥岩和泥岩的膨胀率，以侏罗系自流井组泥岩的膨胀率最小，同一岩组的粉砂质泥岩的膨胀系数明显比同一岩组的泥岩的膨胀率要小，主要是由于泥岩中所含的黏土矿物大于粉砂质泥岩，对于侏罗系红层泥岩的膨胀率较大，其遂宁组泥岩中最大。盆中区红层粉砂质泥岩和泥岩的膨胀率比盆东区红层的膨胀率更高，主要是由于盆中区以浅海相-湖泊相沉积为主，属于静水沉积环境，其形成的红层中黏土矿物颗粒含量升高，使膨胀率逐渐变大。盆中区红层的膨胀率普遍较高，其中以侏罗系蓬莱镇组泥岩的膨胀率最高。盆北西南区红层的膨胀率以白垩系和古近系—新近系的较高，相对于三叠系、侏罗系红层比盆中区要小得多，与盆东区的膨胀率的数值相差不大，主要是盆北西南区的三叠系和侏罗系大多位于盆北区，其红层离物源较近以河流相动水环境沉积为主，其岩组形成粗颗粒较多，以细颗粒为主的黏土矿物较少。但白垩系、古近系—新近系红层位于盆北西南区，沉积环境以深水湖泊相的静水沉积环境为主，其膨胀率相当大，具有向膨胀岩演变的趋势，其膨胀率最大的为白垩系灌口组泥岩。

(4) 通过对西南地区的红层泥岩 CBR 试验研究，得出如下结论。

对于四川地区 (包括重庆) 的红层泥岩，粉砂质泥岩的 CBR 值普遍大于泥岩的 CBR 值，这主要是由于泥岩的胶结物质中的泥质胶结物的含量普遍大于粉砂质泥岩；对于泥岩来说，在盆东区 (包括重庆) 以侏罗系自流井组泥岩的 CBR 值最大，而侏罗系遂宁组泥岩最小；盆中区以侏罗系沙溪庙组粉砂质泥岩的 CBR 值最大，而蓬莱镇组泥岩最小；盆北西南区以侏罗系沙溪庙组、遂宁组并层粉砂质泥岩最大，而以白垩系灌口组泥岩的 CBR 值最小；对于攀西区的红层泥岩，其值普遍较大。对比四川盆地的红层泥岩，总体以三叠系>侏罗系>白垩系>古近系>新近系，对比侏罗系红层泥岩时，盆中区红层泥岩的 CBR 值较小，盆东区次之，而以盆北西南区的最大，对于盆地区的分布最广泛的侏罗系蓬莱镇组、遂宁组泥岩的 CBR 值较小；对比盆地区和攀西区的红层泥岩，攀西区红层泥岩的 CBR 值普遍比盆地区红层泥岩的要高，主要是因为攀西区的古气候较为干燥，使其 CBR 值较大。

对于云南红层泥岩的 CBR 值，总体为侏罗系＞白垩系＞古近系＞新近系，侏罗系红层泥岩最大的为妥甸组。

广西红层泥岩的 CBR 值普遍比其余西南地区的 CBR 值要小，其中以泥盆系莲花山组泥岩的 CBR 值最大，而侏罗系泥岩和白垩系泥岩的 CBR 值较小。

贵州红层泥岩以三叠系飞仙关组泥岩的 CBR 值最大，最小的 CBR 值为侏罗系蓬莱镇组泥岩，由于贵州红层主要分布于黔西-黔北区，其沉积环境与四川盆地红层沉积环境相近,因此该地区的红层泥岩的 CBR 值与四川盆地红层泥岩的 CBR 值较接近。

(5) 对西南各地区红层泥岩岩样进行的崩解性试验表明，西南地区红层泥岩崩解性多表现为中崩解性—强崩解性。

(6) 结合红层泥岩的工程特性以及路基对填料的功能要求，建立了红层泥岩路用性判别指标体系。选用自由膨胀率、软化系数、CBR 值、干密度作为西南地区红层泥岩路用性的判别指标，按一定的判别标准将红层泥岩填料划分为三个等级，G1 级填料可以直接作为路基填料，G2 级填料需经过适当处理后才能作为路基填料，G3 级填料不适于作为路基填料。

对于西南地区红层泥岩填料路用性，总体上以三叠系泥岩的路用性较好(以G1 级填料为主)，泥盆系、侏罗系、白垩系红层泥岩相对中等路用性各有不同，而古近系—新近系红层泥岩路用性相对差一些。

# 参 考 文 献

[1] 彭华，吴志才. 关于红层特点及分布规律的初步探讨[J]. 中山大学学报(自然科学版)，2003，42(5)：109-113.

[2] 黄绍槟，程强，胡厚田. 四川红层分布及工程环境特征研究[J]. 公路，2005，(5)：81-85.

[3] 高芳芳，巫锡勇，邓睿. 广西红层分布及其泥岩工程特性分析[J]. 地质灾害与环境保护，2017，28(2)：48-52.

[4] 邓觊宇. 红砂岩的崩解特性研究[J]. 中南公路工程，2003，28(4)：32-35.

[5] 赵明华，邓觊宇，曹文贵. 红砂岩崩解特性及其路堤填筑技术研究[J]. 中国公路学报，2003，16(3)：1-5.

[6] 魏永幸，张仕忠，甘鹰，等. 四川盆地红层泥岩的基本特性和膨胀性及软化的试验研究[J]. 工程勘察，2010，(S1)：61-68.

[7] 中铁二院工程集团有限责任公司，等. 西南地区红层泥岩分布及路基填料特性研究报告[R]. 成都：中铁二院工程集团有限责任公司，2012.

[8] 张中云，蒋关鲁，王智猛. 红层泥岩改良土填料物理力学特性的试验研究[J]. 四川建筑，2008，28(1)：101-102.

[9] 魏安辉. 川中红层工程地质特性与路用性研究[D]. 成都：西南交通大学，2006.

[10] 王智猛，蒋关鲁，魏永幸. 红层泥岩填料物理力学特性的试验研究[J]. 路基工程，2006，(5)：86-88.

[11] 董泽福，刘多文."红砂岩"的路堤用工程性质研究[J]. 湖南大学学报(自然科学版)，2003，30(3)：90-93.

[12] 赵明华，刘晓明，苏永华. 含崩解软岩红层材料路用工程特性试验研究[J]. 岩土工程学报，2005，27(6)：667-672.

[13] 邓觐宇. 高速公路红砂岩的路用性能及施工工艺研究[J]. 岩土工程技术，2003，17(5)：253-257.

# 第3章　红层泥岩填料及填筑体质量控制

## 3.1　红层泥岩填料特性

### 3.1.1　遂渝线红层泥岩填料的力学性质

遂渝线位于四川盆地中部—东南部，西起既有达成铁路遂宁站，途经四川省遂宁市，重庆市潼南区、合川区、北碚区，东至沙坪坝区接渝怀线井口站，正线长 144km。通过开展击实试验、三轴剪切试验、有(无)荷载膨胀率试验、CBR 试验以及软化试验等研究典型红层泥岩填料的力学特性[1]。试验方法执行《铁路工程土工试验规程》(TB 10102—2023)。

#### 1. 击实试验

将现场所取的红层泥岩洒水崩解、风干、过 40mm 筛，取大约 100kg 过筛土，并测定风干土样的含水量；预先估计最优含水量，设置多个不同的含水量，每个含水量下击实 2～3 个试样。将配好含水量的土样密封放置 24h 后，分别击实并进行数据处理，绘制红层泥岩土的击实曲线，确定最大干密度与最优含水量。

图 3.1 为遂渝线红层泥岩填料的击实曲线，其最大干密度 $\rho_{dmax}$ =2.16g/cm$^3$ 和最优含水量 $\omega_{opt}$ =8.70%。

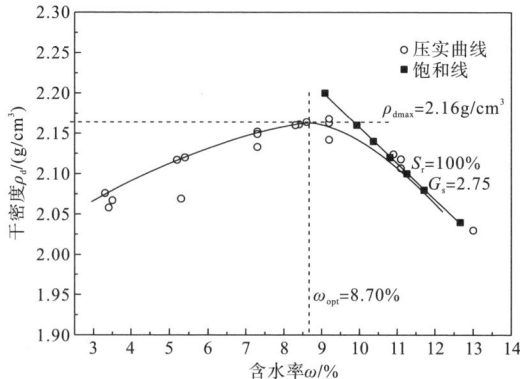

图 3.1　遂渝线红层泥岩的击实曲线

## 2. 三轴剪切试验

在最优含水量条件下,按压实系数 0.95 制备试样,试验围压为 25kPa、50kPa、100kPa、150kPa、200kPa 五种;采用 GDS 三轴试验系统,使用霍尔效应传感器测量试样的轴向与径向局部变形;加围压后稳定 1h;加载速率为 0.01%/min;固结及加载过程排水排气。

图 3.2 为不同围压下红层泥岩土试样主应力差与轴向应变的关系曲线,由图可知,曲线初始阶段大致为直线,到达某值后,表现出非线性,在围压 50kPa 下,红层泥岩的强度约在轴向应变 2%时达到最大值,然后缓慢减小。图 3.3 为 $K_f$ 强度线,由图可确定 $c$=54.1kPa,$\varphi$=36.7°。

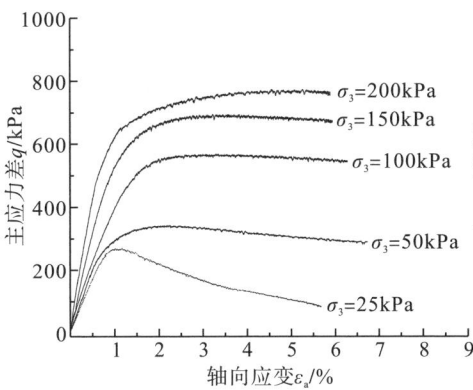

图 3.2    遂渝线红层泥岩土试样
主应力差-轴向应变曲线

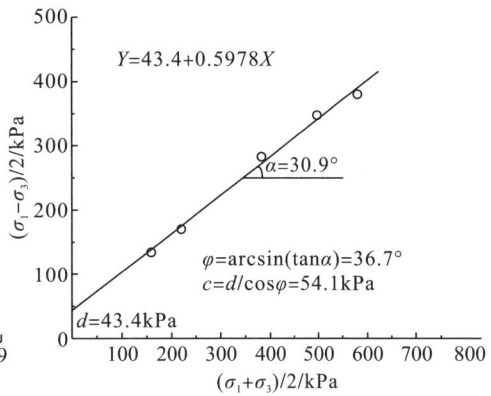

图 3.3    遂渝线 $K_f$ 强度线及
强度指标确定

## 3. 膨胀率试验

### 1)有(无)荷载下膨胀率试验

根据击实曲线的最大干密度,按压实系数 0.95 并在最优含水量下制作试样,试样尺寸为 $\phi$61.8mm×$h$20mm,对压实后的红层泥岩土在 0kPa、25kPa、50kPa、100kPa、150kPa、200kPa 压力作用稳定后,浸水,测定其膨胀率。图 3.4 为 25kPa 下的试样高度随时间关系变化曲线,图 3.5 为膨胀率与压力的关系曲线,表 3.1 为压实试样在不同压力下的膨胀率。

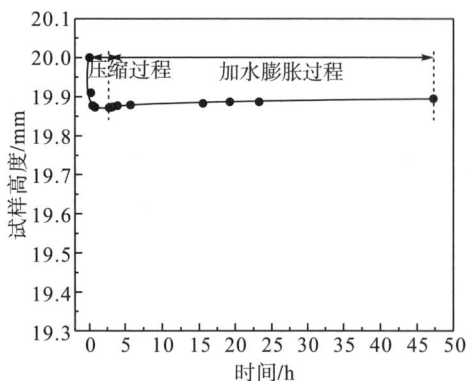

图 3.4　遂渝线 25kPa 条件下试样高度
与时间的关系曲线

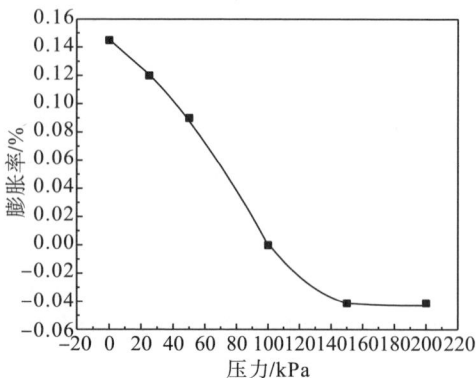

图 3.5　遂渝线膨胀率与压力的
关系曲线

表 3.1　遂渝线膨胀率与压力对应关系

| 项目 | 参数 | | | | | |
|---|---|---|---|---|---|---|
| 压力/kPa | 0 | 25 | 50 | 100 | 150 | 200 |
| 膨胀率/% | 0.145 | 0.120 | 0.090 | 0 | -0.041 | -0.041 |

由图 3.5 可知，红层泥岩在有（无）荷载下的膨胀率规律为：其浸水膨胀率随着荷载的增大而减小，且膨胀率都较小；在 100kPa 荷载时的膨胀率接近 0，在超过 100kPa 荷载下浸水后红层泥岩不会发生膨胀反而发生压缩。

2）自由膨胀率试验

经自由膨胀率试验测定，红层泥岩的自由膨胀率为 3.3%，其膨胀性远小于弱膨胀土的膨胀性。

## 4. CBR 试验

CBR 试验通过浸水过程，可模拟土体在大气复杂环境下的长期最不利情况，对具有显著变化特点的红层泥岩来说，是一种判别填料适应性的方法。图 3.6 为遂渝线试验段红层泥岩填料的 CBR 试验的单位压力与贯入量关系曲线，表 3.2 为遂渝线试验段试样的膨胀率值与 CBR 值。

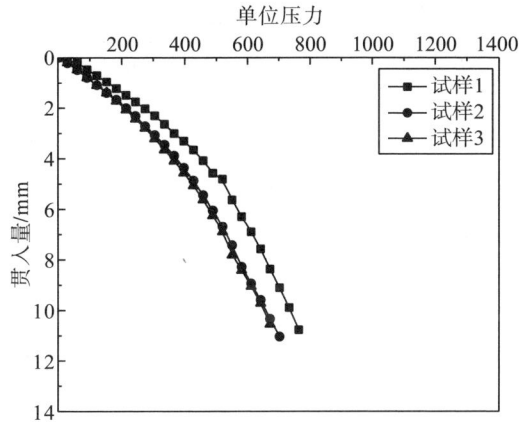

图 3.6　遂渝线单位压力与贯入量关系曲线

表 3.2　遂渝线试样的膨胀率值与 CBR 值

| 测试项目 | 试样编号 | | | 均值 |
| --- | --- | --- | --- | --- |
| | 1 | 2 | 3 | |
| 膨胀率/% | 1.68 | 1.89 | 1.60 | 1.72 |
| $CBR_{5.0}$/% | 5.02 | 4.14 | 4.04 | 4.40(4.09) |
| $CBR_{2.5}$/% | 4.62 | 3.69 | 3.58 | 3.96(3.64) |

注：括号内为去掉一个偏大的值后的平均值。

对于遂渝线试验段代表性试样，贯入量为 5mm 时的 CBR 值大于贯入量为 2.5mm 时的 CBR 值，且变异系数大于 12%，去掉 1 个偏大的值，取其余 2 个数据的平均值，取贯入量为 5mm 时的 CBR 值作为其 CBR 值。遂渝线试验段的红层泥岩 $CBR_{5.0}$ 值为 4.09%，浸水膨胀率为 1.72%。

### 5. 软化试验

软化系数 $K_p$ 一般是指岩石在无侧限情况下饱和状态抗压强度与干燥状态抗压强度的比值，也可用于压实土体情况，系指压实土体浸水饱和后与浸水前的无侧限抗压强度之比。为了与实际应力状态更接近，除了无侧限条件外还做了不同围压下的软化试验，试样尺寸为 $\phi 39.1mm \times h80mm$，采用固结排水三轴试验方法，对比分析浸水 4 天条件下的试样与最优含水量、压实系数 0.95 条件下的试样强度特性。对于遂渝线试验段工点的红层泥岩土，进行了 0kPa、50kPa、100kPa 围压下的对比试验。图 3.7～图 3.9 为不同围压下浸水前后的主应力差 $q$ 与轴向应变 $\varepsilon_a$ 关系曲线。

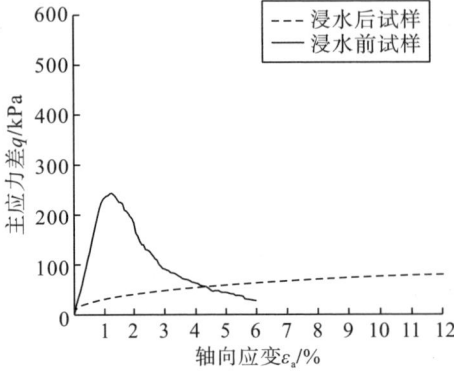

图 3.7　遂渝线 0kPa 条件下浸水前后
主应力差-轴向应变曲线

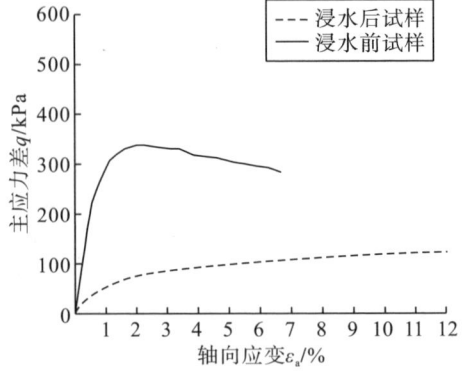

图 3.8　遂渝线 50kPa 条件下浸水前后
主应力差-轴向应变曲线

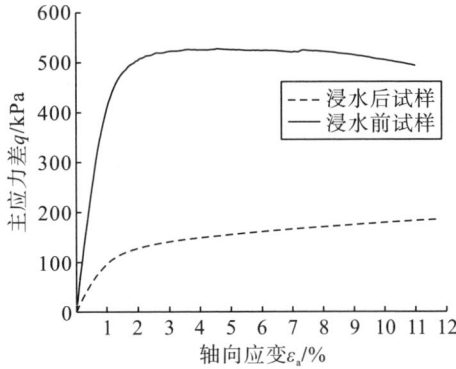

图 3.9　遂渝线 100kPa 条件下浸水前后主应力差-轴向应变曲线

　　经过分析与计算,遂渝线试验段压实红层泥岩土软化系数为 0.331,围压为 50kPa 时浸水后与浸水前的强度之比为 0.35,围压为 100kPa 时浸水后与浸水前的强度之比为 0.37,表明压实红层泥岩土具有较为显著的软化性,由图 3.10 可知,浸水后红层泥岩的强度指标 $c$=34.5kPa,$\varphi$=16.8°,较浸水前红层泥岩强度指标有明显降低。

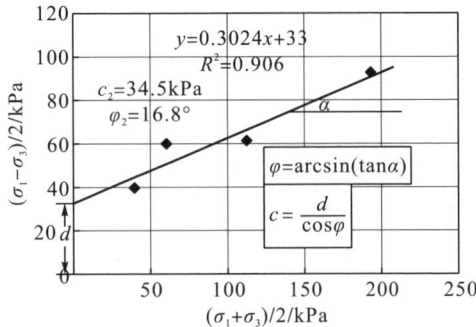

图 3.10　遂渝线饱和试样强度指标确定

## 3.1.2　达成线红层泥岩填料的力学性质

达成铁路扩能改造工程东起四川省达州市(襄渝铁路三汇镇站接轨)，西至成都市(成渝铁路石板滩站进入成都枢纽)。通过击实试验、三轴试验、有(无)膨胀率试验、CBR 试验以及软化试验研究了典型的红层泥岩的物理力学特性。

### 1. 击实试验

图 3.11 为达成线代表性红层泥岩填料的击实曲线。由图可知，其最大干密度 $\rho_{dmax}$ =2.11g/cm$^3$ 和最优含水量 $\omega_{opt}$ =9.68%。

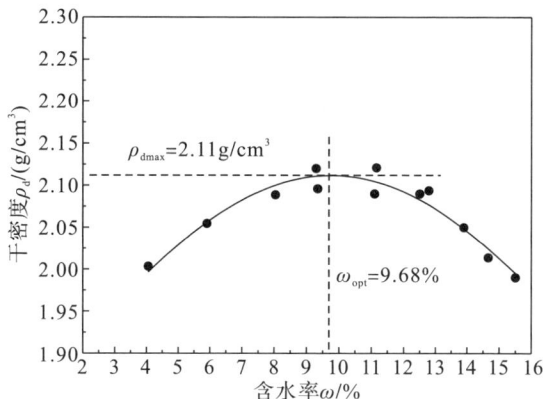

图 3.11　达成线代表性红层泥岩填料的击实曲线

### 2. 三轴剪切试验

达成线红层泥岩土的三轴剪切试验分非饱和与浸水饱和两种情况。在最优含水量下按压实系数 0.95 制备试样，试验尺寸为 $\phi$39.1mm×$h$80mm。饱和方法是将做好的试样连同试样筒置于水中浸泡 4 昼夜。围压为 25kPa、50kPa、100kPa、150kPa 共 4 种；加围压后稳定 1h；加载速率为 0.46%/min；固结及加载过程排水排气。

图 3.12～图 3.15 分别为各个围压(25kPa、50kPa、100kPa、150kPa)下浸水前后试样主应力差-轴向应变曲线。红层泥岩在饱和后强度降低很多，并且围压越高，相对于饱和前的强度降低就越少。

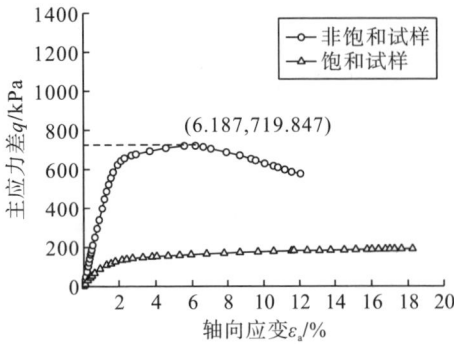

图 3.12 达成线 25kPa 条件下浸水前后
主应力差-轴向应变曲线

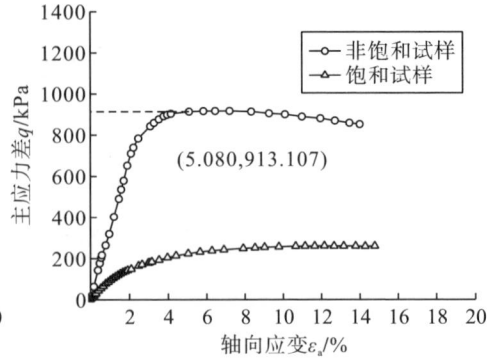

图 3.13 达成线 50kPa 条件下浸水前后
主应力差-轴向应变曲线

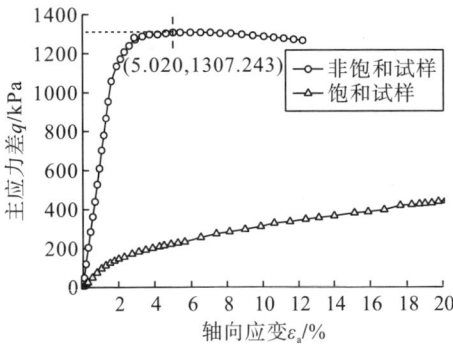

图 3.14 达成线 100kPa 条件下浸水前后
主应力差-轴向应变曲线

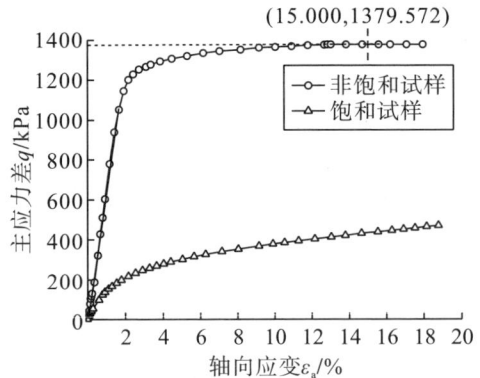

图 3.15 达成线 150kPa 条件下浸水前后
主应力差-轴向应变曲线

图 3.16、图 3.17 分别为达成线红层泥岩土非饱和试样与饱和试样的强度指标确定图。由图可知，非饱和红层泥岩剪切强度指标为：$c=121.05\text{kPa}$，$\varphi=44.6°$；浸水饱和后的剪切强度指标为：$c=42.72\text{kPa}$，$\varphi=30.36°$。浸水后的强度指标较浸水前降低较多。

### 3. 膨胀率试验

1）有（无）荷载下膨胀率试验

在最优含水量下按压实系数 0.95 制作试样，试验尺寸为 $\phi61.8\text{mm}\times h11\text{mm}$。对压实后的红层泥岩土在 0kPa、25kPa、50kPa、100kPa、150kPa、200kPa 压力作用下变形稳定后，浸水，测定其膨胀率。图 3.18 为 25kPa 条件下红层泥岩土试样高度与时间变化曲线，图 3.19 为红层泥岩土的压力与膨胀率的关系曲线。

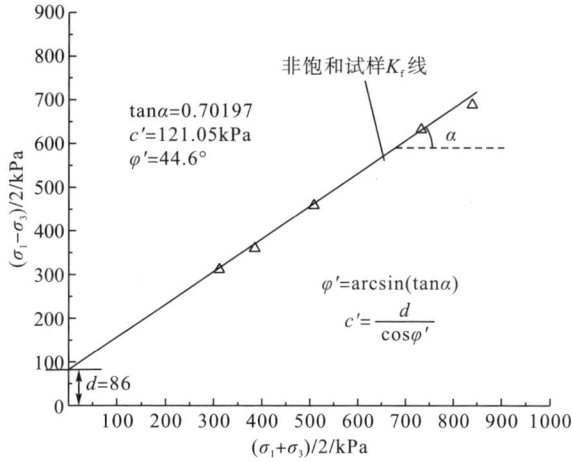

图 3.16　达成线非饱和试样强度指标确定

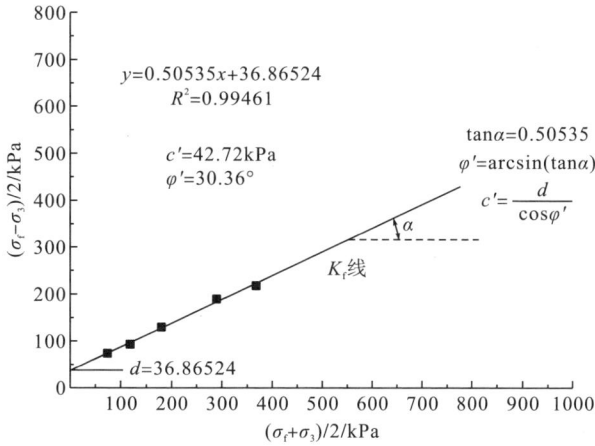

图 3.17　达成线饱和试样强度指标确定

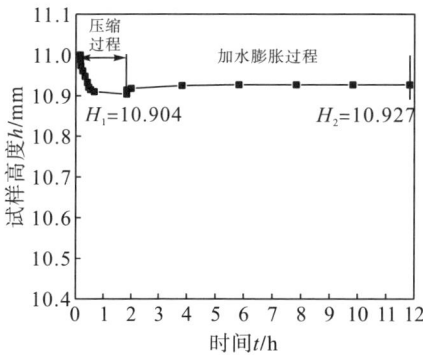

图 3.18　达成线 25kPa 条件下试样高度
与时间的关系

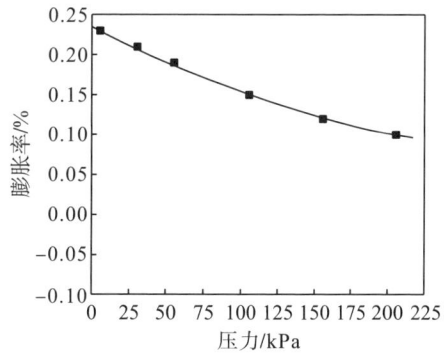

图 3.19　达成线红层泥岩土压力与膨胀率的
关系曲线

2) 自由膨胀率试验

经自由膨胀率试验测定，达成线红层泥岩土的自由膨胀率为 3.7%。

## 4. CBR 试验

针对达成线红层泥岩土进行了两组 CBR 试验，试验结果如表 3.3 所示。两组试验 6 个试样的 CBR 值变异系数都小于 12%，取其平均值作为 CBR 值。贯入量为 5mm 时的 CBR 值大于贯入量为 2.5mm 时的 CBR 值，故采用贯入量为 5mm 时的 CBR 值，两组试样的平均 $CBR_{5.0}$ 值为 6.975%，平均浸水膨胀率为 1.949%。第 1 组与第 2 组试样的单位压力与贯入量关系曲线如图 3.20、图 3.21 所示。

表 3.3　达成线试样的 CBR 值和浸水膨胀率

| 试验组序 | 测试项目 | 样品编号 | | | 均值 |
| --- | --- | --- | --- | --- | --- |
| | | 1 | 2 | 3 | |
| 第 1 组 | 膨胀率/% | 1.943 | 1.961 | 1.940 | 1.948 |
| | $CBR_{5.0}$/% | 7.028 | 6.894 | 6.814 | 6.912 |
| | $CBR_{2.5}$/% | 5.421 | 5.141 | 4.861 | 5.141 |
| 第 2 组 | 膨胀率/% | 1.918 | 1.982 | 1.950 | 1.950 |
| | $CBR_{5.0}$/% | 6.764 | 6.992 | 7.356 | 7.037 |
| | $CBR_{2.5}$/% | 4.965 | 5.103 | 5.351 | 5.140 |

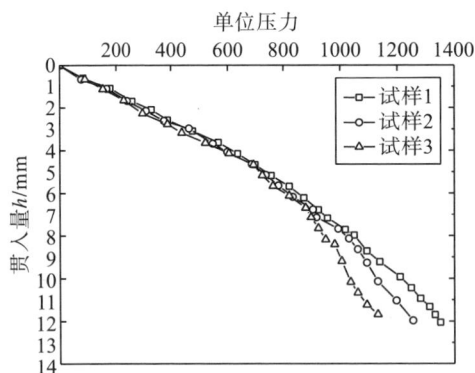

图 3.20　达成线第 1 组试样单位压力与
贯入量关系曲线

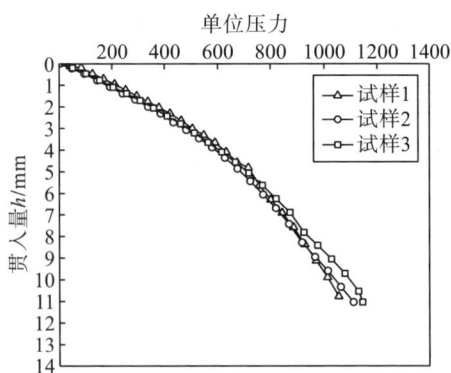

图 3.21　达成线第 2 组试样单位压力与
贯入量关系曲线

### 5. 软化试验

在最优含水量条件下，按压实系数 0.95 制作两个试样，试样尺寸为 $\phi39.1mm\times h80mm$，对其中的 1 个试样浸水 4 天，对两个试样进行无侧限抗压强度试验。图 3.22、图 3.23 分别为浸水前、后试样应力-应变曲线。经过分析，达成线压实红层泥岩的软化系数 $K_p$=0.238。围压为 25kPa 下浸水后与浸水前的强度之比为 0.26，围压为 50kPa 下浸水后与浸水前的强度之比为 0.28，围压为 100kPa 下浸水后与浸水前的强度之比为 0.29，围压为 150kPa 下浸水后与浸水前的强度之比为 0.325。

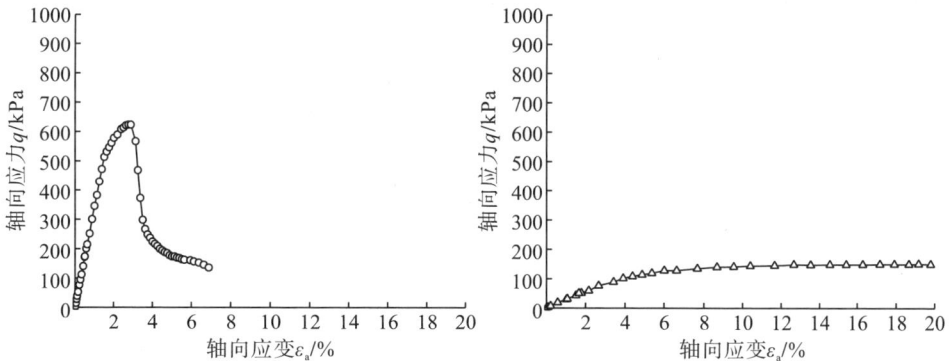

图 3.22　达成线浸水前试样应力-应变曲线　图 3.23　达成线浸水后试样应力-应变曲线

## 3.1.3　红层泥岩改良土的力学性质

### 1. 红层泥岩水泥改良土

1) 红层泥岩水泥改良土击实试验

针对遂渝线代表性红层泥岩试样，进行了配合比为 4% 的红层泥岩水泥改良土击实试验。图 3.24 为水泥改良土击实曲线，其最大干密度 $\rho_{dmax}$ =2.155g/cm$^3$，最优含水量 $\omega_{opt}$ =8.52%。

2) 红层泥岩水泥改良土无侧限抗压强度试验

在最优含水量和压实系数 0.95 条件下制备试样，测试配合比 4% 的红层泥岩改良土放置 7 天时的无侧限抗压强度。图 3.25 为水泥改良土应力-应变曲线，其无侧限抗压强度为 1566kPa。

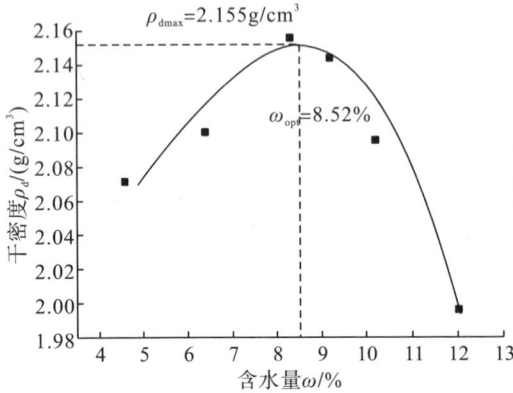

图 3.24  水泥改良土击实曲线

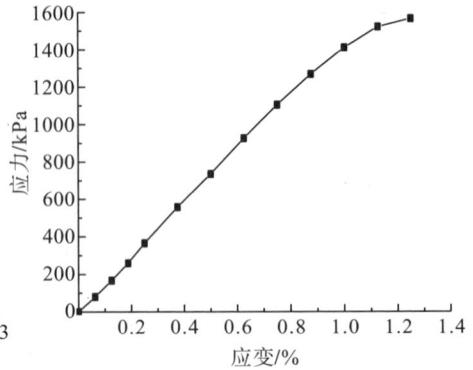

图 3.25  水泥改良土应力-应变曲线

## 2. 红层泥岩石灰改良土

### 1) 红层泥岩石灰改良土击实试验

图 3.26 为不同配合比(0、4%、6%、8%)下的击实曲线,由图可知,随着配合比增加其最优含水量随之减小,符合一般改良土的规律。图 3.27 为不同配合比下的最大干密度,由图可知,红层泥岩石灰改良土随着配合比的增加其最大干密度有所降低,其最优含水量也有所增加,在配合比为 6%时达到最大值 $\omega_{opt}$=10.2%。

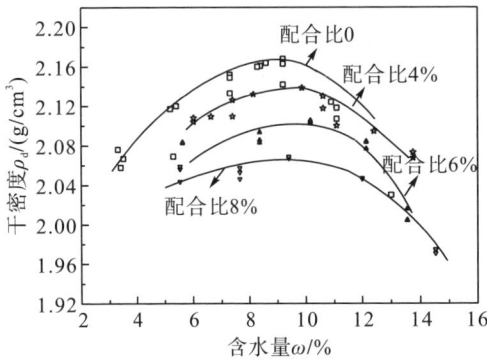

图 3.26  不同配合比条件下的击实曲线

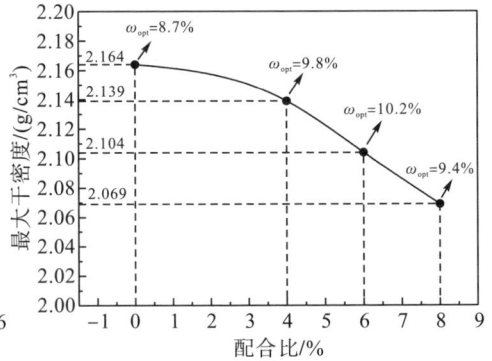

图 3.27  不同配合比与最大干密度的关系

### 2) 红层泥岩石灰改良土无侧限抗压强度试验

测试配合比为 6%、8%的红层泥岩石灰改良土 7 天的无侧限抗压强度,分别测试两个试样。图 3.28 为配合比为 6%时的无侧限抗压强度曲线,其抗压强度平均值为 1500kPa;图 3.29 为配合比为 8%时的无侧限抗压强度曲线,其抗压强度平均值为 2300kPa[2]。

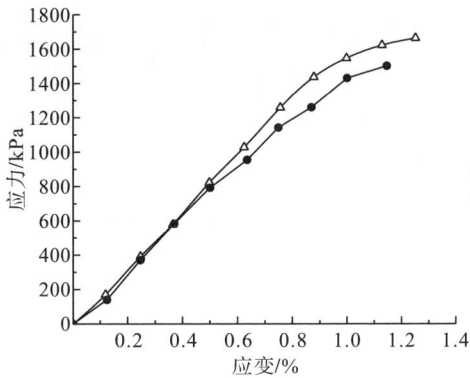

图 3.28　配合比 6%时的应力-应变曲线　　　图 3.29　配合比 8%时的应力-应变曲线

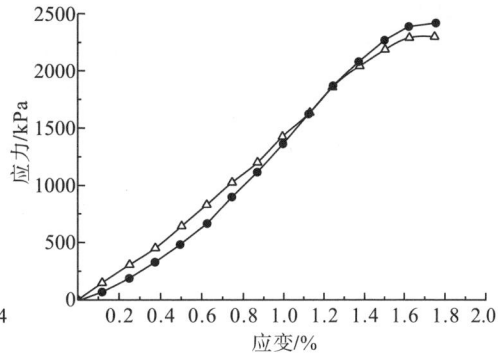

3) 红层泥岩石灰改良土 CBR 试验

对配合比为 6%的石灰改良土进行了 CBR 试验，表 3.4 为红层泥岩石灰改良土试样膨胀率值与 CBR 值。

表 3.4　试样的膨胀率值与 CBR 值

| 项目 | 试样 1 | 试样 2 | 试样 3 |
| --- | --- | --- | --- |
| 膨胀率/% | 0.043 | 0.067 | 0.056 |
| $CBR_{2.5}$/% | 54.2 | 41.7 | 55.3 |
| $CBR_{5.0}$/% | 63.4 | 61.1 | 64.9 |

# 3.2　红层泥岩填筑试验

## 3.2.1　遂渝铁路 DK10 红层泥岩路基填筑试验

### 1. 试验段概况

遂渝铁路位于四川盆地中部—东南部,沿线出露地层以中生界侏罗系(尤其是遂宁组、沙溪庙组)砂泥岩为主，占 80%以上，利用本线路堑挖方和隧道弃渣作路堤填料，大部分填料为红层泥岩。

遂渝铁路为 I 级客货共线铁路，旅客列车速度目标值为 200km/h，正线长 120.181km，正线路基长度 72.406km，占线路长度的 60.25%，路基填方共计

$445.39 \times 10^4 m^3$，其中土方为 $434.60 \times 10^4 m^3$（包括路基基床底层及以下部分）。红层泥岩按填料分类属 D 组填料，按照《新建时速 200 公里客货共线铁路设计暂行规定》（铁建设函〔2003〕439 号），遂渝铁路路基基床底层应选用 A、B 组填料或改良土。路基底层如另取 A、B 组填料填筑，将增加投资约 4000 万元。

区间直线新建单线地段路基面宽度路堤 7.7m，路堑 7.3m；新建预留双线地段路基面宽度路堤 12.3m，路堑 11.9m。路基基床表层厚 0.6m，底层厚 1.9m，总厚 2.5m。基床表层 0.6m 采用级配碎石填筑，底部铺设两布一膜土工布封闭。路堤地段均利用移挖作填的红层砂泥岩填料，压实标准如表 3.5 所示。

表 3.5　遂渝线路基压实标准

| 层位 | 压实指标 | 软质岩填料压实标准 |
|---|---|---|
| 基床底层 | 压实系数 $K$ | ≥0.95 |
|  | $K_{30}$ 值/(MPa/m) | ≥110 |
| 基床以下路堤 | 压实系数 $K$ | ≥0.9 |
|  | $K_{30}$ 值/(MPa/m) | ≥90 |

经现场比选，确定遂渝铁路红层软岩填料路堤试验段位于四川省境内遂宁市附近 DK10+275～DK10+395（以下简称 DK10 工点），试验段长 120m，采用相邻路堑挖方的红层软岩作路堤填料。

## 2. 施工机具与设备配置

路堤施工机具与设备配置如表 3.6 所示。

表 3.6　路堤施工机具与设备配置

| 序号 | 名称 | 规格型号 | 数量 |
|---|---|---|---|
| 1 | 自卸汽车 | SDG3258 | 10 |
| 2 | 装载机 | ZL50 | 2 |
| 3 | 挖掘机 | PC200 | 2 |
| 4 | 推土机 | T140-1 | 2 |
| 5 | 振动压路机 | YZT22Y | 2 |
| 6 | 边坡震动压路机 | YZD10D | 1 |
| 7 | 平地机 | PY180B | 1 |
| 8 | 洒水车 | CA141 | 1 |

### 3. 施工工艺

1）路堤填筑施工工艺流程

路堤填筑采用试验段先行，按横断面全宽纵向水平分段分层填筑碾压；按"三阶段、四区段、八流程"的施工程序，路堤填筑施工工艺流程见图 3.30。采用挖掘机装料、推土机配合松土、自卸汽车运料、推土机粗平、平地机精平、重型压路机压实、核子密度仪、$K_{30}$ 荷载板、灌砂法检测。

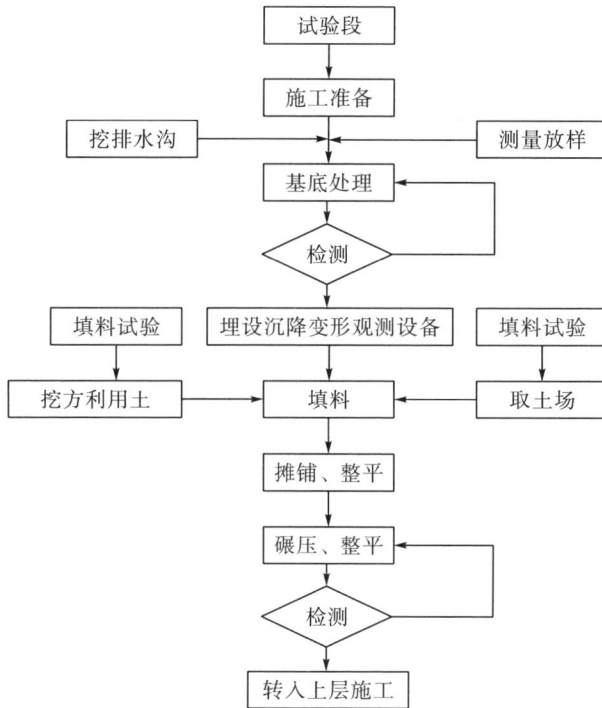

图 3.30　路堤填筑施工工艺流程图

2）操作要点及注意事项

（1）分层填筑。采用横断面全宽、纵向水平分层填筑压实方法。因本段原地面高低不平，先从最低处分层填筑；涵洞两侧分别填土，并大致等高，防止涵洞偏压。按基床以下路堤与基床底层分别计算的堆土间距卸土，自卸汽车容量应大致相等，以便整平时控制层厚均匀，为保证边坡压实质量，路堤两侧各加宽 40～50cm，填料粒径一般不大于 15cm。

（2）摊铺整平。基床以下路堤使用推土机整平，表面无显著的局部凹凸。基床底层使用推土机初平，平地机精平，表面无显著的局部凹凸。严格按工艺试验确定的厚度参数控制层厚，并做出4%横向排水坡。

（3）洒水或晾晒。红层软岩填料碾压前要控制含水量在工艺试验确定的施工允许含水量范围内。该段路基施工时，正值春季，雨水较多，对填料采取了雨前覆盖、雨后晾晒的措施，降低含水量。通过实践，该措施在雨季加快工程进度、提高工程质量方面起到了良好的效果。

（4）机械碾压。压实前向压路机司机进行技术交底，严格按工艺试验确定的机械组合、压实遍数和行进速度进行压实。按照先两侧后中间，先慢后快，先静压后振动的操作程序进行碾压。做到碾压均匀，没有漏压和死角。纵向行与行之间压实重叠0.4m。由于该段路基范围内有1个涵洞和6根抗滑桩，施工时，在靠近结构物附近均采用冲击夯进行夯实，每层虚铺20cm，施工进度与路基主体基本同步。填铺面在纵、横向平顺均匀，达到充分的碾压效果，提高路基边缘压实系数。

（5）检验签证。完成规定的压实遍数后，进行密实度检验。试验人员在取样测试前检查填料粒径是否符合要求，碾压区段是否压实均匀，填筑层厚是否超过规定厚度。密实度采用双指标控制，压实系数检测采用核子密度湿度仪和灌砂法。$K_{30}$值使用$K_{30}$荷载板检测。

（6）路面整修。路基基床底层按设计标高完成并预留沉落量后，恢复中线，施放路肩边桩，测设左、中、右三处标高，并作灰点，用人工拉线修筑路拱，光轮压路机碾压一遍，使路面光洁无浮土，横向排水符合要求。

（7）边坡整修。该段路基边坡采用浆砌片石拱形骨架护坡，液压喷播植草防护，人工按设计坡率挂线刷坡砌筑，整修后达到转折处棱线分明，直线处平直，曲线处圆顺，之后喷播植草防护。

## 4. 质量控制及保证措施

路堤填筑开工前，在熟悉设计文件、现场核对和施工调查的基础上，通过填筑路堤试验段，确定合理的松铺厚度、压实遍数、施工控制含水量及填筑工艺，以指导全线路堤工程施工操作。具体的质量保证措施如下。

### 1）严格控制松铺厚度

松铺厚度控制有方格网法和挂线法。方格网法是在填料运到前，事先在下承层上打好10m×10m的方格网，并按装载车容量和预定松铺厚度计算出每个方格网倒土的车辆数，上料过程中，专人现场指挥装载车辆倒土。挂线法是在路基中线及两侧路肩处分别打入钢钎，钢钎上以油漆标出预定摊铺高度，相邻两钢钎用颜色醒目的细线连接，推土机及平地机司机据此进行摊铺整平。因采用此法所得到的并非是真正的虚铺厚度，而是半压实状态的摊铺厚度，故采用挂线法设置的虚铺厚度比预定的小。因此，两种方法结合起来使用，以达到最佳效果。

2) 严格控制填料含水量

每天取样进行含水量试验，一旦含水量超过最佳含水量+2%时，暂停施工，进行晾晒或更换填料。含水量不足时，采用人工洒水。

3) 质量检测

每层路堤填筑后，按表 3.7 规定的检测方法和频数进行自检。检验做到及时准确，检验结果内容齐全，误差不超过规定值。每层自检合格后，报请监理进行检测。

表 3.7　路堤填筑检测方法和频数

| 检测方法 | 检测频数 |
| --- | --- |
| 核子密度仪法 | 每层沿纵向每 100m 检测 6 点，平行检测两次，距路基边 0.5～1m 处 4 点，中间 2 点 |
| $K_{30}$ 载荷仪法 | 每层沿纵向 100m 范围内检查 2 点，路基中间 1 点，距路基边 2m 处 1 点 |
| 灌砂法 | 每层沿纵向 100m 范围内检查 1 点 |

## 5. 路堤填筑现场检测与效果评价

表 3.8～表 3.10 是三种松铺厚度情况下的碾压结果。从表可以看出，随着压实遍数的增加，压实系数提高，在压实遍数为 10 遍时，$K_{30}$ 值最大。若再增加压实遍数，压实系数有所增加，而 $K_{30}$ 值却有所下降，这说明压实遍数过多，$K_{30}$ 值降低，这种现象称为"过碾压"现象。

表 3.8　DK10 松铺 30cm 时碾压工艺试验结果

| 项目 | 数值 | | | | | | |
| --- | --- | --- | --- | --- | --- | --- | --- |
| 压实遍数 | 4 | 6 | 8 | 10 | 12 | 14 | 16 |
| 含水量/% | 8.64 | 9.01 | 8.51 | 8.70 | 8.80 | 8.04 | 6.89 |
| 压实系数 | 0.95 | 0.99 | 1.03 | 1.03 | 1.06 | 1.07 | 1.13 |
| $K_{30}$ 值/(MPa/m) | 81.6 | 82.24 | 84 | 123.92 | 108 | 108.4 | 104.5 |

表 3.9　松铺 35cm 时碾压工艺试验结果

| 项目 | 数值 | | | | | | |
|---|---|---|---|---|---|---|---|
| 压实遍数 | 4 | 6 | 8 | 10 | 12 | 14 | 16 |
| 含水量/% | 10.23 | 8.45 | 9.20 | 9.87 | 9.82 | 9.94 | 9.46 |
| 压实系数 | 0.90 | 1.00 | 0.99 | 1.01 | 1.06 | 1.04 | 1.06 |
| $K_{30}$ 值/(MPa/m) | 31.8 | 83.2 | 79.8 | 117.27 | 102 | 80 | 54.4 |

表 3.10　松铺 40cm 时碾压工艺试验结果

| 项目 | 数值 | | | | | | |
|---|---|---|---|---|---|---|---|
| 压实遍数 | 4 | 6 | 8 | 10 | 12 | 14 | 16 |
| 含水量/% | 10.11 | 9.55 | 7.54 | 9.60 | 9.22 | 9.89 | 9.63 |
| 压实系数 | 0.94 | 0.96 | 1.01 | 1.00 | 1.04 | 1.03 | 1.04 |
| $K_{30}$ 值/(MPa/m) | 54.2 | 74.8 | 85.2 | 128.8 | 118 | 84 | 84 |

对于红层软岩填料而言，$K_{30}$ 值是控制路堤本体和基床底层的压实指标，$K_{30}$达到压实标准时，相应的压实系数均能满足压实标准的要求。因此，推荐采用满足遂渝铁路路基压实标准的填筑碾压工艺为表 3.11，经监理工程师审批后作为全线路堤施工和质量控制的依据。

表 3.11　DK10 试验段路堤填筑参数

| 参数 | 要求 |
|---|---|
| 填料类别 | 红层泥岩挖方弃渣 |
| 压实机械 | 22t 振动压路机 |
| 最佳含水量/% | 11.5 |
| 最大干密度/(g/m³) | 1.91 |
| 松铺厚度/cm | 30～40 |
| 压实遍数 | 静压 2 遍+振压 8 遍 |

建设单位主持开展了利用红层泥岩填筑现场试验，考虑各施工单位进场设备不同，施工标段各自同时进行。填筑试验表明，采用合适的压实机械，合适的松铺厚度和压实遍数，控制好填料含水量，完全可以达到规范规定的压实标准(基床底层，$K_{30} \geq 110 \mathrm{MPa/m}$，压实系数 $K \geq 0.95$)的要求。表 3.12 为试验结果。

表 3.12 遂渝铁路红层泥岩填筑试验结果

| 压实标准 | | 压路机型号 | 松铺厚度/cm | 填料含水量/% | 压实遍数 |
|---|---|---|---|---|---|
| 基床底层 | $K \geqslant 0.95$ $K_{30} \geqslant 110\text{MPa/m}$ | YZ18JB | 50 | 8.0～10.0 | 6～8 |
| | | 英格索兰 175 | 35～45 | 8.1～13.1 | 10 |
| | | 徐工 XS140 | 35～45 | 8.1～13.1 | 12 |
| | | YZ1800DG | 30 | 16.1～16.7 | 8 |
| | | YZ18-C | 40 | 10.2 | 10 |
| | | YZ20T | 25 | 8.0 | 7 |
| | | YZ-18-Ⅱ | 40 | 8.7 | 4 |
| | | YZ-18 | 30 | 8.0～11.0 | 9 |
| 基床底层 以下 | $K \geqslant 0.90$ $K_{30} \geqslant 90\text{MPa/m}$ | YZ18JB | 50 | 8.0～10.0 | 6～7 |
| | | 英格索兰 175 | 35～45 | 8.1～13.1 | 8 |
| | | 徐工 XS140 | 35～45 | 8.1～13.1 | 10 |
| | | YZ1800DG | 30 | 16.1～16.7 | 6 |
| | | YZ18-C | 40 | 10.2 | 8 |
| | | YZ20T | 40 | 8.0 | 7 |
| | | YZ-18-Ⅱ | 40 | 7.8 | 4 |
| | | YZ-18 | 40 | 8.0～11.0 | 7 |

## 3.2.2 遂渝铁路无砟轨道综合试验段红层泥岩路基填筑试验

### 1. 试验段概况

遂渝铁路无砟轨道综合试验段位于重庆枢纽遂渝引入工程的桐子林隧道出口 DK125+676 至蒋家桥大桥遂宁段 DK138+893，是我国首条成区段铺设的无砟轨道综合试验段，正线全长为 13.157km，设计速度为 200km/h 的客货共线新建铁路。试验段内路基 5398m。红层泥岩及红层泥岩改良土试验段（DK132+393～DK132+453）位于遂渝线无砟轨道综合试验段，长 60m。路堤分别采用 A、B 组填料配合红层泥岩或红层泥岩石灰改良土填筑，地基为红层泥岩夹砂岩、灰岩等弱风化带，并经过强夯处理。无砟轨道红层泥岩路基结构形式，基床总厚度为 2.7m，其中表层级配碎石 0.4m，底层 A、B 组填料 2.3m，下部为红层泥岩路堤本体。无砟轨道红层泥岩改良土路基结构形式，表层级配碎石 0.4m，下部均由红层泥岩改良土填筑。沉降板与观测桩分别位于路基面、基床底面、红层泥岩底面、红层泥岩改良土底面、路堤边坡坡脚等位置。

遂渝线无砟轨道红层泥岩路堤边坡铺设短筋材，间隔一定高度铺设长筋材。

短筋材铺设宽度为 4m，竖向间隔为 0.6m；间隔 1.8m 路堤全断面拉通铺设土工格栅。筋材采用双向高强塑料格栅，纵横向每延米拉伸力大于 50kN，屈服伸长率小于 10%，单根条带的拉力大于 6kN，孔径为 110mm×110mm，幅宽 4m。路堤结构形式及沉降板具体埋设位置如图 3.31 和图 3.32 所示[3-5]。

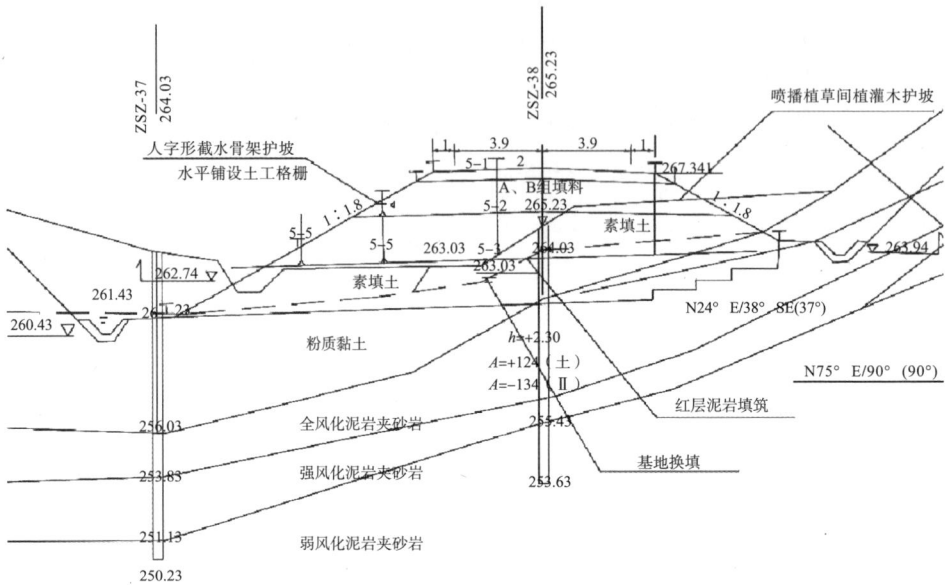

图 3.31　DK132+410 里程断面沉降板埋设位置

DK132+393～DK132+423 为红层泥岩填筑综合试验段

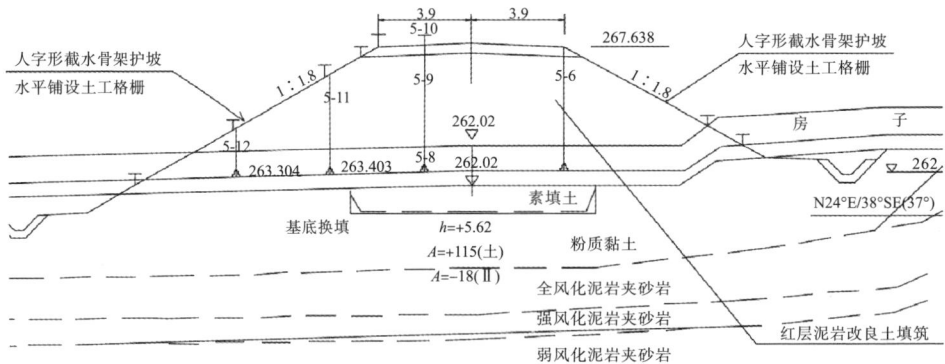

图 3.32　DK132+440 里程断面沉降板埋设位置

DK132+423～DK132+453 为红层泥岩改良土填筑综合试验段

路基填筑严格按照"三阶段、四区段、八流程"的施工程序。开挖出的红层泥岩为颗粒粒径不等的块状材料，使用破碎机将其粉碎后运至施工位置进行碾压；

准备防水布，防止雨水对填筑的红层泥岩土的冲刷与浸泡；使用生石灰对红层泥岩进行改良，对于红层泥岩改良土路基采用场拌法施工；每层施工后及时进行质量检测，保证路基的压实质量。

通过定期测试，及时掌握从施工到工后的沉降数据，验证施工工艺是否满足设计要求。

## 2. 沉降测试结果

红层泥岩及其改良土路基试验段施工开始日期为 2006 年 2 月 10 日，施工结束日期为 2006 年 4 月 28 日，开始铺轨时间约为 2006 年 8 月 28 日，2006 年 12 月 26 日至 2007 年 1 月 10 日进行了现场行车测试，2007 年 5 月正式开通客运。沉降测试时间从 2006 年 5 月 1 日开始，到 2007 年 11 月结束。沉降预测工作伴随着沉降测试一同进行，采用双曲线法进行预测。

图3.33 和图3.34 分别为红层泥岩路基与红层泥岩改良土路基沉降与时间关系曲线。红层泥岩路基高度为 4.8m，红层泥岩层路堤本体为 2.1m；改良土路基高度为 5.2m，除级配碎石基床表层外均由红层泥岩改良土填筑。沉降曲线变化由快到慢，不同深度的沉降板沉降曲线之间的沉降差值随时间的增大而增大。截至最后一次测量，即路基填筑完成 530 天，运营半年后，红层泥岩路基的最大沉降量为 4.3mm，红层泥岩改良土路基的最大沉降量为 5.4mm。

经分析，对于红层泥岩路基，从路基填筑完成到铺轨之前(共 4 个月)，路基本身(4.8m)的压缩量为 1.6mm，压缩率为 0.33‰，红层泥岩层本身(2.1m)的压缩量为 1mm，压缩率为 0.48‰；从路基填筑完成到 530 天后(运营半年)，路基本身(4.8m)的压缩量为 2.2mm，压缩率为 0.46‰；红层泥岩层本身(2.1m)的压缩量为 1.4mm，压缩率为 0.67‰。

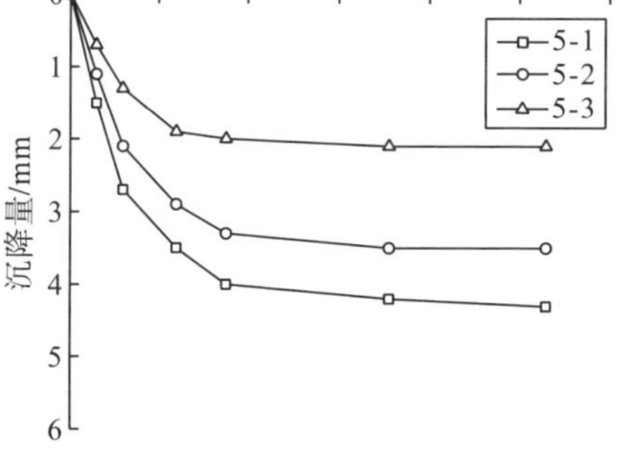


图 3.33　红层泥岩路基沉降与时间曲线

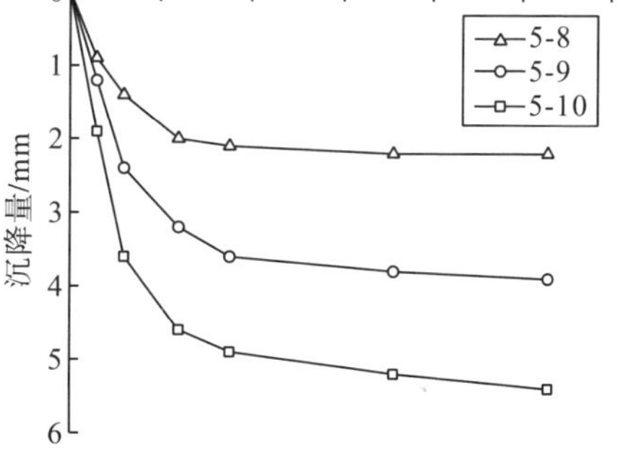


图 3.34　红层泥岩改良土路基沉降与时间曲线

对于红层泥岩改良土路基，从路基填筑完成到铺轨之前(共 4 个月)，路基本身(5.2m)的压缩量为 2.6mm，压缩率为 0.5‰，下半部分红层泥岩改良土层(2.6m)的压缩量为 1.2mm，压缩率为 0.46‰；从路基填筑完成到 530 天后(运营半年)，路基本身(5.2m)的压缩量为 3.2mm，压缩率为 0.62‰，下半部分红层泥岩改良土层(2.6m)的压缩量为 1.7mm，压缩率为 0.65‰。

### 3.2.3 渝万客专红层泥岩改良土填筑试验

#### 1. 渝万客专红层泥岩改良土设计概况

渝万客专设计速度为 250km/h，位于四川盆地东缘平行岭谷区，地形起伏较大，为丘陵与低山相连地貌。沿线地表覆盖层多为人工填土及粉质黏土，为 D 组填料，软粉质黏土为 E 组填料；其下基岩主要分布侏罗系红层内陆河湖相碎屑岩，以泥岩为主，夹砂岩，全风化及强风化岩层为 D 组填料，弱风化红层砂泥岩为 C 组填料，岩质较软，易风化，遇水易软化崩解。全线仅于 DK39～DK99 段路基范围内零星分布砂岩地层，强风化层为 C 组填料，弱风化层为 B 组填料。

结合渝万客专铁路等级及填料特性，在可研及初设阶段对填料进行了充分调查及比选，经技术经济比较后采用的填料方案为：路基基床表层及过渡段均采用价购合格的级配碎石填筑；基床底层及路堤本体优先采用路堑挖方中及隧道弃渣中的合格填料，不足部分填料采用改良土填筑。区间路基填料调配情况如表 3.13 所示。

表 3.13　区间路基填料调配情况表

| 序号 | 段落 | 填方数量 /$10^4m^3$ | 岩性及填料组别 | 填料方案 |
|---|---|---|---|---|
| 1 | DK6～DK28 | 7.43 | 主要分布红层岩夹砂岩，岩质较软，易风化，雨水易软化崩解，不满足填料要求 | 利用隧道弃渣中的合格填料 |
| 2 | DK35～DK66 | 11.41 | 主要分布红层泥岩夹砂岩，零星分布 7 段砂岩，B 组填料 | 利用路堑挖方中的合格填料 |
| 3 | DK70～DK87 | 13.62 | 主要分布红层泥岩夹砂岩，DK77～DK82 零星分布 2 段砂岩，B 组填料，满足填料要求 | 优先利用路堑挖方及打鼓山隧道、长寿湖隧道弃渣中的合格填料。$3.3\times10^4m^3$ 利用路堑挖方及隧道弃渣中的弱风化泥岩改良 |
| 4 | DK87～DK101 | 14.27 | 主要分布红层泥岩夹砂岩，DK92～DK98 零星分布 5 段砂岩，B 组填料 | 利用路堑挖方及长寿湖隧道弃渣中的合格填料 |
| 5 | DK101～DK209 | 104.25 | 主要分布红层泥岩夹砂岩，DK92～DK98 零星分布 5 段砂岩，B 组填料 | 约 $7.2\times10^4m^3$ 利用挖方中的合格填料，$97.05\times10^4m^3$ 利用路堑挖方及道弃渣中的弱风化泥岩改良 |

渝万客专分别按红层泥岩掺入 3%～8%水泥量进行了改良土试验，其中配合比为 3%、5%、7%的试验结果如表 3.14 所示。根据改良土试验资料，配合比为 3%～8%的改良土强度指标均满足规范要求，但配合比为 3%的改良崩解率较高，考虑到现场施工环境与室内试验环境的差异性，最终确定改良方案为：基床底层改良土采用路堑挖方或隧道弃渣的红层泥岩掺入 6%水泥进行改良，路堤本体填料采用路堑挖方或隧道弃渣中的红层泥岩掺入 4%水泥进行改良，改良土均采用拌和场集中拌和施工。

表 3.14 改良土土工试验成果统计一览表

| 项目 | 配合比 | | | | | | | | | | | |
|---|---|---|---|---|---|---|---|---|---|---|---|---|
| | 3% | | 4% | | 5% | | 6% | | 7% | | 8% | |
| 压实度 | 0.92 | 0.95 | 0.92 | 0.95 | 0.92 | 0.95 | 0.92 | 0.95 | 0.92 | 0.95 | 0.92 | 0.95 |
| 最大干密度/(g/cm³) | 2.07 | 2.07 | 2.17 | 2.17 | 2.08 | 2.08 | 2.18 | 2.18 | 2.09 | 2.09 | 2.19 | 2.19 |
| 最优含水率 $\omega_{opt}$/% | 8.7 | 8.7 | 8.7 | 8.7 | 8.5 | 8.5 | 8.4 | 8.4 | 8.3 | 8.3 | 8.0 | 8.0 |
| 7 天无侧限抗压强度 $R_c$/MPa | 1.18 | 1.43 | 1.39 | 1.62 | 1.65 | 1.75 | 1.61 | 1.77 | 2.08 | 2.27 | 3.12 | 2.37 |
| 7 天浸水饱和无侧限抗压强度 $R_c$/MPa | 0.94 | 1.01 | 1.09 | 1.45 | 1.45 | 1.48 | 1.53 | 1.67 | 1.88 | 1.96 | 1.73 | 2.20 |
| 干湿循环最大崩解率平均值/% | 9.1 | 6.6 | — | — | 1.4 | 0.3 | — | — | -1.2 | 0.1 | — | — |

## 2. 红层泥岩改良土施工工艺

改良土施工主要遵循"三阶段、四区段、八流程"施工程序。现场改良土具体施工工艺流程如下。

利用路堑挖方中的泥岩破碎→输送至储料仓存放→拌和机集中拌和(掺水泥、水)→汽车运输至填筑现场→现场卸料摊铺→挖机或推土机初步整平→平地机初平→压路机静压→平地机精平→压路机静压→压路机振动碾压→光轮压路机静压收光 1 遍。红层泥岩改良场拌法如图 3.35～图 3.38 所示，改良土填筑如图 3.39 所示。

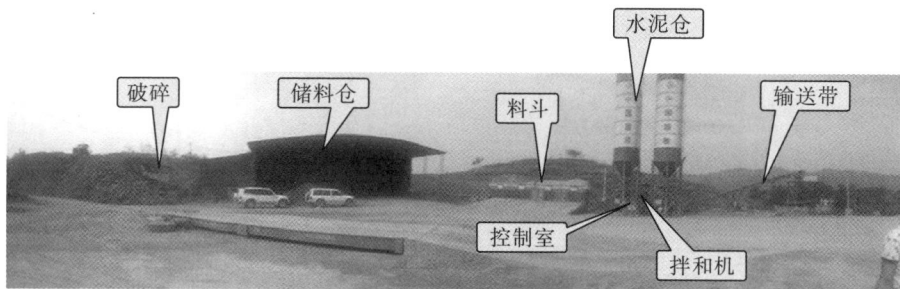

图 3.35 红层泥岩改良场拌法流程全景

图 3.36　红层泥岩破碎

图 3.37　红层泥岩填料入仓

图 3.38　红层泥岩填料改良拌和

| 摊铺 | 平地机整平 |

| 碾压 | 检测 |

图 3.39　红层泥岩改良土路堤填筑

渝万客专 5 标段总结的改良土碾压试验参数为：先采用静压，碾压速度控制在 1.5km/h，再使用振动压路机振动压实，前 2 遍碾压速度控制在 1.5～1.7km/h，后几遍控制在 2～2.5km/h，横向错轮 0.4～0.5m，直至压实系数合格为止。通过试验基床底层及路基本体改良土填筑碾压 6 遍时基本满足压实要求，个别点偏差，碾压 7 遍时则检测完全合格。现场碾压试验如表 3.15、表 3.16 所示。

表 3.15　4%水泥改良土（路堤本体）压实质量试验结果统计表

| 序号 | 测点位置及数量 | 碾压遍数 | 含水率 $\omega$/% | 压实系数规定值 | 压实系数实测值 |
|---|---|---|---|---|---|
| 1 | D1K182+405～D1K182+480 共 6 点 | 第 3 遍 | 10.6～11.2 | ≥0.92 | 0.795～0.835 |
| 2 | D1K182+405～D1K182+480 共 6 点 | 第 4 遍 | 10.7～11.2 | ≥0.92 | 0.815～0.855 |
| 3 | D1K182+405～D1K182+480 共 6 点 | 第 5 遍 | 10.0～11.4 | ≥0.92 | 0.910～0.895 |
| 4 | D1K182+405～D1K182+480 共 6 点 | 第 6 遍 | 10.1～11.4 | ≥0.92 | 0.910～0.935 |
| 5 | D1K182+405～D1K182+480 共 6 点 | 第 7 遍 | 10.0～11.3 | ≥0.92 | 0.940～0.975 |

表 3.16    6%水泥改良土(基床底层)压实质量试验结果统计表

| 序号 | 测点位置及数量 | 碾压遍数 | 含水率 $\omega$/% | 压实系数<br>规定值 | 压实系数<br>实测值 |
|---|---|---|---|---|---|
| 1 | D1K182+060~D1K182+120 共 6 点 | 第 3 遍 | 10.3~11.3 | ≥0.95 | 0.875~0.890 |
| 2 | D1K182+060~D1K182+120 共 6 点 | 第 4 遍 | 10.0~11.2 | ≥0.95 | 0.900~0.915 |
| 3 | D1K182+060~D1K182+120 共 6 点 | 第 5 遍 | 9.9~10.8 | ≥0.95 | 0.925~0.940 |
| 4 | D1K182+060~D1K182+120 共 6 点 | 第 6 遍 | 10.2~11.4 | ≥0.95 | 0.950~0.975 |
| 5 | D1K182+060~D1K182+120 共 6 点 | 第 7 遍 | 10.2~10.8 | ≥0.95 | 0.975~0.995 |

  渝万客专 2 标段总结的改良土碾压参数为:推土机摊铺完毕后由平地机精平,静压 1 遍,弱振 1 遍,强振 3 遍(92 区)或者强振 4 遍(95 区),静压 1 遍收面,可以满足设计及验收标准要求。压路机行走速度不大于 2km/h。

  渝万客专 4 标段总结的改良土碾压参数为:推土机摊铺完毕后由平地机精平,静压 1 遍,强振 1 遍,弱振 4 遍,静压收光 1 遍,可以满足设计及验收标准要求。压路机行走速度不大于 4km/h。

  综上所述,根据不同地段土体改良特性,改良土最佳含水量、摊铺厚度、碾压遍数、碾压速度均有差异,但压实系数均能满足设计要求。现场填筑前应进行试验段填筑,确定最佳填筑压实参数,以指导改良土全面施工。

  经现场大面积改良土填筑施工,各段改良土填筑的施工方法、工艺基本相同,由于地理位置不同、土源不同及气候差异,改良土填筑的松铺系数、最佳含水量、碾压遍数、碾压速度等技术参数均有所不同。改良土的现场土工试验、强度及填筑压实系数均能满足设计要求,现场实际填筑变形小,效果好,受雨季影响较小。因此,设计的改良方案是可行的。改良土产量较低,速度慢,主要是破碎速度跟不上,施工组织安排不及时则影响架梁工期。设计中填料改良拌和站需与施工标段划分、施工分布、施工组织相匹配,以满足施工组织需求。

## 3.3    红层泥岩动力特性试验

### 3.3.1    红层泥岩填料动力学特性

  红层泥岩作为高速铁路路堤本体填料的适用性已在遂渝线无砟轨道综合试验段得到成功验证,能否作为高速铁路基床底层填料还需进一步研究。本节首先通过振动三轴试验详细研究了压实红层泥岩在不同动应力下的动强度、动变形、累积变形、临界动应力值等动力特性[6, 7]。

### 1. 振动三轴试验概况

试验仪器采用"英国 GDS 高级动态三轴测试系统"。试样条件见表 3.17。拟定试验动应力幅值 $\sigma_d$，施加围压 $\sigma_3$，在围压下进行固结直到变形稳定。通过拟施加的动应力幅值调节仪器，初始竖向应力(振动中心)控制在 $\sigma_1 = \sigma_3 + \sigma_d$。待初始应力稳定，对试样施加不同振幅 $\sigma_d$ 的正弦波荷载进行试验，直至试样变形稳定或破坏。图 3.40 为红层泥岩试样在围压 50kPa、动应力幅值 50kPa 下振动试验典型加载时程曲线示意图。图 3.41 为试样斜截面动剪应力图示，由图可知，当试样处于平衡位置时，45°斜截面上的静法向应力为 $\sigma_m$，静剪应力为 $\tau_s$，施加动荷载后，动剪应力为 $0 \sim \sigma_d$，对应的作用于试样轴向的动应力为 $0 \sim 2\sigma_d$。

表 3.17　振动三轴试验试样条件

| 参数 | 数值 |
| --- | --- |
| 干密度 $\rho_d$ /(g/cm$^3$) | 2.01 |
| 含水量 $\omega$ /% | 9.68 |
| 尺寸 | $\phi$ 50mm×$h$100mm |

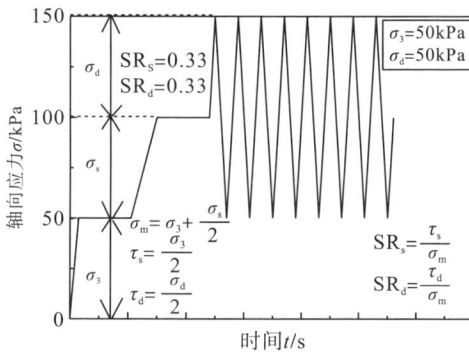

图 3.40　典型振动时程曲线示意图　　　　　图 3.41　试样斜截面动剪应力图示

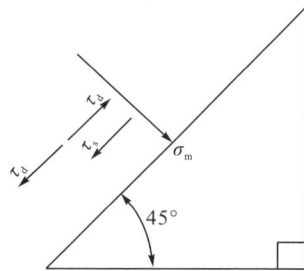

考虑到红层泥岩基床底层深度范围内土体所受重力(包含轨道荷载与路基自重)及动应力的变化范围，本次试验主要研究围压 25kPa 和 50kPa 条件下压实红层泥岩土的动强度与累积变形特性。对于动荷载频率，理论上列车荷载的作用频率是一系列频率的组合，与运行的速度、车长、转向架、轴距等有关，其中对路基影响最大的频率是车辆的通过频率，即基频 $f = v/l_i$，其中 $v$ 为列车运行速度，$l_i$ 为车厢长，本次试验选择加载振动频率为 5Hz。试验条件与内容如表 3.18 所示。试验设置采集速率为 100 点/周，试验结束后对数据进行处理与分析。

表 3.18　振动三轴试验的条件及内容

| 围压/kPa | 动应力幅值/kPa | | | | | | | | | 控制方式 | 波形 | 频率/Hz | 试验类型 |
|---|---|---|---|---|---|---|---|---|---|---|---|---|---|
| 25 | 25 | 45 | 65 | 75 | 95 | 150 | 225 | 245 | 260 | | | | |
| 50 | 50 | 100 | 150 | 175 | 200 | 285 | 310 | — | — | 应力控制 | 正弦波 | 5 | 排水排气 |
| 100 | 330 | 360 | 370 | 380 | 390 | 400 | — | — | — | | | | |

## 2. 振动三轴试验结果与分析

### 1) 累积变形特性

试验为应力控制,试样在动荷载作用下发生变形,由初始的柱状变为鼓状,试样中部受力面积增大,试样实际承担的动应力比控制应力低,需要根据试样实际受力面积对动应力进行修正,本次试验根据式(3.1)对面积进行修正。

$$A_a = A_0 / (1 - \varepsilon_1) \tag{3.1}$$

式中,$A_a$、$A_0$ 分别为试样的校正断面积、初始面积;$\varepsilon_1$ 为试样的轴向累积应变。图 3.42 为典型动应力时程曲线。

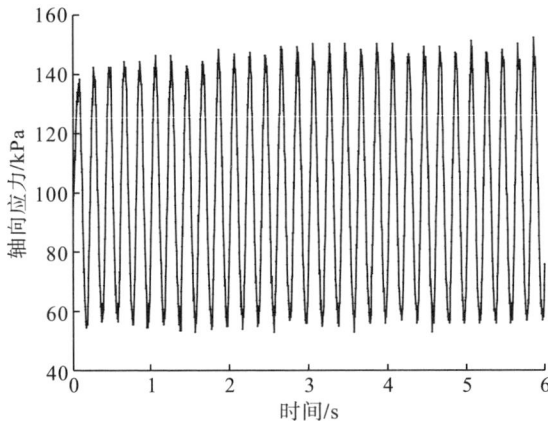

图 3.42　典型动应力时程曲线(围压 50kPa、动应力幅值 $\sigma_d$ =45kPa)

由散体材料组成的弹塑性土体在重复荷载的每一次加、卸载作用下都要产生不可恢复的塑性应变,累积应变随加载次数的增加而累积。图 3.43 为 25kPa 围压下的累积应变与加载次数关系曲线。从图中可以看出,红层泥岩累积应变随加载次数的增加而增大;在较小动荷载范围内,累积应变的增加速率随加载次数逐渐变小,超过某一加载次数后变形最终趋于稳定;当动荷载超过某一特定值后,一定加载次数下试样累积变形变化幅度由小开始急剧增大,最后不能趋于稳定,即试样破坏。不同加载条件下试样累积应变的稳定值如表 3.19 所示。

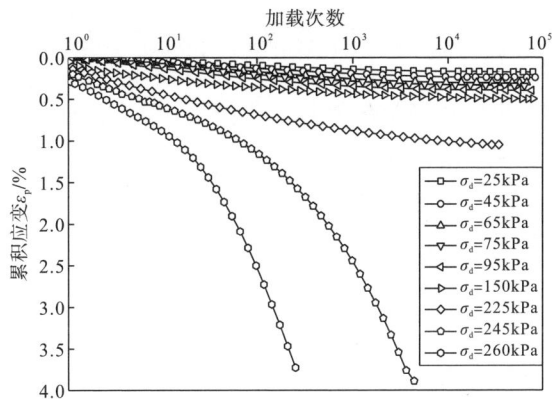

图 3.43   25kPa 围压下累积应变与加载次数关系曲线

表 3.19   各动荷载下红层泥岩土累积应变稳定值

| 围压/kPa | 累积应变 | | | | | |
|---|---|---|---|---|---|---|
| 25 | 动荷载/kPa | 25 | 45 | 65 | 75 | 95 | 150 |
| | 累积应变/% | 0.17 | 0.24 | 0.30 | 0.34 | 0.40 | 0.50 |
| 50 | 动荷载/kPa | 50 | 100 | 150 | 175 | — | — |
| | 累积应变/% | 0.20 | 0.35 | 0.41 | 0.47 | — | — |

  围压对红层泥岩土的累积应变有重要影响。图 3.44 给出了振次 $N_f=200$ 时不同围压下动应力与累积应变关系曲线。从图中可以看出，动应力较小时，累积应变基本呈线性变化，变化速率较小；当动应力达到某一特征值后，其累积应变出现明显拐点，即土体破坏点，土体变形曲线大幅下降。相同动应力条件下，红层泥岩土累积应变随围压的增大而减小。

  图 3.45 为累积应变为 0.3%时红层泥岩土动应力与振次关系，从图中可以看出，在相同动应力条件下，红层泥岩土达到相同累积应变所需的振次随围压的增大而增加。

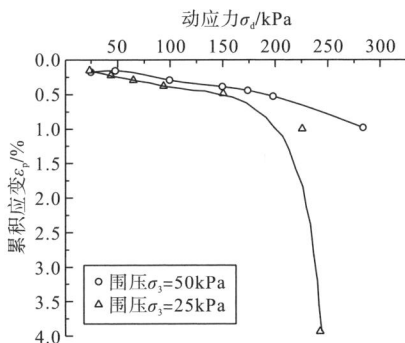

图 3.44   不同围压下红层泥岩动应力-累积
应变曲线

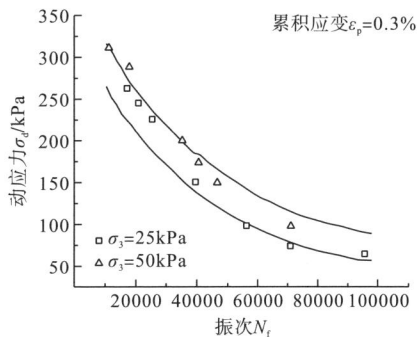

图 3.45   不同围压下动应力-振次
关系曲线

2) 临界动应力

红层泥岩试样在动荷载作用下存在一个动应力临界值，当动荷载小于临界值时，动荷载作用使土体变得密实，轴向变形逐渐趋于稳定；当动荷载大于临界值时，较大的动荷载作用使土体内部结构破坏，土体承载能力迅速降低，在较少的加载次数下其变形急剧增大，即宏观上土体的破坏。因此，测定土体临界动应力是对红层泥岩路基进行动强度设计的重要环节。

围压为25kPa、50kPa时不同加载次数下动应力与累积应变关系曲线，如图3.46所示。从图中可以看出，红层泥岩累积应变均随动应力的增大而增大，与累积应变-加载次数关系曲线类同。由图3.46(a)可知，围压25kPa条件下，动应力小于150kPa范围内，红层泥岩在加载次数5000～10000时累积应变基本相等，这说明加载5000次土体变形已基本处于稳定；随荷载继续增大，土体累积应变开始急剧增加，土体破坏。由图3.46(b)可知，围压50kPa条件下，动应力小于175kPa范围内，红层泥岩土在加载次数5000左右累积应变已基本稳定；从动应力175kPa开始，累积应变曲线开始出现拐点；随动荷载继续增大，不同加载次数下红层泥岩累积应变大幅增加，土体破坏。因此，红层泥岩试样在25kPa、50kPa围压下的临界动应力分别为150kPa、175kPa，对应的作用于试样的实际轴向动应力分别为300kPa、350kPa。对比相同围压下的静强度（对应的静强度分别为720kPa、917kPa），在围压25kPa、50kPa下，红层泥岩土的动静强度比分别为0.417、0.382。

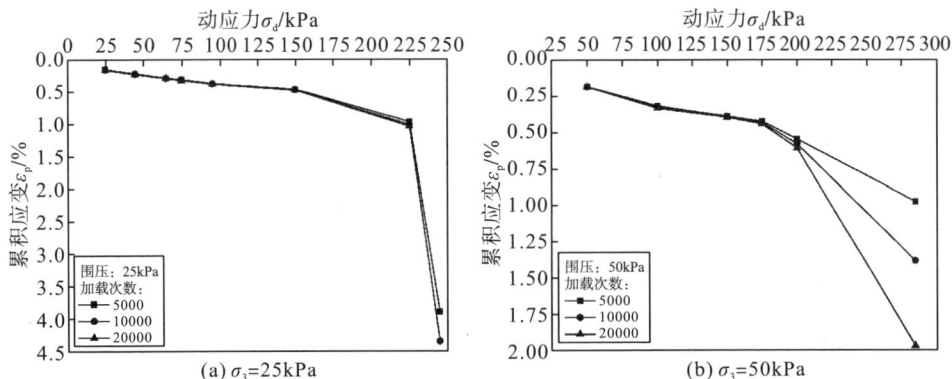

图3.46　不同加载次数下红层泥岩动应力-累积应变关系曲线

结合后面章节中的现场循环加载试验结果发现，红层泥岩基床所受动应力远小于其临界动应力，表明红层泥岩不会发生强度破坏且变形可趋于稳定。

3) 动强度特性

不同围压下的红层泥岩动强度曲线如图3.47所示。从图可知：①在相同围压相同破坏准则(累积应变)下，动强度随破坏振次增大而减小，并且曲线开始阶段较陡，以后逐渐趋于平缓，这说明较大的动应力对红层泥岩土累积沉降影响较显著，而较小动应力要达到较大动应力相同的累积应变值所需振次将大幅增加；②在相同围压不同破坏准则下，当破坏振次相同时，动强度随破坏准则(累积应变)增大而增大；③围压不同而其他条件(破坏振次与破坏准则)相同时，动强度随着围压的增大而提高；④小应变破坏准则对应的动强度曲线上包含小动应力的点，而大应变破坏准则对应的动强度曲线上不包含小动应力的点，表明红层泥岩在低动应力作用下稳定后的累积应变较小；⑤在一定的应变范围内，小振幅动荷载在多振次的条件下同样能够达到大振幅所能达到的应变值，这说明即使基床承受较小的动荷载也会在列车荷载长期作用下发生一定的累积沉降变形。

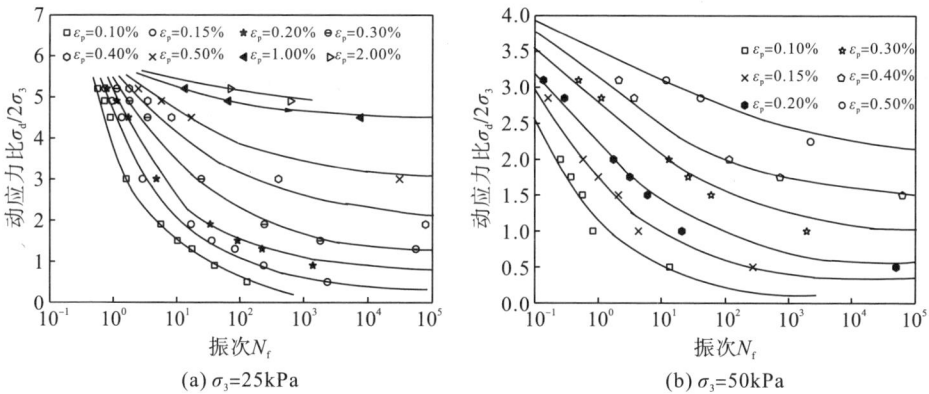

图 3.47　不同围压下红层泥岩动强度曲线

4)动弹性模量、阻尼比

动弹性模量计算式如式(3.2)所示：

$$E_{\mathrm{d}} = \frac{\Delta \sigma}{\Delta \varepsilon} \qquad (3.2)$$

试样经面积修正后，用前几个振次的试验数据绘制滞回圈，按图 3.48 上影线所示的范围，计算滞回圈的面积 $A_{\mathrm{L}}(\mathrm{cm}^2)$ 和三角形 $ABC$ 的面积 $A_{\mathrm{t}}(\mathrm{cm}^2)$。然后，按式(3.3)计算阻尼比 $D(\%)$。

$$D = \frac{A_{\mathrm{L}}}{\pi A_{\mathrm{t}}} \qquad (3.3)$$

图 3.49 为红层泥岩试样典型应力-应变滞回曲线，由此计算出红层泥岩试样在该应变条件下的动弹性模量及阻尼

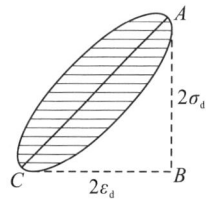

图 3.48　应力-应变滞回圈

比。不同围压下红层泥岩弹性模量、阻尼比与轴向应变的关系曲线见图 3.50。由图可知，随着轴向应变的增大，不同围压下红层泥岩弹性模量逐渐减小，而阻尼比逐渐增大。当轴向应变小于 1% 时，不同围压红层泥岩弹性模量衰减较快，轴向应变在 1% 附近时，其不同围压红层泥岩弹性模量衰减至某一值附近，随应变继续增大，弹性模量衰减速度开始变缓，最终趋于稳定。阻尼比随着轴向应变的增大，增长速率逐渐变小，最大阻尼比在 40% 左右。

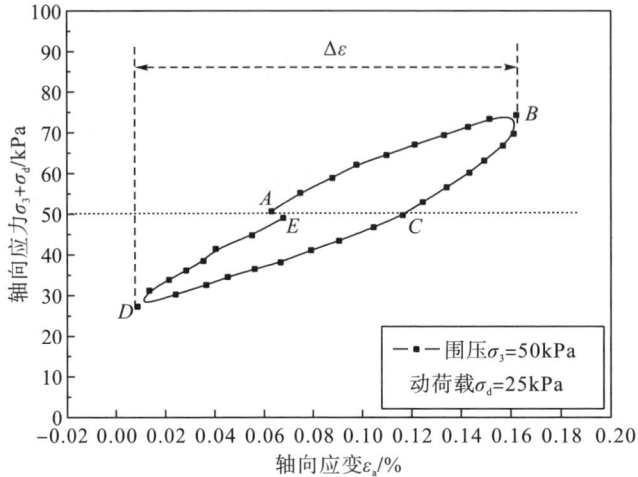

图 3.49　应力-应变滞回曲线

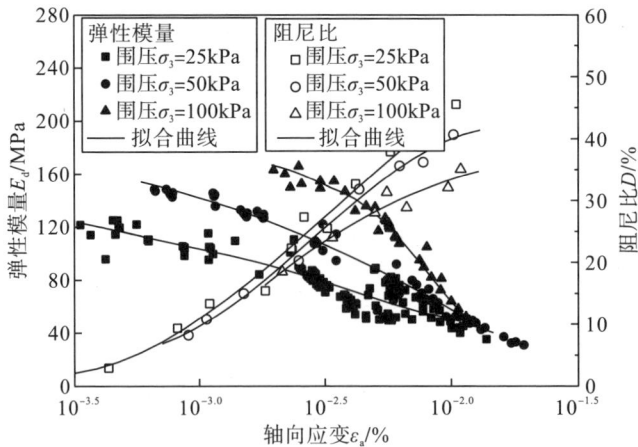

图 3.50　弹性模量、阻尼比与轴向应变关系曲线

从图 3.50 还可以看出，在相同应变条件下，随着围压的增大，红层泥岩弹性模量显著增大，而阻尼比则逐渐减小，且在一定的围压范围内，阻尼比变化幅度

较小。其原因主要在于低围压下土体塑性应变发展较快；随围压增大，土体侧向
约束作用增大，其内部颗粒之间的接触变得更加紧密，延缓了其塑性应变的发展，
弹性模量随之增大；加上土体的密实致使波在土体内部的传播路径随之增多，因
而其在传播过程中能量消耗将会减少，显示表征能量损耗多少的参数阻尼比也随
之减小。但因红层泥岩试样的压实系数较大、密度较大，小应变条件下较小的围
压对其颗粒间的紧密作用效果不是很明显，因此，不同围压下非饱和红层泥岩达
到同一应变时的阻尼比相差不大。同时，土体弹性模量增长幅度与应变幅值有关，
应变幅值越小，其增长幅度越大，反之，增长的幅度越小；随着围压的增大，土
体剪切应变因侧向约束作用大大减小，剪切模量随之增大，阻尼比则逐渐减小，
从而有效提高了土体的侧向稳定性及抗震性。

## 3.3.2　红层泥岩路基动力累积沉降计算方法

列车动载下红层泥岩基床的累积沉降分析是基床设计的重要一环，对预测高
速铁路路基的工后沉降和不均匀沉降以及分析路基的平顺性具有重要的作用。

红层泥岩土的动力累积变形特性是红层泥岩基床累积沉降分析的基础，其受
到多种因素的影响，如密实度、含水量、侧向应力、动应力幅值与频率、冻融、
应力等，但影响程度不同，一般认为密实度、含水量、冻融、动应力幅值等因素
影响较显著。

通过振动三轴试验可研究不同因素对红层泥岩动力累积变形特性的影响规
律，在此基础上可建立动力累积变形模型，并用来分析红层泥岩基床的动力累积
沉降。另外，可修建红层泥岩基床试验段，采用大型循环加载设备进行现场循环
加载试验，直接获得红层泥岩基床的累积沉降数据[8]。

### 1. 动力累积变形的预测模型及计算方法

现有各种预测土体在重复荷载作用下永久变形的模型中，最原始的是
Monismith 于 1975 年提出的，其形式为

$$\varepsilon_{\mathrm{p}} = AN^b \tag{3.4}$$

式中，$\varepsilon_{\mathrm{p}}$ 为累积永久应变(%)；$N$ 为振次；$A$，$b$ 为表征土的类型、性质、应力状
态等的参数。对同一种土，系数 $A$ 受土的物理状态及动应力幅值等因素的影响显
著，变化范围较大，由于直接将土的含水量、干密度等物理状态引入方程不是很
方便，可间接采用土的偏应力峰值来表征对系数 $A$ 的影响，可表达为

$$A = P_1\left(\sigma_{\mathrm{d}}/\sigma_{\mathrm{s}}\right)^{P_2} \tag{3.5}$$

式中，$P_1$，$P_2$ 为材料参数；$\sigma_{\mathrm{d}}$ 为动应力幅值；$\sigma_{\mathrm{s}}$ 为土的静偏应力峰值；$\sigma_{\mathrm{d}}/\sigma_{\mathrm{s}}$ 为

应力比。

系数 $b$ 受土的物理状态与动应力幅值的影响不显著，其值的变化范围较小，可表达为

$$b = P_3 \left( \sigma_d / \sigma_s \right) + P_4 \tag{3.6}$$

式中，$P_3$，$P_4$ 为材料参数。

因此预测模型可写为

$$\varepsilon_p = P_1 \left( \sigma_d / \sigma_s \right)^{P_2} N^{P_3(\sigma_d/\sigma_s)+P_4} \tag{3.7}$$

根据该模型可预测不同物理状态与动力条件下振动 $N$ 次时土的累积永久应变 $\varepsilon_p$。

红层泥岩土的偏应力峰值 $\sigma_s$ 可通过静三轴试验确定：首先通过不同围压下红层泥岩试样的三轴试验确定强度指标 $c$、$\varphi$，再通过土的极限平衡理论计算各种围压下红层泥岩土的偏应力峰值。

红层泥岩土的累积变形模型参数 $P_1$，$P_2$，$P_3$，$P_4$ 可通过振动三轴试验确定：首先研究红层泥岩土在不同物理状态、侧向应力及动应力幅值条件下的累积变形特性，绘制试样轴向累积应变与振次的关系曲线并按式(3.4)进行拟合，确定各种条件下的 $A$，$b$；然后绘制参数 $A$，$b$ 与应力比的关系曲线，并分别按式(3.5)、式(3.6)进行拟合，最终确定参数 $P_1$，$P_2$，$P_3$，$P_4$。铁路路基的动力累积变形可按下述方法进行计算：将基床的红层泥岩土体分为多个薄层，采用有限元方法计算每层中心位置处的侧向应力与动应力幅值，结合式(3.7)计算各薄层振动 $N$ 次时的永久变形，最终通过式(3.8)计算路基在动力作用下的累积永久变形。

$$s_p = \sum_{i=1}^{n} \varepsilon_p^i h_i \tag{3.8}$$

式中，$\varepsilon_p$ 为累积永久应变(%)；$h_i$ 为第 $i$ 层厚度；$n$ 为层数。

假设作用在路基上的列车荷载为正弦波，路基中每一点所受的侧向应力与动应力幅值不变，物理状态也不随季节而变化，即干密度、含水量等不变且不发生冻融等现象。

## 2. 试验结果及模型参数的确定

### 1) 静三轴试验结果及任意围压下偏应力峰值的确定

通过静三轴试验，可以确定累积永久应变模型中的 $\sigma_s$ 等指标。根据试验结果可知强度指标 $c$=121.05kPa，$\varphi$=44.6°。根据莫尔-库仑强度准则绘制红层泥岩极限平衡状态示意图，如图3.51所示，根据图中的几何关系，可以推导出红层泥岩在任意围压 $\sigma_3$ 下的最大主应力，如式(3.9)所示。通过有限元方法计算路基在自重及

轨道静载作用下不同深度处的侧向应力,而后计算不同深度处土体的偏应力峰值。需要指出的是,路基内部同一点处的侧向应力数值沿路基横向和纵向是不同的,本书假定为该值取沿路基纵向的侧向应力。

$$\sigma_1 = \sigma_3 \cdot \tan^2\left(45° + \frac{\varphi}{2}\right) + 2c \cdot \tan\left(45° + \frac{\varphi}{2}\right) \tag{3.9}$$

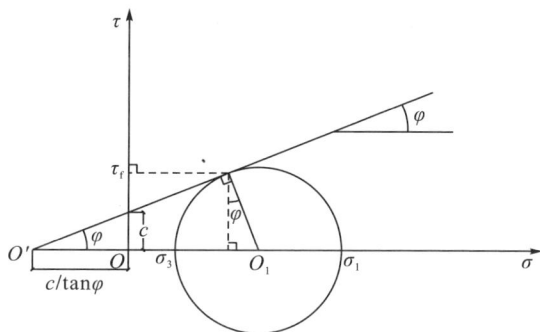

图 3.51　红层泥岩极限平衡状态示意图

2)动三轴试验结果及预测模型参数的确定

图 3.52 和图 3.53 分别为 25kPa、50kPa 围压下的累积应变与振次的关系曲线。

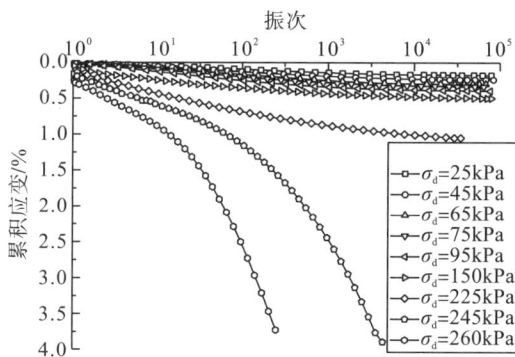

图 3.52　25kPa 围压下轴向累积
应变-振次曲线

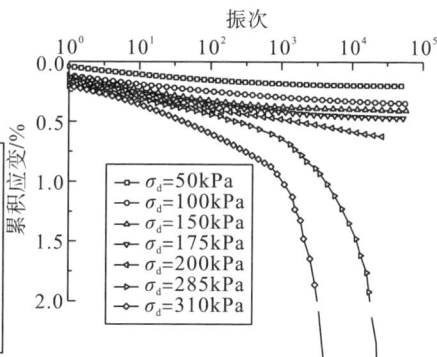

图 3.53　50kPa 围压下轴向累积
应变-振次曲线

由图可见,累积应变随振次的增加而增大,当动应力小于某临界值时,试样的累积应变随着振次的增加会逐渐趋于稳定,当动应力大于某临界值时,试样的累积应变随着振次的增加会迅速增加并最终破坏,该临界值即为该围压下红层泥岩土的临界动应力,25kPa 围压时为 150kPa,50kPa 围压时为 175kPa。

对图 3.52 和图 3.53 中曲线使用式(3.1)进行拟合，参数 $A$，$b$ 见表 3.20，其中围压为 25kPa，动应力幅值为 225kPa、245kPa、260kPa，以及围压为 50kPa，动应力幅值为 200kPa、285kPa，310kPa 时的试样最终破坏，对应的曲线无法使用式(3.1)拟合，相关性差，系数在表中没有列出。由于 $\sigma_d$ 为单幅动应力，实际上作用于试样上的轴向动应力最大值为 $2\sigma_d$，设为 $\sigma'_d$。25kPa 及 50kPa 围压下红层泥岩土的静偏应力峰值分别为 720kPa、917kPa 计算 $\sigma'_d/\sigma_s$ 的数值，见表 3.20。

表 3.20    25kPa 与 50kPa 围压下不同动应力幅值对应的模型参数 $A$ 与 $b$ 值

| 围压/kPa | 参数 | 数值 | | | | | | | | |
|---|---|---|---|---|---|---|---|---|---|---|
| | $\sigma_d$ /kPa | 25 | 45 | 65 | 75 | 95 | 150 | 225 | 245 | 260 |
| | 参数 $b$ | 0.034 | 0.0334 | 0.0293 | 0.0284 | 0.0266 | 0.0255 | — | — | — |
| 25 | 参数 $A$ | 0.1134 | 0.1573 | 0.2128 | 0.2373 | 0.2901 | 0.3666 | — | — | — |
| | $\sigma'_d/\sigma_s$ | 0.0694 | 0.125 | 0.1806 | 0.2083 | 0.2639 | 0.4167 | — | — | — |
| | $R^2$ | 0.9893 | 0.9211 | 0.9412 | 0.9131 | 0.9941 | 0.9669 | — | — | — |
| | $\sigma_d$ /kPa | 50 | 100 | 150 | 175 | 200 | 285 | 310 | — | — |
| | 参数 $b$ | 0.0286 | 0.027 | 0.018 | 0.018 | — | — | — | — | — |
| 50 | 参数 $A$ | 0.1477 | 0.2488 | 0.3309 | 0.3743 | — | — | — | — | — |
| | $\sigma'_d/\sigma_s$ | 0.1091 | 0.2181 | 0.3272 | 0.3817 | — | — | — | — | — |
| | $R^2$ | 0.9532 | 0.9285 | 0.9474 | 0.9310 | — | — | — | — | — |

图 3.54 为模型参数 $A$、$b$ 与应力比的关系曲线，并分别按式(3.4)、式(3.5)进行拟合，根据拟合的结果可确定 $P_1$、$P_2$、$P_3$、$P_4$ 分别为 0.7087、0.6963、-0.0380、0.1196；因此红层泥岩土的动力累积变形模型可表示为

$$\varepsilon_p = 0.7087\left(\sigma_d/\sigma_s\right)^{0.6963} N^{-0.0380(\sigma_d/\sigma_s)+0.1196} \tag{3.10}$$

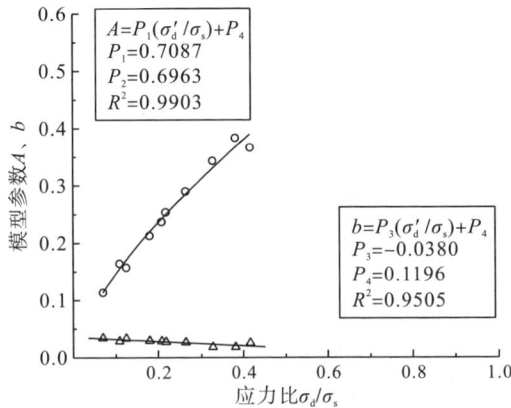

图 3.54    模型参数 $A$、$b$ 与应力比的关系曲线

### 3. 红层泥岩基床动力累积沉降量计算

1) 红层泥岩基床不同深度处侧向应力计算

经过对红层泥岩路基静力学计算结果进行分析，对路基内部土体节点 $S_X$(线路方向应力)与 $S_2$(第二主应力)、$S_Y$(横断面方向应力)与 $S_1$(第一主应力)、$S_Z$(竖向应力)与 $S_3$(第三主应力)几乎相等，取 $S_X$ 值作为某深度处土体的侧向应力，对应三轴试验中的围压。路基中红层泥岩层不同深度处的侧向应力如表 3.21 所示。

表 3.21　红层泥岩基床底层永久累积变形计算表

| 层号 | 深度/m | $\sigma_3$ /kPa | 平均 $\sigma_3$ /kPa | $\sigma_s$ /kPa | $\sigma_d$ /kPa | 平均 $\sigma_d$ /kPa | $\sigma_d / \sigma_s$ | $\varepsilon_p^i$ /% | $\varepsilon_p^i \cdot h_i$ /mm | $s_p$ /mm |
|---|---|---|---|---|---|---|---|---|---|---|
| 1 | 0.8~1.1 | 6.45~7.9 | 7.18 | 611.51 | 11.6~13.4 | 12.5 | 0.0204 | 0.3170 | 0.9509 | |
| 2 | 1.1~1.4 | 7.9~9.18 | 8.54 | 617.89 | 9.7~11.6 | 10.65 | 0.0172 | 0.2471 | 0.7414 | |
| 3 | 1.4~1.7 | 9.18~10.5 | 9.84 | 624.00 | 8.2~9.7 | 8.95 | 0.0143 | 0.2178 | 0.6534 | 3.94 |
| 4 | 1.7~2.0 | 10.5~11.8 | 11.15 | 630.15 | 7.2~8.2 | 7.70 | 0.0122 | 0.1950 | 0.5851 | |
| 5 | 2.0~2.3 | 11.8~13.2 | 12.50 | 636.49 | 6.2~7.2 | 6.70 | 0.0105 | 0.1760 | 0.5279 | |
| 6 | 2.3~2.5 | 13.2~15.4 | 14.30 | 644.94 | 5.6~6.2 | 5.90 | 0.0091 | 0.1597 | 0.4791 | |

2) 红层泥岩基床不同深度处动应力幅值计算

根据动力学计算结果，红层泥岩基床底层不同深度处的动应力幅值见表 3.21。

3) 红层泥岩基床动力累积沉降量计算

计算达成线路基试验段 1.7m 红层泥岩基床底层激振 300 万次(轴重 18t 旅客列车)的动力累积沉降量。红层泥岩基床底层永久累积变形计算结果见表 3.21。由表 3.21 可知，红层泥岩基床底层的累积沉降量为 3.94mm。

4) 红层泥岩基床动力累积沉降量计算值与实测值比较

达成线红层泥岩路基基床现场循环加载试验中，激振 300 万次后红层泥岩基床底层(厚 1.9m，包含了 0.2m 厚中粗砂的沉降)的动力累积沉降为 6.3mm。根据红层泥岩累积变形预测模型并结合动力学分析计算得到的红层泥岩基床底层(1.7m)的累积沉降量为 3.94mm，计算值与实测值相比偏小。其原因是：预测模型计算的范围是路基中 1.7m 的红层泥岩土层，而现场实测的范围是 1.9m 基床底层，包括 1.7m 红层泥岩和 0.2m 中粗砂，实测值应大于计算值。

### 3.3.3 红层泥岩及其改良土路基现场循环加载试验

#### 1. 试验概况

现场模拟循环加载试验是研究红层泥岩路基动力特性的一种直接、可靠的方法。达成线红层泥岩路基试验段总长约 100m，其上设有雨棚，通过现场循环加载试验研究红层泥岩路基动力特性，并采用人工降雨研究降雨的影响。试验采用 ZSS50 循环加载试验设备模拟列车对轨道及路基的反复冲击作用，该设备可提供多种激振频率，并可通过调整配重块质量与偏心砝码产生各种需要的轮轨作用力，如图 3.55 所示。

图 3.55　达成线红层泥岩路基循环加载试验段及加载设备

根据基床底层填料与结构形式的不同，试验段分为 3 段，分别为红层泥岩基床，A、B 组填料基床与红层泥岩改良土基床，每段长度平均为 30m。红层泥岩基床结构形式为（从上到下）0.6m 级配砂砾石＋0.2m 中粗砂夹复合土工膜＋1.7m 红层泥岩，基床下部为 2.0m 厚红层泥岩路堤本体及原状红层泥岩地基，边坡坡度为 1∶1.5；A、B 组填料基床的结构形式为（从上到下）0.6m 级配砂砾石＋1.9m A、B 组填料；红层泥岩改良土路基基床的结构形式为（从上到下）0.6m 级配砂砾石＋1.9m 红层泥岩改良土。红层泥岩崩解后最大粒径小于 15cm，压实干密度为

2.01g/cm³（压实系数为 0.95），$K_{30} \geq 150MPa/m$，$E_{v2} \geq 60MPa$。轨道系统由 35cm 厚道床，III型混凝土轨枕、扣件及 60kg/m 钢轨组成。

通过试验，重点研究以下内容：

(1)降雨前后循环荷载作用下红层泥岩基床的动力学特性及变形特性；

(2)降雨前后循环荷载作用下 A、B 组填料基床的动力学特性及变形特性；

(3)降雨前后循环荷载作用下红层泥岩改良土基床的动力学特性及变形特性。

在路基基床内部不同位置埋设各种测试元件，研究基床的动力特性。路基内部动应力、动位移及加速度分别采用 BY-1 型土压力传感器、DP 型地震式低频振动传感器及 CA-YD-127 型加速度传感器测试。三种基床结构形式及测试元件布置分别见图 3.56～图 3.58。

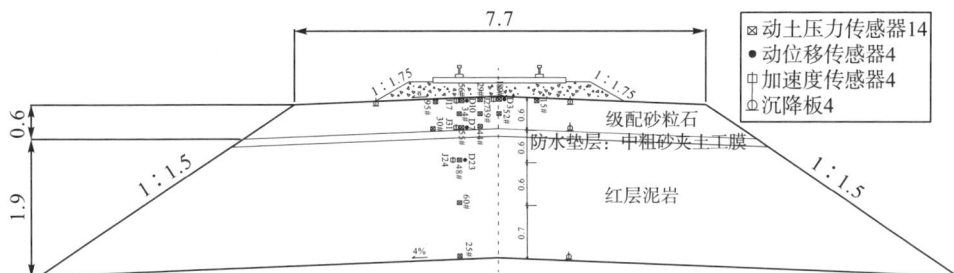

图 3.56　红层泥岩基床结构与仪器布置图

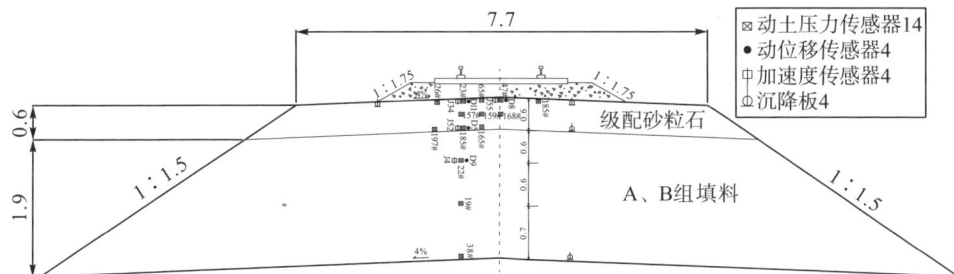

图 3.57　A、B 组填料基床结构与仪器布置图

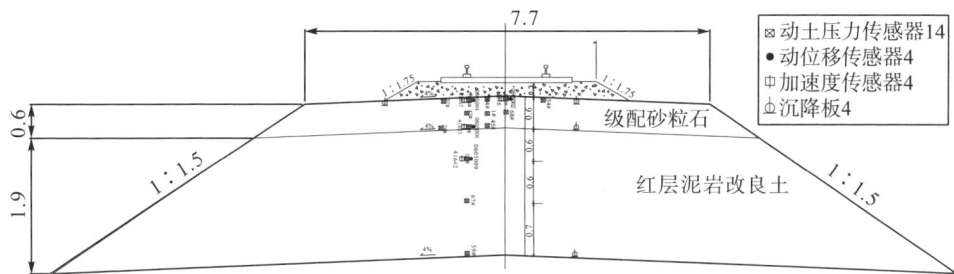

图 3.58　红层泥岩改良土基床结构与仪器布置图

图 3.59 为循环加载设备激振力示意图，图中 $P_2$ 为配重块与设备自重产生的实际轴重，$P_1$ 为要求达到的轮轨作用力，$P_3$ 为保证轮轨在振动过程中不脱离所取的最小值，激振力为 $P_1$–$P_2$。

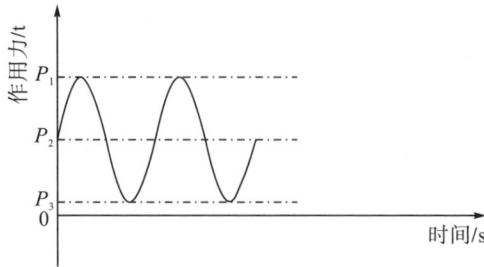

图 3.59　循环加载设备激振力示意图

循环加载试验用来模拟旅客列车(200km/h、轴重 18t)及集装箱车(120km/h、轴重 25t)对铁路路基基床的动力作用。循环加载试验的加载波形为正弦波，加载频率经计算取 15Hz，实际加载指标如表 3.22 所示。

表 3.22　循环加载设备实际加载指标

| 列车轴重/t | 加载频率/Hz | 配重/t | 激振力/t | 实际轴动荷载/t |
| --- | --- | --- | --- | --- |
| 18 | 15 | 9.6 | 11.20 | 27.60 |
| 25 | 15 | 11.4 | 15.24 | 33.44 |

红层泥岩基床按以下顺序加载。

工况 1：模拟旅客列车(200km/h、轴重 18t)运营 20 年的工况，循环加载设备振动 300 万次。

工况 2：模拟集装箱货车(120km/h、轴重 25t)运营 20 年的工况，循环加载设备振动 150 万次。

工况 3：人工模拟降雨后，模拟集装箱货车(120km/h、轴重 25t)运营 2.7 年的工况，循环加载设备振动 20 万次。

A、B 组填料基床按以下顺序加载。

工况 1：模拟旅客列车(200km/h、轴重 18t)运营 13 年的工况，循环加载设备振动 200 万次。

工况 2：模拟集装箱货车(120km/h、轴重 25t)运营 13 年的工况，循环加载设备振动 100 万次。

工况 3：人工模拟降雨后，模拟集装箱货车(120km/h、轴重 25t)运营 2.7 年的工况，循环加载设备振动 20 万次。

红层泥岩改良土基床按以下顺序加载。

工况 1：模拟旅客列车(200km/h、轴重 18t)运营 20 年的工况，循环加载设备振动 300 万次。

工况 2：模拟集装箱货车(120km/h、轴重 25t)运营 13 年的工况，循环加载设备振动 100 万次。

工况 3：人工模拟降雨后，模拟集装箱货车(120km/h、轴重 25t)运营 2.7 年的工况，循环加载设备振动 20 万次[9-11]。

### 2. 红层泥岩基床动力特性

图 3.60～图 3.62 分别为工况 1 基床各点的动应力、动位移和加速度幅值时程曲线。图 3.63～图 3.65 分别为工况 2 基床各点的动应力、动位移和加速度幅值时程曲线，图 3.66～图 3.68 分别为工况 3 基床各点的动应力、动位移和加速度幅值时程曲线。

基床的最大动应力、动位移及加速度分别为 43.89kPa、0.626mm 及 6.201m/s$^2$；红层泥岩基床底层的最大动应力、动位移及加速度分别为 20.58kPa、0.529mm 及 4.166m/s$^2$。在工况 2 下基床的动力响应较工况 1 增长较大；在工况 3 下基床的动力响应较工况 2 总体上略有增大。在同一频率下，列车轴重是影响基床动态特性的主要因素，大气降雨的影响有限。

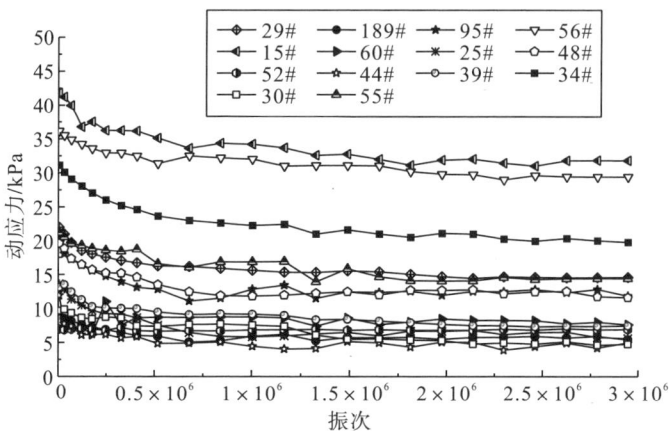

图 3.60　红层泥岩基床工况 1 基床各点的动应力幅值时程曲线

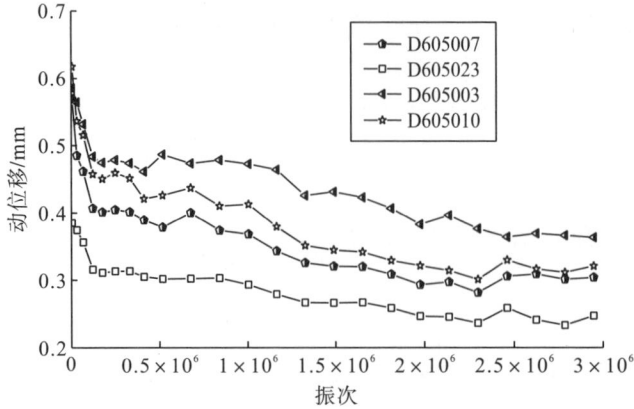

图 3.61    红层泥岩基床工况 1 基床各点的动位移幅值时程曲线

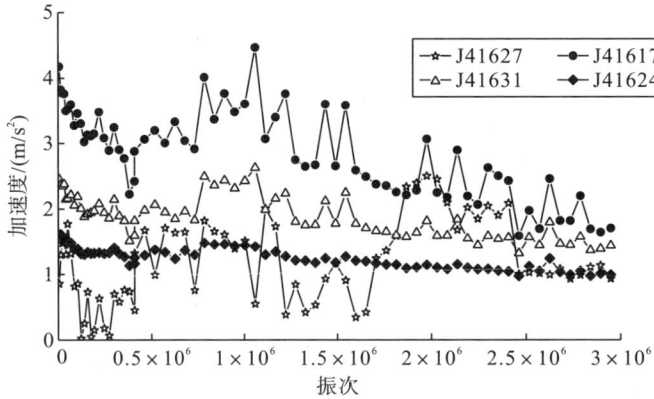

图 3.62    红层泥岩基床工况 1 基床各点的加速度幅值时程曲线

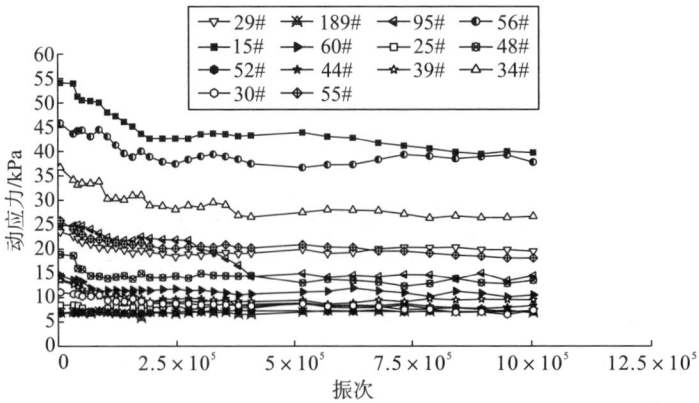

图 3.63    红层泥岩基床工况 2 基床各点的动应力幅值时程曲线

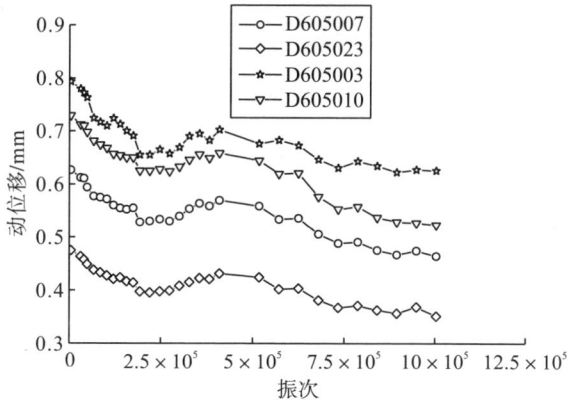

图 3.64　红层泥岩基床工况 2 基床各点的动位移幅值时程曲线

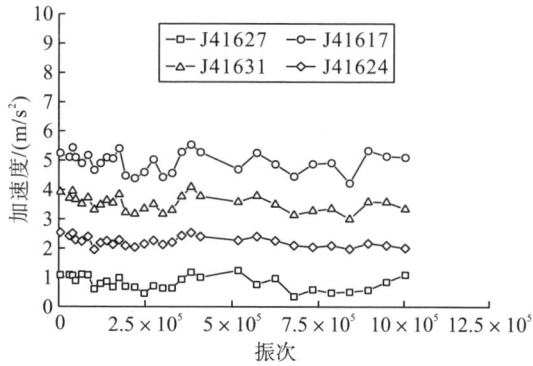

图 3.65　红层泥岩基床工况 2 基床各点的加速度幅值时程曲线

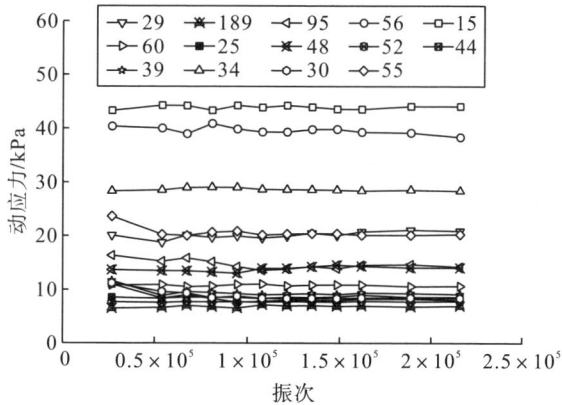

图 3.66　红层泥岩基床工况 3 基床各点的动应力幅值时程曲线

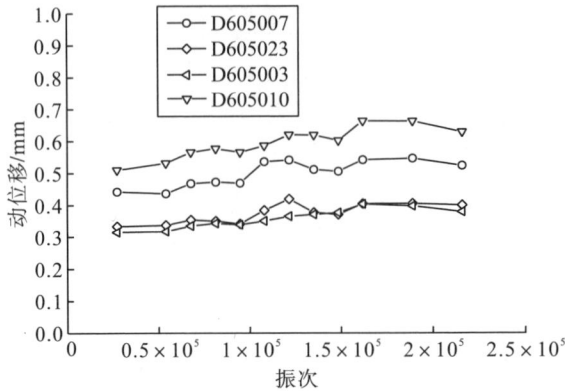

图 3.67　红层泥岩基床工况 3 基床各点的动位移幅值时程曲线

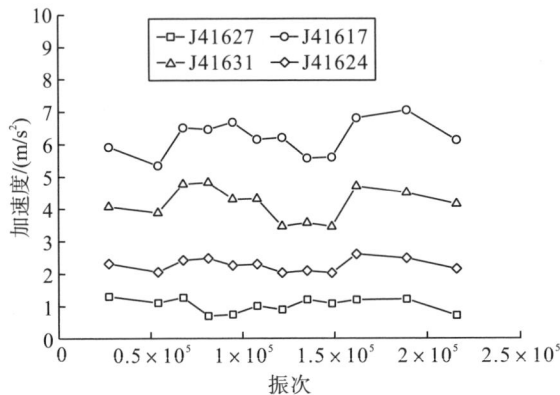

图 3.68　红层泥岩基床工况 3 基床各点的加速度幅值时程曲线

图 3.69 为各工况下路基面动应力横向分布；图 3.70 为各工况下基床动应力沿轨下路基深度分布；图 3.71、图 3.72 分别为各工况下基床动位移沿横断面和轨下路基深度分布；图 3.73、图 3.74 分别为各工况下基床加速度沿横断面和轨下路基深度分布。

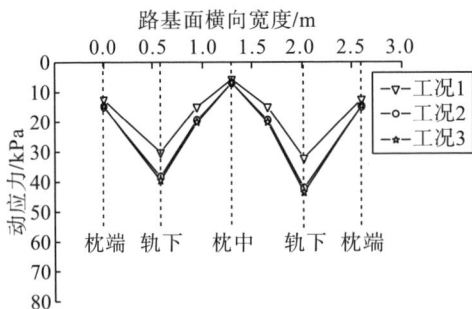

图 3.69　红层泥岩基床各工况下路基面
动应力横向分布

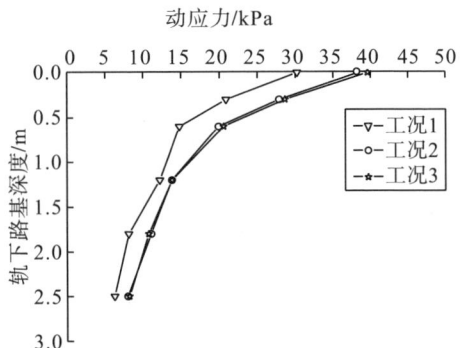

图 3.70　红层泥岩基床各工况下动应力
沿轨下路基深度分布

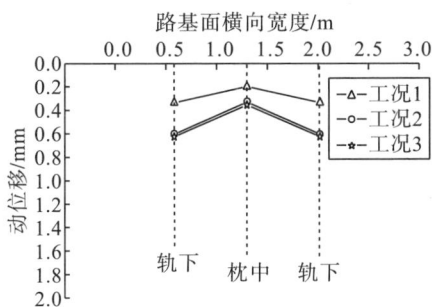

图 3.71　红层泥岩基床各工况下路基面
动位移沿横断面分布

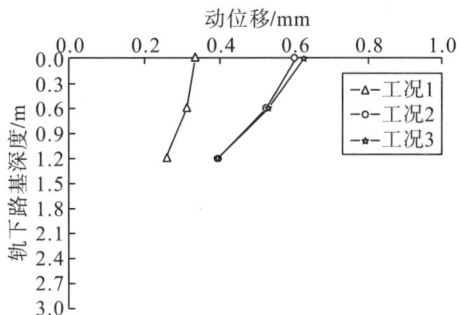

图 3.72　红层泥岩基床各工况下
动位移沿轨下路基深度分布

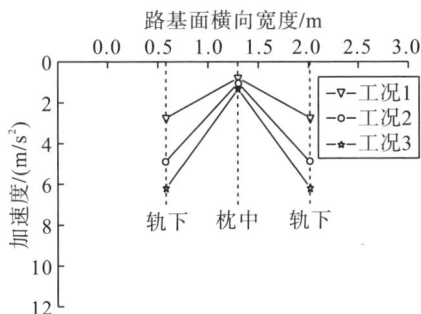

图 3.73　红层泥岩基床各工况下路基面
加速度沿横断面分布

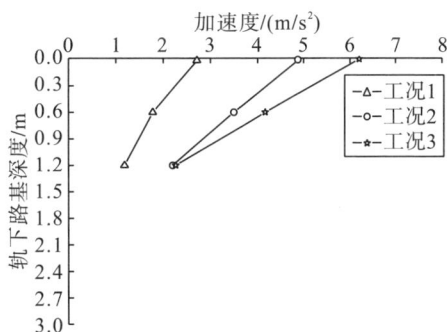

图 3.74　红层泥岩基床各工况下加速度
沿轨下路基深度分布

动应力沿路基面横向的分布是不均匀的，轨下位置最大，靠近轨枕端部动应力值次之，轨枕中线下最小，总体上在横断面上呈马鞍形分布，这主要是由于轨枕两侧对道床作用力大，轨枕中部脱离道床作用力小。

动应力随深度的增加而逐渐减小，在基床表层内衰减较快，在基床底层内衰减较慢，这主要是由于级配砂砾石(掺 5%水泥)层的刚度较红层泥岩层大得多，其应力扩散能力较后者大。工况 2 较工况 1 对应位置的动应力有所增大，轨下位置增大显著，这是由于列车轴重增加；工况 3 较工况 2 对应位置的动应力略有增大，这是人工模拟降雨造成的。

不论是加速度还是动位移，在横断面方向上，轨下位置的值比中心线处的值大，其值均随深度的增加而减小。基床动位移和加速度的分布规律与基床动应力的分布规律是相似的。

### 3. A、B 组填料基床动力特性

图 3.75～图 3.77 为工况 1 基床各点的动应力、动位移和加速度幅值时程曲线；图 3.78～图 3.80 分别为工况 2 基床各点的动应力、动位移和加速度幅值时程曲线；图 3.81～图 3.83 分别为工况 3 基床各点的动应力、动位移和加速度幅值时程曲线。

基床的最大动应力、动位移及加速度分别为 43.6kPa、0.408mm 及 2.417m/s$^2$；基床底层的最大动应力、动位移及加速度分别为 27.71kPa、0.302mm 及 1.388m/s$^2$。工况 2 基床的动态响应较工况 1 增长较大。在同一频率下，列车轴重是影响基床动态响应的主要因素。

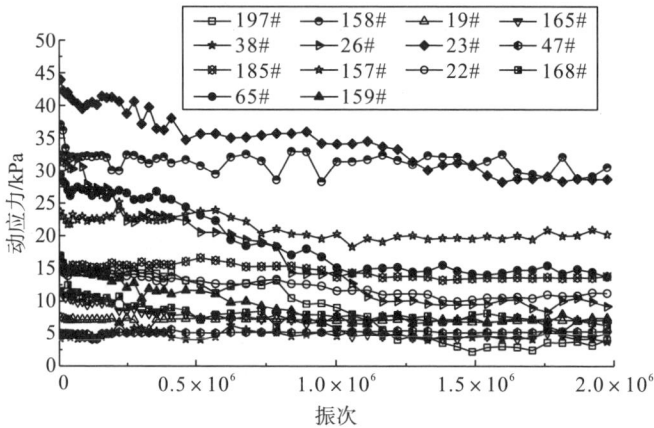

图 3.75　A、B 组填料基床工况 1 基床各点的动应力幅值时程曲线

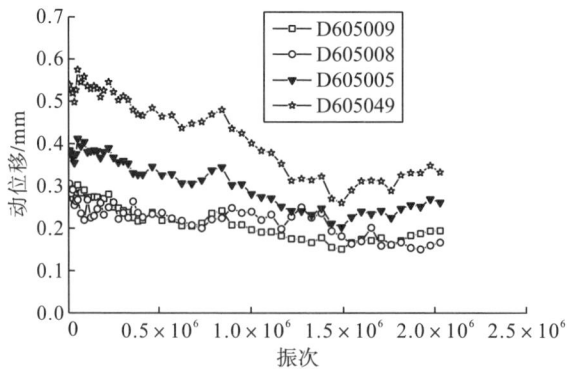

图 3.76　A、B 组填料基床工况 1 基床各点的动位移幅值时程曲线

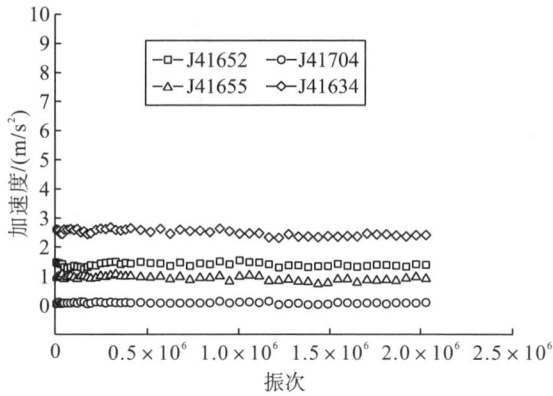

图 3.77　A、B 组填料基床工况 1 基床各点的加速度幅值时程曲线

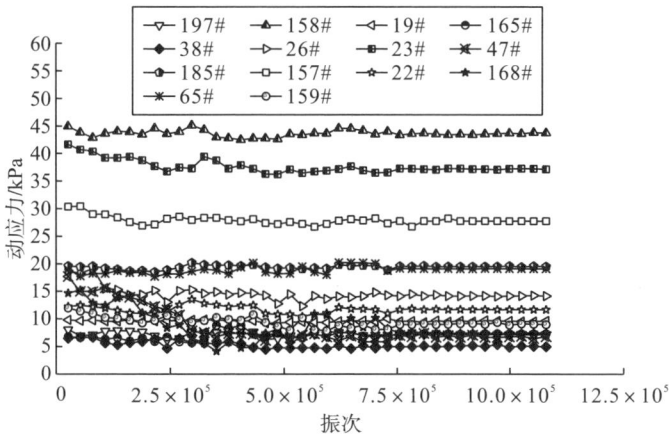

图 3.78　A、B 组填料基床工况 2 基床各点的动应力幅值时程曲线

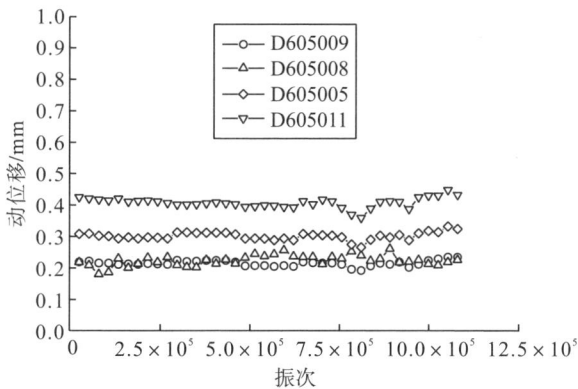

图 3.79　A、B 组填料基床工况 2 基床各点的动位移幅值时程曲线

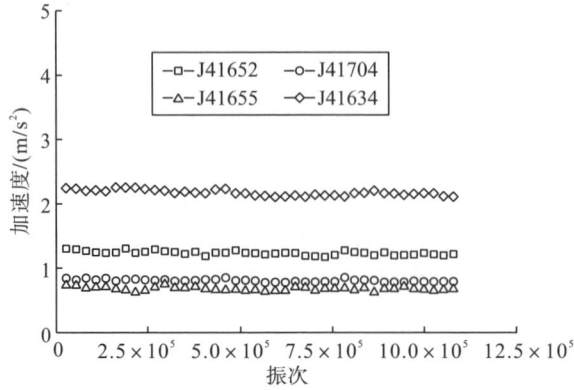

图 3.80　A、B 组填料基床工况 2 基床各点的加速度幅值时程曲线

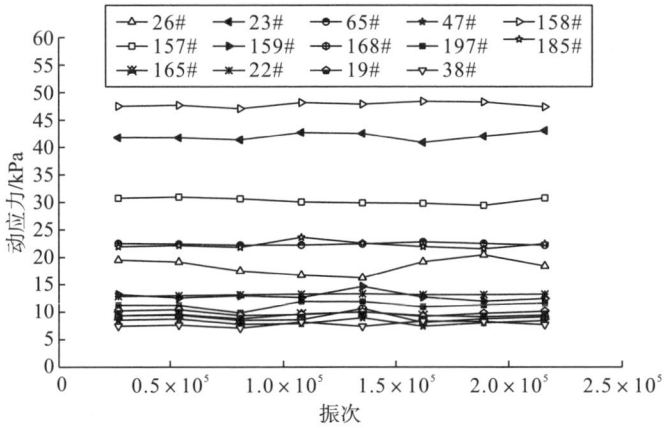

图 3.81　A、B 组填料基床工况 3 基床各点的动应力幅值时程曲线

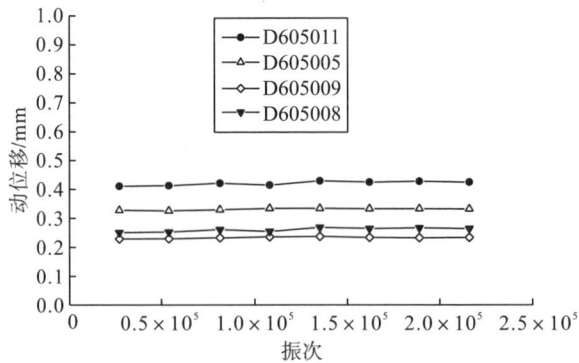

图 3.82　A、B 组填料基床工况 3 基床各点的动位移幅值时程曲线

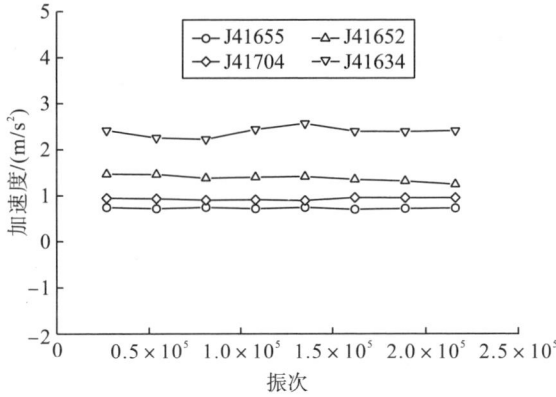

图 3.83　A、B 组填料基床工况 3 基床各点的加速度幅值时程曲线

图 3.84 为各工况下路基面动应力横向分布；图 3.85 为各工况下基床动应力沿轨下路基深度分布；图 3.86、图 3.87 分别为各工况下基床动位移沿横断面和轨下路基深度分布；图 3.88、图 3.89 分别为各工况下基床加速度沿横断面和轨下路基深度分布。

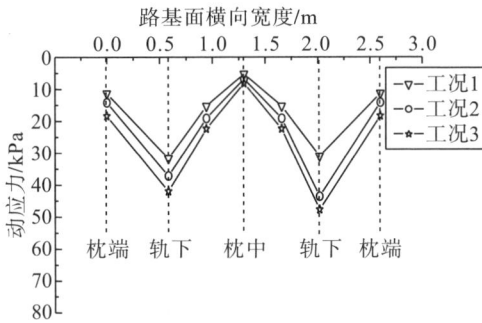

图 3.84　A、B 组填料基床各工况下路基面动应力横向分布

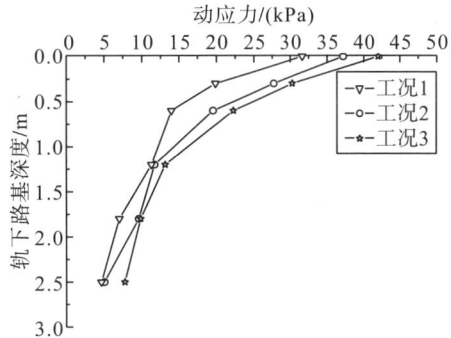

图 3.85　A、B 组填料基床各工况下动应力沿轨下路基深度分布

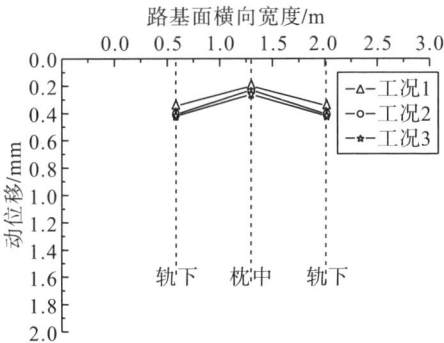

图 3.86　A、B 组填料基床各工况下路基面动位移沿横断面分布

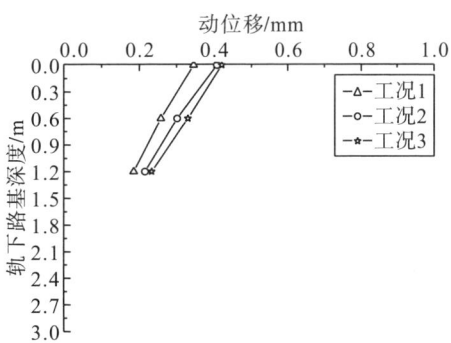

图 3.87　A、B 组填料基床各工况下动位移沿轨下路基深度分布

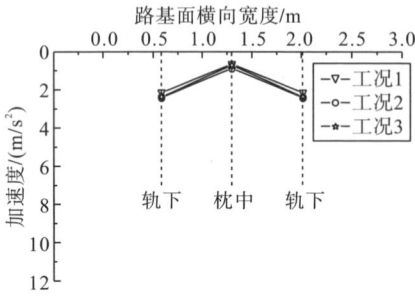

图 3.88　A、B 组填料基床各工况下
路基面加速度沿横断面分布

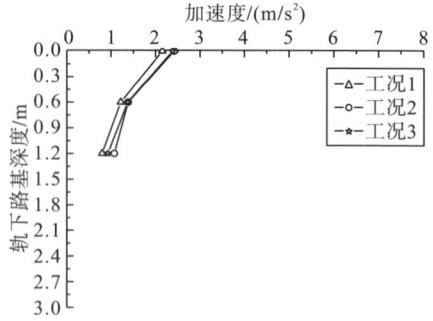

图 3.89　A、B 组填料基床各工况下
加速度沿轨下路基深度分布

动应力随深度的增加而逐渐减小，在基床表层内衰减较快，在基床底层内衰减较慢，这主要是由于级配砂砾石(掺 5%水泥)层的刚度较 A、B 组填料层大，其应力扩散能力较后者强。工况 2 较工况 1 对应位置的动应力有所增大，轨下位置增大显著，这是列车轴重增加的缘故。

### 4. 红层泥岩改良土基床动力特性

图 3.90～图 3.92 分别为工况 1 基床各点的动应力、动位移和加速度幅值时程曲线；图 3.93～图 3.95 分别为工况 2 基床各点的动应力、动位移和加速度幅值时程曲线；图 3.96～图 3.98 分别为工况 3 基床各点的动应力、动位移和加速度幅值时程曲线。

基床的最大动应力、动位移及加速度分别为 33.98kPa、0.356mm 及 1.83m/s$^2$；红层泥岩改良土基床底层的最大动应力、动位移及加速度分别为 14.0kPa、0.236mm 及 0.982m/s$^2$；在同一频率下，列车轴重是影响基床动态特性的主要因素，大气降雨的影响有限。

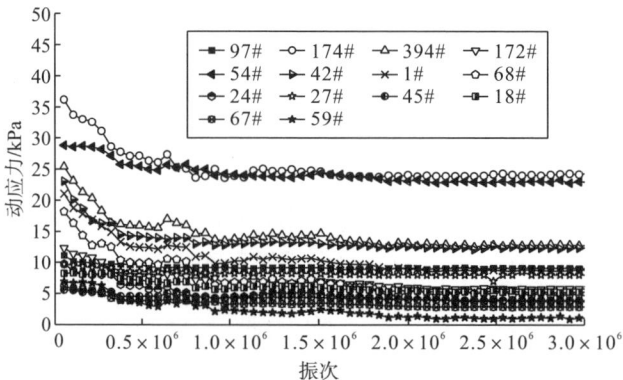

图 3.90　红层泥岩改良土基床工况 1 基床各点的动应力幅值时程曲线

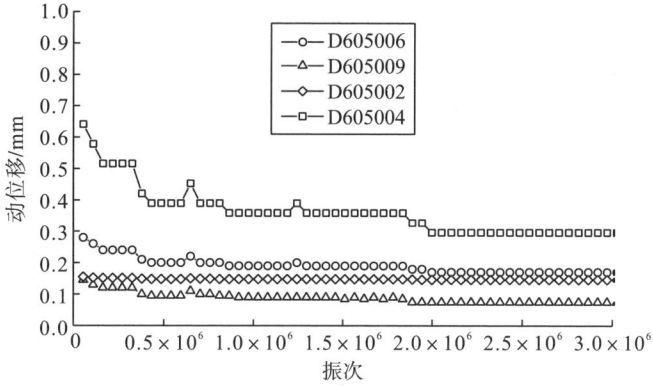

图 3.91　红层泥岩改良土基床工况 1 基床各点的动位移幅值时程曲线

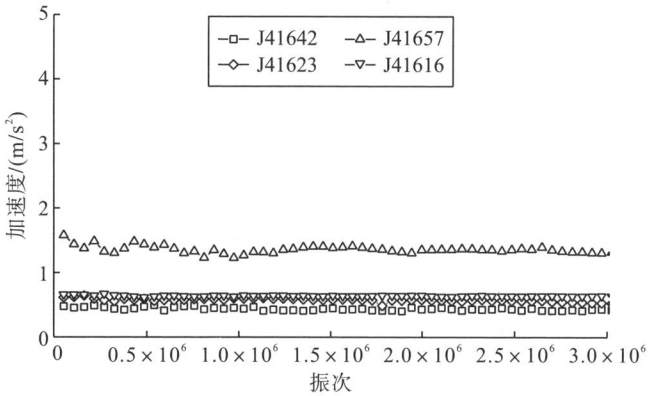

图 3.92　红层泥岩改良土基床工况 1 基床各点的加速度幅值时程曲线

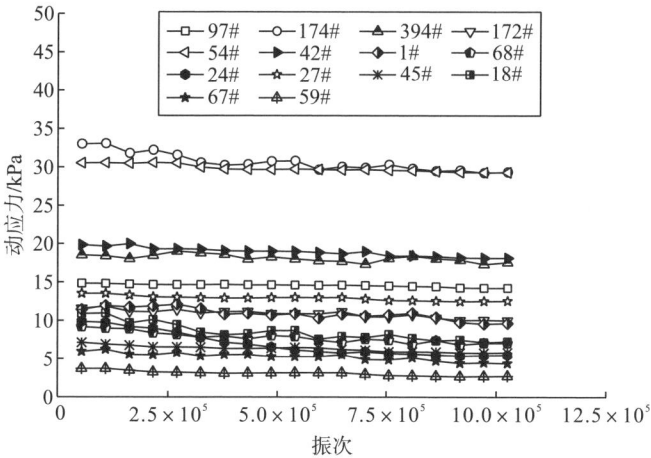

图 3.93　红层泥岩改良土基床工况 2 基床各点的动应力幅值时程曲线

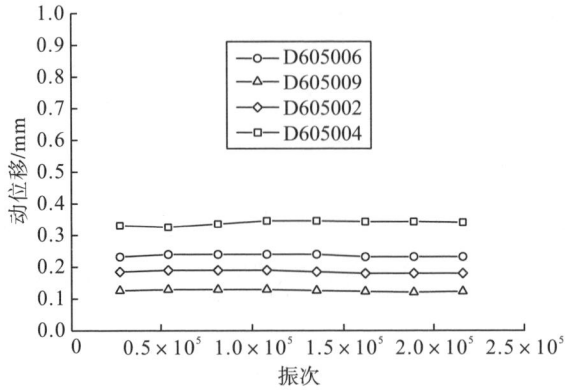

图 3.94　红层泥岩改良土基床工况 2 基床各点的动位移幅值时程曲线

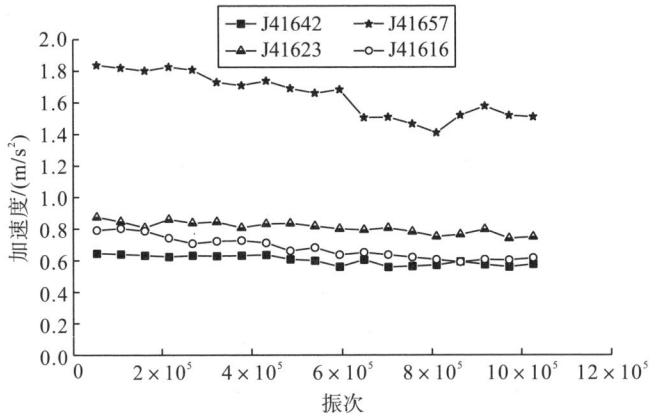

图 3.95　红层泥岩改良土基床工况 2 基床各点的加速度幅值时程曲线

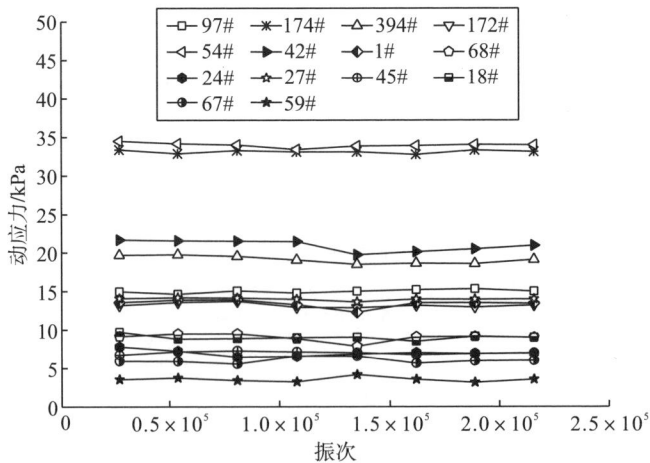

图 3.96　红层泥岩改良土基床工况 3 基床各点的动应力幅值时程曲线

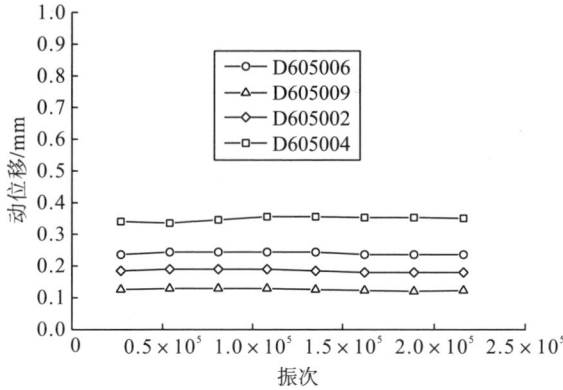

图 3.97　红层泥岩改良土基床工况 3 基床各点的动位移幅值时程曲线

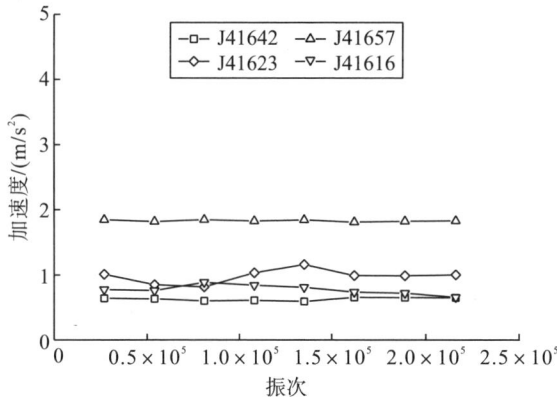

图 3.98　红层泥岩改良土基床工况 3 基床各点的加速度幅值时程曲线

图 3.99 为各工况下路基面动应力横向分布；图 3.100 为各工况下基床动应力沿轨下路基深度分布；图 3.101、图 3.102 分别为各工况下基床动位移沿横断面和轨下路基深度分布；图 3.103、图 3.104 分别为各工况下基床加速度沿横断面和轨下路基深度分布。

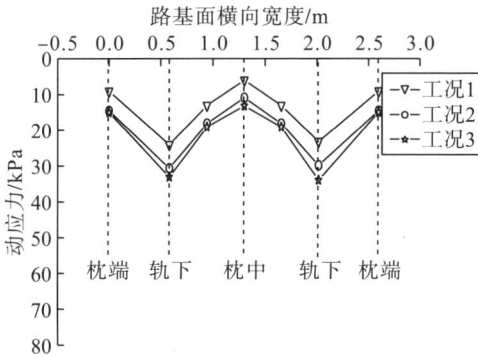

图 3.99　红层泥岩改良土基床各工况下路基面动应力横向分布

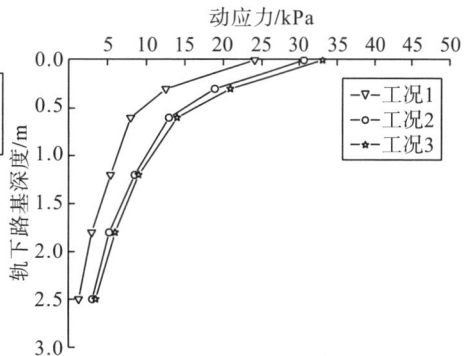

图 3.100　红层泥岩改良土基床各工况下动应力沿轨下路基深度分布

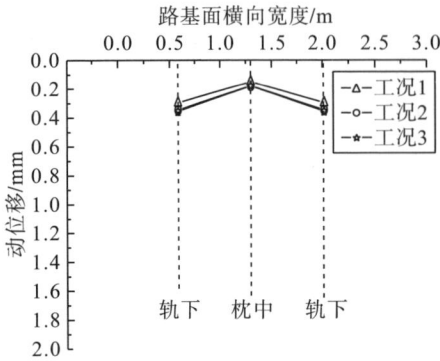

图 3.101　红层泥岩改良土基床各工况下
路基面动位移沿横断面分布

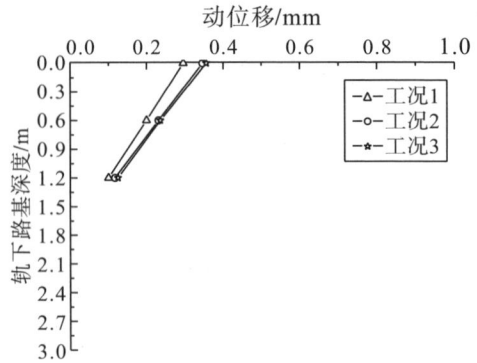

图 3.102　红层泥岩改良土基床各工况下
动位移沿轨下路基深度分布

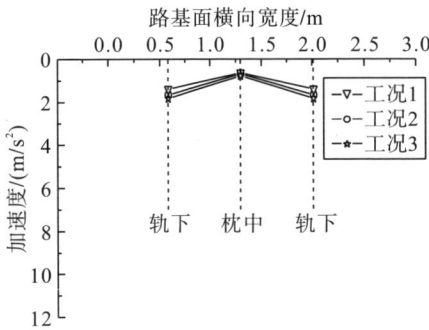

图 3.103　红层泥岩改良土基床各工况下
路基面加速度沿横断面分布

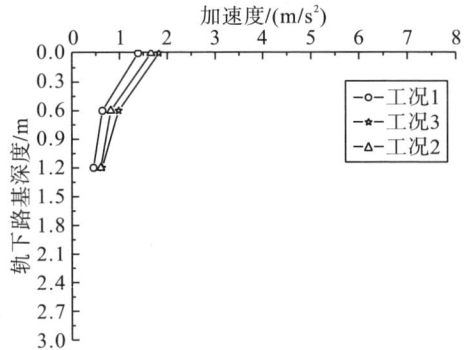

图 3.104　红层泥岩改良土基床各工况下
加速度沿轨下路基深度分布

动应力随深度的增加而逐渐减小，在基床表层内衰减较快，在基床底层内衰减较慢。工况 2 较工况 1 对应位置的动应力有所增大，轨下位置增大显著；工况 3 较工况 2 对应位置的动应力略有增大。红层泥岩改良土基床的加速度与动位移也有类似的规律。

## 5. 红层泥岩路基沉降特性

在红层泥岩路基两侧路肩不同深度处埋设沉降板，分别为路基表面、基床表层底面和基床底层底面等位置，观测路基的工后沉降及分层沉降。图 3.105 为不同阶段红层泥岩路基沉降变化曲线。

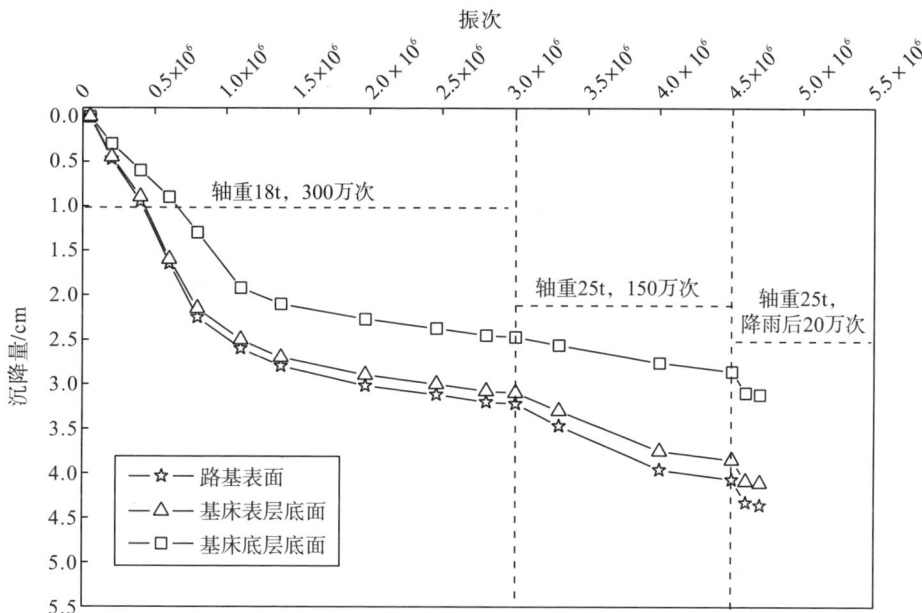

图 3.105　不同阶段红层泥岩路基沉降变化曲线

沉降板随加载振次(时间)的沉降发展规律如下：

(1)第一阶段：激振 300 万次，路基面总沉降 3.22cm，前 100 万次沉降发展较快，后逐渐趋于稳定。1.9m 的红层泥岩基床底层(含 20cm 厚防水垫层)本身沉降 0.63cm，0.6m 的级配砂砾石本身沉降 0.12cm。基床部分约在 140 万次时开始稳定。

(2)第二阶段：设备改变配重及激振力后，激振 150 万次，由于轴重的增加，沉降重新加速发展，路基面总沉降量发展到 4.07cm，1.9m 的红层泥岩基床底层(含 20cm 厚防水垫层)本身沉降发展到 1.0cm，0.6m 的级配砂砾石本身沉降发展到 0.22cm。基床部分约在该阶段前 100 万次时开始稳定。

(3)第三阶段：人工模拟降雨后，路基面总沉降量发展到 4.36cm，1.9m 的红层泥岩基床底层(含 20cm 厚防水垫层)本身沉降无发展，0.6m 的级配砂砾石本身沉降发展到 0.25cm。该阶段路基沉降主要是人工降雨引起基床下部路基下沉造成的。

(4)通过对沉降数据的分析可以发现，轴重对红层泥岩路基沉降的发展影响较大，降雨的影响较小。

红层泥岩基床的工后沉降量随循环加载次数的增加而增加，但增加速率逐渐减小，当达到一定的循环加载次数时，曲线比较平缓，沉降基本趋于稳定。循环加载设备振动 300 万次，相当于轴重 18t 的旅客列车运营 20 年，路基面沉降 3.2cm；循环加载设备改变配重及激振力后，振动 150 万次，相当于轴重 25t 的集装箱车运营 20 年，路基面沉降量发展到 4.2cm；人工模拟降雨(日降水量 60mm)并振动

20 万次后，路基面沉降量发展到 4.7cm。1.7m 红层泥岩基床底层本身最终压缩量为 1.1cm。轴重与降雨对红层泥岩路基沉降发展影响较大。

## 6. 红层泥岩改良土路基沉降特性

在红层泥岩改良土路基两侧路肩不同深度处埋设沉降板，分别为路基表面、基床表层底面和基床底层底面等位置，观测改良土路基的工后沉降及分层沉降。路基填筑结束后放置 1 年，再施加循环荷载，模拟列车的运行。图 3.106 为放置期间红层泥岩改良土路基沉降曲线，图 3.107 为不同阶段红层泥岩改良土路基在动力作用下的累积沉降变化曲线。

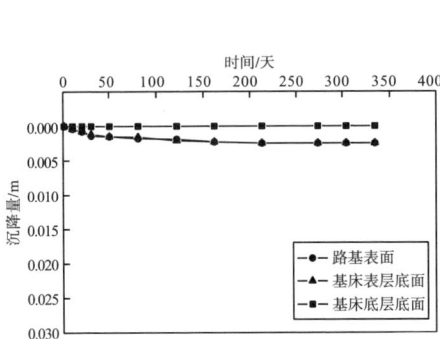

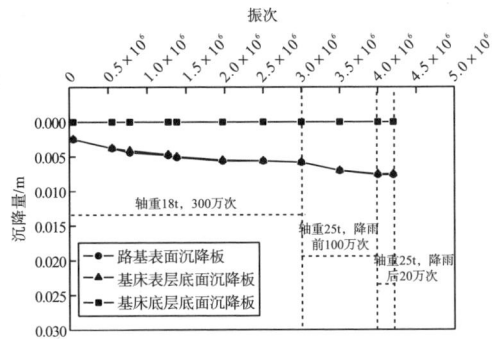

图 3.106　放置期间红层泥岩改良　　　　图 3.107　不同阶段红层泥岩改良
　　　　　土路基沉降曲线　　　　　　　　　　　　　土路基沉降变化曲线

沉降板随加载振次(时间)的沉降发展规律如下。

(1)红层泥岩改良土路基断面为挖除一定深度红层泥岩后换填红层泥岩改良土而修建的。由图 3.106 可以看出，基床底层底面处沉降板沉降量基本为零，这是由于地基条件好且附加应力较小；路基表面和基床表层底面两处的沉降板的沉降量基本相同，330 天后的沉降量为 2.5mm，且开始前 3 个月发展较快，以后渐趋平稳。1.9m 厚红层泥岩改良土部分(基床底层)的压密变形量为 2.5mm，压缩率为 1.3‰。

(2)循环加载第一阶段，循环加载设备振动 300 万次，路基面累积沉降为 5.8mm。

(3)循环加载第二阶段，循环加载设备改变配重及激振力后，振动 100 万次，路基面累积沉降量发展到 7.6mm。

(4)循环加载第三阶段，对路基实施人工模拟降雨(日降水量 60mm)，后振动 20 万次，经测量发现沉降基本无变化。

(5)1.9m 厚度的红层泥岩改良土部分(基床底层)在动载作用下的累积沉降为 5.1mm。

红层泥岩改良土基床的工后沉降量随循环加载次数的增加而增加，但增加速率逐渐减小，当达到一定的循环加载次数时，曲线比较平缓，沉降基本趋于稳定。循环加载设备振动 300 万次，相当于轴重 18t 的旅客列车运营 20 年，路基面沉降 3.3mm；循环加载设备改变配重及激振力后，振动 100 万次，相当于轴重 25t 的集装箱车运营 13 年，路基面沉降量发展到 5.1mm；人工模拟降雨(日降水量 60mm)并振动 20 万次后，路基面沉降量基本无变化。1.9m 红层泥岩改良土基床底层本身最终压缩量为 5.1mm。工后沉降满足客运专线工后沉降控制要求。

对于达成线路基试验段改良土路基段，路基填筑完成后放置一年，2.5m 厚基床本身的压密沉降量为 0.25cm，压缩率为 1‰。对于 A、B 组填料路基段，路基填筑完成后放置 50 天，2.5m 厚基床本身的压密沉降量为 0.18cm，压缩率为 0.72‰。

## 3.4　红层泥岩路堤人工模拟降雨试验

红层泥岩具有遇水易崩解、软化的特性，使用红层泥岩填筑的路基就更易受到大气降雨的影响。选取苍山镇境内达成铁路红层泥岩路基进行试验，边坡坡率为 1∶1.5，未进行植被防护，区内年降水量为 700～900mm。人工降雨模拟一场暴雨情况，日降水量取 60mm，使用喷壶洒水模拟降雨，以保证水分的充分渗透。对红层泥岩路基降雨效果的检测内容主要为路基不同部位浸润深度、含水量变化等。检测时在试验段红层泥岩路基部分不同位置，包括边坡、路肩处及道砟处，挖掘试坑，检测浸润深度，并检测不同深度处的含水量。由表 3.23 可知红层泥岩路基边坡最大浸润深度为 30～40cm。实际工程中可对红层泥岩路堤宽度适当加宽。

表 3.23　红层泥岩路基人工模拟降雨效果检测表

| 路基部位 | | 浸润竖直深度/cm | 降雨后含水量/% | | 降雨前含水量/% |
|---|---|---|---|---|---|
| 路基顶面 | 道砟下部 | 5～10 | — | — | 3.1 |
| | | | — | 6.0 | |
| | | | — | — | |
| | 路肩处 | 30 | 表层 | 8.0 | 3.1 |
| | | | 中部 | 6.1 | |
| | | | 底层 | 4.2 | |
| 边坡(未防护) | | 30～40 | 表层 | 16.7 | 9.7 |
| | | | 中部 | 12.9 | |
| | | | 底层 | 11.7 | |

# 3.5　红层泥岩路基填筑工艺与控制参数

## 3.5.1　红层泥岩填筑工艺与控制参数

### 1. 红层泥岩填料选择基本指标要求

各地区红层泥岩的物理力学性质各异,应通过室内土工试验进行判别能否用作铁路路基填料。建议采用最大压实干密度、CBR、软化系数、自由膨胀率作为红层泥岩填料选取的基本指标,并确定控制值,如表 3.24 所示,满足指标要求的红层泥岩可直接填筑,不满足时应进行改良[12]。

表 3.24　红层泥岩基本指标要求

| 红层泥岩指标 | 要求 |
| --- | --- |
| 最大压实干密度/(g/cm³) | ≥2.10 |
| CBR/% | ≥5 |
| 软化系数 | ≥0.4 |
| 自由膨胀率/% | ≤20 |

### 2. 控制红层泥岩粒径

红层泥岩填料一般为路堑与隧道弃渣,爆破开挖时可调整设计参数,以增强爆破效果,减小岩块粒径,加快后期风化崩解或机械破碎,减少备料时间。

### 3. 降低红层泥岩水活性

红层泥岩遇水易崩解,应对爆破出来的岩块进行预处理,控制粒径是填筑施工的必要程序。施工现场应选择地势稍高且平坦的地段建立红层泥岩预崩解场地,采用自然降雨、人工洒水等方式加速崩解,并设置雨棚用于储存填料,经崩解处理后的红层泥岩填料可集中运往现场进行填筑。一般而言,泥质红层软岩崩解容易、速度快,8～15 天即可完成崩解过程;碎屑类红层软岩崩解慢,但在自然状况下 2 个月内均会充分崩解,即使没崩解的碎块也软化严重,其强度也大大降低,在施工机械的振动碾压下可充分破碎。结合近几年铁路、公路红层路基的修建经验,红层泥岩填料最大粒径宜控制在 15cm 以内。

### 4. 红层泥岩填料填筑压实工艺

正式施工前应进行红层泥岩现场填筑压实工艺试验，确定压实机械、填料施工含水量的控制范围、松铺厚度和压实遍数。压实机械宜选用重型振动压路机。

路基填筑严格按照"三阶段、四区段、八流程"的施工程序，采用挖掘机挖装、自卸汽车运输、推土机摊铺、平地机整平、重型振动压路机压实的施工方法。红层泥岩松铺系数一般为 1.10～1.33，松铺厚度为 40cm，填料含水量控制在最佳含水量±2%以内。每层红层泥岩碾压层均应设置横向排水坡，并准备大块防水布，防止大气降雨对压实红层泥岩土的浸泡而发生软化或表层松散。如果压实层被雨水浸泡或放置时间较长，表面有松散现象时，应用光轮压路机进行复压。

## 3.5.2　红层泥岩改良土填筑工艺与控制参数

红层泥岩改良土采用厂拌法施工，施工工艺主要包括两大作业阶段：一是改良土制备阶段(厂拌法)，二是改良土填筑阶段。具体流程如下：利用路堑挖方(或隧道弃方)中的泥岩运至破碎堆料场→泥岩破碎→破碎料输送至储料仓存放→拌和机进行改良土拌和→汽车运输至填筑现场→现场卸料摊铺→挖机或推土机初步整平→平地机初平→压路机静压→平地机精平→压路机静压→压路机振动碾压→光轮压路机静压收光→压实系数及 $K_{30}$ 检测→下一层填筑(或下一道工序)，如图 3.108 所示。

红层泥岩改良土施工控制要点如下。

(1)填筑前检查验收下承层，不符合标准的应进行处理，如下承层过于干燥，应在下承层上适量洒水，在摊铺前使其表面湿润。

(2)拌和用土的含水量是否合适是影响水泥改良土填筑压实系数的最主要因素。含水量大了影响碾压收面，少了则压实质量得不到保障，用灌砂法做压实系数时不容易达标。根据当前批次改良土试验数据进行改良土含水量拌和控制，远距离运输采用篷布覆盖，在最优含水量及时填筑，保证压实系数。

(3)改良土摊铺厚度控制。根据试验段摊铺压实试验结果，最适合松铺厚度为30～34cm，松铺系数为 1.15～1.24，压实厚度为 25～29cm，利于压实系数控制。

(4)碾压。碾压采取从两侧向中心顺序，纵向进退式碾压，碾压时应时刻注意观察碾压质量，保证不出现"弹簧、松散、起皮"等现象。

以逾万铁路路基为例，采用红层泥岩改良土约为 100 万 $m^3$。改良土主要分布于渝万线 3、4、5 标段范围，里程范围 DK70～DK184 段。红层泥岩掺入 6%水泥改良最大干密度为 2.0～2.16g/cm³，最优含水量为 8.47%～10.6%，7 天无侧限抗压强度为 372～670kPa，满足路基基床底层填料要求。红层泥岩掺入 4%水泥改良

最大干密度为 2.0～2.18g/cm$^3$，最优含水量为 8.2%～10.8%，7 天无侧限抗压强度
为 280～590kPa，满足路基本体填料要求。由于地段不同，改良土源差异及试验
时气候等外部条件差异，改良土干密度、最优含水量、抗压强度等参数也在变化，
基床底层掺入 6%水泥改良及路基本体掺入 4%水泥改良试验均能满足设计要求。

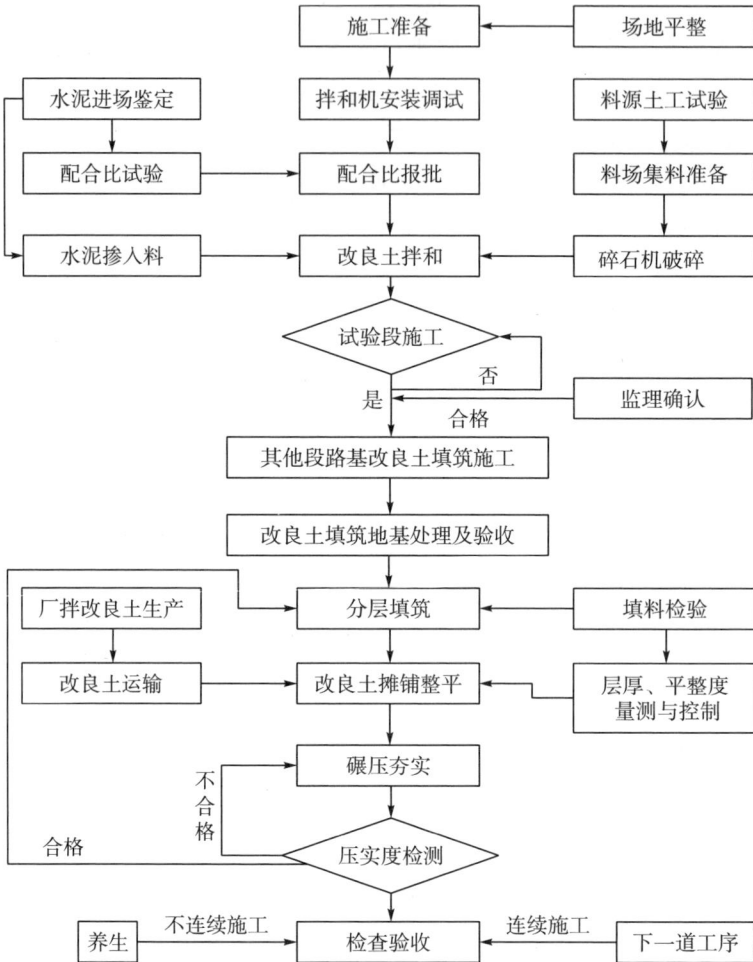

图 3.108　厂拌法改良土生产、填筑施工工艺流程

　　渝万线改良土试验段碾压试验总结的施工参数：先采用静压，碾压速度控制
在 1.5km/h，再使用振动压路机振动压实，前 2 遍碾压速度控制在 1.5～1.7km/h，
后几遍控制在 2～2.5km/h，横向错轮 0.4～0.5m，直至压实系数合格为止。通过试
验基床底层及路基本体改良土填筑碾压 6 遍时基本满足压实要求，个别点偏差，
碾压 7 遍时则检测完全合格。

# 3.6　小　　结

通过室内土工试验、离心模型试验、现场路基循环加载试验、人工降雨试验、现场沉降观测等手段，对红层泥岩填料的静动力学性质、水稳定特性、路用性、填筑及改良工艺，路基结构及动力特性、压密沉降等进行了详细的研究，得到以下认识与主要结论。

(1)压实红层泥岩具有密度大，静、动强度高，动力累积变形小，浸水后有微弱的膨胀性并且软化显著的特点。红层泥岩改良土具有强度高，变形小，遇水不易软化，水稳定性好的特点。

(2)提出了采用最大压实干密度、CBR、软化系数、自由膨胀率作为红层泥岩填料选取的基本指标，并确定了控制值，满足指标要求的红层泥岩可直接填筑，不满足时应进行改良。

(3)提出了红层泥岩铁路路基结构形式。

时速 200km 及以下有砟轨道，基床厚度为 2.5m，基床表层为 0.6m 级配砂砾石或 A 组填料，基床底层为 0.2m 中粗砂夹复合土工膜+1.7m 红层泥岩或 1.9m 红层泥岩改良土。路堤本体采用红层泥岩或其改良土。

时速 250km 及以上有砟轨道，基床厚度为 3.0m，基床表层为 0.7m 级配砂砾石，基床底层为 2.3m 红层泥岩改良土或 A、B 组填料。路堤本体采用红层泥岩或其改良土。

无砟轨道，基床厚度为 2.7m，基床表层为 0.4m 级配砂砾石，基床底层为 2.3m 红层泥岩改良土或 A、B 组填料。路堤本体采用红层泥岩或其改良土。

(4)采用振动三轴试验对压实红层泥岩土进行了研究，详细掌握了其动强度、临界动应力、累积变形、动模量与阻尼比等动力学特性，为高速铁路红层泥岩路基的动力设计奠定了基础；并根据试验数据建立了红层泥岩土动力累积变形预测模型，为高速铁路红层泥岩路基的动力累积沉降数值计算提供了理论依据。

(5)针对达成线"0.6m 级配砂砾石+0.2m 中粗砂夹复合土工膜+ 1.7m 红层泥岩"的红层泥岩土基床结构 3 种基床结构采用现场循环加载试验方法，掌握了其在不同列车轴重与降雨影响条件下的动应力、动位移、加速度等动态响应大小与分布规律。

(6)红层泥岩路基压密沉降的压缩率为 0.2‰～0.46‰，红层泥岩改良土路基压密沉降的压缩率为 0.12‰～1‰，变形趋于稳定的时间为 5～7 个月。红层泥岩层本身压缩率小于 0.67‰，红层泥岩改良土层本身压缩率小于 0.65‰。

(7)降雨条件下红层泥岩路基边坡浸润软化深度与降雨强度、压实系数、渗透性、坡度、坡高等因素有关。红层泥岩路基压实密度大、孔隙小、渗透系数小，大气降雨对路基的影响深度有限，雨水较难进入路基内部，主要是影响边坡浅表层。工程上可采用设置边坡土工格栅加筋、加强坡面防护或增加路肩宽度等措施减小降雨影响。

　　(8)通过开展较大规模的红层泥岩现场填筑实验，获得了不同碾压机械的红层泥岩现场填筑施工参数。红层泥岩现场填筑实验表明，采用合适的碾压机械，合适的松铺厚度和压实遍数，控制好填料含水量，完全满足规定的压实标准。红层泥岩路基施工要把握好四大控制指标，分别为粒径、摊铺厚度、压路机及施工含水量范围。崩解或破碎后的填料最大粒径宜小于 15cm。红层泥岩改良宜采用厂拌法，主要包括两大作业阶段：一是改良土制备阶段，二是改良土填筑阶段。关键步骤是对泥岩进行破碎，采用拌和机进行改良土拌和，另外拌和用土的含水量是否合适是影响水泥改良土填筑压实系数的最主要因素。

　　(9)红层泥岩填料关键技术已应用于达成线扩能工程、遂渝铁路、渝万铁路、大瑞铁路、安六铁路及中老铁路等多个建设项目，减少了大量弃方，保护了环境，社会经济效益显著。

# 参 考 文 献

[1] 王智猛，蒋关鲁，魏永幸. 红层泥岩填料物理力学特性的试验研究[J]. 路基工程，2006(5)：86-88.

[2] 张中云，蒋关鲁，王智猛. 红层泥岩改良土填料物理力学特性的试验研究[J]. 四川建筑，2008，28(1)：101-102.

[3] 魏永幸，蒋关鲁，朱颖，等. 红层泥岩填筑高速铁路路基及其构筑方法：200710050182.3[P]. 2008-04-02.

[4] 魏永幸，蒋关鲁. 无砟轨道路基关键技术探讨——以遂渝线无砟轨道综合试验段为例[J]. 铁道工程学报，2006(5)：39-44.

[5] 中铁二院工程集团有限责任公司，等. 遂渝线无砟轨道铁路路基工程关键技术研究报告[R]. 成都：中铁二院工程集团有限责任公司，2007.

[6] 蒋关鲁，房立凤，王智猛，等. 红层泥岩路基填料动强度和累积变形特性试验研究[J]. 岩土工程学报，2010，32(1)：124-129.

[7] 孔祥辉，蒋关鲁，王智猛. 循环荷载下红层泥岩土的动态特性[J]. 水文地质工程地质，2012，39(4)：75-79，87.

[8] 王智猛. 红层泥岩及其改良土填筑高速铁路路基适应性及工程技术研究[D]. 成都：西南交通大学，2009.

[9] 中铁二院工程集团有限责任公司，等. 达成线路基床动力学特性试验研究报告[R]. 成都：中铁二院工程集团有限责任公司，2007.

[10] 王智猛，蒋关鲁，魏永幸，等. 高速铁路基床现场循环加载试验研究[J]. 岩土力学，2010，31(3)：760-764.

[11] 王智猛，蒋关鲁，魏永幸，等. 达成线红层泥岩路基循环加载试验研究[J]. 岩土工程学报，2008，30(12)：1888-1893.

[12] 魏永幸. 利用红层泥岩填筑高速铁路路基技术的试验研究[J]. 铁道工程学报，2009，26(12)：39-43.

# 第4章　红层软黏土地基沉降控制

## 4.1　丘间槽谷红层软黏土

### 4.1.1　红层软黏土成因及分布

红层软黏土主要指红层地区由残积、湖积和冲积等形成，主要由黏土、粉质黏土、淤泥质土、粉土等组成的软弱土层，为区别于其他地区的软弱土层，将其称为红层软黏土。

在我国西南、中南、华南广大地区，特别是在西南地区，红层软岩土广泛分布。川渝地区是西南红层软岩分布的主要地区之一，四川盆地是有名的"红色盆地"。

红层地区地貌形态主要为丘陵，其次为低山、低中山以及零星分布的山间洼地。红层分布地区山间谷地众多，气候湿润多雨，排水不畅，在这种特殊环境和地质条件下，红层风化产物和地面的有机物质，经流水搬运沉积在冲沟、谷地、河流阶地和各种洼地等原始地形低洼处，经长期泡水软化，以及微生物的作用而形成红层软黏土。与红层分布相对应，红层软黏土在山间谷地、斜坡、山间盆地、山间洼地、地下水流通区、水田遍布区也广泛分布。

### 4.1.2　红层软黏土判别标准研究

目前，红层软黏土的原位测试技术可参照《铁路工程地质勘察规范》（TB 10012—2019）执行，但国内外尚无红层软黏土室内试验指标判别标准，课题组对此做了探索性研究[1]，最终选择表征土体物理力学性质最基本的天然含水量 $\omega$、天然孔隙比 $e$、黏聚力 $c$、内摩擦角 $\varphi$ 作为判别参数。

据不完全统计分析，在遂渝、达成、渝怀、襄渝、胶济 5 条铁路干线 2300 组室内土工试验数据中，发现有 864 组（占统计总量的 38%）天然含水量 $\omega$ 小于或等于液限 $\omega_L$，天然孔隙比 $e$ 小于 1.0。这些土的天然含水量、天然孔隙比大多数都不符合软土判别标准，但黏聚力和内摩擦角却接近或达到软土判别标准，工程特性也类似于软土，铁路工程界称为"红层软黏土"。

在实际工程勘察设计中，建议根据原位测试、室内试验或综合判别法对红层软黏土进行判别，参照表 4.1 及下列原则办理。

(1) 当室内试验与原位测试数据都具备时，应进行综合判别；

(2) 当不具备室内试验数据时，可按原位测试指标判别；

(3) 当不具备原位测试数据时，可按室内试验指标判别。

表 4.1　红层软黏土综合指标判别标准

| 分类指标 | 单位 | 软黏土 | | |
| --- | --- | --- | --- | --- |
| | | 粉细砂 | 粉土 | 粉质黏土、黏土 |
| 原位测试指标［《铁路工程地质勘察规范》(TB 10012—2019)］ | MPa | $P_S < 5.0\text{MPa}$ 或 $N < 10$ | $P_S \leq 3.0\text{MPa}$(不含软粉土) 或 $[\sigma] < 0.15\text{MPa}$ | $P_S \leq 1.2\text{MPa}$(不含软土) 或 $[\sigma] < 0.15\text{MPa}$ |
| 室内试验指标　天然直剪强度 | kPa | $c < 45-1.5\varphi$ 或 $\varphi > (45-c)/1.5$ 且 $0 \leq c \leq 45\text{kPa}$ | | $0° \leq \varphi \leq 30°$ |
| 天然孔隙比 | | $e < 1.0$ | | |
| 天然含水量 | % | $\omega < \omega_L$ | | |

注：$P_S$ 为静力触探比贯入阻力；$[\sigma]$ 为容许承载力；$N$ 为标准贯入试验锤击数；$\omega_L$ 为液限；$c$ 为黏聚力；$\varphi$ 为内摩擦角。

## 4.1.3　红层软黏土主要工程问题

通过调查与分析，红层软黏土分布地区的工程主要有红层软黏土地基变形破坏、斜坡红层软黏土路基变形破坏、斜坡红层软黏土路基不均匀沉降等工程问题[1]。

### 1. 红层软黏土地基变形破坏

红层地区的山间洼地、山间盆地，大都分布有含水量大、压缩性高、强度低的软黏土。红层软黏土作为地基，如果不加处置，不能满足地基沉降要求，甚至造成破坏。

1) 某高速公路 DK180+460～DK180+640 高填路堤变形

某高速公路 DK180+460～DK180+640 段，处于山间谷地，基岩为红层泥岩，上覆一层较厚的冲洪积红层软黏土。原地面为水田，地表下为软塑至可塑状黏土，厚 14m。2001 年初，路堤填方尚未到设计高程时，即产生半边路堤滑动，DK180+480～DK180+620 段路堤滑动后，中线右侧 60m 处水田地面隆起。路堤左侧采用抛石挤淤+反压护道措施，右侧采用碎石桩+反压护道措施处置。2005 年 8 月调查时，公路路面仍有多条裂缝，延伸长，贯通性好，表明该段路堤及地基仍在变形下沉。

2）某高速公路软基处置不当导致持续变形

据现场调查，某高速公路工点，为 22.81m 高的页岩高路堤，下部为红层软土地基，采用反压护道处理。现场用总沉降板进行长期观测（图 4.1），3 年沉降观测资料表明，此段工后沉降以相对稳定的沉降速率增长，且沉降速率为 6.2mm/月左右，说明沉降尚未进入稳定阶段。根据此段地质资料的岩性和填料，沉降不稳定可能与填料和地基为抗风化能力弱的页岩以及软基处理措施不当有关。

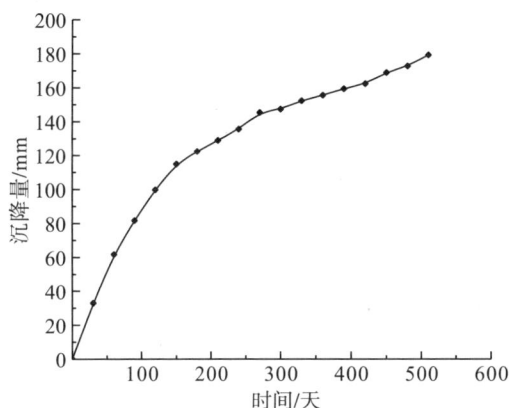

图 4.1　某高速公路红层软基沉降观测曲线

## 2. 斜坡红层软黏土路基变形破坏

六盘水铁路枢纽玉舍车站 DK12+630～DK12+724 段，位于山谷凹槽斜坡地带，自然坡度为 5°～30°。上覆坡洪积砂黏土、淤泥质黏土层；下伏基岩为二叠系龙潭组一大龙组泥岩、砂岩、页岩夹煤层。该段地下水位埋深较浅，位于地表下 1.3～3.8m，基岩中基岩裂隙水较发育，路堤中心填高约 16m。

1998 年 10 月，在路堤填筑施工中，当填高达 7m 时发生推移式滑坡。滑坡前缘位于路堤左侧公路边，公路堑坡挡墙被推裂变形；滑坡后缘位于路堤右侧旱地内，地面出现多道裂缝。导致 DK12+700 涵洞边墙被拉裂错位，基底下沉。

补充地质勘探查明土石界面为滑动面，滑体最大厚度约 6m。整治设计在路堤左侧坡脚处增设一排抗滑桩共 14 根，桩间设片石垛；路堤基底增设纵、横向泄水盲沟；拆除重建 DK12+700 被拉裂破坏的涵洞。

上述治理工程施工完成后，1999 年 10 月开始恢复路堤填筑，当填高达 13m 时，因填筑加载过快，又引起路堤基底深层滑动，使第一排 1～8 号抗滑桩桩顶位移超限，位移达 30～50cm。经实施抗滑桩低应变动力检测，发现 1～4 号桩桩身质量缺陷严重，其中 1～3 号桩的位移主要发生在桩顶以下 13m 左右范围，4 号桩的位移主要发生在桩顶以下 12m 左右范围，判定深层滑面位于煤系地层软岩风化带中。分析是软岩严重风化带被地下水长期浸泡软化形成软弱面滑动所致，第一次设计抗滑桩锚固段深度不足。为确保路基的安全稳定，再次设计将强风化带（$W_3$）与弱风化带（$W_2$）分界面作为潜在滑动面考虑，在第一排 1～8 号抗滑桩外侧增设第二排抗滑桩 10 根，修复局部开裂的涵洞，才根治了工程病害，如图 4.2 所示。

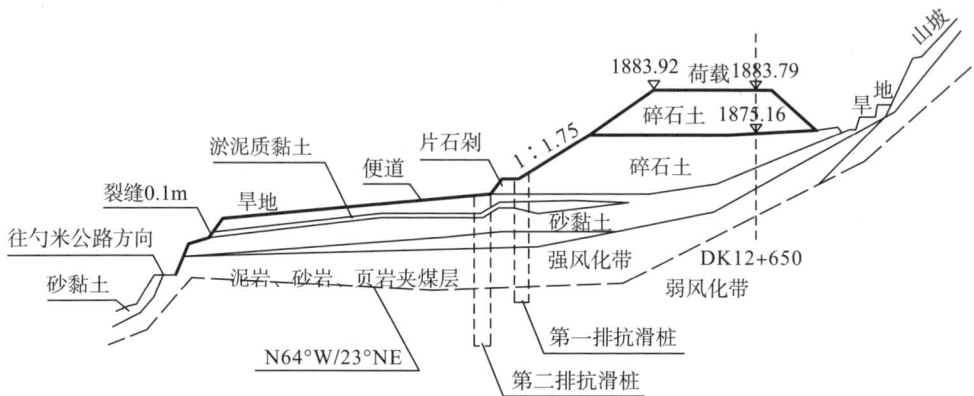

图 4.2　六盘水铁路枢纽玉舍车站路堤滑坡整治示意图

### 3. 斜坡红层软黏土路基不均匀沉降

达成线 K143 段路堤发生下沉，边坡鼓胀，但鼓胀程度轻微，下沉速度缓慢，自 2003 年以来一直在缓慢发展，造成路肩同时下沉或开裂。现场测绘发现该段填方大里程方向右侧边坡下沉较大，为 30～40cm，2004 年增加的边坡浆砌条石骨架护坡，30m 范围内路肩条石被拉裂，并向外有较大位移，边坡上条石骨架护坡也有剪断破坏迹象，据了解该段条石护坡已翻修过，条石厚度为 20～30cm。边坡上所设标志桩在 2005 年 8 月 29 日后仍有开裂，裂缝为 3～5mm。边坡坡脚墙有一定的破坏，但整体仍较完好。该路堤中下部有一过水过人涵洞，但涵洞本身并无明显的破坏迹象。据现场调查，该段路基基底横坡稍大，约 5°，路基填高 5～9m，在右侧边坡坡脚下原地面为缓坡，下部为水田，初步分析认为，填方路堤堵塞地表水和地下水运移通道，导致水在路基底部汇集，软化岩土体，降低强度，导致路堤下沉变形，如图 4.3 和图 4.4 所示。

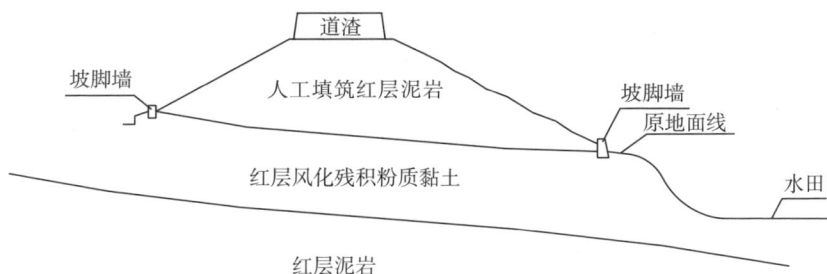

图 4.3　达成线 K143 路基下沉边坡鼓胀病害示意图

图 4.4　右侧路堤下沉

## 4.1.4　红层软黏土物理力学特性

### 1. 红层软黏土物质成分

1) 矿物成分

代表性红层软黏土矿物成分及含量见表 4.2。X 射线衍射试验结果如图 4.5～图 4.7 所示，伊利石、蒙脱石等膨胀性黏土矿物成分在红层软黏土中占有较大的比重，为 56.8%～70.3%、碳酸盐为 6.3%～12.5%、石英为 8.3%～18.3%、褐铁矿为 2.6%～4.0%，此外还有少量的绿泥石、长石及其他矿物，对红层软黏土的工程性质起到明显的控制作用。

表 4.2　红层软黏土主要矿物成分及含量

| 名称 | 含量/% | | | | | | |
|---|---|---|---|---|---|---|---|
| | 黏土矿物 | 石英 | 碳酸盐 | 褐铁矿 | 绿泥石 | 长石 | 其他 |
| DK10 软黏土 | 70.3 | 8.3 | 12.5 | 3.0 | 0.0 | 0.6 | 5.3 |
| | 58.2 | 12.1 | 14.9 | 2.6 | 0.4 | 0.5 | 11.3 |
| DK61 软黏土 | 56.8 | 18.3 | 6.3 | 4.0 | 0.6 | 3.0 | 11.0 |

注：DK10 为遂渝线四川省境内遂宁市附近 DK10+275～DK10+395（以下简称 DK10 工点）；DK61 为重庆市潼南—合川之间 DK61+525～DK61+605（以下简称 DK61 工点）。

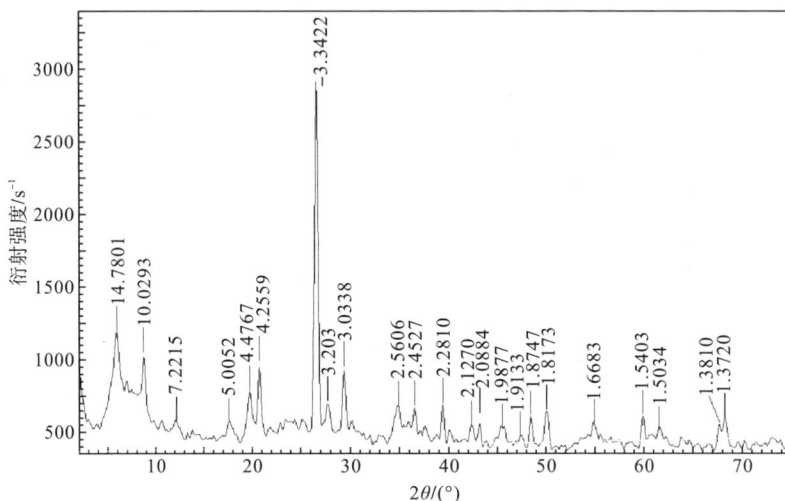

图 4.5　红层残积土 X 射线衍射谱（四川遂宁）

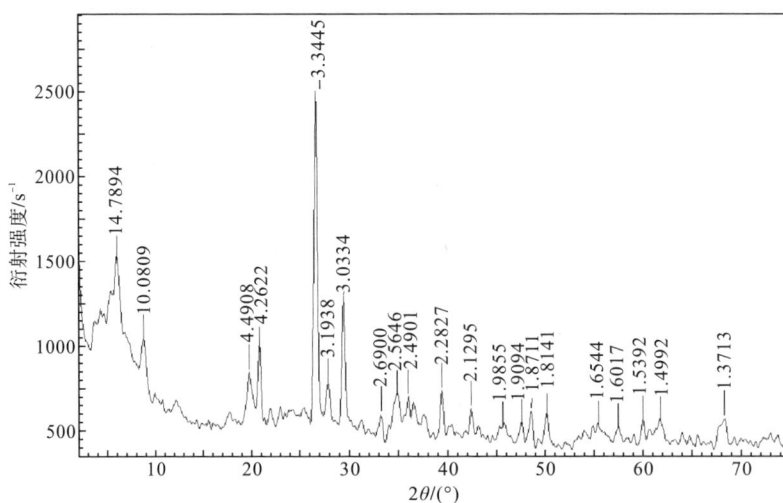

图 4.6　红层地区软土 X 射线衍射谱（四川遂宁）

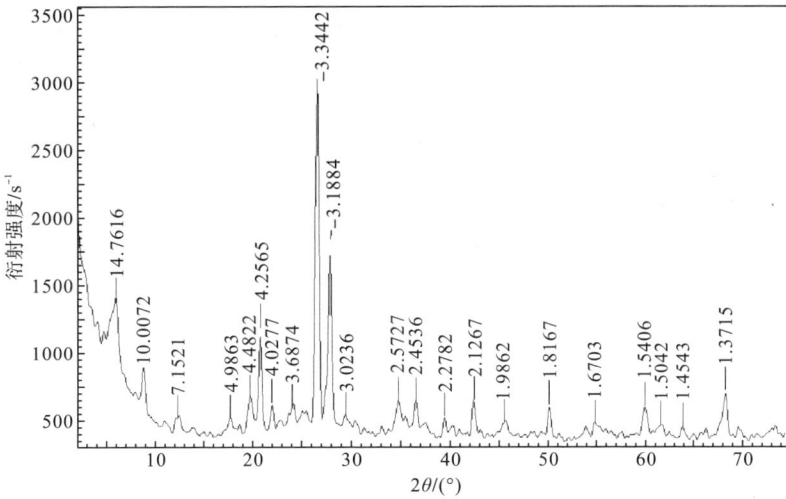

图 4.7　红层地区软土 X 射线衍射谱(重庆合川)

2) 化学成分

红层软黏土化学成分以 $SiO_2$、$Al_2O_3$、$Fe_2O_3$、$CaO$ 为主。其中 $SiO_2$ 含量占 53.1%~64.2%，$Al_2O_3$ 含量占 14.7%~15.7%，$CaO$ 含量占 2.5%~7.6%，$Fe_2O_3$ 含量占 3.8%~6.7%，游离 $Fe_2O_3$ 为 0.3%。试验反映基本不存在游离的 $SiO_2$、$Al_2O_3$，烧失量占 8.2%~12.8%。主要化学成分含量平均值见表 4.3。

表 4.3　遂渝线红层软黏土主要化学成分

| 名称 | 主要化学成分含量平均值(%) | | | | | | | | | | | | |
|---|---|---|---|---|---|---|---|---|---|---|---|---|---|
| | $SiO_2$ | $Al_2O_3$ | $Fe_2O_3$ | $CaO$ | $MgO$ | $Na_2O$ | $K_2O$ | $P_2O_5$ | $SO_3$ | 烧失量 | 游离 $SiO_2$ | 游离 $Al_2O_3$ | 游离 $Fe_2O_3$ |
| DK10 软黏土 | 53.1 | 14.7 | 6.7 | 6.8 | 2.5 | 0.7 | 2.5 | 0.1 | 0.1 | 12.8 | — | — | — |
| | 55.8 | 14.9 | 6.6 | 5.1 | 2.4 | 0.8 | 2.6 | 0.1 | 0.1 | 11.6 | — | — | — |
| | 63.9 | 15.6 | 3.8 | 7.6 | — | — | — | — | — | 8.8 | 0.0 | 0.0 | 0.3 |
| | 64.2 | 15.7 | 3.9 | 6.8 | — | — | — | — | — | 9.1 | 0.0 | 0.0 | 0.3 |
| DK61 软黏土 | 61.1 | 15.3 | 5.7 | 2.5 | 2.5 | 1.8 | 2.7 | 0.2 | — | 8.2 | — | — | — |
| | 60.7 | 14.8 | 4.6 | 2.8 | 2.9 | 1.9 | 2.5 | 0.2 | — | 9.3 | 0.0 | 0.0 | 0.3 |

3) 微观结构

经扫描电子显微镜下鉴定，红层软黏土鳞片状黏土矿物定向性明显，主要以聚集体的形式与碎屑一起形成大的孔隙，红层软黏土土体结构大体可分为鳞片结构、蜂窝状结构、砂状结构、混合结构，如图 4.8 和图 4.9 所示。这种结构特征从本质上决定了红层软黏土的大变形、低强度性质。

图4.8　红层软黏土扫描电子显微镜放大　　图4.9　红层软黏土扫描电子显微镜放大
1000倍结果(重庆合川)　　　　　　　3000倍结果(重庆合川)
鳞片结构　　　　　　　　　　　　　　　　蜂窝状结构

红层软黏土的主要矿物成分与沿海地区软黏土相比，主要的不同之处在于红层软黏土中钙质、铁质的含量相对较高，尤其是碳酸盐矿物为6.3%～12.5%、扫描电子显微镜显示，其大部分以胶结物状态存在。$Fe_2O_3$为2.5%～6.7%，褐铁矿含量为2.6%～4.0%，并使其整体保持红色主色调，游离的$Fe_2O_3$以胶结物状态存在的少见。有机质含量较沿海软黏土少。

物质成分及土体结构是控制土体物理力学性质的重要因素，它不但反映了软黏土的形成环境，还从物质基础上影响着软黏土的工程性质。

## 2. 红层软黏土物理性质

通过对635组试验数据的统计分析[2]，红层软黏土主要土类的物理指标如表4.4所示。由于不同土类的数据数量不同，有的仅列出了其中的代表值，对于数据较多的土类，列出了其相应物理指标的变化范围。这些物理性质是红层软黏土的物质成分适应其沉积环境而形成的，因此物理性质是红层软黏土沉积环境的宏观表现。

现场调查发现，红层软黏土多赋存于低洼汇水的地形地貌环境，导致其界限含水量总体偏高，如天然含水量最高可以达到48.3%，液限、塑限及其相应指数的变化范围也较高，初始孔隙比、饱和度都比较高，说明红层软黏土可能有低强度、高压缩性和变形性。但红层软黏土的不同土类相应的物理指标变化有较大的差异，这与物质成分、结构构造和形成历史有关。

与沿海软黏土相比，由于物质成分和结构构造的差异，红层软黏土的天然含水量(19.8%～48.3%)为沿海软黏土的天然含水量(35%～90%)的50%左右，红层软黏土的液限(22%～56.7%)、塑限(11.3%～28.9%)、塑性指数(7.8～28.4)大体上和沿海软黏土的液限(34%～55%)、塑限(20%～30%)、塑性指数(14～30)比较接近；红层软黏土的天然密度(1.7～2.1g/cm³)略高于沿海软黏土的天然密度(1.5～1.85g/cm³)；红层软黏土的孔隙比(0.584～1.4)小于沿海软黏土的孔隙比(1.0～1.5)，说明红层软黏土更密实一些，压缩性可能会小一些。

表 4.4　不同软黏土的物理指标变化范围

| | 土样名称 | 天然含水量/% | 液限/% | 塑限/% | 塑性指数 | 液性指数 | 天然密度/(g/cm³) | 比重 | 孔隙比 | 饱和度/% |
|---|---|---|---|---|---|---|---|---|---|---|
| 红层软黏土 | 粉土 | 22.1～29.0 | 22.7～29.8 | 13.2～20.6 | 7.8～10.0 | 0.8～1.3 | 1.95～2.06 | 2.67～2.73 | 0.584～0.806 | 94.3～100 |
| | 粉质黏土 | 19.8～44.4 | 22～50 | 11.3～25.6 | 10.2～25.1 | 0.2～1.7 | 1.7～2.1 | 2.6～2.8 | 0.6～1.2 | 75.5～100 |
| | 淤泥质土 | 33.9 | 42.0 | 21.6 | 20.4 | 0.6 | 1.87 | 2.77 | 0.983 | 95.5 |
| | 黏土 | 21.5～48.3 | 30.1～56.7 | 12.9～28.9 | 17.1～28.4 | 0.2～1.3 | 1.7～2.1 | 2.6～2.8 | 0.6～1.4 | 86～100 |
| | 膨胀性黏土 | 35.3～43.3 | 45.0～52.6 | 23.5～26.5 | 21.5～26.1 | 0.53～0.8 | 1.76～1.82 | 2.68～2.73 | 1.03～1.18 | 93.6～99.2 |
| 沿海软黏土 | 淤泥 | 60～90 | 50～55 | 25～30 | 25～30 | | 1.5～1.6 | | >1.5 | |
| | 淤泥质黏土 | 45～50 | 40～45 | <20 | <20 | | 1.70～1.75 | | <1.3 | |
| | 淤泥质亚黏土 | 35～40 | <34 | <20 | <14 | | 1.80～1.85 | | <1.05 | |
| | 淤泥混砂 | 35～40 | <34 | <20 | <14 | | 1.80～1.85 | | 1.0～1.05 | |
| 内陆软黏土 | 淤泥类土(湖相) | 42～68 | 34～60 | | 12～18 | 1.44～1.68 | 1.62～1.85 | | 0.95～1.56 | |
| | 淤泥类土(河漫滩相) | 40～50 | 35～44 | | 17～20 | 1.10～1.60 | 1.72～1.80 | | 0.93～1.32 | |
| | 淤泥类土(牛轭湖相) | 48 | 39 | | 16 | 1.50 | 1.74 | | 1.31 | |
| | 淤泥类土(山地型) | 55～91 | 58～78 | | 22～34 | 0.86～1.4 | 1.47～1.64 | | 1.62～2.30 | |

与内陆软黏土相比，红层软黏土的天然含水量(19.8%～48.3%)为内陆软黏土的天然含水量(40%～91%)的50%左右，红层软黏土的液限(22%～56.7%)、液性指数(0.2～1.7)、塑性指数(7.8～28.4)大体上和内陆软黏土的液限(34%～78%)、液性指数(0.86～1.68)、塑性指数(12～34)比较接近；红层软黏土的天然密度(1.7～2.1g/cm³)略高于内陆软黏土的天然密度(1.47～1.85g/cm³)；红层软黏土的孔隙比(0.584～1.4)为内陆软黏土的孔隙比(0.93～2.30)的50%左右，表明红层软黏土的密实度大于内陆软黏土和沿海软黏土，而内陆软黏土的密实度小于沿海软黏土。

显而易见，红层软黏土由于常分布于地形低洼汇水处而具有较高天然含水量（低于沿海软黏土及内陆软黏土）、初始孔隙比、饱和度和较大的液塑限变化范围，导致其强度低、压缩性高而易变形。红层软黏土的天然含水量低于沿海软黏土和内陆软黏土，但三者液塑限值较为接近。在天然密度方面，红层软黏土略高于沿海和内陆软黏土，且前者的孔隙比较低，这表明红层软黏土的密实度大于沿海软黏土和内陆软黏土。

### 3. 红层软黏土力学性质

#### 1) 抗剪强度

根据收集到的试验资料[2]，红层软黏土不同土类的基本力学指标如表 4.5 所示。

表 4.5　红层软黏土抗剪强度指标取值范围

| 土样名称 | | 直接快剪强度 | | 固结快剪强度 | | 三轴强度（UU） | | 三轴强度（CU） | |
|---|---|---|---|---|---|---|---|---|---|
| | | 黏聚力/kPa | 内摩擦角/(°) | 黏聚力/kPa | 内摩擦角/(°) | 黏聚力/kPa | 内摩擦角/(°) | 黏聚力/kPa | 内摩擦角/(°) |
| 红层软黏土 | 粉质黏土 | 1.2～38.1 | 0.5～15.3 | 1.8～55.5 | 3.9～29.9 | 7.9～30.5 | 3.0～10.5 | 15.8～32.1 | 6.3～9.9 |
| | 黏土 | 2.8～42.2 | 1.3～13.2 | 9～68 | 4.7～32.3 | 8.6～25.5 | 2.4～6.6 | 21.8～33.9 | 6.5～6.9 |
| | 淤泥质土 | 10 | 3.6 | 18.3 | 13.1 | | | | |
| | 膨胀土 | 23.7～26.9 | 3.0～5.2 | | | | | | |
| | 黏土（膨胀土） | 11.3～13.9 | 2.2～3.6 | 14.1～22.4 | 2.0～13.2 | | | | |
| 沿海软黏土 | 灰色淤泥质亚黏土 | | | | | 30～40 | 0 | 5 | 30 |
| | 灰色淤泥质黏土 | | | | | 30～40 | 0 | 0 | 26 |
| | 灰色亚黏土 | | | | | 40～80 | 0 | 0 | 32 |
| 沿海与内陆软黏土 | 沿海软黏土 | | | 5～17 | 1～18 | | | | |
| | 内陆软黏土 | | | 9～23 | 2～19 | | | | |

红层软黏土直接快剪强度黏聚力为 1.2～42.2kPa，内摩擦角为 0.5°～15.3°；固结快剪强度黏聚力为 1.8～68kPa，内摩擦角为 2.0°～32.3°；三轴强度（UU）黏聚力为 7.9～30.5kPa，内摩擦角为 3.0°～10.5°；三轴强度（CU）黏聚力为 15.8～33.9kPa，内摩擦角为 6.3°～9.9°。由于物质成分、物理性质的差异，不同土类之

间还有具体的差异。

由于红层软黏土的天然含水量低，天然孔隙比小，其固结快剪强度(黏聚力为 1.8～68kPa，内摩擦角为 2.0°～32.3°)比沿海软黏土(固结快剪强度黏聚力为 5～17kPa，内摩擦角为 1°～18°)、内陆软黏土(固结快剪强度黏聚力为 9～23kPa，内摩擦角为 2°～19°)要高，但相差不大。但三轴试验结果却有较大的差异，如沿海软黏土三轴强度(UU)黏聚力为 30～80kPa，内摩擦角为 0°，三轴强度(CU)黏聚力小于 5kPa，内摩擦角为 26°～32°，这和沿海软黏土的高分散性和松散的结构有关，因而强度低；而红层软黏土的三轴试验结果随着试验条件的变化，虽有大小的改变，但总体上还是表现出剪切强度的均匀性，从而体现出红层软黏土结构构造的均匀性。

2) 固结(压缩)特性

红层软黏土固结(压缩)指标的变化如表 4.6 所示。

表 4.6　红层软黏土固结(压缩)指标

| 土样名称 | | 压缩系数/MPa$^{-1}$ | | 压缩模量/MPa | | 固结系数/($10^{-3}$cm$^2$/s) | |
|---|---|---|---|---|---|---|---|
| | | 垂直 | 水平 | 垂直 | 水平 | 垂直 | 水平 |
| 红层软黏土 | 粉质黏土 | 0.2～0.9 | 0.2～0.8 | 2.2～10.5 | 1.9～8.9 | 0.2～4.4 | 0.4～4.5 |
| | 膨胀土 | 0.5～0.6 | | 3.1～3.7 | | 0.2 | |
| | 淤泥质土 | 0.7 | | 2.9 | | 0.3 | |
| | 黏土 | 0.3～1.3 | 0.3～1.4 | 1.4～9.5 | 1.4～6.1 | 0.1～3.0 | 0.1～4.1 |
| | 黏土(膨胀土) | 0.5～0.9 | | 2.4～2.9 | | 0.4～1.0 | |
| 沿海软黏土 | 灰色淤泥质亚黏土 | 0.4～0.7 | | 2.7～4.0 | | 5.4 | 8.1 |
| | 灰色淤泥质黏土 | 1.0～1.5 | | 1.8～2.4 | | 0.7～1.5 | 1.3～1.8 |
| | 灰色亚黏土 | 0.2～0.4 | | 5.0～6.0 | | | |
| | 草黄色亚砂土 | 0.4 | | 8.0～12.0 | | 8.6 | |
| | 灰色亚黏土 | 0.2～0.4 | | 5.6～6.0 | | 8.0 | |
| 沿海与内陆软黏土 | 沿海软黏土 | 0.7～2.5 | | | | | |
| | 内陆软黏土 | 0.4～2.3 | | | | | |

红层软黏土固结(压缩)指标的变化：垂直压缩系数为 0.2～1.3MPa$^{-1}$，水平压缩系数为 0.2～1.4MPa$^{-1}$；垂直压缩模量为 1.4～10.5MPa，水平压缩模量为 1.4～8.9MPa；垂直固结系数为 0.1×$10^{-3}$～4.4×$10^{-3}$cm$^2$/s，水平固结系数为 0.1×$10^{-3}$～4.5×$10^{-3}$cm$^2$/s。与沿海软黏土相比(垂直压缩系数为 0.2～1.5MPa$^{-1}$，垂直压缩模量为 1.8～12.0MPa，垂直固结系数为 0.7×$10^{-3}$～8.6×$10^{-3}$cm$^2$/s，水平固结系数为 1.3×$10^{-3}$～8.1×$10^{-3}$cm$^2$/s)，二者相差不大，表明红层软黏土与沿海软黏土都属于中-

高压缩性的土，具有较大的变形，对路基的稳定性影响大，如图 4.10～图 4.12所示。

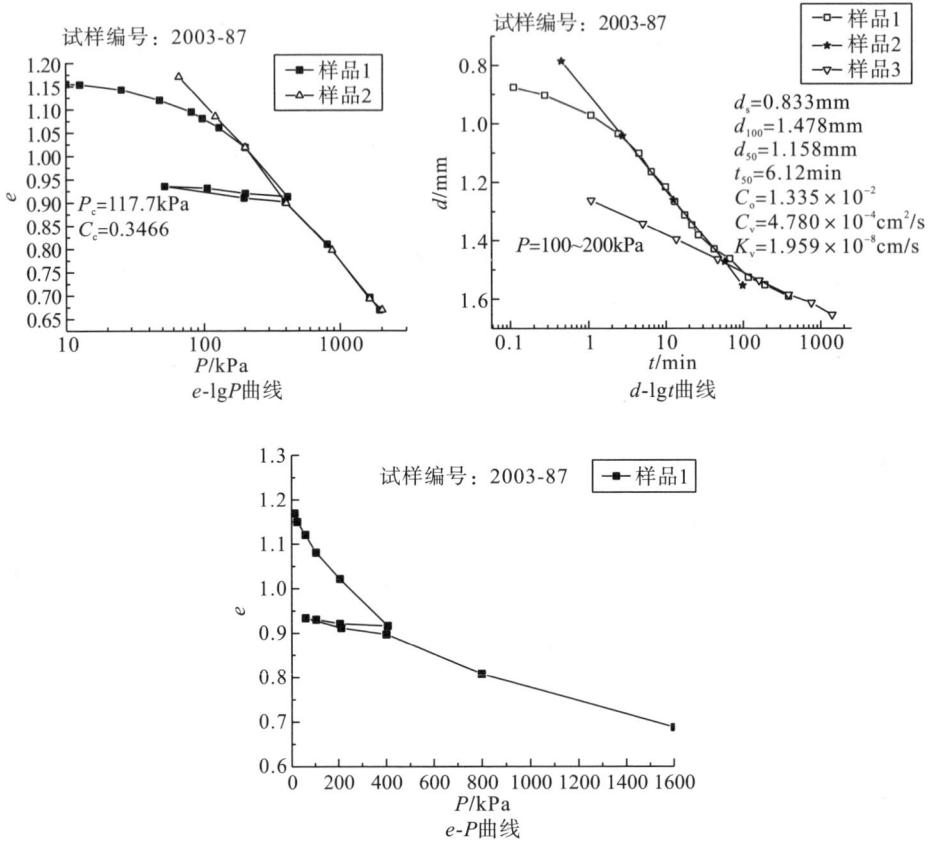

图 4.10　遂渝铁路 DK10 红层软黏土高压固结典型曲线

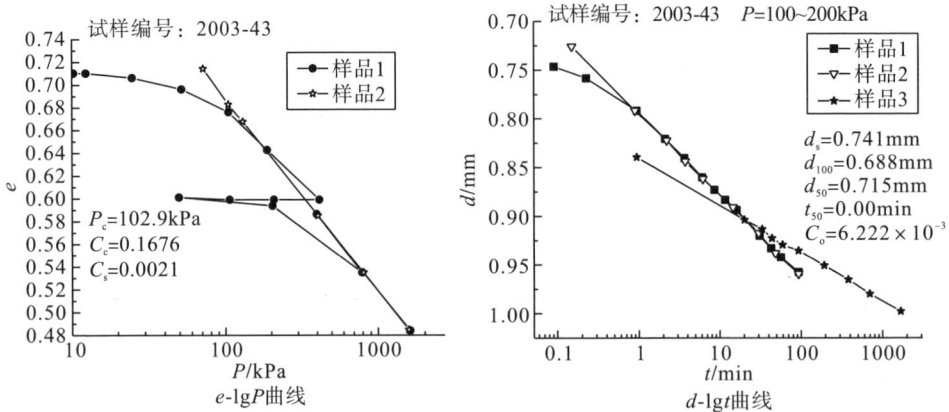

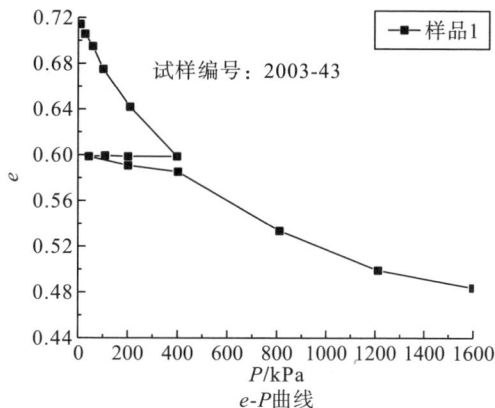

图 4.11　遂渝铁路 DK61 红层软黏土高压固结典型曲线

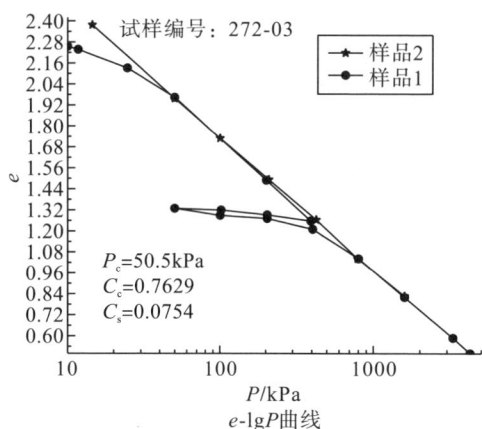

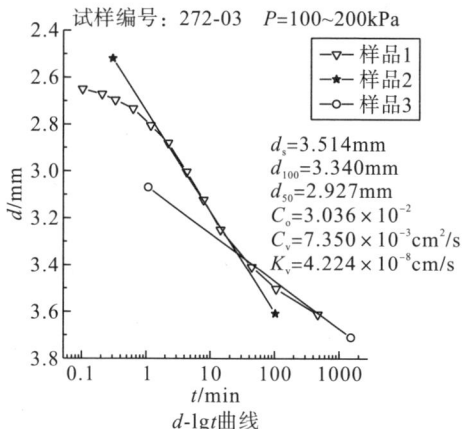

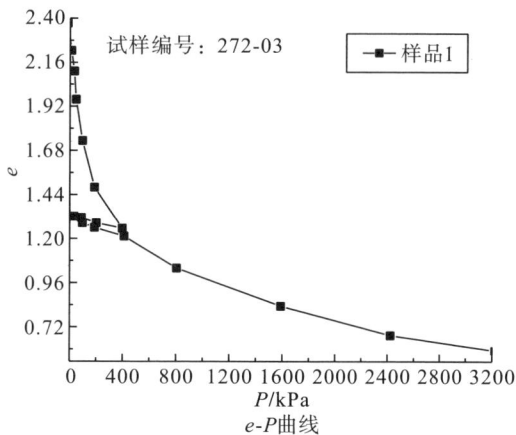

图 4.12　福厦铁路软土高压固结典型曲线

红层软黏土压缩曲线从低压到高压、曲线呈渐变特征，随着孔隙比变小，变化速率变缓，先期固结压力 $P_c$ 为 100～200kPa，超固结比 OCR 一般大于 1，属超固结土。而沿海地区如福厦铁路软土压缩曲线在低压区呈陡变特征，表明孔隙比变小速率大；$P$ 为 100～200kPa 的压缩系数为 1～2.5MPa$^{-1}$，属高压缩性，超固结比 OCR<1，属欠固结土。鉴于红层软黏土的压缩特性，采用粉喷桩、碎石桩等加固效果可能会更好。

3）地基承载力

遂渝线 DK10 工点为红层软黏土地基，试验获得的地基土基本特性、剪切强度及承载力参数见表 4.7。

表 4.7　遂渝线 DK10 工点红层软黏土地基剪切强度标准值与承载力特征值

| 工点 | 土样名称 | 天然含水量/% | 天然孔隙比 | 液性指数 | 天然状态剪切强度标准值 | | 固结不排水状态剪切强度标准值 | | 承载力特征值/kPa |
| --- | --- | --- | --- | --- | --- | --- | --- | --- | --- |
| | | | | | 黏聚力/kPa | 内摩擦角/(°) | 黏聚力/kPa | 内摩擦角/(°) | |
| DK10 | 软土 | 42.7 | 1.151 | 1.3 | 8.0 | 3.0 | 11.0 | 8.0 | 40 |
| | 松软土 | 33.8 | 0.885 | 0.6 | 12.6 | 5.1 | 17.5 | 10.0 | 63 |
| | 粉质黏土 | 26.2 | 0.714 | 0.3 | 40.0 | 9.0 | | | 150 |

注：估算地基承载力的基础宽度 $b$ 取 6m，埋深 $d$ 取 0.5m。

红层软黏土地基的承载力较低，由土的抗剪强度标准值计算的红层软黏土地基承载力特征值与现场螺旋板载荷试验确定的地基承载力标准值相近，而根据铁路行业规范及天然含水量、天然孔隙比、液性指数的平均值和相应的变异系数，计算得到的地基承载力基本值和标准值偏大。建议由室内试验资料推算地基承载力时，室内试验指标的选用以天然抗剪强度标准值为主，辅以物理指标。

## 4.2　红层软黏土复合地基加固试验研究

遂渝线红层软黏土地基一般采用清淤换填、碎石桩、粉喷桩等方法进行加固处理。首先选择了遂渝铁路 DK10 和 DK61 两个工点进行地基加固试验研究，埋设监测传感器，对路堤施工过程中及工后的地基沉降、土压力、孔隙水压力、水平位移以及铺设土工格栅受力等进行现场测试与监测。同时，对全线 50 余处红层软黏土地基路堤填筑完成后的路基面沉降量进行了监测，系统获取了红层软黏土地基路堤沉降量的基础资料。

## 4.2.1　粉喷桩复合地基加固试验研究

以遂渝线 DK10 粉喷桩复合地基工点为例[3]，共布置 3 个测试断面。①DK10+320 断面，软基深度分别为：线路中心处 7m，左侧坡脚处 5m，右侧坡脚处 10m。②DK10+346 断面，左右坡脚及线路中心处的软基深度基本相近，为 9～11m。③DK10+366 断面，基岩向线路左侧倾斜，软基深度分别为：线路中心处 11m，左侧坡脚处 12m，右侧坡脚处 2m。DK10 工点于 2003 年 10 月开工，2004 年 5 月初路堤施工完成，6 月中旬级配砂砾石层铺设完成。截止到 2005 年 6 月，DK10 工点已进行了 13 个月左右(383 天)的工后沉降量监测。孔隙水压力计在线路横向沿路基中心线对称布置，分别对应路基面中心、路肩和坡脚位置，不同深度的布置则是根据地基厚度变化而定，最上层位于地基表面下 2.5m。

土压力盒布置在地基表面，水平位置分别对应路基面中心、路肩和坡脚位置。其中，DK10+366 断面没有铺设土工格栅。随测试目的不同，土压力盒的布置在不同断面有所不同。在 DK10+327.5 处进行土工格栅受力测试，受力计分上下两层布置，每一层沿线路纵向布置三个断面，每一断面布置 3～5 个测点，每一个测点沿线路横向和纵向安装土工格栅拉力计。测斜管布置在 DK10+320 和 DK10+346 路堤右坡脚处，其中 DK10+320 埋入地基深度为 10m，DK10+346 埋入地基深度为 5.5m，测斜管底部已到达基岩。DK10 工点的 ZY1-1～ZY1-3 三个断面，在地基表面各布置 1 根沉降管。本节以 DK10+320 断面监测结果为例进行分析。

### 1. 地基沉降量监测成果分析

DK10+320 断面地基沉降量变化曲线如图 4.13 所示。

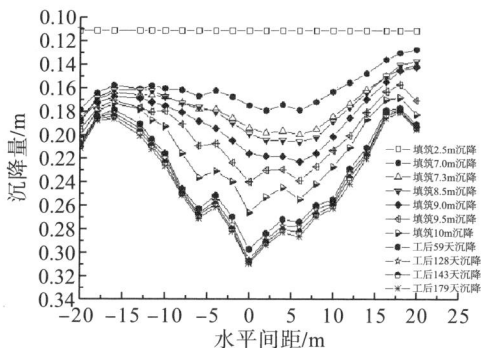

图 4.13　DK10+320 断面地基沉降量变化曲线

从图中可以看出，不论是施工期还是工后，从沉降量沿横断面的整体分布趋势来看，地基沉降量在线路中心位置最大，向线路两侧逐渐减小，并出现小幅的波浪形变化，这是桩-网复合地基中桩土沉降不均匀引起的。以线路中心为界，两侧的变化趋势则与基底倾斜、施工条件及周围环境相关。

对于 DK10+320 断面，由于线路右侧地基的深度比左侧深，底部的基岩向右侧倾斜，线路右路肩地基的施工期沉降量大于左路肩。

施工期内，随着填筑高度增加，地基沉降量随之增加。地基沉降速率不仅与路堤高度有关，还与填筑时间相关。路堤填高 10m 时，DK10+320 断面线路中心的沉降量为 0.266m。沉降的大小与线路中心地基的松软土层厚度有关，地基土层厚度越大，沉降量越大。施工期后，各断面沉降随时间增长而增加，但沉降速率则随时间增长而减少，并逐渐趋向稳定。DK10+320 断面线路中心，在施工期后 59 天、128 天、143 天和 179 天的沉降量分别为 0.031m、0.040m、0.042m 和 0.043m，沉降速率分别为 5.25mm/d、1.30mm/d、1.33mm/d 和 2.78mm/d。

将 DK10+320 断面工后沉降量进行双曲线处理（图 4.14），得

$$S = \frac{t}{18.56t + 26.83} \tag{4.1}$$

由此公式计算得出施工期后的总沉降量为 0.053m，施工期后第一年的沉降量为 0.048m。

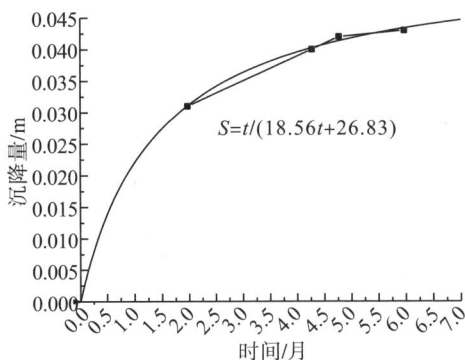

图 4.14　DK10+320 断面地基线路中心工后沉降量拟合曲线（双曲线）

若假设原地基的工后沉降规律与离心模型试验结果的工后沉降规律相同，则

$$S = \frac{0.139(t + 0.156)}{0.212 + t} - 0.068 \tag{4.2}$$

由此公式计算得出，地基的工后总沉降量为 0.051m，工后第一年的沉降量为 0.033m。

## 2. 水平位移监测成果分析

DK10+320 断面外侧坡脚水平位移变化曲线如图 4.15 所示。

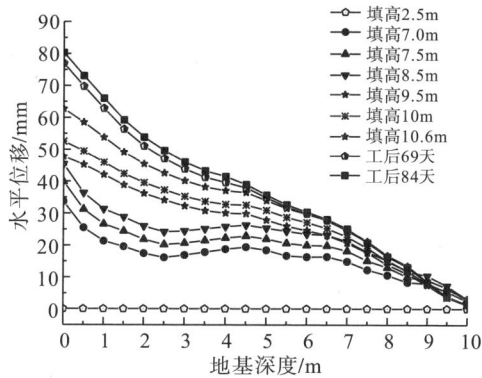

图 4.15　DK10+320 断面外侧坡脚水平位移变化曲线

　　DK10+320 断面，假定路堤高度为 2.5m 时的水平变形为 0。因此，实际的水平位移应该比测试值高一些。坡脚水平位移主要发生在路堤施工阶段，随着填土高度的增加，水平位移逐渐增大。在路堤填高至 10.6m 时（含级配碎石层），DK10+320 断面地基表面的水平位移为 0.627m。同一时间，随深度增加，水平位移逐渐减小，地基表面的水平位移最大。

　　坡脚水平位移随填土高度的变化基本呈线性变化，且相关系数在 0.94 以上。对于 DK10+320 断面，$S_H = 0.007h - 0.0156$，这样可推定，路堤高度填至 2.5m 时，坡脚的水平位移为 0.0156m。DK10+320 断面施工期后，地基表面的水平位移随时间的增长而增加，增长速率随时间增长而减少，施工期后 59 天内，水平位移的平均速率为 1.62mm/d。

## 3. 土压力监测成果分析

　　土压力随路堤高度的增加而增大，可采用线性拟合，即 $\sigma_H = K_0 h$，各测点的相关系数多在 0.90 以上。DK10+320 土工格栅砂垫层下的 3 个测点 ZY1-1-1、ZY1-1-3、ZY1-1-5 系数 $K_0$ 最小为 50.2，最大为 75.48（图 4.16），以填土密度 20kN/m² 计算垂向压力，桩顶承受土压力是上覆土压力的 2~3.87 倍，说明铺设土工格栅有效地提高了桩土应力比。

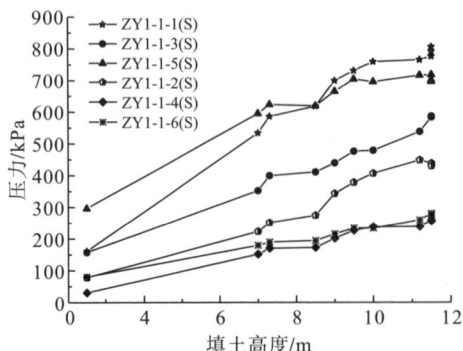

图 4.16　DK+320 断面土压力与填筑高度和关系

## 4. 孔隙水压力监测成果分析

图 4.17 是孔隙水压力与时间关系曲线，同时也反映孔隙水压力与路堤填高的关系。孔隙水压力在初期随路堤填高而增加，特别是在路堤高度从 2.5m 填至 7.0m，孔隙水压力变化最大，这主要是该段填土速度最快。而后孔隙水压力随填土的变化速率明显减少，这说明孔隙水压力的消散过程。ZY1-1-3（W）为 DK10+320 断面的最大埋深（4.5m），其测得的最大孔隙水压力差值为 10.87kPa。孔隙水压力值，与地基附加应力相比，明显偏小。这从另一方面说明，粉喷桩是主要荷载承受者。

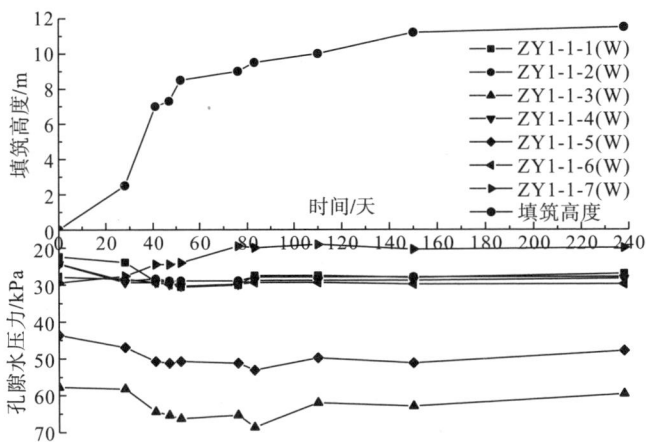

图 4.17　DK10+320 断面孔隙水压力与时间关系

## 5. 土工格栅受力监测成果分析

图 4.18 和图 4.19 为路堤横断面中心点处的两层土工格栅横向受力与时间的关系。在路堤填筑过程中，当填筑速率较大时，土工格栅所受拉力的增长速率也大；

当填筑速率较小时，土工格栅所受拉力的增长速率也小。路堤填筑到路堤顶部后，土工格栅所受拉力在一段时间内基本上保持不变；铺轨后，在列车荷载的作用下，土工格栅拉力值又不断地增大。土工格栅最大受力为 4.872kN，接近土工格栅的单根抗拉强度。

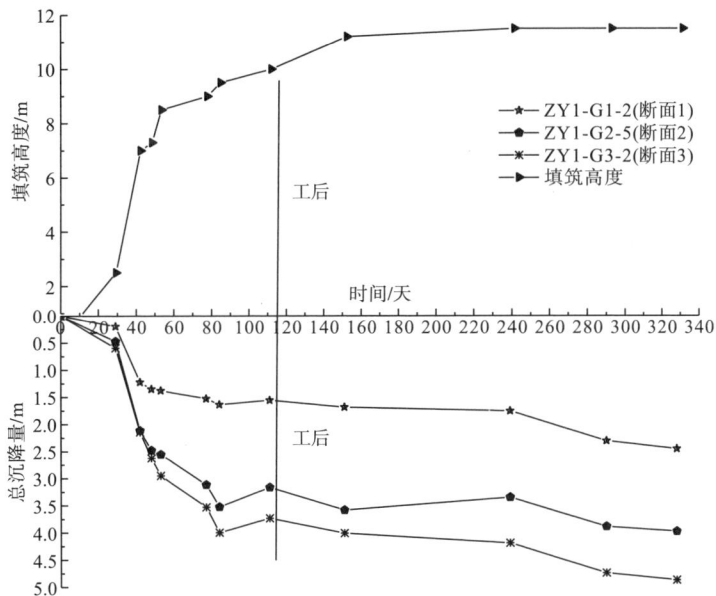

图 4.18　路堤中心底层土工格栅横向受力与时间关系

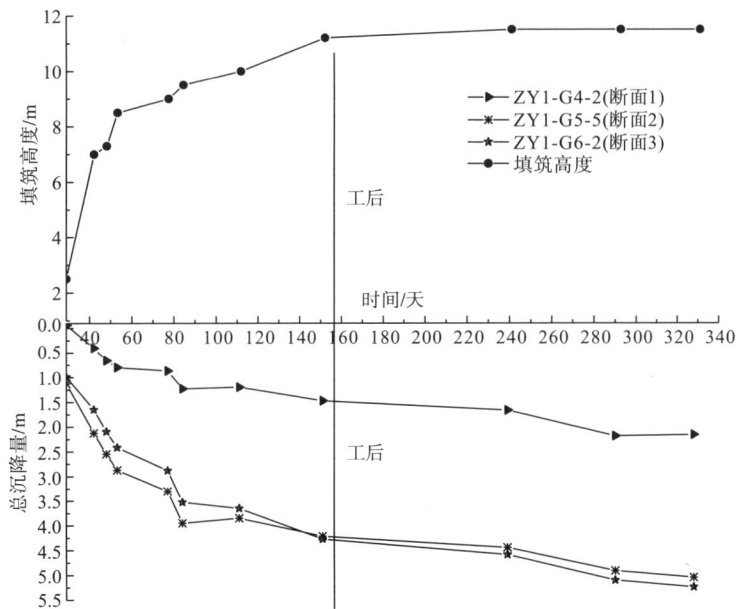

图 4.19　路堤中心顶层土工格栅横向受力与时间关系

　　图 4.20 和图 4.21 分别为土工格栅受力测试中间断面的顶层、底层土工格栅拉力沿路堤横断面分布图。图中横坐标 0 点处即为线路中心。可见，线路中心点处的拉力值最大，土工格栅的拉力值从线路中心向两侧逐渐减小。在路堤底部中心及两侧 5.5m 内的土工格栅所受拉力值随着时间增加不断增大，而在路堤坡脚附近的土工格栅拉力值则随时间波动，这可能主要与地基的侧向位移有关。

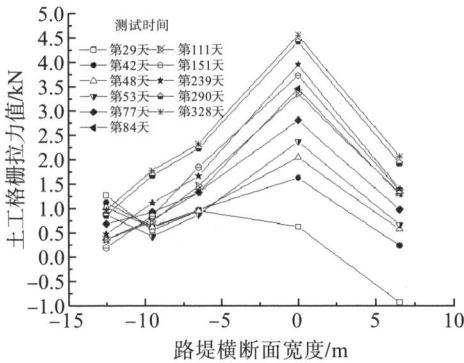

图 4.20　顶层土工格栅横向拉力沿路堤
横断面分布图

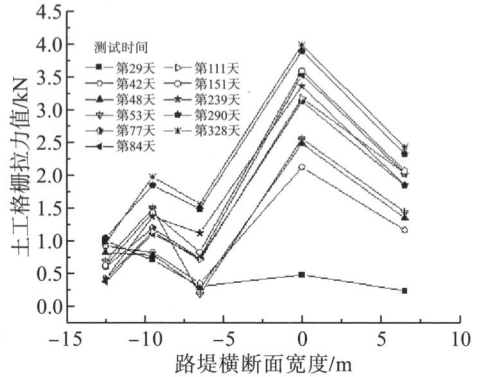

图 4.21　底层土工格栅横向拉力沿路堤
横断面分布图

## 4.2.2　碎石桩复合地基加固试验研究

　　以遂渝线 DK61 碎石桩复合地基工点为例[4]，测试断面为 DK61+555 和 DK61+575，沉降管平行布设于路堤底部。孔隙水压力计在路基中心线沿地基深度分层布置，间距 2.5m。土压力盒布置在地基表面，主要位置是路基面中心、路肩等位置，分别布置在桩顶和桩间。DK61 工点于 2003 年 12 月开工，2004 年 6 月底路堤施工完成，8 月初级配碎石层铺设完成。截止到 2005 年 7 月，DK61 工点已进行了 13 个月的工后沉降监测。本节主要以 DK61+555 断面进行分析。

### 1. 地基沉降监测成果分析

　　DK61+555 断面累计沉降量如图 4.22 所示。

　　DK61+555 断面施工结束并铺设级配碎石后，线路中心位置地基总沉降量为 0.400m，线路左侧边坡坡脚位置地基总沉降量为 0.185m，线路右侧边坡坡脚位置地基总沉降量为 0.084m，地基总沉降量最大值为 0.424m。沉降量最大的地方并不是线路中心，其位于线路左侧路肩附近。线路左侧沉降量比线路右侧稍大，原因是线路右侧坡脚侧向约束桩的作用，使路堤向线路右侧移动的可能性减小，因而右侧的沉降量稍小于左侧。

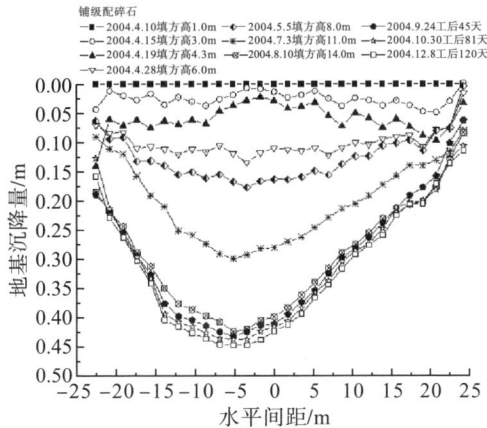

图 4.22　DK61+555 断面累计沉降量

施工结束 4 个月后，线路中心地基总沉降量为 0.423m，线路左侧边坡坡脚累计地基沉降量为 0.159m，线路右侧边坡坡脚地基沉降量为 0.115m，地基沉降量最大值为 0.448m，线路左侧地基沉降量比线路右侧稍大。工后 4 个月，线路中心地基沉降量增长 0.023m，且地基沉降增长量逐月减小，有趋于稳定的趋势。利用离心模型试验地基工后沉降预测结果，对 DK61+555 断面线路中心位置地基沉降量进行双曲线拟合，结果如图 4.23 所示。曲线拟合公式为

$$y = \frac{0.07055t + 0.01817}{8.1799 + t} \tag{4.3}$$

由此公式预测，DK61+555 地基工后总沉降量为 0.070m，工后第一年地基沉降量为 0.043m，工后第二年地基沉降量为 0.010m，工后第 3 年基本稳定。

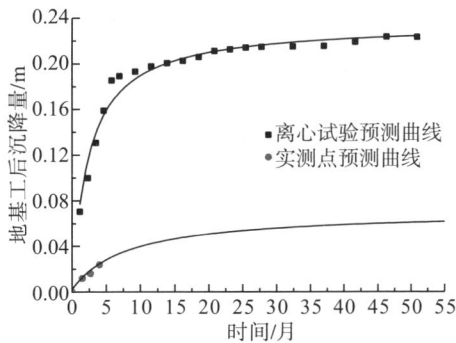

图 4.23　DK61+555 断面中心位置地基累计沉降量曲线拟合

## 2. 土压力监测成果分析

土压力与路基填筑高度关系曲线如图 4.24、图 4.25 所示。

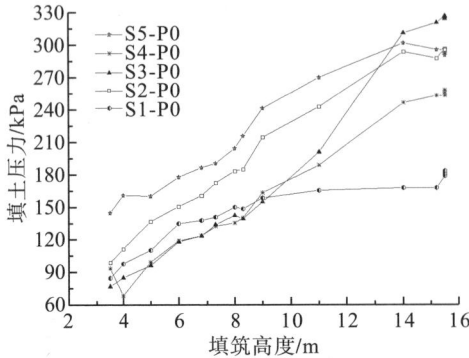

图 4.24　DK61+555 桩间各点土压力与
填筑高度关系

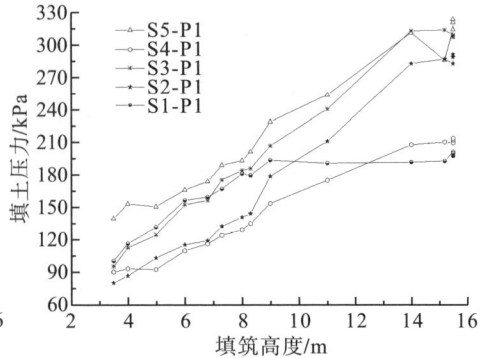

图 4.25　DK61+555 桩顶各点土压力与
填筑高度关系

土压力随路堤高度的变化，可采用线性拟合，即 $\sigma_H = K_0 h$，各测点的系数 $K_0$ 与相关系数 $R^2$ 见表 4.8。除 S5-P0、S1-P0、S1-P1 较差之外，其余测点的相关系数均在 84%以上，说明线性拟合可行。因此，比较各测点的土压力、相关系数即可。

表 4.8　各点土压力的 $K_0$ 和相关系数 $R^2$

| 参数 | DK61+555 桩间 | | | | | DK61+555 桩顶 | | | | |
|---|---|---|---|---|---|---|---|---|---|---|
| | S5-P0 | S4-P0 | S3-P0 | S2-P0 | S1-P0 | S5-P1 | S4-P1 | S3-P1 | S2-P1 | S1-P1 |
| $K_0$ | 21.86 | 17.10 | 20.25 | 20.67 | 13.78 | 22.12 | 14.90 | 21.30 | 18.50 | 15.77 |
| $R^2$ | 0.686 | 0.976 | 0.976 | 0.925 | 0.368 | 0.841 | 0.888 | 0.961 | 0.989 | 0.165 |

对于 DK61+555 断面，桩间土测点 S4-P0、S3-P0、S2-P0 的 $K_0$ 最小值为 17.10，最大值为 20.67，按填土密度 20kN/m$^2$ 计算附加应力，桩间承受土压力是附加应力的 0.855～1.04 倍，平均值为 0.967。同理，桩顶测点 S5-P1、S4-P1、S3-P1、S2-P1 的系数 $K_0$ 最小值为 14.90(S4-P1，属特殊情况，因地基倾斜，此点的填土高度比其他点低，故按 15.5m 计算得到结果偏小)，最大值为 22.12，桩顶承受土压力是附加应力的 0.745～1.106 倍，平均值为 0.964。由此可知，桩间与桩顶的土压力相当，说明碎石桩复合地基由于振冲作用，地基土的密实度得以提高，其刚度与碎石桩相近，不会产生应力集中现象。

## 3. 孔隙水压力监测成果分析

DK61+575 断面孔隙水压力随时间变化曲线如图 4.26 所示。

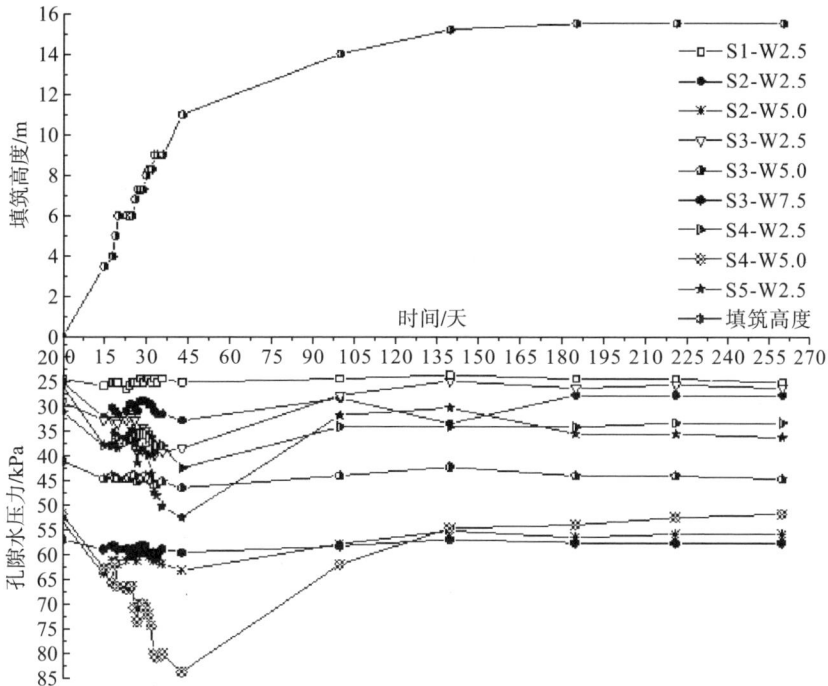

图 4.26　DK61+575 断面孔隙水压力随时间变化曲线

除 S5-W2.5 外，孔隙水压力值变化值均小于 10kPa，说明地基孔隙水压力变化较小，这主要是由于碎石桩本身具有较好的排水功能，大大缩短了地基的排水距离。路堤填筑速度快的阶段，孔隙水压力增加，随之孔隙水压力很快消散。

通过遂渝线红层软黏土粉喷桩和碎石桩复合地基现场监测，还可以得到以下规律。

(1)现场实测结果表明，粉喷桩处理复合地基工后第 1 年路基沉降量为 0.048m，预测地基工后总沉降量为 0.054m，工后第 2 年路基沉降量为 0.003m，工后 29 个月沉降基本稳定。碎石桩处理复合地基工后第 1 年路基沉降量为 0.043m，预测碎石桩复合地基工后总沉降量为 0.070m，工后第 2 年路基沉降量为 0.010m，工后 48 个月沉降基本稳定。总体上看，粉喷桩加固处理软黏土地基效果优于碎石桩处理地基。

(2)施工期地基沉降随路堤填筑高度的增加而增加，地基沉降量与路堤填筑高度呈线性关系，相关系数在 0.97 以上。总的趋势是线路中心附近地基沉降量较大，向两侧逐渐减小。沉降的大小与线路中心地基土层厚度相关，地基土层厚度越大，沉降量越大。地基沉降速率与路堤高度及填筑时间相关，随着路堤高度及填筑时间的增加，沉降速率减小。

(3)坡脚水平位移主要发生在路堤施工阶段，水平位移与填土高度呈线性关系，随着填土高度的增加，水平位移逐渐增大。

(4)桩顶和桩间土的土压力随路堤高度增加呈线性变化。土工格栅垫层能有效地将荷载传递到桩顶，提高桩土应力比。粉喷桩复合地基桩顶与桩间土的应力比为 2.22～5.74，平均为 3.75。碎石桩复合地基的桩土应力相当。粉喷桩复合地基孔隙水压力随深度增加而增大，一般在 100kPa 以内，碎石桩复合地基中，孔隙水压力变化较小，一般在 60kPa 以内。

(5)加筋垫层中土工格栅拉力值的变化规律可分为两个区，即中部主受力区和端部次受力区。在主受力区中，横向格栅拉力在线路中心处最大，其值与软基深度有关并向路肩两侧逐渐减小；纵向格栅拉力相差不大，且比横向格栅最大值小。双层格栅中横向格栅拉力顶层较底层减少了 29.5%。铺设土工格栅有效地提高了复合地基桩土应力比，其值比未加筋增加了 54.9%。

### 4.2.3　遂渝线红层软黏土地基路堤沉降监测

除了对遂渝铁路 DK10 和 DK61 两个试验工点开展了路基沉降量、孔隙水压力、水平位移等现场试验研究外，同时，对全线 50 余处红层软黏土地基，不同加固措施(含粉喷桩、碎石桩、清淤换填、不处理)的路基沉降量进行了监测和预测预留沉降[5,6]，具体监测结果及分析如下。

#### 1. 粉喷桩复合地基路堤沉降

对 DK18+920 等 17 个粉喷桩复合地基加固工点的路基面沉降量进行了监测，绝大部分粉喷桩加固地基的工后总沉降量在 120mm 以内，除个别工点外，大部分粉喷桩复合地基的沉降量在路堤填筑完成后 6 个月内基本完成，且后期的工后沉降量为 10～20mm。工后沉降全部完成一般在 1～2 年。粉喷桩复合地基预测预留沉降及沉降监测如表 4.9 所示。

表 4.9　粉喷桩复合地基路堤沉降量监测及预测沉降量

| 监测断面里程 | 铺轨时/mm | 2005年2月底/mm | 2010年后/mm | 预留沉降量/mm | 提出预留沉降量之后的观测时间 | 沉降量/mm | 稳定性评价 |
|---|---|---|---|---|---|---|---|
| DK18+920 | | | | 120 | 2004年4月4日～2004年10月15日 | 32 | 地基工后总沉降量为105mm，现已经完成84mm，变形趋向稳定 |
| DK21+990 | | | | 50 | 2004年6月4日～2004年10月15日 | 5 | 工后沉降速率随时间降低。工后沉降与时间呈双曲线关系，变形基本稳定 |

续表

| 监测断面里程 | 铺轨时/mm | 2005 年 2 月底/mm | 2010 年后/mm | 预留沉降量/mm | 提出预留沉降量之后的观测时间 | 沉降量/mm | 稳定性评价 |
|---|---|---|---|---|---|---|---|
| DK38+320 | | | | 60 | 2004 年 5 月 1 日～2004 年 10 月 30 日 | 7 | 变形基本稳定 |
| DK42+525 | 3 | 35 | 43 | 40 | 2004 年 5 月 2 日～2004 年 10 月 15 日 | 3 | 变形基本稳定 |
| DK42+805 | 13 | 68.5 | 90 | 80 | 2004 年 5 月 24 日～2004 年 10 月 23 日 | 4 | 变形基本稳定 |
| DK43+550 | 3 | 27 | 45 | 40 | 2004 年 6 月 23 日～2004 年 10 月 24 日 | 4 | 变形基本稳定 |
| D1K44+440 | 5 | 30 | 47 | 40 | 2004 年 6 月 24 日～2004 年 10 月 24 日 | 6 | 变形基本稳定 |
| DK50+940 | 18 | 41 | 63 | 50 | 2004 年 6 月 13 日～2004 年 10 月 26 日 | 18 | 变形基本稳定 |
| DK69+393 | 6 | 26 | 43 | 40 | 2004 年 6 月 8 日～2004 年 11 月 15 日 | 18 | 变形基本稳定 |
| DK70+290 | 5 | 36 | 58 | 40 | 2004 年 7 月 2 日～2004 年 11 月 29 日 | 10 | 变形基本稳定 |
| DK70+790 | 14 | 46 | 72 | 50 | 2004 年 7 月 2 日～2004 年 11 月 29 日 | | 变形基本稳定 |
| DK70+860 | 7 | 46 | 73 | 50 | 2004 年 7 月 2 日～2004 年 11 月 29 日 | 21 | 变形基本稳定 |
| DK74+975 | 22 | 61 | 86 | 60 | 2004 年 7 月 2 日～2004 年 11 月 29 日 | 33 | 变形基本稳定 |
| D1K85+240 | 6 | 17 | 35 | 30 | 2004 年 6 月 10 日～2004 年 10 月 10 日 | 18 | 变形基本稳定 |
| D1K86+720 | 12 | 22 | 33 | 30 | 2004 年 6 月 10 日～2004 年 10 月 10 日 | 9 | 变形基本稳定 |

## 2. 碎石桩复合地基路堤沉降量

对 DK20+129 等 8 个碎石桩复合地基加固断面的路基面沉降进行了监测，碎石桩加固处理地基的工后总沉降量在 120mm 以内，施工期一般完成工后总沉降量的 61.4%～85%，工后沉降全部完成一般在 2～4 年。除个别工点外，碎石桩加固处理地基预测的预留沉降量与实测的沉降量较为接近。碎石桩复合地基预测预留沉降量及沉降量监测如表 4.10 所示。

表 4.10　碎石桩复合地基路堤沉降量监测及预测沉降量

| 里程 | 铺轨时 /mm | 2005 年 2 月底 /mm | 2010 年后 /mm | 预留 沉降量 /mm | 提出预留沉 降量之后的 观测时间 | 沉降量 /mm | 稳定性评价 |
|------|-----------|-------------------|--------------|----------------|--------------------------|-----------|-----------|
| DK20+129 | | | | 80 | 2004 年 4 月 4 日～ 2004 年 10 月 15 日 | 55 | 地基工后总沉降量为 166mm。至 2004 年 10 月 15 日已经完成 98mm |
| DK21+720 | | | | 80 | 2004 年 4 月 4 日～ 2004 年 10 月 15 日 | 46 | 地基工后总沉降量为 68mm，至 2004 年 10 月 15 日已经完成 46mm |
| DK25+721 | 18 | 37 | 68 | 50 | 2004 年 4 月 4 日～ 2004 年 10 月 15 日 | 34 | 沉降基本稳定 |
| DK38+740 | | | | 80 | 2004 年 4 月 26 日～ 2004 年 10 月 25 日 | 7 | 沉降基本稳定 |
| DK38+980 | | | | 80 | 2004 年 5 月 2 日～ 2004 年 10 月 30 日 | 7 | 沉降基本稳定 |
| DK51+220 | 17 | 55 | 72 | 60 | 2004 年 6 月 13 日～ 2004 年 10 月 26 日 | 11 | 沉降基本稳定 |
| DK61+580 | 14 | 88 | 116 | 100 | 2004 年 6 月 13 日～ 2004 年 10 月 26 日 | 12 | 沉降基本稳定 |
| D1K76+600 | 16 | 39 | 53 | 50 | 2004 年 6 月 11 日～ 2004 年 10 月 10 日 | 39 | 沉降基本稳定 |

### 3. 清淤换填地基路堤沉降量

对 DK28+971 等 21 个清淤换填地基加固断面的路基面沉降量进行了监测，虽然采用的地基处理方法相同，但地质条件相差较大，工后沉降量相差也较大，大部分工后沉降一般在填筑完成后 6 个月内。清淤换填地基预测预留沉降量及沉降量监测如表 4.11 所示。

表 4.11　天然地基路堤沉降量监测及预测沉降量

| 里程 | 铺轨时 /mm | 2005 年 2 月底 /mm | 2010 年后 /mm | 预留 沉降量 /mm | 提出预留沉 降量之后的 观测时间 | 沉降量 /mm | 稳定性评价 |
|------|-----------|-------------------|--------------|----------------|--------------------------|-----------|-----------|
| DK28+971 | 17 | 56 | 102 | 30 | | | |
| DK29+378 | 28 | 60 | 96 | 80 | 2004 年 7 月 4 日～ 2004 年 10 月 24 日 | 62 | 沉降基本稳定 |
| DK30+065 | 11 | 64 | 96 | 60 | 2004 年 7 月 4 日～ 2004 年 10 月 24 日 | 44 | 沉降基本稳定 |
| DK40+300 | 3 | 26 | 51 | 40 | 2004 年 5 月 26 日～ 2004 年 7 月 10 日 | 5 | 沉降基本稳定 |

续表

| 里程 | 铺轨时/mm | 2005 年2 月底/mm | 2010年后/mm | 预留沉降量/mm | 提出预留沉降量之后的观测时间 | 沉降量/mm | 稳定性评价 |
|---|---|---|---|---|---|---|---|
| DK48+828 | 6 | 24 | 35 | 30 | | | |
| DK48+880 | 26 | 45 | 63 | 30 | | | |
| DK52+380 | 11 | 37 | 58 | 50 | 2004 年 6 月 13 日～2004 年 10 月 26 日 | 17 | 沉降基本稳定 |
| D4K58+900 | 25 | 68 | 93 | 60 | 2004 年 7 月 2 日～2004 年 11 月 29 日 | 10 | 沉降基本稳定 |
| D3K61+845 | 16 | 62 | 87 | 80 | 2004 年 6 月 22 日～2004 年 11 月 30 日 | 43 | 沉降基本稳定 |
| D1K63+310 | 11 | 24 | 39 | 30 | | | |
| DK66+480 | 12 | 38 | 66 | 40 | | | |
| DK72+410 | 16 | 76 | 104 | 80 | 2004 年 4 月 10 日～2004 年 11 月 28 日 | 51 | 沉降基本稳定 |
| D1K76+199 | 15 | 41 | 56 | 50 | 2004 年 5 月 24 日～2004 年 10 月 6 日 | 16 | 沉降基本稳定 |
| D1K76+328 | 21 | 41 | 62 | 50 | 2004 年 5 月 27 日～2004 年 10 月 10 日 | 35 | 沉降基本稳定 |
| D1K78+480 | 6 | 19 | 35 | 30 | 2004 年 6 月 2 日～2004 年 10 月 15 日 | 8 | 沉降基本稳定 |
| D1K79+627 | 6 | 19 | 36 | 30 | 2004 年 6 月 10 日～2004 年 10 月 10 日 | 15 | 沉降基本稳定 |
| D2K91+180 | 12 | 24 | 45 | 30 | 2004 年 7 月 10 日～2004 年 10 月 29 日 | 14 | |
| D2K91+240 | 15 | 25 | 40 | 30 | 2004 年 7 月 10 日～2004 年 10 月 29 日 | 14 | 沉降基本稳定，观测后期路堤高程上升现象 |
| D2K91+300 | 15 | 25 | 40 | 30 | 2004 年 7 月 10 日～2004 年 10 月 29 日 | 13 | |
| DK112+215 | | | | 50 | 2004 年 7 月 10 日～2004 年 10 月 18 日 | 33 | 沉降基本稳定 |
| DK112+270 | | | | 50 | 2004 年 7 月 10 日～2004 年 12 月 2 日 | 38 | 沉降基本稳定 |

### 4. 天然地基路堤沉降量监测

对 D1K26+900 等 6 个天然地基断面的路基面沉降量进行了监测，因地质条件较好，除个别工点外，工后沉降量较小，主要来源于填方路基沉降，与路基填筑高度密切相关，一般在填筑完成后 3 个月内基本完成。天然地基预测预留沉降量及沉降量监测如表 4.12 所示。

表 4.12    天然地基路堤沉降量监测及预测沉降量

| 里程 | 铺轨时 /mm | 2005 年 2 月底 /mm | 2010 年后 /mm | 预留沉降量 /mm | 提出预留沉降量之后的观测时间 | 沉降量 /mm | 稳定性评价 |
|---|---|---|---|---|---|---|---|
| D1K26+900 | 9 | 34 | 61 | 50 | 2004 年 6 月 16 日～ 2004 年 10 月 15 日 | 22 | 沉降量随时间的变化规律性较差，有突变。沉降是否稳定难以判定 |
| DK34+160 | | | | 40 | 2004 年 6 月 1 日～ 2004 年 10 月 15 日 | 18 | 沉降基本稳定 |
| D1K45+154 | | | | 30 | 2004 年 7 月 4 日～ 2004 年 10 月 17 日 | 11 | 沉降基本稳定 |
| D1K45+797 | | | | 30 | 2004 年 7 月 4 日～ 2004 年 10 月 17 日 | 8 | 沉降基本稳定 |
| D1K47+215 | | | | 30 | 2004 年 7 月 4 日～ 2004 年 10 月 17 日 | 10 | 沉降基本稳定 |
| D1K48+028 | | | | 30 | 2004 年 7 月 4 日～ 2004 年 10 月 17 日 | 11 | 沉降基本稳定 |

# 4.3    红层泥岩路堤补强的桩-板(桩-网)结构

## 4.3.1    桩-板结构路基

### 1. 试验工点概况

重庆枢纽遂渝引入线 DK132+486～DK132+611 和 DK137+688～DK137+783 段路基，路堤最大填高分别为 6m 和 14m，均已按有砟轨道铁路技术标准采用川东红层泥岩填筑完毕，路基边坡率 1：1.5，路基填料和地基土层的物理力学参数见表 4.13。当设计方案改有砟轨道为无砟轨道后，路基工后沉降量难以达到铺设无砟轨道的要求，经多方案比较，确定采用桩-板结构加固[7-11]。

表 4.13    路基填料和地基土层物理力学参数

| 土类型 | 厚度 /m | 密度 /(g/cm³) | 泊松比 | 压缩模量 /MPa | 黏聚力 /kPa | 内摩擦角 /(°) | 摩擦系数 |
|---|---|---|---|---|---|---|---|
| 川东红层 | 6.0 | 2.16 | 0.20 | 70.00 | 30.00 | 30.00 | 0.4 |
| 川东红层 | 8.0 | 2.16 | 0.20 | 70.00 | 30.00 | 30.00 | 0.4 |

续表

| 土类型 | 厚度 /m | 密度 /(g/cm³) | 泊松比 | 压缩模量 /MPa | 黏聚力 /kPa | 内摩擦角 /(°) | 摩擦系数 |
|---|---|---|---|---|---|---|---|
| 流塑软黏土 | 1.0 | 1.83 | 0.40 | 2.51 | 7.20 | 5.83 | 0.2 |
| 粉质黏土 | 1.7 | 2.00 | 0.35 | 4.49 | 32.07 | 11.05 | 0.3 |
| 硬粉质黏土 | 2.3 | 1.97 | 0.35 | 5.25 | 26.08 | 17.49 | 0.3 |
| 泥岩夹砂岩 | 4.0 | 2.20 | 0.20 | 100.00 | 20.00 | 55.00 | 0.5 |

桩-板结构路基纵向分为跨越涵洞段和一般路基段，跨越涵洞段纵向桩间距为
10.0m，一般路基段采用纵向桩间距 5.0m。设计的结构尺寸为：①轨道结构采用
双块式轨枕埋入式无砟轨道，道床板尺寸为长 4.856m，宽 2.800m，厚 0.350m，
混凝土采用 C40；②钢筋混凝土承载板尺寸为长 30.00m，宽 4.40m，高 0.60m，
混凝土采用 C40；③桩为挖孔灌注桩，混凝土采用 C25，桩直径 1.2m，路基横向
采用两排桩，桩间距 2.5m，伸入泥岩夹砂岩层 2.0m。桩-板结构路基线路纵向布
置如图 4.27 所示。

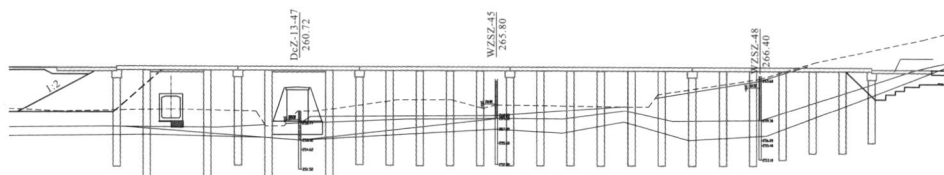

图 4.27　桩-板结构路基线路纵向布置图

## 2. 桩-板结构路基离心模型试验

试验工点路堤底面宽约 60m，而模型箱宽为 80cm，综合确定模型比尺取
1∶80。模型地基采用现场取土制作，根据地质条件将地基分为两层，下层厚为
6.8m 的持力层(泥岩夹砂岩)和上层厚为 6.2m 的松软土层。按土层从下往上的顺
序依次填入模型箱。取现场泥岩晒干，粉碎，过 2mm 筛，含水量约 10%，容重
为 22.0kN/m³，在模型箱内分层填筑成 800mm×600mm×85mm 的长方形实体。取
现场松软土，经过晒干，粉碎，过 2mm 筛。填筑时按含水量为 31.7%，容重为
18.6kN/m³ 控制，在模型箱内分层填筑成 800mm×600mm×65mm 的长方形实体。
表 4.14 列出了离心模型试验前后路堤填土和地基土物理力学性质指标的实测
值。采用电涡流位移计测量路基模型顶面竖向沉降，以观测路基模型在模拟放
置和长期使用过程的沉降发展状况；采用应变片测量桩身应变。模型测点布置
如图 4.28 和图 4.29 所示。

表 4.14　路堤填土及地基土物理力学性质指标

| 类型 | 土样名称 | | 含水量/% | 容重/(kN/m³) | 黏聚力/kPa | 内摩擦角/(°) |
|------|---------|------|---------|-------------|-----------|--------------|
| 路堤填土 | 红层泥岩土 | 试验前 | 8.71 | 22.48 | — | — |
| | | 试验后 | 8.34 | 22.52 | — | — |
| 地基土 | 淤泥质黏土 | 试验前 | 29.68 | 19.39 | 14.37 | 10.2 |
| | | 试验后 | 21.12 | 20.60 | 19.26 | 13.9 |
| | 泥岩夹砂岩 | 试验前 | 10.12 | 23.26 | — | — |
| | | 试验后 | 9.78 | 23.44 | — | — |

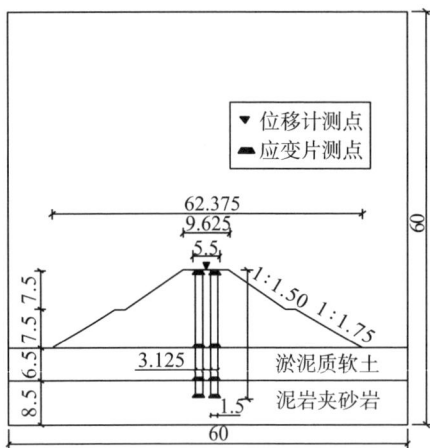

图 4.28　模型尺寸及测点布置横断面图　　　图 4.29　模型尺寸及测点布置纵断面图

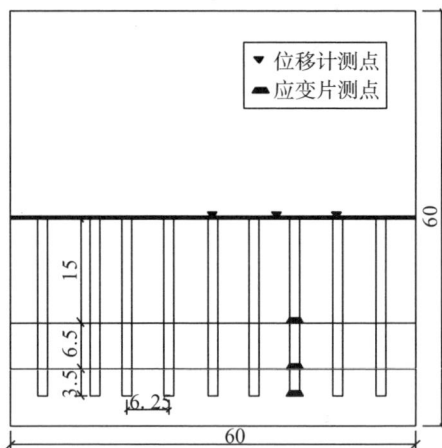

　　图 4.30 表明，路基放置 5 个月过程中，路基面沉降量为 1.04mm。第 1 个月发生沉降量为 0.41mm，第 2、3、4 个月发生沉降量均为 0.21mm，第 5 个月已经没有沉降。沉降速率在 5 个月内逐步降低并且在第 5 个月减为零，即桩-板结构路基施工完成后放置 5 个月沉降基本达到稳定。路基使用 3 年过程中，路基面总沉降量为 9.94mm。在路基运营使用阶段，采用钢板配重来模拟列车荷载，第 1、2 个月沉降发展较快，平均沉降速度为 2.79mm/月；第 3～6 个月沉降发展减缓，平均沉降速度为 0.73mm/月；第 7 个月后已经基本没有沉降发生，沉降达到稳定。

　　离心机加速度从 0g 到 80g 的加速过程可模拟路堤上部荷载加载过程。加载过程中各级桩顶荷载作用下和路基沉降稳定后桩身轴力分布曲线如图 4.31 所示(A 曲线对应路基使用一年后的情况)。

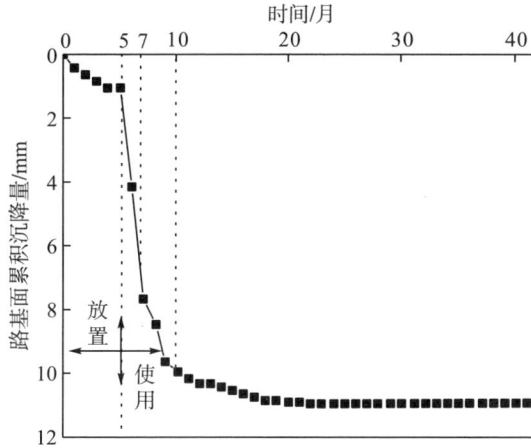

图 4.30　路基面累积沉降时程曲线

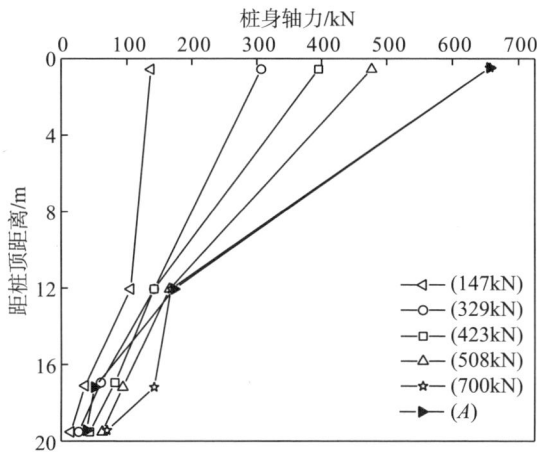

图 4.31　桩身轴力分布曲线

　　桩身轴力自桩顶到桩深 12m 左右处衰减幅度非常大，分析认为路堤部分压实密度较大(达到 0.95)、土性较硬，荷载大多传递到周围土层中，此土层提供的摩阻力占总侧摩阻力的 70.3%，对总侧摩阻力的贡献最大；而 12m 左右以下桩身轴力衰减不大，说明软土层及红层泥岩层提供的侧摩阻力相对较小。

　　桩-板结构路基放置 5 个月后路基面累积沉降达到稳定，路基面累积沉降量为 1.04mm，放置期间产生的沉降占总累积沉降量的 9.5%；采用钢板配重来模拟列车荷载，半年左右路基面累积沉降达到稳定，3 年路基面累积沉降量为 10.96mm。

### 3. 桩-板结构路基的长期测试

采用全站仪进行高程控制测量，在路堤填筑期间，应每天观测一次，各种原因暂时停工期间，每2天测试一次。施工完成后，每2～3天观测一次，1个月后5～7天观测一次，3个月后7～15天观测一次，半年后1个月观测一次，一直观测到预期末。

以 DK132+576 断面路基面承载板观测数据为例，分析桩-板结构在路基面施工完成后7个月的沉降量,测试结果如图4.32所示。桩-板结构路基放置前3个月，沉降斜率较大，沉降较快，放置5个月后路基面累积沉降达到稳定，路基面累积沉降量为2.0mm。结合现场实测分析结果表明，桩-板结构有效控制了路基的工后沉降。

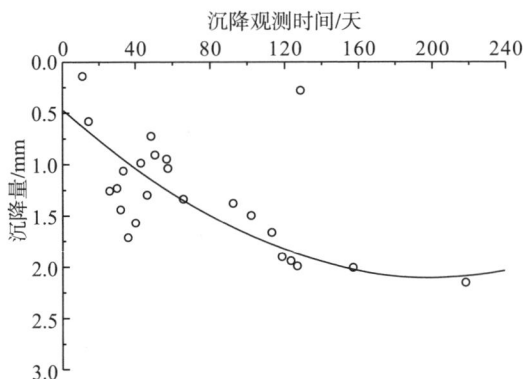

图 4.32　DK132+576 放置期间桩-板结构路基沉降曲线

## 4.3.2　桩-网结构路基

### 1. 试验工点概况

遂渝线土质路基无砟轨道综合试验段 DK134+820 路基断面如图 4.33 所示。路堤高15.2m，上部高7.2m，边坡1:1.5，基床表层为0.7m的级配碎石，之下是6.5m 的 A、B 组填料；路堤下部为已填8m 的人工填土，边坡1:1.75。对已填路堤采用强夯追加压密，然后设置钢筋混凝土桩-网结构路基补强加固[12-17]。各层土的物理力学参数如表4.15所示。

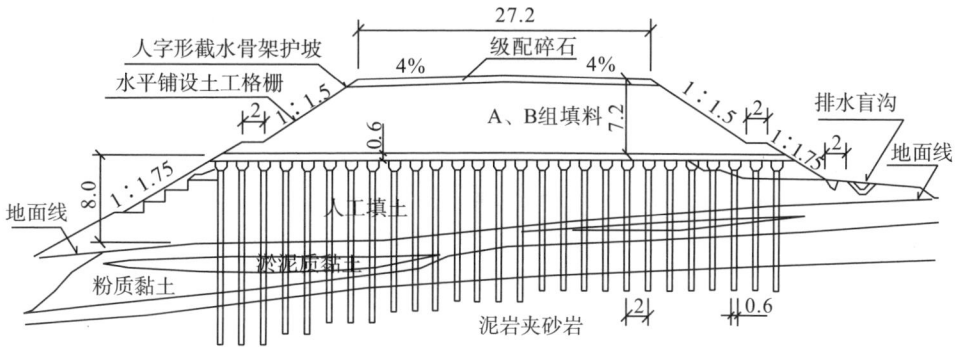

图 4.33　DK134+820 路基断面图

表 4.15　各层土物理力学参数

| | 土类型 | 厚度/m | 土的重度 /(kN/m³) | 天然 孔隙比 | 压缩模量 /MPa | 黏聚力 /kPa | 内摩擦角 /(°) |
|---|---|---|---|---|---|---|---|
| 路堤 | 级配碎石 | 0.7 | 22.0 | — | — | 6.00 | 45.00 |
| | A、B 组填料 | 6.5 | 21.0 | — | 30.00 | 6.00 | 35.00 |
| | 人工填土 | 8.0 | 22.3 | 0.49 | 36.00 | 10.00 | 20.00 |
| 地基 | 粉质黏土 | 1.4 | 20.4 | 0.70 | 4.49 | 32.07 | 11.05 |
| | 淤泥质黏土 | 1.6 | 18.3 | 1.08 | 2.51 | 7.20 | 5.83 |
| | 粉质黏土 | 1.4 | 20.4 | 0.70 | 4.49 | 32.07 | 11.05 |
| | 泥岩夹砂岩（W₄） | 1.1 | 20.0 | 0.56 | 6.47 | 20.00 | 25.00 |
| | 泥岩夹砂岩（W₂） | 足够深 | 22.0 | — | — | — | 55.00 |

## 2. 桩-网结构路基离心模型试验

桩-网结构路基离心模型试验共有两组不同桩间距布置方案，桩间距分别为 2m 和 3m，均为正方形布置，对应遂渝线土质路基无砟轨道综合试验段 DK134+820 断面，地质资料及物理力学指标见表 4.13。模型地基土体取为两层，分别为下层 的稳定土层和上层的软弱土层，物理力学指标分别参考泥岩夹砂岩和淤泥质黏土。

模型试验中的桩采用水泥砂浆和钢丝按构造配筋制作，确保与原型的桩土刚 度比相等；土工格栅采用相似材料（纱窗）替代。桩-网结构路基模型尺寸及测点布 置如图 4.34、图 4.35 所示。

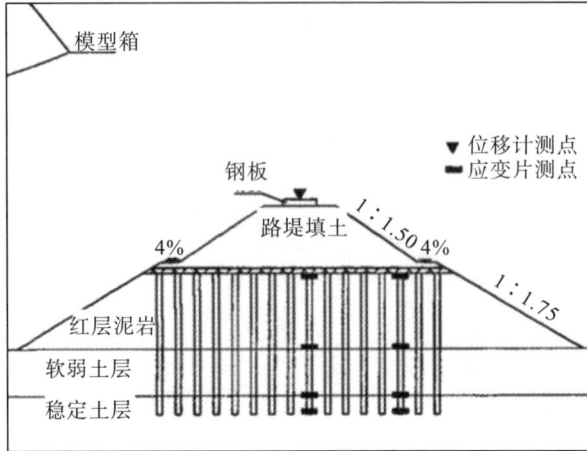

图 4.34　2m 桩间距桩-网结构路基模型尺寸及测点

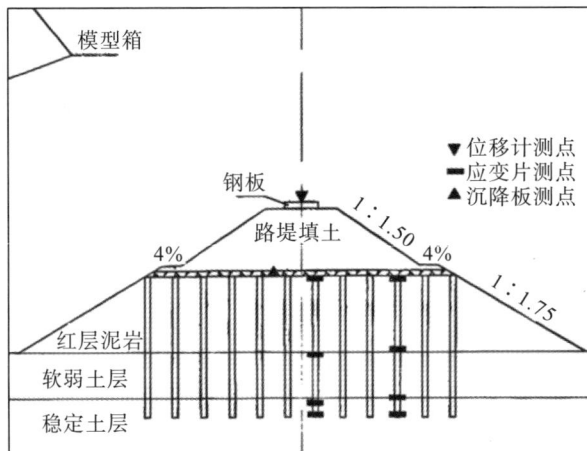

图 4.35　3m 桩间距桩-网结构路基模型尺寸及测点

1)桩-网结构桩土相互作用特性分析

桩间距为 2m 时对应的桩身轴力分布曲线如图 4.36、图 4.37 所示。其中，图 4.36 为路基断面中心位置处桩的桩身轴力分布，图 4.37 为路基断面边缘位置处桩的桩身轴力分布。桩间距为 3m 时对应的桩身轴力分布曲线如图 4.38、图 4.39 所示。其中，图 4.38 为路基断面中心位置处桩的桩身轴力分布，图 4.39 为路基断面边缘位置处桩的桩身轴力分布。由于在模型试验过程中，损坏了桩间距为 3m 时路基断面中心位置处桩的应变片，使图 4.38 中部分数据缺失。

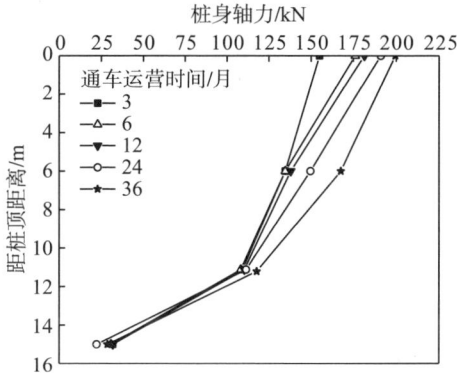

图 4.36　2m 桩间距中心桩轴力分布

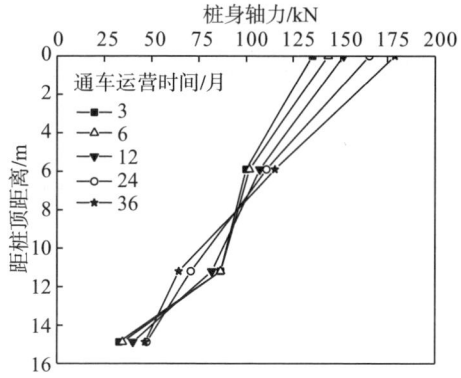

图 4.37　2m 桩间距边缘桩轴力分布

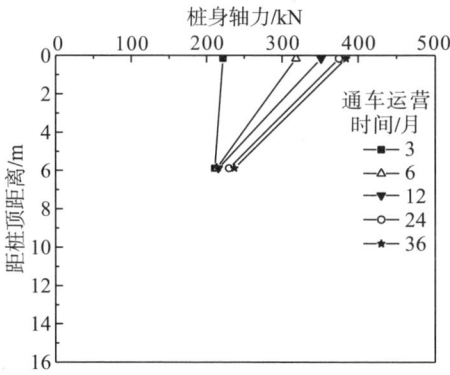

图 4.38　3m 桩间距中心桩轴力分布

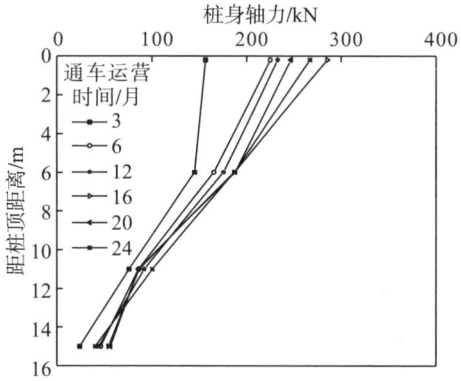

图 4.39　3m 桩间距边缘桩轴力分布

从图 4.36～图 4.39 可以看出，通车运营后，两组桩间距不同的桩-网结构路基桩承担的荷载均随时间呈增大趋势，这主要是桩间土的模量小于桩的模量，在上覆荷载作用下桩与土出现差异沉降，使桩间土位置上部土体中呈现出土拱效应，加筋层呈现出膜效应，致使路堤填土的部分荷载转移到桩上。又由于地基土体中含有淤泥质黏土层，未完成的固结沉降与次固结沉降在通车运营后继续缓慢发生，土拱效应和膜效应也会随之相应增强，因此桩顶荷载在通车运营期间会呈增大趋势。

对比同一种桩间距下的中心桩与边缘桩桩顶承担的荷载，可以看出中心桩承担的荷载大于边缘桩承担的荷载，其中，2m 桩间距中心桩承担的荷载大约是边缘桩承担的荷载的 1.17 倍，3m 桩间距中心桩承担的荷载大约是边缘桩承担的荷载的 1.4 倍，表明在承载力方面合理设计大的桩间距更能发挥桩-网结构路基的柔性拱效应，也表明桩-网结构路基在相对小的桩间距情况下具有好的应力扩散作用，使其整体性能更好，边缘桩与中心桩的受力更合理。

从图 4.36～图 4.39 还可以看出，两组试验的中心桩在桩身上部 0～6m 范围内桩身轴力随深度递减，并且桩身轴力的衰减随时间呈增大趋势；其中在第 3 个月到第 8 个月增大趋势很明显，8 个月后变化不大；两组试验的边缘桩桩身轴力分布曲线相似，桩身上部轴力大于下部，随深度逐渐减小；桩身轴力衰减随时间呈加剧的趋势，即桩侧摩阻力逐渐变大。从图 4.36、图 4.37 中可以看出，桩间距 2m 时的中心桩 11m 以下桩侧摩阻力较大，表明桩为嵌岩灌注桩。综合桩的轴力分布图 4.36～图 4.39 计算分析表明，桩为端承摩擦桩，通车运营 3 年后，桩间距 2m 时，中心桩和边缘桩在桩端处承载力均小于 50kN，分别占桩顶总荷载的 11% 和 17%，侧摩阻力分别占桩顶总荷载的 89% 和 83%，而桩间距为 3m 时，桩端支承力占桩总支承力的 20%，侧摩阻力占桩总承载力的 80%。

通过对桩土相互作用分析发现，桩顶所受荷载总体上随时间均呈增大趋势，主要是由于随着列车的运营，路堤土体逐渐压密，桩-网结构路基的"土拱-张力膜"效应逐步发挥。从中心桩与边缘桩桩顶承担荷载的大小可以看出中心桩承担的荷载大于边缘桩承担的荷载。通车运营 3 年后，桩间距为 2m 时，中心桩和边缘桩在桩端处承载力均小于 50kN，分别占桩顶总荷载的 11% 和 17%，侧摩阻力分别占桩顶总荷载的 89% 和 83%，而桩间距为 3m 时，桩端支承力占桩总支承力的 20%，侧摩阻力占桩总承载力的 80%，表明由于桩-网结构路基是按沉降控制设计，桩呈现为摩擦端承桩，结构还具有较大的承载力储备。

2) 桩-网结构路基沉降特性分析

桩-网结构路基的累积沉降时程曲线如图 4.40 所示。桩间距为 2m 时的路基面累积沉降曲线比较平缓，前 2 个月沉降发展相对较快，之后累积沉降继续增加，

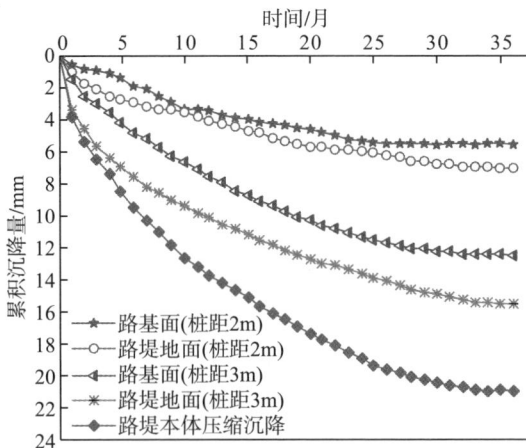

图 4.40　桩-网结构路基累积沉降时程曲线

但沉降速率逐渐减小,到第 34 个月路基面累积沉降量达到 12.5mm。桩间距为 3m 时的路基面累积沉降量最大,前 10 个月沉降发展较快,累积沉降量达到 12.7mm,之后沉降发展逐渐减缓,第 33 个月后沉降基本不再发展,最终累积沉降量为 21.0mm。此外,路堤底面累积沉降前 7 个月沉降发展也较为迅速,累积沉降量达到 8.2mm,之后沉降速率逐渐减小,累积沉降缓慢增加,到第 33 个月沉降达到稳定,最终累积沉降量为 15.5mm。

桩间距对桩-网结构路基的累积沉降影响显著,桩间距由 2m 增大到 3m 时,路基面和桩顶平面累积沉降增幅分别为 68.0%和 121.4%,大的桩间距对应大的沉降。桩-网结构路基累积沉降随着列车的运营有所增大,但最终沉降收敛,且两种情况达到稳定所需的时间基本相同,大约在通车运营后的第 34 个月;累积沉降量分别是 2m 桩间距时 12.5mm 和 3m 桩间距时 21.0mm。路堤本体压缩沉降量为 5.5m 时,约为路堤高度的 0.076%,在通车运营第 25 个月达到稳定。

### 3. 桩-网结构路基现场监测

遂渝线路基无砟轨道综合试验段桩-网结构路基现场长期测试工点有两处,分别为 DK134+820 与 DK135+843,均为对已填路堤上设置钢筋混凝土桩-网结构进行补强加固。长期测试工点 DK134+820 断面属于高路堤断面,路堤高 15.2m,DK135+843 断面为低路堤断面,路堤高 3.0m。钻孔灌注桩正方形布置,桩径 60cm,桩间距 2m,加筋垫层厚 60cm,使用 CATTSG80-80 型土工格栅双层铺设。两个路基断面的静土压力测试与格栅拉伸量测试均从路堤填筑就开始进行,累积沉降长期测试则从路堤填筑结束开始进行。

1) 桩土应力测试结果分析

(1) 高路堤 DK134+820 断面。

图 4.41 为 DK134+820 断面路堤静土压力随填筑高度的变化曲线,图 4.42 为路堤填筑完毕后放置期间静土压力变化曲线。从土压力随填筑高度变化的曲线图 4.41(a)可以看出,随着填筑高度的增加,静土压力也随着增大,且规律性较好。从图 4.41(b)0～1.4m 的局部放大图中可以看出,在填筑高度小于 0.6m 时,桩间土的静土压力较桩顶的静土压力大,桩土应力比为 0.8～0.9;在填筑高度为 0.6～0.86m 时,桩间土的静土压力与桩顶的静土压力基本相当,桩顶土压力略微偏大,桩土应力比为 0.92～1.11;在填筑高度为 0.86～1.13m 时,桩顶与桩间土都有所增加,桩顶土压力增加较桩间土大,桩顶与桩间土的增长率基本相当;在填筑高度为 1.13～1.35m 时,桩顶与桩间土压力都有增加,但桩顶的土压力增加幅度明显大于桩间土的土压力,桩土应力比为 1.41～1.44;当填筑高度大于

1.4m 时，随着填筑高度的增加，桩顶与桩间土压力都增加，但明显桩间土的土压力增加缓慢，而桩顶土压力增加显著，桩土应力比为 2.22～2.33。由此可以判断，土拱是在填筑高度为 1.4m 时形成，此后随着填筑土体的增加，桩顶压力明显增大，而桩间土压力增加缓慢，这是因为土拱形成后，已进入调整期，在随后的填筑中，桩间土不直接承受来自上覆土体的压力。而是在不断的应力迁移、载荷调整中缓慢增大桩间土压应力。

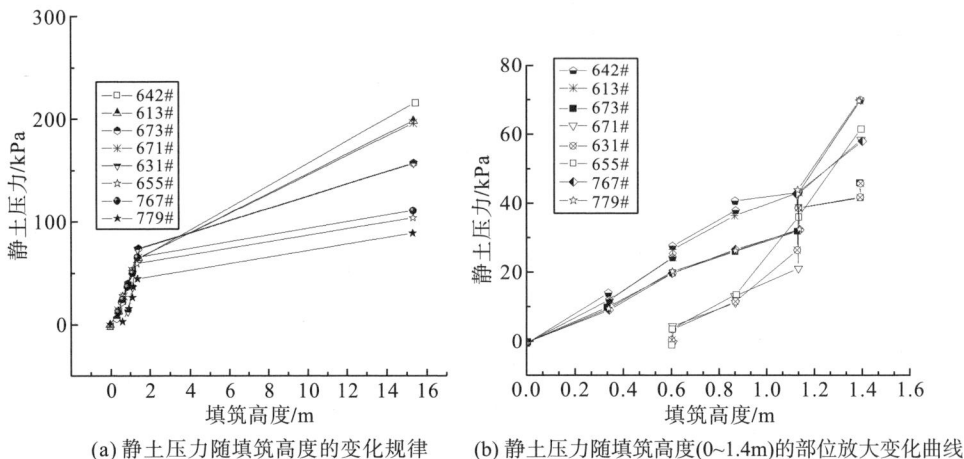

(a) 静土压力随填筑高度的变化规律　(b) 静土压力随填筑高度(0~1.4m)的部位放大变化曲线

图 4.41　DK134+820 路堤静土压力随填筑高度的变化曲线

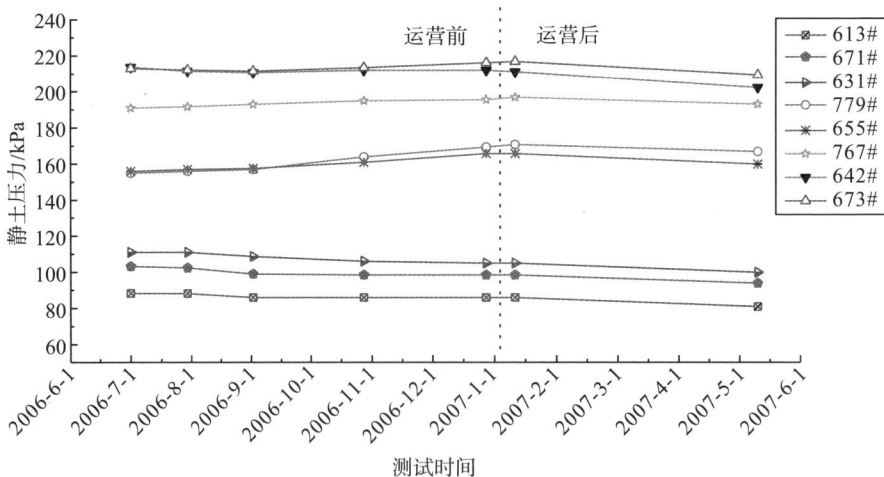

图 4.42　DK134+820 路堤放置期间静土压力变化曲线

从路堤填筑完毕后的静土压力长期测试图 4.42 中可以看出。桩顶的土压力明显大于桩间土的土压力，它们从大到小的排序依次为，桩顶土压力、中间土压力、桩间土压力；这与实际情况相符，桩的刚度远大于土的刚度，刚度的差异导致不同的压缩变形，从而形成土拱，致使桩顶土压力最大；中间土位置位于四个桩的中心，由此比桩间土位置承担更多的土体，从而有比桩间土大的土压力。从各曲线的发展趋势看，加筋垫层下的 5 个土压力传感器 642#、613#、673#、671#、631#，于桩顶的 642#、673#土压力传感器测试值随着时间有略微的增加，而埋于桩间土的 613#、671#土压力传感器及埋于中间土的 631#土压力传感器随着放置时间有略微的减小；其桩土应力比也由 2.22 增大到 2.33。由此表明，在路堤填筑完毕后第 4 个月，即从 2006 年 9 月开始，路堤进入稳定期，随着时间的推移，路堤土体有小的应力调整，使部分荷载从桩间土转移到桩上。在试运营后，所有测试土压力值均基本保持不变，这与施工扰动结束运营开始时路堤已进入稳定期有关。

从图 4.42 由加筋垫层上与加筋垫层下测试结果比较可知，在桩顶位置，加筋垫层下的土压力大于加筋垫层上的土压力；中间土位置，加筋垫层上的土压力远大于加筋垫层下的土压力；桩间土位置，加筋垫层上的土压力大于加筋垫层下的土压力。在加筋垫层下桩土应力比为 2.33，在加筋垫层上的桩土应力比为 1.2。由此表明，桩-网结构路基中的加筋垫层的设置有效地改善了桩间土的受力，使更多的荷载由桩来承担。

(2) 低路堤 DK135+843 断面。

从 DK135+843 低路堤断面的土压力随填筑高度的变化曲线图 4.43 可以看出，随着填筑高度的增加，各测试土压力均有增大，且规律性较好。在填筑高度小于0.3m 时，桩间土压力大于桩顶土压力，两者土压力均有较大幅度的增加，桩土应力比大约为 0.7；在填筑高度大于 0.45m 后，桩间土压力小于桩顶土压力；在填筑高度为 0.45～1.13m 时，桩顶土压力大于桩间土压力，但两者的增长幅度相当，桩土应力比为 1.19～1.37；在填筑高度为 1.13～1.4m 时，桩顶土压力大于桩间土压力，此时桩间土压力增长缓慢。而桩顶土压力有明显的增加，桩土应力比为1.53～1.80。由此表明在填筑到 1.13m 时，土拱开始形成，并在填筑到 1.4m 时桩

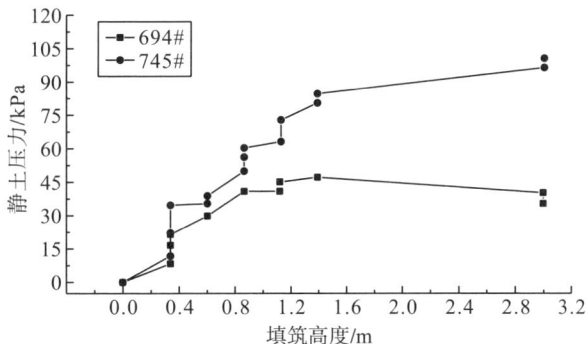

图 4.43　DK135+843 路堤静土压力随填筑高度的变化曲线

间土拱形成；当填筑高度大于1.4m后，桩顶土压力大于桩间土压力，桩顶土压力随着填筑持续增加，而桩间土压力则没有增加。有略微的减小，路堤土体应力进入调整期。

从路堤填筑完毕后放置期间的变化曲线图4.44可以看出，桩顶土压力明显大于桩间土压力，桩土应力比为2.55～2.85；放置的前2个月，桩间土压力有微小的减小，而桩顶土压力有略微的增大；从放置的第3个月开始，桩顶与桩间土压力均保持稳定；在运营后，桩间土压力保持不变，桩顶土压力有微小的减小。由此表明，低路堤桩-网结构在施工扰动时对其结构的受力有一定的影响，当结构形成柔性拱后，上部施工扰动增加的土压力都由桩承担了，发挥了桩-网结构的性能；而当施工扰动结束交付运营后，桩顶土压力有相应的减小，柔性拱有效地起到了调整桩土荷载分担的作用。

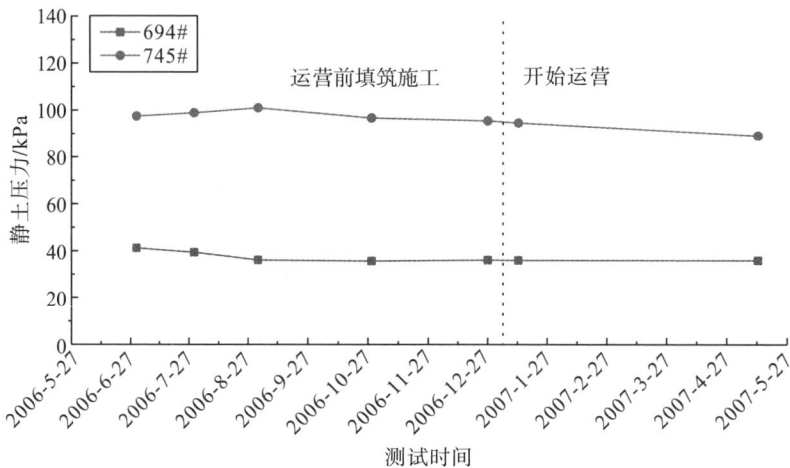

图4.44　DK135+843路堤放置期间静土压力变化曲线

对两种不同高度路堤填筑的测试数据对比发现：随着填筑高度的增加，静土压力随着增大，且规律性较好。在填筑的初期，都是桩间土压力大于桩顶土压力，随着填筑高度增加到0.45～0.60m时，桩顶土压力才渐渐超过桩间土压力。土拱形成高度大约为1.4m。试运营后，所有测试土压力值均基本保持不变，这与施工扰动结束运营开始时路堤已进入稳定期有关。

2) 土工格栅拉伸量测试结果分析

从伸长量随填筑高度的变化曲线图4.45可以看出，随着路堤填筑的增高，土工格栅也随着伸长，中间土处的伸长量略大于桩间土处的伸长量。通过计算可知，土工格栅在路堤填筑期间的伸长量为0.47%～0.53%。

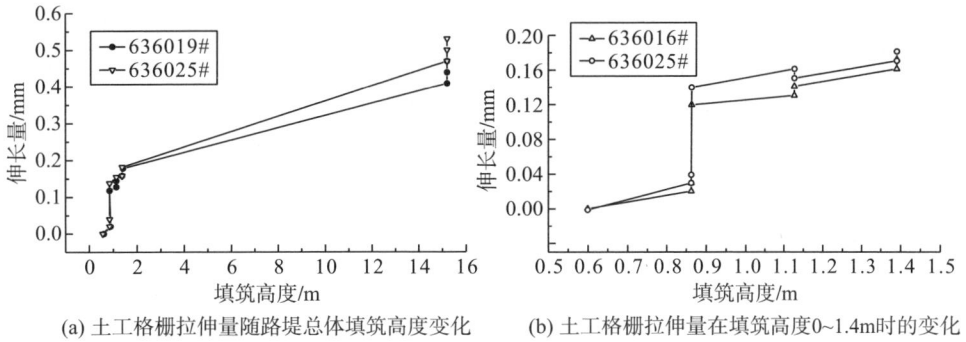

(a) 土工格栅拉伸量随路堤总体填筑高度变化

(b) 土工格栅拉伸量在填筑高度0~1.4m时的变化

图 4.45  土工格栅拉伸量随填筑高度变化曲线

从路堤填筑完放置时期测试的结果图 4.46 可以看出,在填筑完成的前 4 个月,桩间土与中间土的伸长量均有所增加,且两者伸长量基本相同。从第 4 个月开始,桩间土伸长量有略微的增加,而中间土的伸长量有略微的减小。对应的伸长率为 0.57%~0.62%。从 2007 年 1 月试运营开始,土工格栅伸长量保持稳定,试运营 5 个月的格栅伸长率约为 0.61%,换算得到的格栅强度小于 10kN/m。由此表明,桩-网结构路基加筋垫层土工格栅的伸长量主要是在路堤填筑时形成:在上部施工扰动结束交付运营后,土工格栅伸长量保持稳定,体现了桩-网结构路基具有沉降稳定时间短的优越性。

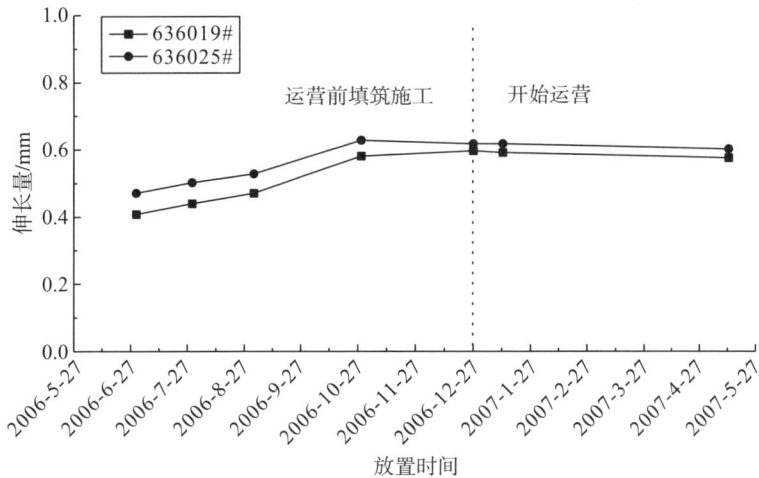

图 4.46  路堤填筑完毕后放置期间测试结果

3) 沉降观测结果分析

两个工点桩-网结构路基的长期沉降测试曲线如图 4.47 所示。从沉降随时间的变化曲线可以看出，在基床表层、桩顶及桩间土处随着时间的推移，均有相应的沉降量发生。其中，在路基填筑完毕后施工上部轨道结构期间，沉降值变化相对较大，桩间土处的沉降值大于桩顶的沉降值，施工持续时间为 4 个月。从图 4.47 还可以看出，桩-网结构路基的累积沉降量非常有限，高路堤约为 10.07mm，低路堤约为 7.37mm，通过简单的计算可以得知，路堤部分的累积沉降约占其高度的 0.44‰。路堤上部结构施工完毕，铺轨后的沉降称为工后沉降。从图中可以看出，桩-网结构路基 6 个月的工后沉降量非常小，完全能够满足无砟轨道对工后沉降的要求。从沉降曲线还可以看出，从铺轨后的 2 个月开始，沉降进入稳定期。

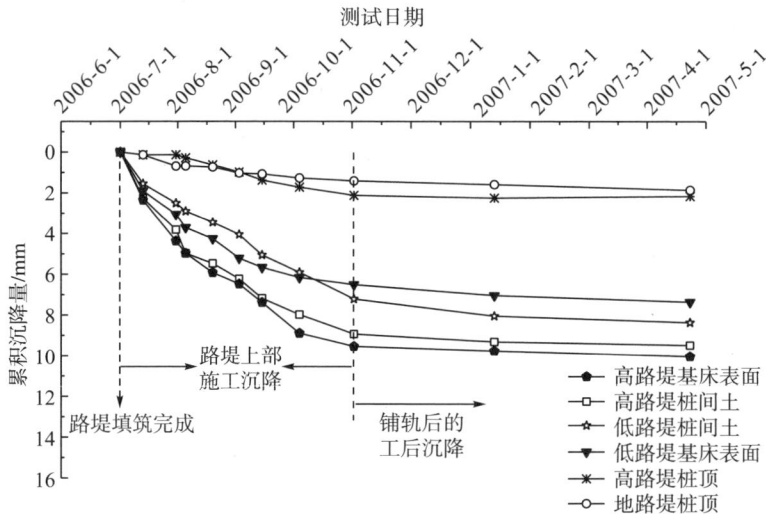

图 4.47　网结构路基断面累积沉降及工后沉降

# 4.4　红层软黏土地基沉降精准控制

## 4.4.1　换填置换法

换填法适用于浅层软弱地基及不均匀地基的处理。换填垫层可采用砂砾石垫层、碎石垫层、灰土垫层、水泥土垫层和加筋垫层等。换填垫层厚度应根据需要换填的软弱土层深度或下卧土层的承载力确定，宜为 0.5～3.0m。加筋垫层土工合成材料应选用耐久性好的土工格栅、土工格室或土工织物等，应具有高强度、低延伸率、蠕变性小、不易脆性破坏、抗拔能力强、耐腐蚀和耐久性好等性能。

换填置换法是将软弱地层置换为碎石、砂砾石等填料，地基总沉降为路基本体沉降、换填层沉降和下卧土层沉降之和，路基本体和换填层的沉降，一般在施工完成后 3～6 个月即可完成。而下卧土层根据土层厚度、土层性质、上部填土高度等不同工况，工后沉降各不相同，实际应用时应注意控制下卧土层的工后沉降量。一般用于换填下部为基岩或换填后下卧土层较薄，且工后沉降可控条件下的地基处理。

## 4.4.2　排水固结法

排水固结法可用于淤泥质土、淤泥和冲填土等饱和黏性土地基。对深厚软黏土地基，应设置袋装砂井或塑料排水板等排水竖井。当软土层厚度不大或软土层含较多薄粉砂夹层，且固结速率能满足工期要求时，可不设排水竖井。排水固结法的原理是软黏土地基在上覆荷载作用下，土中孔隙水慢慢排出，地基发生固结变形，孔隙比减小，随着静水压力逐渐消散，土的有效应力增大，强度逐渐增加。排水固结法通常用于解决软黏土地基的沉降和稳定问题，可使地基的沉降在加载预压期间基本完成或大部分完成，同时可增加地基土的抗剪强度，从而提高地基的稳定性和承载力。排水固结法是由排水系统和加压系统两部分组合而成的。排水系统可在天然地基中设置竖向排水体，如普通砂井、袋装砂井、塑料排水板等，以及利用天然地基土层本身的透水性。根据排水系统和加压系统的不同，排水固结法可分为堆载预压法、超载预压法、真空预压法等。

排水竖井分袋装砂井和塑料排水板，袋装砂井直径宜为 70～100mm。排水竖井的平面布置可采用正三角形或正方形排列，排水竖井的间距应根据地基土的固结特性、允许工后沉降和工期要求等确定。排水竖井的深度应根据地质条件、地基的稳定性和工后沉降要求、工期等综合确定。对地基抗滑稳定性控制的工程，打设深度应超过最危险滑动面不少于 2.0m；对变形控制的工程，打设深度应根据在限定的时间内工后沉降是否能达到要求确定，排水竖井宜穿透受压软土层。

预压荷载大小及类型应根据工后沉降控制标准、施工工期、现场条件等确定。路堤工程宜采用路堤填土预压法，当工期较紧、单独以路堤填土或真空预压荷载不能满足工后沉降要求时，可采用填土超载预压或真空-堆载联合预压。变形控制的工程采用填土超载预压或真空预压时，地基经预压所完成的变形量、平均固结度及工后沉降满足设计要求后方可卸载。

排水固结法是将土中孔隙水慢慢排出而固结，其固结速率受预压荷载大小及类型、竖井间距、加固深度、地基土层厚度及性质等综合因素影响，固结速率一般较慢，固结时间较长，地基总沉降大且质量不易控制。排水固结法一般不用于工期紧张或对地基沉降变形控制要求严格地段的地基处理。

### 4.4.3  复合地基法

#### 1. 挤密碎石桩

碎石桩可用于处理砂土、粉土、粉质黏土、松软土、素填土和杂填土等地基以及可液化地基，处理不排水抗剪强度小于 20kPa 的饱和黏性土地基，应通过现场试验确定其适用性。碎石桩桩位宜采用正三角形、正方形布置。振冲法桩径宜采用 800～1200mm，沉管法桩径宜采用 300～800mm。碎石桩的间距应根据上部结构荷载大小和场地土层情况，结合施工设备综合考虑，宜为桩径的 2～3 倍。桩体材料应采用不易风化的碎石、卵石、含石砾砂、矿渣等性能稳定的硬质材料，含泥量不大于 5%。沉管法施工粒径宜为 20～50mm，振冲法施工粒径宜为 20～150mm。碎石桩桩顶和基础之间宜铺设一层 300～600mm 厚的砂砾石或碎石加筋垫层。碎石桩施工可采用振冲法或沉管法，沉管法包括振动沉管成桩法和锤击沉管成桩法。用于消除砂土及粉土液化时，宜采用振动沉管成桩法。挤密砂石桩施工时应间隔进行，对砂土地基宜从外围或两侧向中间进行，对黏性土地基宜从中间向外围或隔排施工；在既有建(构)筑物邻近施工时，应背离建(构)筑物方向进行。

挤密碎石桩是一种散体材料桩，是将碎石等散体材料通过振冲法或沉管法成桩，对地基土进行加强。地基总沉降量大，施工期沉降量一般占总沉降量的 61.4%～85%，工后沉降一般在施工完成后 2～4 年完成。

#### 2. 水泥土搅拌桩

水泥土搅拌桩可用于处理正常固结的淤泥、淤泥质土、粉土、饱和黄土、素填土、黏性土以及无流动地下水的饱和松散砂土等地基。水泥土搅拌桩用于处理泥炭土、有机质土、pH 小于 4 的酸性土、塑性指数大于 25 的黏土以及无工程经验的地区，必须通过现场试验确定其适用性。地基土天然含水量小于 30%(黄土含水量小于 25%)时，不宜采用粉体搅拌桩。地基土天然含水量大于 70%以上时，不宜采用浆喷。水泥土搅拌桩按加固材料状态不同可分为浆体搅拌桩(水泥浆搅拌桩、水泥砂浆搅拌桩)和粉体搅拌桩，按施工机械叶片搅拌方向不同又可分为单向水泥土搅拌桩和多向水泥土搅拌桩。处理深度较大、地基承载力要求较高时，宜采用多向水泥土搅拌桩或多向水泥砂浆搅拌桩。

水泥土搅拌桩桩位宜采用正三角形、正方形或矩形布置。水泥土搅拌桩桩径宜采用 500mm。竖向承载搅拌桩的长度应根据上部结构对承载力、稳定和变形的要求确定，并宜穿透软弱土层到达承载力相对较高的土层。为提高抗滑稳定性而设置的搅拌桩,其桩长应超过危险滑弧以下不小于 2m。水泥土搅拌桩宜选用强度等级为 42.5 级及以上的普通硅酸盐水泥,水泥掺量可用被加固湿土质量的 12%~20%,水灰比宜为 0.45~0.55。水泥土搅拌桩复合地基应在桩顶设置加筋垫层,厚度宜为 300~600mm。

水泥搅拌桩是一种柔性桩,是一种在地基土中掺入水泥来强化土体的加固方法,桩土共同构成复合地基,承担上部荷载。地基总沉降量较大,施工期沉降量一般占总沉降量的 64.7%~90.6%,工后沉降一般在施工完成后 2~3 年完成。

## 3. 旋喷桩

高压喷射注浆法,在我国又称为"旋喷法",它利用钻机把带有喷嘴的注浆管钻入(或置入)土层预定深度,以 20~40MPa 的压力把浆液或水喷射出来,形成喷射流冲击破坏土层,浆液与土以半置换或全置换凝固为固结体,大大改善了地基土的工程性状,从而达到加固地基的目的。旋喷桩可用于处理淤泥质土、黏性土、粉土、砂土、碎石土、黄土及人工填土等地基加固及防渗处理。对于淤泥、土中含有较多的大粒径块石、大量植物根茎或有较高的有机质时,应通过现场试验确定其适用性。对地下水流速过大、已涌水的工程地基不宜采用。地下水有侵蚀性时,宜采用普通硅酸盐水泥和粉煤灰作为胶凝材料,粉煤灰掺量宜通过试验确定。旋喷桩施工前应进行室内配比试验,并进行工艺性试验确定施工工艺及参数。

旋喷桩间距应根据注浆方法、复合地基承载力、容许沉降等因素确定,宜为 2~4 倍桩径。其布置形式宜采用正方形或三角形。旋喷桩桩身直径应根据注浆方法,并通过现场试验确定。无现场试验资料时,可参照相似地质条件的工程经验确定,宜为 500~1500mm。竖向承载旋喷桩的长度应根据上部结构对承载力、稳定和变形的要求确定,并宜穿透软弱土层到达承载力相对较高的土层。旋喷桩桩顶和基础之间宜铺设一层砂砾石或碎石加筋垫层,厚度宜为 300~600mm。旋喷桩的主要材料为水泥,水灰比可取 0.8~1.5。根据工程需要可加入适量的外加剂及掺合料,其类型和掺量应通过试验确定。旋喷桩应根据地基条件、工程要求选择单管法、双管法或三管法进行施工。单管法、双管法的高压水泥浆和三管法高压水的压力应大于 20MPa。

旋喷桩是一种柔性桩,是一种在地基中喷射水泥浆强化地基土的加固方法,桩土共同构成复合地基,承担上部荷载。地基总沉降量大,施工期沉降量一般占总沉降量的 64.7%~90.6%,工后沉降一般在施工完成后 1~2 年完成。

## 4. 水泥粉煤灰碎石桩及素混凝土桩

水泥粉煤灰碎石桩是由水泥、粉煤灰、碎石、石屑或砂加水拌和形成的混凝土桩（简称 CFG 桩），桩、桩间土和垫层一起构成复合地基。水泥粉煤灰碎石桩与素混凝土桩的区别仅在于桩体材料的构成不同，而在其受力和变形特性方面没有什么区别。

水泥粉煤灰碎石桩复合地基具有承载力提高幅度大、地基变形小等特点，并具有较大的适用范围。水泥粉煤灰碎石桩及素混凝土桩可用于处理黏性土、粉土、砂土、碎石土、残积土、黄土和已自重固结的素填土等地基。当淤泥质土、泥炭质土以及地基中夹有块石和较大粒径的碎石、卵石层时，应按地区经验或通过现场试验确定其适用性。水泥粉煤灰碎石桩及素混凝土桩的设计使其宜选择承载力相对较高的土层作为桩端持力层。施工前应进行室内配比试验，并分段进行工艺性试验，确定施工工艺及参数。水泥粉煤灰碎石桩及实心素混凝土桩桩径宜为 400~800mm，宜采用正三角形、正方形或矩形布置，桩间距根据设计要求的复合地基承载力和变形、土性及施工工艺确定，桩间距宜为 3~5 倍桩径。

水泥粉煤灰碎石桩及素混凝土桩属于半刚性桩，是一种利用素混凝土桩体置换部分地基土的地基加固方法，桩顶以上荷载主要由桩体承担，桩土应力比为 11.3~27.8，地基总沉降量小，施工期沉降量一般占总沉降量的 85%~95%，工后沉降一般在施工完成后 1 年内完成。

## 4.4.4  桩-网（筏）结构

钢筋混凝土桩-网结构路基由桩-网结构地基与上部路堤组成。其中桩-网结构地基是一种刚性桩基础，由钢筋混凝土刚性桩（群）、桩帽以及桩帽顶面加筋垫层共同组成，钢筋混凝土桩-筏结构由钢筋混凝土桩（群）、褥垫层及钢筋混凝土板组成，如图 4.48 所示。桩-网（筏）结构可用于基础变形控制严格的地基加固。钢筋混凝土桩-网或桩-筏结构桩（群）可以按全部承担加筋垫层或钢筋混凝土板及上部路堤、轨道建筑及列车荷载作用的复合桩基础进行设计。这从控制桩-网结构地基的沉降变形角度出发，也是偏于安全的。

钢筋混凝土桩-网结构，其工作原理与桩-网复合地基不同。由于桩-网结构刚性桩和桩间土的刚度差异较大，在填土柔性荷载作用下，桩与桩之间的加筋垫层将产生向下的变形，直至受到加筋体的约束以及桩间土的抵抗而趋于平衡、稳定，四根桩之间、加筋垫层上部的填土也因加筋垫层的下凹而产生变形，当上部填土较厚时最终形成土拱。此时，桩-网结构地基上部除土拱部分外的填土重量以及路基面上的荷载全部作用在刚性桩基上，土拱部分的填土重量则由桩间土和加筋体共同承担，其中部分通过加筋体传递至刚性桩上。对于填土高度大于填土柔性拱的路堤，只有四桩之间填土柔性拱部分土体重力通过加筋垫层分散均化后部分作用在桩间土上，工程实际应用中完全可以忽略填土荷载对桩间土的影响，而认为桩-网结构路基的刚性桩基承担全部路堤及荷载。

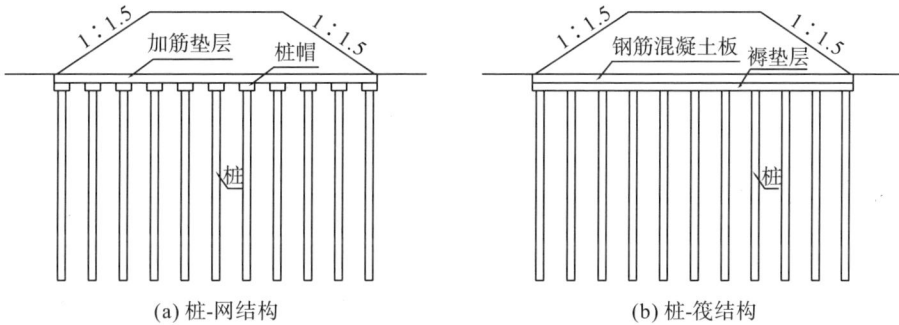

图 4.48　钢筋混凝土桩-网结构与桩-筏结构

　　桩-网(筏)结构是一种刚性桩地基加固方法，由桩基、桩帽或筏板、褥垫层等组成，桩顶以上荷载几乎全部由钢筋混凝土桩基承担。地基总沉降量小，施工期沉降量一般占总沉降量的 95%～100%，工后沉降一般在施工完成后半年内完成。

## 4.4.5　桩-板结构

　　钢筋混凝土桩-板结构主要由钢筋混凝土桩基、桩周土体和钢筋混凝土承载板组成，其主要的工作机理是，通过承载板将上部荷载传到桩体，桩体把荷载扩散到桩间土、下卧硬层或桩底岩石层，从而达到稳定和控制路基沉降变形的目的。桩-板结构适用于沉降控制困难的深厚层软弱地基、湿陷性黄土地基的挖方以及低填方路段，也适用于既有软弱路基的提速加固处理。在桥隧之间短路基和道岔区路基，由于不同结构物刚度差异大，不均匀沉降控制困难；岩溶和采空区路基易产生变形甚至塌陷，也可采用桩-板结构形式通过。由于桩周土体对桩基的侧向抗力，桩-板结构纵横向刚度大；因桩基竖向穿透松软土层，桩-板结构可严格控制高速铁路路基工后沉降；可与上部无砟轨道结构较好匹配、合理衔接，适应高速行车；路基土体可对承载板提供竖向支撑，桩-板结构承载能力增强。另外，桩-板结构施工机具通用、施工方法简易，且与桥梁和桩-网结构等处理措施相比具有一定技术经济优势。桩-板结构根据连接方式、组合形式及设置位置的不同，分为非埋式、浅埋式及深埋式三种，如图 4.49 所示。

（a）非埋式桩-板结构

（b）浅埋式桩-板结构

（c）深埋式桩-板结构

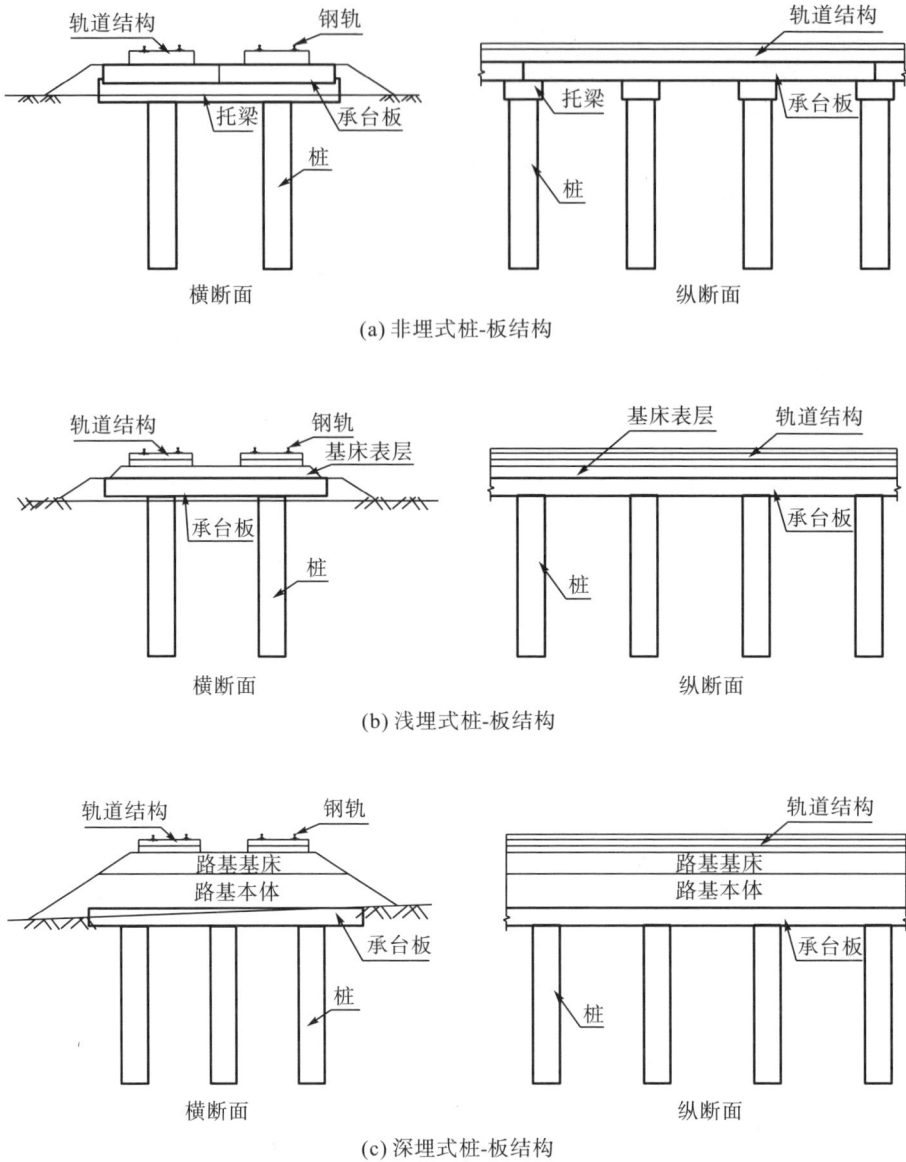

图 4.49　钢筋混凝土桩-板结构形式示意图

　　桩-板结构是一种刚性桩地基加固方法，主要由桩基、承台板等组成，桩顶以上荷载全部由钢筋混凝土桩基承担。地基总沉降量小，施工期沉降量一般占总沉降量的 95%～100%，工后沉降一般在施工完成后半年内完成。

## 4.5　红层软黏土斜坡路基变形控制

对于斜坡红层软黏土地基，存在地基不均匀沉降和斜坡地基稳定性问题，需要采取"防滑、控沉"控制措施[18]。当斜坡地基为浅层软黏土时，可通过清除浅层软黏土并在基岩上挖台阶，设置路基纵向和横向路堤路堑过渡段解决纵向、横向刚度不一致和填筑高度差不同造成的差异沉降；当地基为较厚红层软黏土土层时，可进行分区复合地基加固，在路堤下方侧复合地基的桩间距加密，减小路基不均匀沉降，结合收坡条件可在下方侧设置支挡加固结构收坡和限制地基土产生较大的侧向变形，如图 4.50 所示。

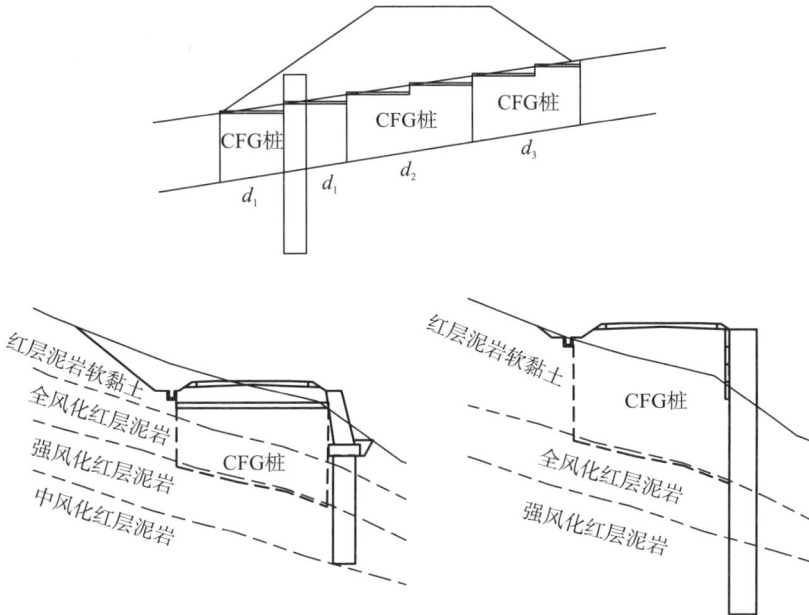

图 4.50　复合地基及支挡收坡加固

斜坡软土地基上填方高度较低时，可采用钢筋混凝土桩-网+桩顶筏板的组合结构，用于解决稳定性问题和不均匀沉降问题，还解决了列车动荷载对桩基础长期作用影响；填方高度较大时，可采用钢筋混凝土桩-网+桩顶系梁的组合结构，桩顶横、纵系梁连接成框架结构，可增强群桩的整体受力效果和抗滑、抗剪能力，如图 4.51 所示。

(a) 桩-筏结构

(b) 桩-网结构(桩加系梁)

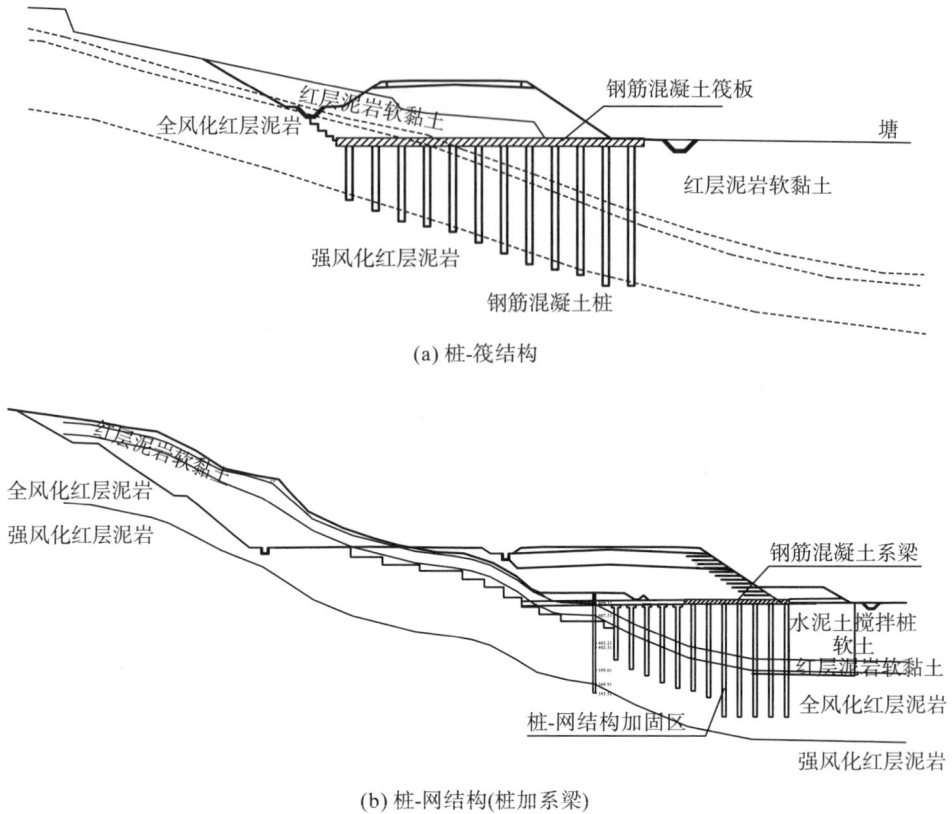

图 4.51　斜坡软土地基桩-筏、桩-网加固

# 4.6　小　　结

通过对红层泥岩软黏土地基特性、不同地基加固措施沉降控制效果等的试验研究，有以下认识与主要结论。

(1) 红层软黏土具有类似于软土低强度、高压缩性的工程特性，但其天然含水量、天然孔隙比普遍不符合软土判别标准，而黏聚力、内摩擦角却接近或达到软土判别标准。在实际工程勘察设计中，建议根据原位测试和室内试验进行综合判别。

(2) 与沿海软黏土和内陆软黏土相比，红层软黏土的钙质、铁质含量高，有机质含量少，天然含水量、天然孔隙比低，天然密度略高，固结快剪强度略高(相差不大)，压缩性略低(属于中-高压缩性土)。

(3) 红层软黏土压缩曲线从低压到高压、曲线呈渐变特征，孔隙比变小速率不大，结构构造相对均匀，超固结比一般大于 1，属超固结土。而沿海地区软土压缩曲线在低压区呈陡变特征，孔隙比变小速率大，结构较分散，超固结比小于 1，属欠固结土。红层软黏土地基，采用粉喷桩、碎石桩等复合地基进行加固，效果较好。

(4) 为实现红层软黏土地基沉降变形的精准控制，建立不同沉降控制标准与地基处理技术的匹配关系，通过数值模拟、离心模型试验及现场监测系统研究了红层软黏土地基不同加固措施及其加固效果等，如表 4.16 所示。

表 4.16　红层软黏土地基加固措施

| 类型 | 工程措施 | 施工期沉降完成比例/% | 工后沉降完成时间 | 桩土应力比 | 建议应用范围 |
|---|---|---|---|---|---|
| 散体桩 | 碎石桩 | 61.4～85 | 2～4 年 | 2～4 | 加固深度为 15～18m，时速≤160km 的有砟轨道铁路软土路基 |
| 柔性桩 | 水泥搅拌桩、旋喷桩 | 64.7～90.6 | 1～3 年 | 3～5 | 加固深度在 15m 之内，时速≤250m 的有砟轨道铁路软土路基 |
| 半刚性桩 | CFG 桩 | 85～95 | 6 个月 | 11.3～27.8 | 有砟及无砟高速铁路，且软土地基基底无明显横坡时的软土路基 |
| 刚性桩 | 钢筋混凝土灌注桩桩-网(筏)、桩-板结构 | 95～100 | 6 个月 | — | 有砟及无砟高速铁路，或基底有明显横坡的软土路基 |

(5) 斜坡红层软黏土地段路基主要存在不均匀沉降和地基稳定性问题，结合斜坡软土路基沉降和变形特征，建立了以"防滑-控沉"为核心的地基加固系列技术。当斜坡路堤地基为浅层软黏土或基岩时，可通过清除浅层软黏土并在基岩上挖台阶，设置路基纵向和横向路堤路堑过渡段解决纵向、横向刚度不一致和填筑高度差不同造成的差异沉降。地基软黏土较厚时，可采用 CFG 桩、桩-网(筏)结构对地基进行分区加固，解决路基不均匀沉降问题；若填方高度较大，地基加固后稳定性仍不满足要求时，可结合地形在坡脚设置约束桩或采用支挡结构等综合措施，以确保地基稳定、控制路基变形。

## 参 考 文 献

[1] 魏永幸，罗一农，廖淞，等. 软土地区铁路路基风险评估与管理研究[J]. 铁道工程学报，2012，29(12)：63-68.
[2] 中铁二院工程集团有限责任公司，等. 西南红层软黏土工程特性及地基加固技术研究报告[R]. 成都：中铁二院工程集团有限责任公司，2008.
[3] 卿三惠，曹新文，谢强. 粉喷桩复合地基及软岩填料路堤的沉降控制研究[J]. 铁道工程学报，2010，27(3)：28-32.
[4] 刘俊新，卿三惠，王春雷，等. 离心模型试验在碎石桩处理红层松软土地基沉降中的研究[J]. 四川大学学报(工程科学版)，2005，37(5)：36-40.
[5] 魏永幸，薛新华. 客运专线无砟轨道铁路复合地基沉降预测研究[J]. 铁道工程学报，2012，29(10)：28-30，89.

[6] 邱恩喜，谢强，刘俊新. 成长曲线在红层软土地基沉降预测中的应用[J]. 路基工程，2006(6)：80-81.

[7] 中铁二院工程集团有限责任公司，等. 遂渝线无砟轨道铁路路基工程关键技术研究报告[R]. 成都：中铁二院工程集团有限责任公司，2008.

[8] 中铁二院工程集团有限责任公司，等. 红层软岩地区建造时速200公里客货共线铁路路基关键技术研究报告[R]. 成都：中铁二院工程集团有限责任公司，2006.

[9] 詹永祥，蒋关鲁，胡安华，等. 遂渝线无碴轨道桩-板结构路基动力响应现场试验研究[J]. 岩土力学，2009，30(3)：832-835.

[10] 魏永幸. 客运专线无砟轨道桩-板结构路基[J]. 铁道工程学报，2008，25(4)：19-22.

[11] 牛国辉，蒋关鲁，詹永祥，等. 遂渝铁路无碴轨道桩板结构路基大比例动态模型试验研究[J]. 铁道建筑技术，2007(1)：1-5.

[12] 魏永幸. 遂渝线无砟轨道桩-网结构路基及其试验研究[J]. 铁道工程学报，2007，24(12)：32-35.

[13] 魏永幸，薛新华. 桩-网结构路基沉降计算方法探讨[J]. 铁道工程学报，2010，27(10)：36-40.

[14] 曹新文，卿三惠，周立新. 桩-网复合地基土工格栅加筋效应的试验研究[J]. 岩石力学与工程学报，2006，25(S1)：3162-3167.

[15] 肖宏，蒋关鲁，魏永幸. 遂渝线无碴轨道桩网结构解析计算探讨[J]. 铁道建筑，2006，46(11)：93-95.

[16] 肖宏，蒋关鲁，魏永幸. 遂渝线无碴轨道桩网结构地基处理技术[J]. 铁道工程学报，2006，23(4)：22-25.

[17] 魏永幸，薛新华. 无砟轨道桩-网结构路基设计方法研究[J]. 高速铁路技术，2010，1(1)：22-26.

[18] 魏永幸，罗强，邱延峻. 斜坡软弱地基填方工程特性及工程技术研究[J]. 铁道工程学报，2006，23(9)：10-15.

# 第5章　红层路堑边坡加固防护

## 5.1　红层路堑边坡病害特征及其原因

### 5.1.1　红层路堑边坡特点

#### 1. 红层路堑边坡常见的"四类"坡体结构

红层属于沉积岩，红层泥岩具有强度低、易风化、易软化等特点，红层边坡因此具有特殊的坡体结构。红层边坡岩体结构总体上可划分为四大类，分别为层状结构、碎裂结构、散体结构和基覆二元结构[1]。

(1) 层状结构：一般为一组结构面或层面，其连续性较好，层间多有软弱夹层。按岩层倾斜角度 $\alpha$ 划分，可将层状结构细分为五个亚类，分别为近水平层（$\alpha \leqslant 10°$）、顺层缓倾（$10° < \alpha \leqslant 45°$）、顺层陡倾（$45° < \alpha \leqslant 90°$）、反倾（$\alpha > 90°$）和斜交结构。

因层状结构各层厚度不同，强度差异明显，所以此类边坡破坏形式复杂多样，主要为顺层滑动，以及崩塌、落石。

(2) 碎裂结构：岩体结构面发育，由许多可分离块体组成，此类岩体边坡破坏形式一般为坡面冲蚀、崩塌落石和浅层滑动。

(3) 散体结构：次生节理密集，一般为全风化岩体，节理面及其组合十分杂乱，受力时其性状类似于土。散体结构边坡破坏形式以风化剥落和浅层滑动为主。

(4) 基覆二元结构：即覆盖层-基岩二元结构，上部覆盖层为堆积土，下部为基岩。基岩与上部覆盖土层的界面，通常称为基覆界面，基覆二元结构边坡开挖容易发生上覆土层沿基覆界面的滑移。

#### 2. 红层边坡易风化

早在 20 世纪 50～60 年代，因成渝铁路的修建，我国开始了对红层泥岩边坡风化的研究。此后，随着社会和经济不断发展以及西部大开发的深入推进，红层地区铁路、公路及水利水电等工程项目的数量和规模均不断增大，对红层泥岩边坡风化等的研究也不断深入，由此积累了丰富的红层泥岩边坡风化防治工程经验。

红层泥岩风化研究表明，物理风化是红层泥岩风化剥落的主要类型，在给定气候、地质条件下，温度和含水量是影响泥岩物理风化的主要外因[2,3]。

1)红层泥岩边坡风化影响因素

风化是指在气温、大气、水及生物等因素影响下，地表或近地表地壳或岩石圈矿物、岩石在原地发生分解和破坏的过程。红层泥岩边坡风化是在各种内外营力作用下进行的复杂物理化学过程，岩性、构造、气候及地貌等都对红层边坡风化有重要影响。根据风化作用方式和特点，风化作用可分为物理风化、化学风化、生物风化三种类型，每种风化类型根据其产生风化的因素和性质又可分为若干种方式，如表 5.1 所示。物理风化是红层泥岩风化剥落的主要类型，在给定气候、地质条件下，温度和含水量又是影响泥岩物理风化的主要外因，在野外实际情况中，岩石并不是以单一风化方式进行，岩石风化往往是多种风化方式相互伴生、相互促进，共同作用的结果。

表 5.1　风化作用类型

| 风化类型 | 作用方式 | 影响因素 |
|---|---|---|
| 物理风化 | 层裂、龟裂作用 | 温差、降雨、大气 |
| | 卸载作用 | |
| | 盐的结晶、潮解 | |
| | 冰劈作用 | |
| 化学风化 | 水化作用 | 氧气、温度、介质液体 |
| | 氧化作用 | |
| | 溶解作用 | |
| 生物风化 | 生物物理风化 | 植物、动物 |
| | 生物化学风化 | |

红层沉积岩层，在成岩过程中经历压缩和脱水固结，形成具有稳定结构和一定强度的层状地层。但泥岩、粉砂质泥岩以及部分水云母及高岭石矿物含量较多的砂岩岩层，风化却较严重。受铁路、公路边坡开挖等人类工程活动影响，原岩所处环境发生改变，加上温差作用影响，岩石散失天然水分，极易崩解、龟裂，引发疏松、破碎等破坏现象。红层物理风化作用主要为温差风化、层裂或卸载作用和龟裂作用。

泥岩膨胀、开裂和剥落，均是在浸水和日晒风干交替进行情况下出现。相反，当温度变化较小时，则变化缓慢甚至没有变化。泥岩浸水膨胀是由于泥岩结合水的作用引起，也就是说，泥砂胶结物及黏土粒周围形成的结合水薄膜，使得各颗粒间黏聚力减小,颗粒相互分离而体积增大,产生膨胀压力。当岩体散失水分时,就会产生裂纹以至破坏。如此反复循环,破坏越来越剧烈,这就是雨量大的地区,暴露在常水位线以上的红层,特别是边坡产生严重风化剥落的原因。

化学风化作用是指岩石在原地以化学变化(反应)方式使岩石腐烂、破碎的过程。根据化学风化主要方式和影响因素,内陆环境条件下化学风化作用中最活跃的影响因素为温度和水。泥岩组成成分以黏性矿物为主,以红层中含量较多的长石矿物水解和碳酸化作用为例,其在水的作用下水离解出 $OH^-$ 与矿物阳离子 $K^+$、$Na^+$ 等,结合形成 $OH^-$ 新矿物,$CO_2$ 溶于水会形成 $CO_3^{2-}$ 和 $HCO_3^-$,与矿物阳离子结合形成易溶于水的碳酸盐和碳酸氢盐。而自然水体包括降雨均溶解有 $CO_2$,因而促进了化学风化的进行。

2) 红层泥岩边坡风化特征

根据野外调查,红层泥岩边坡的表层,主要呈碎粒状、碎片状和碎块状,并间有块状剥落,在坡脚堆积一定的松散岩石,坡体较干燥,但不会改变边坡的形态,坡面较为平整(图 5.1)。红层泥岩风化堆积物坚硬扎手,残积土较少。同时,通过扫描电子显微镜对风化崩解物进行微观分析,发现堆积物主要为颗粒形态。

(a) 碎粒状、碎片状和碎块状　　　　　　　　　(b) 坡脚堆积风化物

图 5.1　红层边坡风化特征

## 3. 红层边坡易坍滑

受红层泥岩不良工程特性影响,红层边坡易发生坍塌、滑坡,已成为典型易滑地层,红层地区山体滑坡、坍塌等地质工程灾害异常突出,特别是在雨季。红层在我国分布十分广泛,尤其是在西南地区的川、渝、滇等省份分布最为集中,西南地区气候湿润多雨,红层边坡问题十分突出。统计资料表明,在我国西部地区的各类地质灾害中,红层软岩滑坡约占灾害总数的四分之一,如在四川盆地红

层区，每当雨季来临，都会发生大量山体滑坡等地质灾害，且滑坡大多发生在侏罗系和白垩系红层。

## 5.1.2　红层路堑边坡病害及其原因

通过对四川、重庆和云南等地大量铁路、公路红层路堑边坡病害野外调查以及资料收集，结合相关研究成果，红层路堑边坡破坏模式主要有五种类型，分别为顺层滑动、崩塌落石、浅层滑动、风化剥落和坡面冲蚀，红层边坡浅层破坏的主要因素包括风化作用、降雨作用及人为因素。此外，边坡破坏具有多样性和复杂性，每种破坏模式中可能会有不同的表现形式，同时实际边坡破坏往往不是单一的模式而是多种破坏模式的组合。

### 1. 红层边坡破坏模式及其特征

#### 1) 顺层滑动

顺层滑动指顺层边坡在开挖后出现的顺层滑移破坏，可细分为 4 种形式（图 5.2），即顺层面平面滑动、台阶形破坏、顺层面和不利结构面组合的楔形体破坏、顺层面压溃破坏，前三种为滑动破坏，主要沿层面或层面与其他结构面组合方向滑动；后一种坡面与层面一致，边坡较高或较陡的中薄岩层，重力作用造成其中下部弯曲隆起，最终出现溃屈或弯折破坏。

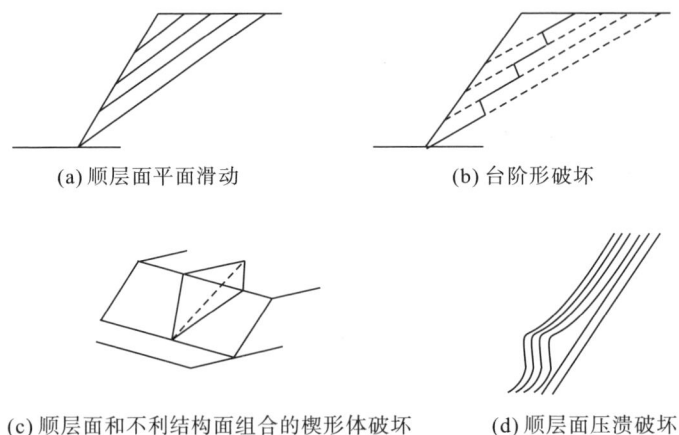

(a) 顺层面平面滑动　　　　　　　　(b) 台阶形破坏

(c) 顺层面和不利结构面组合的楔形体破坏　　(d) 顺层面压溃破坏

图 5.2　顺层滑动破坏形式

在顺层边坡岩体结构地段，当岩层倾角和边坡倾角基本一致时，由于边坡高大，岩层倾角较大，当边坡滑移控制面倾角明显大于该面综合内摩擦角时，上覆岩体就具备了沿滑移面下滑的条件。但滑移面未临空，使下滑受阻，造成坡脚附近顺层岩板承受纵向压应力，在一定条件下可发生弯曲变形，甚至溃屈破坏，造成前缘剪出。顺层边坡开挖后，岩体沿下伏软弱层面向临空面方向滑动，上部岩体发生整体滑移破坏或者上部滑移体发生拉裂解体。即顺层边坡变形和破坏主要受边坡自身地质特征(如地质构造、地层岩性、岩体结构、水文地质特点等)和外界因素(如人类工程活动)影响。

2) 崩塌落石

崩塌落石是崩塌和落石的统称，崩塌一般指在陡峻斜坡上，岩体或土体在自重作用下脱离母岩，突然而猛烈地自高处崩落而下，多发生于高陡边坡上，具有明显拉断和倾覆现象。其中，规模巨大的山坡崩塌称为山崩，崩塌是岩体长期蠕变和不稳定因素不断积累的结果。

产生崩塌、坠落的主要原因可归结为：①开挖边坡坡度过陡；②软硬相间的边坡岩体结构，因差异风化作用，易产生崩塌、坠落；③岩体节理裂隙发育，且存在倾向坡外的节理面，节理面倾角缓于边坡坡度，易产生崩塌、坠落；④红层软岩抗风化能力差，在各种风化营力长期作用下，其强度和稳定性不断降低，易产生崩塌、坠落；⑤降雨、地下水及树木根劈作用常常促进崩塌、坠落的发生。

落石病害多见于块状结构、碎裂结构的岩体中或者泥岩与节理裂隙发育的粉砂岩、砂岩互层的陡坡。块状结构、碎裂结构的岩体坡面受雨水冲刷或风化作用，浅层岩石局部松动后，在重力作用下从坡面落下，产生落石破坏。

按崩塌落石运动轨迹和特征，可分为坠落、弹跳、滚动。坠落指崩塌落石自落石源开始以自由落体形式运移，对建筑物的破坏是自由落体的冲击，其破坏性一般均较大。

弹跳指崩塌落石自落石源开始以较高能量的自由落体形式运移斜坡坡面后，与斜坡面碰撞后产生弹跳运动，对建筑物产生高位碰撞破坏，破坏性较大。滚动指崩塌落石自落石源开始以较低能量的自由落体或弹跳形式运移斜坡坡面后，产生沿斜坡面滚动，对建筑物产生低位碰撞破坏，破坏性相对较小。对于软硬岩互层的红层陡坡，如砂岩、泥岩互层边坡，泥岩与砂岩相比抗风化能力弱，风化更为强烈，这种差异导致在砂泥岩互层地区空腔较为发育，易发生崩塌落石灾害。

3) 浅层滑动

红层边坡变形破坏一般为浅层破坏，而浅层滑动破坏通常有土质滑坡和岩质滑坡两种。由于红层软岩极易风化，在岩体浅表层通常会堆积一定厚度的残坡积风化物，在降雨入渗、重力、外荷载作用等因素影响下，产生堆积层滑动的现象，即堆积层滑坡。其主要影响因素有堆积层厚度和基岩面形态等，岩体结构对其影响较小。

另外，当岩质边坡岩体内存在层面、节理构造面、断层破碎带等结构面时，随着地下水逐渐渗入结构面时，在地下水的浸润和软化作用下，结构面强度急剧下降，在重力和外荷载等因素影响下，岩体结构性逐渐被破坏，特别是当结构面对坡体稳定性有较大影响时，各种软弱结构面最终演变为滑动面，形成红层软岩滑坡。

4) 风化剥落

剥落指边坡表层岩体或由于温度和湿度变化，或由于应力松弛作用(如干湿交替作用，冰冻时膨胀压力以及其他物理风化作用等)，破坏岩石结构而出现碎裂解体形成岩屑或小岩块现象，在泥质易风化岩体中表现尤为显著。剥落后表层岩石一般呈碎屑状，多停积于边坡表部。较陡山坡岩石的剥落，也可能沿边坡滚下堆积于坡脚形成岩堆。

红层的工程性质较差，受气候条件影响严重。气温变化，干湿交替，使得红层边坡风化作用明显，尤其是未进行及时防护的红层开挖边坡，其风化作用更加强烈。风化剥落是红层边坡最为普遍的破坏形式，边坡表层风化崩解后形成碎屑状剥落，或碎块状岩体脱落，然后一层层向边坡内部剥蚀，坡面受到破坏，坡脚也会堆积许多风化剥落物。红层边坡风化剥落存在差异性，各部分岩体风化程度不同，造成边坡表面岩体松散且粗糙不平，不利于边坡稳定。同时，在降雨季节坡面抗冲刷能力大幅降低，坡面冲蚀破坏更加突出。

5) 坡面冲蚀

坡面表层土体在降雨及其形成的坡面水流作用下破坏流失现象称为坡面冲刷或坡面冲蚀，通常包括水蚀和冲刷两个环节，在坡面上土体抗水蚀性和抗冲刷性均较差时，才会出现较为严重的坡面冲刷。红层边坡在降雨条件下易出现坡面冲刷、水蚀等岩土流失现象，为坡面冲蚀破坏。红层岩体性质特殊，遇水软化，所以红层边坡的抗水蚀性较差，尤其红层泥岩边坡，抗冲刷能力也较弱。降雨会给边坡带来坡面冲蚀破坏，同时也会因气温变化促使风化作用更加明显，使边坡表层岩土变得松散，坡面冲蚀破坏进一步扩大，形成冲沟，如果继续发育，最后可能发展为滑动破坏。

## 2. 红层边坡病害主要原因

1) 风化作用

风化作用将改变岩石成分和结构，导致岩石易于变形，进而降低岩石强度。同时，岩体颗粒间联结力也被破坏，岩体出现裂纹并逐步发展为裂缝，破坏岩石完整性，强度降低。岩体表层逐渐松散破碎，增加了泥石流、崩塌以及落石灾害出现的可能性。长时间风化必然导致边坡坡面凹凸不平，影响边坡整体稳定性。

红层是易风化岩层，长期的风化剥落碎屑物若不加处理，极易堵塞截水沟、边沟、涵洞等排水系统，雨水不能及时排出，易渗入路基边坡，使得路基出现病害，降低边坡强度，导致边坡易出现崩塌、滑坡等病害。

2) 降雨作用

红层软岩主要成分为黏土矿物，亲水性较强，在雨水浸润作用下，红层易软化、泥化进而发生崩解破坏，造成坡体失稳。当雨水渗入边坡时，岩土体容重增大，强度下降，静、动水压力增大等，也易引发边坡失稳。此外，坡面表层土在降雨及其坡面流作用下出现冲刷和冲蚀现象，最后发展为崩塌、滑坡等多种边坡病害类型。

3) 人为因素

由人为因素引发的坡体失稳在建设中所占比例逐渐增大，铁路沿线的滑坡大部分由不合理人为活动引起。影响坡体稳定性的人为因素主要有坡脚开挖方式不合理、坡顶堆载、爆破震动、植被破坏等。

# 5.2　红层边坡现场快速检测与稳定性评价

红层泥岩边坡失稳是红层地区交通工程建设中的常见问题，为保证交通工程建设的安全、提高红层边坡勘察设计水平，对红层边坡稳定性及其快速检测、评价方法进行研究非常必要。

## 5.2.1　红层边坡稳定性及坡度设计研究

### 1. 边坡稳定性影响因素

边坡稳定性影响因素众多，主要有内部因素和外部因素两类。内部因素包括岩土性质、地质构造、岩土结构、水的作用、地震作用、地应力和残余应力等，外部因素包括工程荷载条件、振动、斜坡形态以及风化作用、临空条件、气候条件和地表植被发育等。对边坡稳定性进行评价，应根据其地形地貌、形态特征、地层条件、地下水活动和出露位置等各种因素综合确定[4,5]。边坡稳定性主要影响因素体现在以下方面。

(1)岩土性质：包括岩土坚硬(密实)程度，抗风化和抗软化能力，抗剪强度，颗粒大小、形状以及透水性能等。

(2)岩层结构及构造：包括节理、劈理、裂隙发育程度及分布规律，结构面胶结特征以及软弱面、破碎带分布与斜坡相互关系，下伏岩土面形态和坡向、坡度等。

(3)水文地质条件：地下水埋藏条件，流动、潜蚀特征以及动态变化等。

(4)风化作用：风化作用对边坡的影响分为两种。一方面使岩土强度减弱，裂隙增加，影响边坡形状和坡度，使地表水易于侵入，改变地下水动态等；另一方面，沿裂隙风化时，可使岩土体脱落或沿边坡崩塌、堆积和滑移等。

(5)气候作用：岩土风化速度、风化层厚度以及岩石风化后的机械变化和化学变化(矿物成分的改变)，均与气候有关。

(6)地震作用：在地震作用下，除岩土体受到地震加速度作用而增加下滑力外，岩土中孔隙水压力增加和岩土体强度降低都对边坡稳定不利。

(7)地貌因素：边坡高度、坡度和形态是斜坡稳定性的重要影响因素。

(8)人为因素：不合理边坡设计、施工，大量外来水渗入及爆破等都可能引起边坡失稳。

## 2. 红层边坡坡度设计研究

边坡设计主要是确定坡形和坡度两个参数。

### 1)坡形确定原则

边坡常见坡形设计主要形式有三种(直线型、折线型和台阶型)。坡形主要是由边坡所在环境确定，从设计和施工角度看，直线坡最简单，是优先采用的坡形。但当边坡岩体存在明显不均一性时，则需要根据岩体变化特征决定边坡坡形。典型情况是，当边坡岩体上下分属两种性质差异较大的岩性或岩体结构时，应对不同性质的坡段采用不同的坡度，即采用折线坡形。当边坡高度较大，或边坡岩体夹有软弱岩层时，可采用设置平台的方法降低坡高、放缓坡度。当有软弱夹层时，可在软弱夹层处设置平台。

### 2)红层边坡坡度确定

(1)坡度设计的影响因素：影响岩石边坡坡度设计的各因素中，重要程度依次是动弹性模量、坡高、回弹值、块度、回弹比、边坡长、迹长和结构面粗糙度。产状和地下水的影响因难以直接与坡度关联或难以量化而未排序。动弹性模量、坡高、回弹值、块度、回弹比、边坡长和地下水代表岩体物质特征，结构面产状、长度和结构面粗糙度等岩体结构面特征影响边坡稳定性，这种影响随坡面产状变化而变化。这些因素量化后可作为岩石边坡坡度设计和稳定性分析的定量参数[6-9]。边坡设计分为坡度设计和稳定性分析，各参数通过简易野外测绘获得，符合岩石边坡勘测设计要求。根据大量实际边坡调查总结，可建立方便实用的边坡设计方法。

（2）统计样本选取：从既有边坡统计分析中获得坡度与各参数间关系是边坡设计研究的关键。研究坡度与岩体参数的关系，首先要获得能真实反映这种关系的样本，并对样本质量进行分析。野外调查获得不同状态边坡 190 个，分为三种类型，即不稳定破坏边坡、设计过于保守的不合理边坡、设计合理的稳定边坡。设计合理的稳定边坡可作为坡度设计研究对象。

（3）坡度计算关系式建立：野外共调查 78 个稳定边坡、59 个基本稳定边坡。分别统计红层边坡样本坡度与动弹性模量的关系及坡度与坡高的关系。由于野外调查数据离散性大，根据野外调查数据直接绘制散点图难以建立边坡坡度、动弹性模量及坡高间的相关关系。针对调查的 137 个基本稳定和稳定的红层软岩边坡，先不考虑由于边坡岩体结构不稳定引起的坡度降低，剔除 61 个因设计不合理而坡度偏低的边坡。

坡度与动弹性模量关系：根据稳定边坡和基本稳定边坡样本绘制坡度与动弹性模量散点图。结果表明，随坡度增加基本稳定边坡数量大于稳定边坡数量，稳定边坡基本分布在坡度 55°以内（图 5.3）；随动弹性模量增加，坡度逐渐增加，服从对数关系，拟合关系式如下：

$$\alpha = 12.15\ln E_d - 62.45 \quad R^2 = 0.73 \tag{5.1}$$

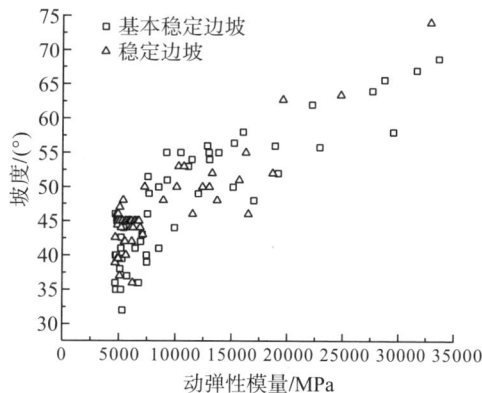

图 5.3　坡度与动弹性模量关系图

坡度与坡高关系：根据稳定边坡和基本稳定边坡样本绘制坡度与坡高散点图，从图 5.4 中可以看出，随坡度增大基本稳定边坡数量大于稳定边坡数量，稳定边坡基本分布在坡度 55°以内；随着坡高增加，坡度逐渐降低，基本稳定边坡数量越来越多，服从对数关系，拟合关系式如下：

$$\alpha = -12.01\ln H + 90.69 \quad R^2 = 0.65 \tag{5.2}$$

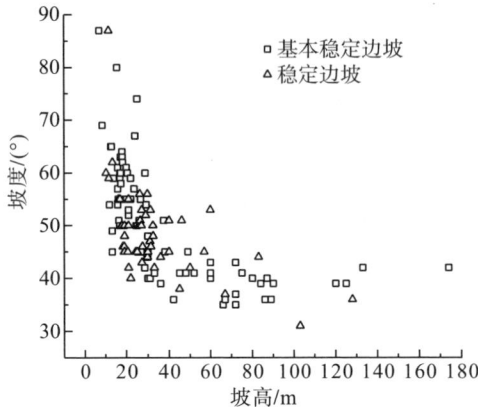

图 5.4 坡度与坡高关系图

边坡计算关系式建立：根据样本边坡统计结果，坡度与动弹性模量呈对数关系、坡度与坡高呈对数关系。为使数据在定义域内较为均匀，便于计算分析及回归分析，将动弹性模量及坡高取对数后进行多元回归分析，建立边坡经验公式：

$$\alpha = 17.39\lg E_d - 14.58\lg H \tag{5.3}$$

式中，$\alpha$ 为设计坡度(°)；$E_d$ 为边坡岩体动弹性模量；$H$ 为边坡坡高。

采用回归分析后得到边坡坡度经验公式，绘制坡高分别为 10m、20m、30m、40m、50m 及 60m 时，边坡岩体动弹性模量与设计坡度之间的关系曲线。

图 5.5 表明在一定坡高情况下，边坡设计坡度随动弹性模量增大而增大，当动弹性模量超过一定数值时，边坡坡度增加趋于平缓；随坡高增加，设计坡度逐渐降低，当坡高超过一定数值后，坡度降低趋于平缓；实际结果验证了边坡岩体物质特征与坡度相关的理论分析，采用动弹性模量和坡高建立边坡坡度设计是可行的。

至此，通过样本研究边坡岩体动弹性模量和坡高与坡度的定量计算关系式已经完成。然而地下水通过软化边坡岩体而影响边坡坡度。但地下水的影响作用难以做有效量化，此处沿用工程中实用的折减系数方法处理地下水影响问题。

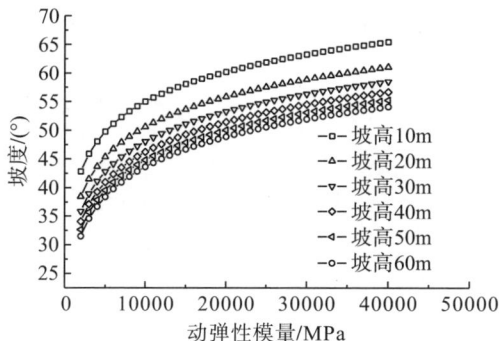

图 5.5　考虑地下水情况下坡度设计图

相关研究表明，地下水作用可由四个描述性指标表示，分别为干燥、湿润、滴水、流水。根据岩石边坡设计和修建实践，当有地下水影响时，设计坡度可降低 1～2 级。边坡坡度按每一级约 3° 计算，其地下水作用折减系数见表 5.2。

表 5.2　地下水作用的折减系数

| 地下水状态 | 干燥 | 湿润 | 滴水 | 流水 |
| --- | --- | --- | --- | --- |
| 折减系数 $\gamma_w$ | 1.00 | 0.85 | 0.70 | 0.60 |

地下水作用造成边坡岩体动弹性模量降低，因此可采用折减动弹性模量方式建立考虑地下水作用的边坡坡度设计经验公式：

$$\alpha = 17.39 \lg(\gamma_w E_d) - 14.58 \lg H \tag{5.4}$$

式中，$\alpha$ 为设计坡度（°）；$\gamma_w$ 为地下水折减系数；$E_d$ 为边坡岩体动弹性模量；$H$ 为边坡坡高。

按不同地下水折减系数计算所得动弹性模量与坡度关系曲线绘于图 5.6 中，结果表明，动弹性模量值相同时，计算得到的坡度值相差约 4°，与考虑地下水情况下设计的坡度降低 1～2 级经验相符。

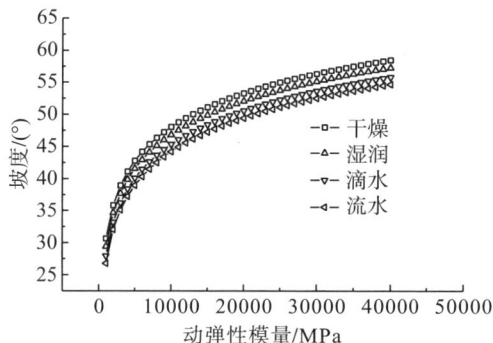

图 5.6　不同地下水折减系数下动弹性模量与坡度关系图

计算算例：某实例边坡照片如图 5.7 所示。

图 5.7　边坡照片

在野外测得边坡数据如下：边坡稳定性为稳定；坡高 30m，原坡度 45°，坡向 145°，回弹值 $R_{砂}$=24.2、$R_{泥}$=18.7，回弹比=1.3，$R_{综合}$=21.4，动弹性模量 $E_d$=25630MPa，坡面干燥。层理产状 250°∠4°，层面结构面粗糙度为 14，砂岩层厚约 0.4m，泥岩层厚 0.20m，结构面未充填。节理组数为 2 组，节理产状为 130°∠82°、40°∠86°，节理长度约 0.9m，节理结构面粗糙度为 14，节理密度为 4 条/m 或 3 条/m，节理间距为 15～40cm。

$$\alpha = 17.39\lg(\gamma_w E_d) - 14.58\lg H = 17.39 \times \lg 25630 - 14.58\lg 30 = 55.1°$$

故按式(5.4)计算所得设计边坡角为 55.1°，比原坡度提高 10.1°

## 5.2.2　基于修正 SMR 法红层边坡设计研究

在当前 SMR 法未考虑边坡岩体强度差异的基础上，增加 $R_1$ 回弹值权值表，提出岩体强度差异调整权值项，建立 MSMR 法。在此基础上，分别建立 RMR、SMR 和 MSMR 与坡度统计关系，并提出基于 RMR、SMR 和 MSMR 的坡度红层软岩坡度设计公式：$\alpha$=50.3lnRMR-134、$\alpha$=39.3lnSMR-80、$\alpha$=31lnMSMR-52，最后结合工程实例进行应用，对比第 5.2.1 节提出的边坡坡度公式设计结果，分析了各种坡度公式设计结果之间的差别并验证了其可行性。

### 1. 岩体质量评价

岩土工程地质评价研究是地质、地形工作的高度概括综合。经验方法仍占重要地位，其关键在于建立正确的分级体系。国内外分级方法众多，RMR-SMR-RMS 体系应用最为广泛，RMR 法综合考虑岩石强度、岩心质量、结构面间距、结构面条件和地下水条件 5 个因素[10-13]。

该体系在对岩体质量本身评定方面给出了十分详细的评价标准，但在结构面对开挖边坡稳定的影响方面则仅给出总体控制标准，没有详细规定。RMS体系及其修正均没有考虑边坡岩体岩性差异修正，所以直接采用该体系对软弱互层状边坡进行岩体边坡评价不合理，需要增加指标，完善 RMR-SMR-RMS体系。在岩体强度差异影响研究及前人修正的基础上，对野外边坡大量调查结果进行统计分析，建立更加全面的岩体质量评价方法，该方法能够直接运用于所有边坡。

### 2. RMR 法概述

RMR（rock mass rating）法又称为岩体权值系统分类法或地质力学分类法。RMR 法是 Bieniawski 于 1973 年根据矿山开采掘进经验提出的，RMR 法综合考虑岩石强度（$R_1$）、岩心质量 RQD（$R_2$）、结构面间距（$R_3$）、结构面条件（$R_4$）、地下水条件（$R_5$）及修正系数（$R_6$），将 6 个因素评分后求和，按分数将岩体质量划分为 5个等级，具体如表 5.3、表 5.4 所示。RMR 系统是对岩体质量进行通用分类的一种方法，对边坡稳定性的影响因素并无太多考虑。

表 5.3　RMR 分类参数及评分标准

| 评价因素 | 参数 | 标准 | | | | | | |
|---|---|---|---|---|---|---|---|---|
| $R_1$ | 岩石强度 | 点荷载强度/MPa | >10 | 4~10 | 2~4 | 1~2 | 在此低范围内，进行单轴抗压试验 | |
| | | 单轴抗压强度/MPa | >250 | 100~250 | 50~100 | 25~50 | 5~25　1~5　<1 | |
| | | 权值 | 15 | 12 | 7 | 4 | 2　1　0 | |
| $R_2$ | | 岩心质量/% | 90~100 | 75~90 | 50~75 | 25~50 | 0~25 | |
| | | 权值 | 20 | 17 | 13 | 8 | 3 | |
| $R_3$ | | 结构面间距/m | >2 | 0.6~2 | 0.2~0.6 | 0.06~0.2 | <0.06 | |
| | | 权值 | 20 | 15 | 10 | 8 | 5 | |
| $R_4$ | 结构面条件 | 粗糙度 | 很粗糙 | 粗糙 | 较粗糙 | 光滑 | | |
| | | 充填物/mm | | | | <5 | 软弱充填>5 | |
| | | 张开度/mm | 未张开 | <1 | <1 | 1~5 | >5 | |
| | | 连续性 | 不连续 | | | 连续 | 连续 | |
| | | 岩壁风化程度 | 未风化 | 微风化 | 强风化 | | | |
| | | 权值 | 30 | 25 | 20 | 10 | 0 | |

| 评价因素 | 参数 | 标准 | | | | |
|---|---|---|---|---|---|---|
| $R_4$ | 具体结构面条件分类指标 | 结构面长度/m | <1 | 1~3 | 3~10 | 10~20 | >20 |
| | | 权值 | 6 | 4 | 2 | 1 | 0 |
| | | 张开度/mm | 无 | <0.1 | 0.1~1 | 1~5 | >5 |
| | | 权值 | 6 | 5 | 4 | 1 | 0 |
| | | 粗糙度 | 很粗糙 | 粗糙 | 轻微粗糙 | 平滑 | 光滑 |
| | | 权值 | 6 | 5 | 3 | 1 | 0 |
| | | 充填物 | 无 | 硬充填物 | | 软充填物 | |
| | | | | <5mm | >5mm | <5mm | >5mm |
| | | 权值 | 6 | 4 | 2 | 2 | 0 |
| | | 风化 | 未风化 | 轻微风化 | 中等风化 | 高度风化 | 离散 |
| | | 权值 | 6 | 5 | 3 | 1 | 0 |
| $R_5$ | 地下水条件 | 每10m隧道水量/L | 无 | <10 | 10~25 | 25~125 | >125 |
| | | 节理水压力与最大主应力比值 | 0 | <0.1 | 0.1~0.2 | 0.2~0.5 | >0.5 |
| | | 一般条件 | 完全干燥 | 较湿 | 湿润 | 滴沥 | 水流 |
| | | 权值 | 15 | 10 | 7 | 4 | 0 |
| $R_6$ | 修正系数 | 情况 | 很合适 | 合适 | 一般 | 不合适 | 很不合适 |
| | | 隧道与采矿 | 0 | −2 | −5 | −10 | −12 |
| | | 基础 | 0 | −2 | −7 | −15 | −25 |
| | | 边坡 | 0 | −5 | −25 | −50 | −60 |

表 5.4　岩体质量的 RMR 评价分类

| 参数 | RMR | | | | |
|---|---|---|---|---|---|
| | 81~100 | 61~80 | 41~60 | 21~40 | <20 |
| 等级 | I | II | III | IV | V |
| 说明 | 很好 | 好 | 一般 | 差 | 很差 |

结合工程地质资料，根据表 5.3 逐项进行评分，然后各项得分累加后再根据表 5.4 对岩体质量进行分类。其计算公式为

$$\text{RMR} = \sum_{i=1}^{6} R_i \tag{5.5}$$

### 3. SMR 法概述

RMR 法所含的前 5 个基本参数已概括地描述了影响岩体性质的主要因素，但第 6 个参数结构面走向与倾向对 RMR 的修正却很模糊，没有列出上述修正的内在含义，导致工程师在实际工程应用中不能快速、正确地确定权值数，结果也可能因人而异。Romana 将 RMR 法分值与边坡破坏模式结合起来，将 RMR 中第 6 个参数进行详细分解与补充，以 SMR 值作为修正后的分值（表 5.5），并增加了开挖方法评分标准 $R_7$，修正公式如下：

$$\text{SRMR} = \text{RMR} + F_1 \cdot F_2 \cdot F_3 + F_4 = \sum_{i=1}^{7} R_i \tag{5.6}$$

式中：

(1) $F_1$ 的值取决于不连续面与边坡面走向相近程度。值域为 1.00～0.15，当二者夹角小于 5°，值取 1.00；当二者夹角大于 30°，这种情况结构面与坡面斜交，破坏的可能性较小。Romana 于 1993 年提出 $F_1$ 的取值可以由下式计算求得

$$F_1 = (1 - \sin|\alpha_j - \alpha_s|)^2 \tag{5.7}$$

(2) $F_2$ 由平面破坏模式 $F$ 的不连续面倾角大小确定。值域为 0.15～1.00，当不连续面倾角小于 20°时，值取 0.15，当不连续面倾角大于 45°或者破坏模式为倾倒破坏时，值取 1.00；Romana 于 1993 年提出 $F_2$ 取值可由下式计算求得

$$F_2 = \tan^2 \beta_j \tag{5.8}$$

(3) $F_3$ 取值由不连续面倾角与边坡倾角间的关系决定。当发生坡面破坏时，$F_3$ 值就是不连续面在边坡面上完全出露的可能性。在自然界一般不会存在"不利"和"很不利"的倾倒模式破坏。

(4) $F_4$ 取值由开挖方法决定。不同的开挖方法可以参照表 5.6 取值。

表 5.5　SMR 法分类参数及评分标准

| 评价因素 | 参数 | 标准 | | | | | | |
|---|---|---|---|---|---|---|---|---|
| $R_1$ | 岩石强度 | 点荷载强度/MPa | >10 | 4～10 | 2～4 | 1～2 | 在此低范围内，进行单轴抗压试验 | |
| | | 单轴抗压强度/MPa | >250 | 100～250 | 50～100 | 25～50 | 5～25　1～5　<1 | |
| | | 权值 | 15 | 12 | 7 | 4 | 2　1　0 | |
| $R_2$ | | 岩心质量/% | 90～100 | 75～90 | 50～75 | 25～50 | 0～25 | |
| | | 权值 | 20 | 17 | 13 | 8 | 3 | |
| $R_3$ | | 结构面间距/m | >2 | 0.6～2 | 0.2～0.6 | 0.06～0.2 | <0.06 | |
| | | 权值 | 20 | 15 | 10 | 8 | 5 | |

| 评价因素 | 参数 | 标准 | | | | |
|---|---|---|---|---|---|---|
| 结构面条件 | 粗糙度 | 很粗糙 | 粗糙 | 较粗糙 | 光滑 | |
| | 充填物/mm | | | | <5 | 软弱充填>5 |
| | 张开度/mm | 未张开 | <1 | <1 | 1~5 | >5 |
| | 连续性 | 不连续 | | | 连续 | 连续 |
| | 岩壁风化程度 | 未风化 | 微风化 | 强风化 | | |
| | 权值 | 30 | 25 | 20 | 10 | 0 |
| $R_4$ 具体结构面条件分类指标 | 结构面长度/m | <1 | 1~3 | 3~10 | 10~20 | >20 |
| | 权值 | 6 | 4 | 2 | 1 | 0 |
| | 张开度/mm | 无 | <0.1 | 0.1~1.0 | 1~5 | >5 |
| | 权值 | 6 | 5 | 4 | 1 | 0 |
| | 粗糙度 | 很粗糙 | 粗糙 | 轻微粗糙 | 平滑 | 光滑 |
| | 权值 | 6 | 5 | 3 | 1 | 0 |
| | 充填物 | 无 | 硬充填物 | | 软充填物 | |
| | | | <5mm | >5mm | <5mm | >5mm |
| | 权值 | 6 | 4 | 2 | 2 | 0 |
| | 风化 | 未风化 | 轻微风化 | 中等风化 | 高度风化 | 离散 |
| | 权值 | 6 | 5 | 3 | 1 | 0 |
| $R_5$ 地下水条件 | 每 10m 隧道水量/L | 无 | <10 | 10~25 | 25~125 | >125 |
| | 节理水压力与最大主应力比值 | 0 | <0.1 | 0.1~0.2 | 0.2~0.5 | >0.5 |
| | 一般条件 | 完全干燥 | 较湿 | 湿润 | 滴沥 | 水流 |
| | 权值 | 15 | 10 | 7 | 4 | 0 |

| 评价因素 | 参数 | | 很合适 | 合适 | 一般 | 不合适 | 很不合适 |
|---|---|---|---|---|---|---|---|
| $R_6$ 修正系数 | 情况 | | 很合适 | 合适 | 一般 | 不合适 | 很不合适 |
| | $P$ $P$ $P/T$ | $\lvert\alpha_j-\alpha_s\rvert$ $\lvert\alpha_j-\alpha_s-180\rvert$ $F_1$ | >30° 0.15 | 20°~30° 0.40 | 10°~20° 0.70 | 5°~10° 0.85 | <5° 1.00 |
| | $P$ $P$ $T$ | $\lvert\beta_j\rvert$ $F_2$ $F_2$ | <20° 0.15 1 | 20°~30° 0.40 1 | 30°~35° 0.70 1 | 35°~45° 0.85 1 | >45° 1.00 1 |
| | $P$ $P$ $P/T$ | $\beta_j-\beta_s$ $\beta_j+\beta_s$ $F_3$ | >10° <110° 0 | 0°~10° 110°~120° -6 | 0° >120° -25 | 0° -10° -50 | <-10° -60 |

注：$P$ 为平面滑动；$T$ 为倾倒滑动；$\alpha_j$ 为结构面倾向；$\alpha_s$ 为边坡倾向；$\beta_j$ 为结构面倾角；$\beta_s$ 为边坡倾角。

表 5.6　边坡开挖方法调整权值评分标准

| 评分标准 | 开挖方法 | | | | |
|---|---|---|---|---|---|
| | 自然边坡 | 预裂爆破 | 光面爆破 | 一般方式机械开挖 | 欠缺爆破 |
| 权值 | +15 | +10 | +8 | 0 | −8 |

(5) SMR 的修正内容。

$R_1$ 权值确定：在边坡评价过程中，不可能对每个边坡岩石进行点荷载或者单轴抗压试验，为在野外能够简单而快捷地获得岩石强度值，在 $R_1$ 指标中增加回弹值指标。回弹强度又称岩石表面强度或结构面抗压强度，也可以直观地理解为用回弹仪测得的岩石强度。对于新鲜岩石或者表里风化均一的岩石，回弹强度就等于岩石单轴抗压强度。回弹仪重量轻，携带方便，使用简单。

结合文献中大量关于红层软岩单轴抗压强度、回弹强度及点荷载的室内试验，绘制单轴抗压强度与回弹值散点图，二者间有较好的指数关系。建立回弹值($R$)与单轴抗压强度(UCS)相应计算关系式为

$$\text{HT75 型：UCS}=4.48e^{0.0798R} \tag{5.9}$$

增加了回弹值后的 $R_1$ 评分表如表 5.7 所示。

表 5.7　增加回弹值后的 $R_1$ 评分标准

| 参数 | | 标准 | | | | | | |
|---|---|---|---|---|---|---|---|---|
| 岩石强度 | 点荷载强度/MPa | >10 | 4~10 | 2~4 | 1~2 | 由单轴抗压强度确定 | | |
| | 单轴抗压强度/MPa | >250 | 100~250 | 50~100 | 25~50 | 5~25 | 1~5 | <1 |
| | 回弹值(HT75 型) | >50 | 39~50 | 30~39 | 22~30 | 10~22 | <10 | <10 |
| $R_1$ 权值 | | 15 | 12 | 7 | 4 | 2 | 1 | 0 |

关于岩体强度差异的修正：调查边坡统计结果表明，软弱互层边坡共 113 个，占 47.48%，因此，在 SMR 法中如何有效地考虑岩性差异对边坡稳定性的影响很关键。大量学者均对 SMR 法进行各方面修正，但是均没有考虑岩性差异这一影响因素。

在此引入回弹比指标，回弹比即岩体强度差异，是边坡岩体内岩体强度比值。红层边坡回弹比服从对数分布。为研究清楚在这类边坡中，岩体强度差异对边坡稳定性的影响程度，绘制坡度、回弹比和稳定性三者关系散点图(图 5.8)。从图中可以看出：①随坡度增加，稳定边坡逐渐过渡至基本稳定和不稳定。稳定边坡坡度分布范围为 35°~65°，不稳定边坡坡度分布范围为 45°~80°，基本稳定边坡坡度分布范围较大，但主要集中在 45°~60°。②将回弹比分为 1.00~1.25、1.25~1.75、1.75~2.25、2.25~2.75、>2.75，共五组，进行回弹比与稳定性统计，统计结果见表 5.8。为进一步明确回弹比与稳定性的关系，根据表 5.8 数据绘制回弹比与稳

定性直方图(图 5.9),稳定边坡多分布在回弹比为 1.00~1.75,基本稳定边坡多分布在回弹比为 1.25~2.25,不稳定边坡多分布在回弹比为 1.00~2.25。随着回弹比增大,边坡稳定性逐渐降低,稳定边坡数量减少,基本稳定与不稳定边坡增多。回弹比大于 1.75 的边坡中,稳定边坡数占 21%,基本稳定边坡数占 29%,不稳定边坡数占 50%,即基本稳定和不稳定边坡数占 79%。

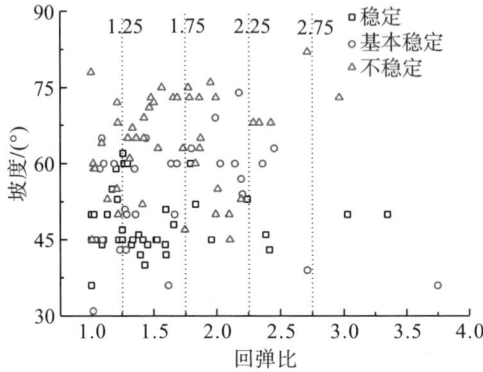

图 5.8　坡度、回弹比和稳定性相关关系

表 5.8　回弹比与稳定性统计表

| 回弹比 | 稳定边坡/个 | 基本稳定边坡/个 | 不稳定边坡/个 |
|---|---|---|---|
| 1.00~1.25 | 15 | 7 | 11 |
| 1.25~1.75 | 16 | 10 | 16 |
| 1.75~2.25 | 4 | 7 | 14 |
| 2.25~2.75 | 2 | 3 | 4 |
| >2.75 | 2 | 1 | 1 |
| 合计 | 39 | 28 | 46 |

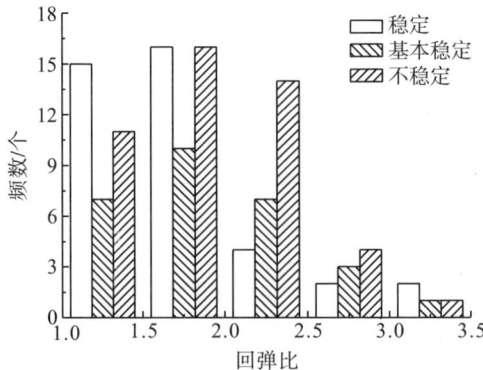

图 5.9　回弹比和稳定性直方图

以上分析表明，回弹比对边坡稳定性有着重要影响，在软弱互层边坡稳定性评价中是一个不可或缺的指标。为此提出岩体强度差异修正权值项 $R_7$。考虑到岩性差异对边坡稳定性影响实际就是岩体力学的参数折减，因此取其修正值为负值。考虑强度差异对边坡稳定性的影响，利用离散元程序(UDEC 程序)，对不同坡率的红层边坡进行数值分析，并结合野外调查结果，采用几组修正参数评价后结果进行对比分析，以应用效果最好的一组数据为回弹比调整权值 $R_7$。参考修正见表 5.9。

表 5.9　强度差异权值 $R_7$ 评分标准

| 评分标准 | 强度差异调整 | | | | |
| --- | --- | --- | --- | --- | --- |
| | <1.25 | 1.25~1.75 | 1.75~2.25 | 2.25~2.75 | >2.75 |
| 权值 | 0 | −2 | −4 | −8 | −10 |

### 4. 修正 SMR 法(MSMR)

在传统的 SMR 法基础上，结合当前主要研究成果，进行了以下两个方面工作。

(1)在传统的采用 PLS、UCS 两种方法的基础上，增加回弹仪评价指标。回弹仪具有简便、快速的优点，便于在野外直接获得 $R_1$ 权值，使得 SMR 法应用起来更加便捷。

(2)在对调查边坡进行统计分析后，提出回弹比指标，建立岩体强度差异权值 $R_7$，并给出权值表，扩大了当前岩体质量评价方法的适用范围，可对软弱互层状边坡进行评价，弥补当前 SMR 法的不足。

至此，提出修正 SMR 法——MSMR(modification of slop mass rating)。

### 5. MSMR 法的应用

1)RMR 法、SMR 法及 MSMR 法应用结果分析

应用 RMR 法、SMR 法及 MSMR 法对调查的红层边坡岩体质量进行评价，并对其评价结果进行分析。

图 5.10~图 5.12 分别为三种方法统计结果直方图。图 5.10 表明，直接采用 RMR 法，其 RMR 值主要分布范围较集中，主要为 35~65，峰值为 55~60。图 5.11 表明，采用 SMR 法，考虑不连续面调整权值后，SMR 值分布范围增大，主要分布范围为 15~55，峰值为 45~50，较 RMR 降低 5。图 5.12 结果表明，采用 MSMR 法，在考虑岩体强度差异、坡高、地应力等修正后，其 MSMR 值分布范围为 20~60，峰值为 35~40。其分布大体与 SMR 法一致，部分边坡的 MSMR 值发生变化，其评价结果更加符合野外调查实际结果，表明修正边坡岩体质量评价方法合理、可行。

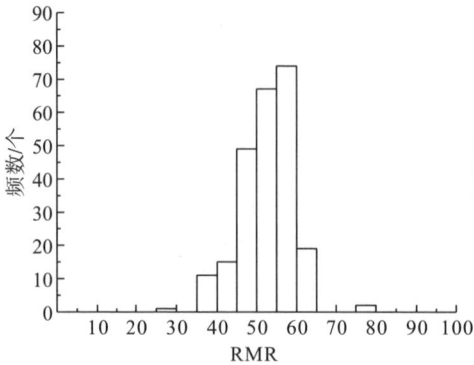

图 5.10　RMR 值直方图

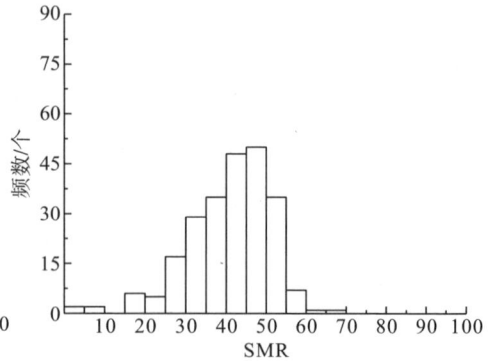

图 5.11　SMR 值直方图

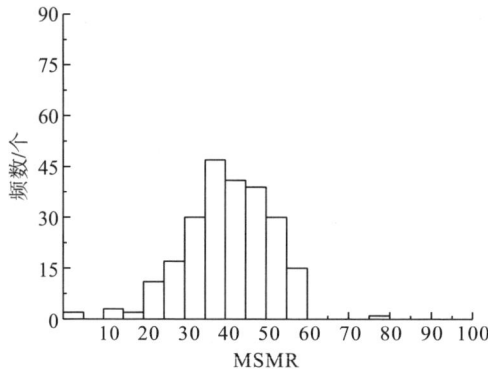

图 5.12　MSMR 值直方图

2）MSMR 法应用结果评价

　　野外调查过程中将边坡按稳定性分为三大类：稳定、基本稳定、不稳定，但具有一定主观性，特别是对基本稳定边坡的判断，不能进行定量分析，所以采用 SMR 法进行边坡稳定性分类更加合理。而传统的 SMR 法未考虑边坡坡高、岩体强度差异及地应力等因素，因此在前人研究的基础上，提出 MSMR 法。图 5.13 为边坡 SMR 值与 MSMR 值关系图，结果表明 SMR 值与 MSMR 值变化小于 20，说明 MSMR 法在 SMR 法基础上，对部分边坡 SMR 值存在调整。

　　在 76 个边坡统计样本中，采用 MSMR 法后，共有 36 个边坡稳定性等级发生变化（表 5.10）。其中 7 号、8 号、32 号、33 号、34 号及 35 号边坡稳定性与采用 MSMR 法后稳定性评价结果有较大差异，其评价结果稍逊于 SMR 法；其余 30 个边坡评价结果更加接近野外实际调查结果。36 个边坡中，MSMR 法误判率为 16.67%，即采用 MSMR 法更加科学合理。野外调查中稳定边坡多数为高速公路、铁路边坡，虽然岩体等级不高，但边坡开挖成折线式，采用骨架护坡和挂网植草等工程措施,这表明台阶状边坡及坡面植草对红层边坡稳定性具有很大改善作用;基本稳定、不稳定边坡多数为国道、省道等公路边坡,受经济条件限制,开挖后仅作简单坡脚防护,所以 MSMR 法在这类未防护边坡稳定性中体现得更加明显。

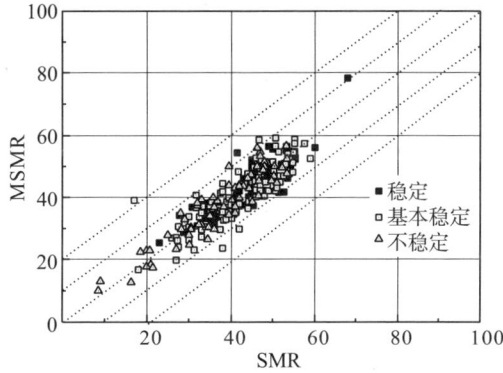

图 5.13　边坡 SMR 值与 MSMR 值关系

表 5.10　边坡 SMR 分类结果

| 编号 | 线路名称 | 调查稳定性 | SMR | 等级 | MSMR | 等级 |
|---|---|---|---|---|---|---|
| 1 | CN32 | 不稳定 | 21 | IV | 18 | V |
| 2 | CN15 | 不稳定 | 41 | III | 35 | IV |
| 3 | YM13 | 不稳定 | 45 | III | 38 | IV |
| 4 | FS.05 | 不稳定 | 19 | V | 22 | IV |
| 5 | S101-09 | 不稳定 | 20 | V | 23 | IV |
| 6 | S101-02 | 不稳定 | 22 | IV | 17 | V |
| 7 | PX01 | 不稳定 | 40 | IV | 44 | III |
| 8 | S101-05 | 不稳定 | 40 | IV | 50 | III |
| 9 | DS03 | 不稳定 | 40 | III | 39 | IV |
| 10 | BC13 | 不稳定 | 41 | III | 37 | IV |
| 11 | DC09 | 不稳定 | 42 | III | 40 | IV |
| 12 | YM24 | 基本稳定 | 27 | IV | 20 | V |
| 13 | YM39 | 基本稳定 | 42 | III | 30 | IV |
| 14 | YM32 | 基本稳定 | 40 | III | 33 | IV |
| 15 | YM40 | 基本稳定 | 41 | III | 35 | IV |
| 16 | YM05 | 基本稳定 | 41 | III | 36 | IV |
| 17 | YM44 | 基本稳定 | 44 | III | 36 | IV |
| 18 | YM15 | 基本稳定 | 44 | III | 38 | IV |
| 19 | YM07 | 基本稳定 | 42 | III | 38 | IV |
| 20 | YM46 | 基本稳定 | 44 | III | 39 | IV |

| 编号 | 线路名称 | 调查稳定性 | SMR | 等级 | MSMR | 等级 |
|---|---|---|---|---|---|---|
| 21 | YM45 | 基本稳定 | 45 | III | 40 | IV |
| 22 | YM35 | 基本稳定 | 44 | III | 38 | IV |
| 23 | BT.09F | 基本稳定 | 17 | V | 39 | IV |
| 24 | G318-08 | 基本稳定 | 28 | IV | 31 | IV |
| 25 | GK.03F | 基本稳定 | 32 | IV | 41 | III |
| 26 | EM03 | 基本稳定 | 38 | IV | 41 | III |
| 27 | LQ.04F | 基本稳定 | 38 | IV | 42 | III |
| 28 | LQ.04 | 基本稳定 | 38 | IV | 44 | III |
| 29 | BC07 | 基本稳定 | 41 | III | 38 | IV |
| 30 | YM38 | 基本稳定 | 43 | III | 37 | IV |
| 31 | NC03 | 基本稳定 | 42 | III | 37 | IV |
| 32 | CN01 | 稳定 | 41 | III | 35 | IV |
| 33 | CN30 | 稳定 | 45 | III | 37 | IV |
| 34 | CN11 | 稳定 | 41 | III | 39 | IV |
| 35 | SY10 | 稳定 | 42 | III | 40 | IV |
| 36 | YM33 | 稳定 | 60 | II | 56 | III |

## 6. 基于边坡岩体质量的坡度设计公式

### 1) RMR 值与坡度统计关系

为研究 RMR 值与边坡坡度间关系，绘制边坡 RMR 值与坡度间散点关系图（图 5.14），由图可见，不稳定边坡坡度主要分布在散点图上部，基本稳定边坡坡度位于散点图中部，稳定边坡坡度主要分布在散点图下方，总体上存在不稳定边坡坡度＞基本稳定边坡坡度＞稳定边坡坡度的趋势。

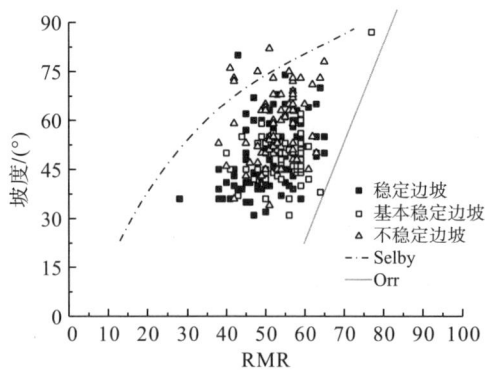

图 5.14　边坡 RMR 值与坡度关系

将图 5.14 中的不稳定边坡去掉，即为边坡 RMR 值与基本稳定和稳定边坡坡度统计关系图(图 5.15)。对图中各点进行分析，很多边坡 RMR 值相同但是坡度较低，究其原因有：①边坡低缓，为了安全坡度设计较缓，工程量也不大。②设计不合理，即坡率增大，边坡稳定性类别不变。③由于层理、节理等结构面控制，不能修筑较陡边坡。④部分边坡坡高 50m 以上，其坡度设计较缓。如元磨高速部分边坡坡高近百米，考虑坡高等因素，坡度设计较缓。图中也存在 RMR 值相同但是坡度达 80°的点，是因为该边坡矮，岩体较完整，即使坡度适当增大，也未改变其稳定类别。因此图 5.14 中剔除这些点后，散点的上包络线反映了 RMR 值与边坡稳定坡度间的关系，但为了使结果更加合理并有一定安全储备，采用上包络线附近一定宽度的包络带区域建立 RMR 值与边坡稳定坡度关系式。在包络带内散点的基础上，建立岩体质量 RMR 值与边坡稳定坡度关系表达式(5.10)，即

$$\alpha = 50.3\ln\text{RMR} - 134 \tag{5.10}$$

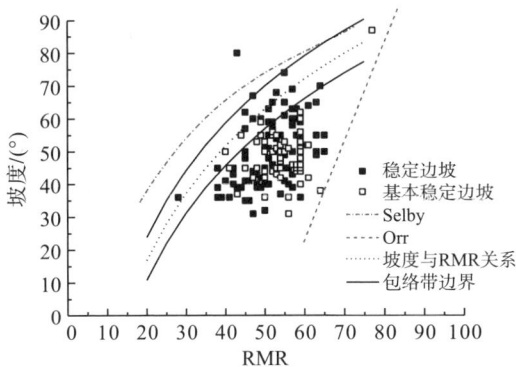

图 5.15　边坡 RMR 值与坡度关系

比较图 5.14 中 Selby 于 1980 年建立的关系曲线，相同条件下 RMR 值对应的边坡坡度，式(5.10)曲线要缓，因式(5.10)是建立在红层边坡基础之上。图中也给出了 Orr[13]建立的关系，其曲线是建立在部分采矿边坡的基础上，其适用范围为 RMR 值大于 60 的边坡，适用于硬岩边坡。

2) SMR 值与坡度统计关系

在 RMR 值的基础上，考虑不连续结构面调整权值后，求得每个边坡的 SMR 值，绘制边坡 SMR 值与坡度散点图(图 5.16)，其分布规律与 RMR 值分布基本一致，但大量不稳定边坡分布在 Selby 曲线以上，表明这些边坡设计过陡；稳定边坡基本分布在 Selby 曲线与 Orr 曲线之间；基本稳定边坡分布范围较大。

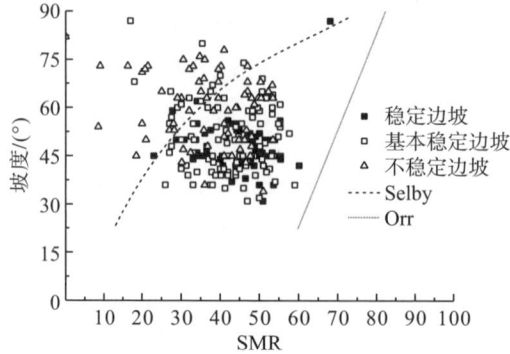

图 5.16　边坡 SMR 值与坡度关系

同样，将不稳定边坡剔除，绘制 SMR 值与边坡稳定坡度散点图（图 5.17），在图中采用上包络线附近一定宽度的包络带区域建立 SMR 值与边坡稳定坡度关系式，即

$$\alpha = 39.3\ln SMR - 80 \tag{5.11}$$

从图中可以看出，SMR 与稳定坡度关系式（5.11），与 Selby 于 1980 年的研究结果保持一致。

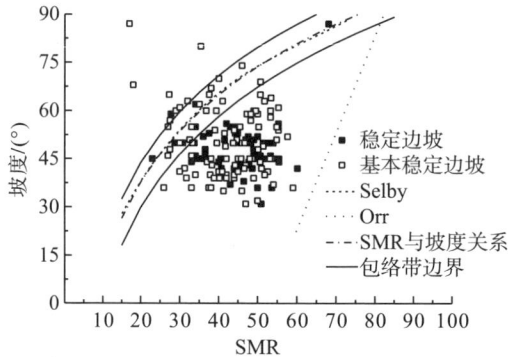

图 5.17　边坡 SMR 值与稳定坡度关系

3）MSMR 值与坡度统计关系

在 SMR 法的基础上，增加坡高修正、回弹比修正及地应力修正权值项后，提出修正 SMR 法，即 MSMR 法。图 5.18 表明，大量不稳定边坡较 Selby 曲线陡；稳定边坡均落在 Selby 曲线和 Orr 曲线之间；基本稳定边坡分布较散；其总体分布规律与 SMR 值一致。

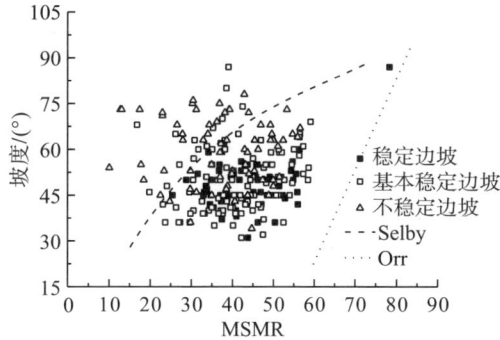

图 5.18　边坡 MSMR 值与坡度关系

在图 5.18 的基础上，剔除不稳定边坡样本后，绘制 MSMR 值与边坡稳定坡度散点图(图 5.19)，只有 12%的边坡分布在 Selby 曲线以上；稳定边坡均落在 Selby 曲线以下；基本稳定边坡坡度总体大于稳定边坡。同样，在图 5.19 中，采用上包络线附近一定宽度的包络带区域建立 MSMR 值与边坡稳定坡度关系式(5.12)，即

$$\alpha = 31\ln MSMR - 52 \tag{5.12}$$

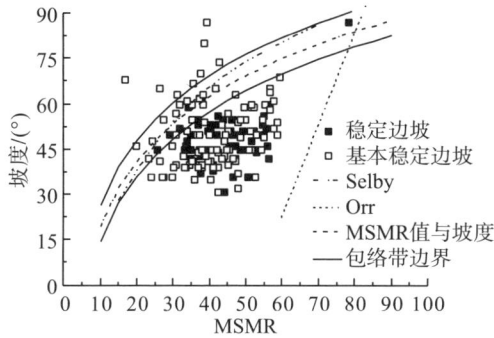

图 5.19　边坡 MSMR 值与稳定坡度关系

## 7. 基于不同岩体质量法设计公式评价

根据式(5.10)～式(5.12)，绘制岩体质量与坡度关系曲线，分析三者之间的关系，其结果如图 5.20 所示。

图 5.20 表明，相同岩体质量下，SMR 法和 MSMR 法对应的边坡坡度大于 RMR 值，但随着岩体质量的增加，三者对应的设计坡度逐渐趋于一致，这是三种坡度公式建立基础不同造成的。

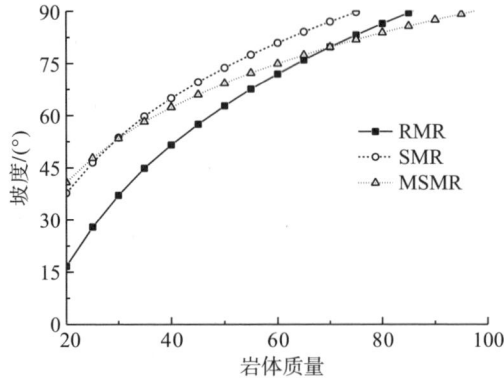

图 5.20    边坡岩体质量与稳定坡度关系

式(5.10)是建立在边坡岩石强度、节理间距、RQD、结构面特征、地下水五种因素基础之上；式(5.11)是建立在式(5.10)的五种因素基础上，又综合考虑了结构面影响因素，同一边坡 SMR 值要低于 RMR 值；式(5.12)是建立在式(5.11)基础上，又考虑了岩体强度差异、地应力等影响因素。

以上三种坡度设计公式和 5.2.1 节提出的坡度设计公式均建立在大量边坡调查、统计基础之上，本章三种坡度设计公式较 5.2.1 节提出的坡度设计公式更为全面。其考虑因素较全面，在进行坡度设计过程中不需要再对地下水、坡高等影响因素进行修正。但也有其不足之处，即考虑因素多了之后，需要在应用过程中能够准确地对边坡岩体质量每一项进行评分，不然任何一项错误评分都会影响边坡设计坡度，对坡度设计人员要求较严格。

### 8. 计算算例

同样针对前述 5.2.1 节边坡计算实例，采用不同岩体质量法坡度设计公式进行实例比较分析。

(1)按 5.2.1 节建立的坡度公式[式(5.4)]进行坡度设计。

$$\alpha = 17.39 \lg(\gamma_w E_d) - 14.58 \lg H = 17.39 \times \lg 25630 - 14.58 \lg 30 = 55.1°$$

(2)按 RMR 法进行坡度设计。

将边坡岩体质量 RMR 值代入式(5.10)：

$$\alpha = 50.3 \ln 53 - 134 = 65.7°$$

(3)按 SMR 法进行坡度设计。

将边坡岩体质量 SMR 值代入式(5.11)：

$$\alpha = 39.3 \ln 35 - 80 = 59.7°$$

(4)按 MSMR 法进行坡度设计。

将边坡岩体质量 MSMR 值代入式(5.12)：

$$\alpha = 31\ln 33 - 52 = 56.4^\circ$$

综合以上四种坡度设计方法,方法(2)最大,方法(1)与方法(4)设计结果基本一致,故该边坡坡度设计为 55.1°~56.4°,比原坡度提高约 10°。本节岩体质量坡度设计方法是建立在坡度散点图上包络带的基础上,其设计稳定坡度稍大于 5.2.1 节坡度设计结果。如果在没有采用 5.2.1 节中式(5.3)进行坡度设计时,采用式(5.12)进行坡度初步设计是可行的。坡度设计应用实例也表明本节修正后红层软岩边坡岩体质量坡度设计方法正确、可行且合理。

# 5.3　近水平红层边坡侧向滑移破坏机理及对策

红层属于沉积岩层,所以层状结构较为明显,常见侏罗系、白垩系和古近系—新近系泥岩、砂岩、砂质泥岩、泥质砂岩以及页岩等软硬岩层互层状岩体。红层软岩倾角大多较缓,一般小于 15°。受岩体构造及特性影响,层状近水平的红层为易滑地层,在工程建设中受坡体开挖、填筑等工程活动影响,红层边坡滑坡现象多发,严重威胁工程人员生命财产安全[14]。

本节对由路堑边坡开挖引起的近水平红层边坡侧滑移破坏模式进行讨论,阐述了近水平红层边坡侧向滑移破坏机理,并讨论近水平红层边坡侧向滑移破坏防治技术对策。

## 5.3.1　近水平红层泥岩破坏形式及其机理

### 1. 破坏形式

红层地区的工程实例表明,近水平红层泥岩地区边坡破坏形式主要有表层堆积体滑移、红层泥岩岩体侧向滑移两种。

1) 表层堆积体滑移

在红层地区,由于红层泥岩岩体易风化,物理力学性质较差,斜坡下部通常会覆盖崩坡积、残坡积或冲洪积的松散岩土体。在这些地区进行工程建设而开挖边坡,尤其是边坡开挖深度大于岩土体分界面时,极易引起岩层上覆堆积体沿着土石分界面滑移,且这种破坏形式在红层泥岩地区较为常见,但滑坡规模通常较小。

2) 红层泥岩岩体侧向滑移

在红层泥岩地区,尤其是岩层倾角较小时,产状近似水平的红层泥岩边坡易出现侧向滑移破坏，这种破坏形式已成为红层路堑边坡的一种独特破坏模式。其滑坡发育及破坏过程与岩体性质和结构密切相关，其滑面通常为软硬岩层交界面或软弱结构面，滑坡规模通常较大。

## 2. 破坏机理

近水平红层泥岩边坡侧向滑移变形破坏表现为后缘拉裂-挤压滑移，其变形过程有两个明显的发展阶段。

1) 后缘拉裂并逐步扩大

岩土体内部不可避免地存在一定的弹性应变能，因而在路堑边坡开挖过程中，由于卸荷作用，岩体会产生回弹变形，造成原来的结构出现松弛，最终导致岩体在竖直方向出现张拉裂隙(图 5.21)。岩体张拉裂隙形成后，如果不及时采取有效的防护措施，则张拉裂隙将进一步扩大和发展。

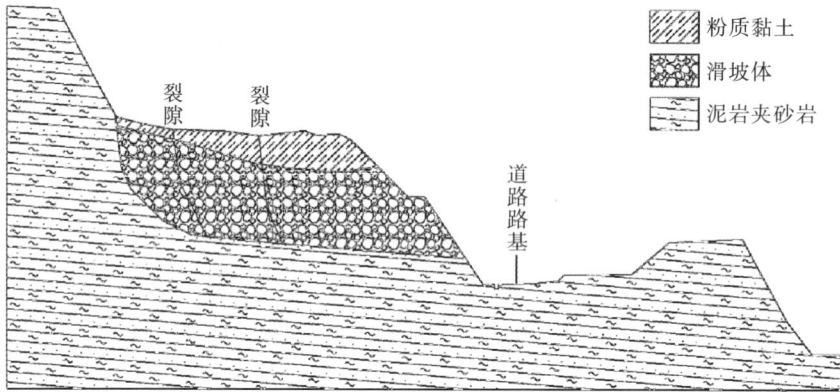

图 5.21  近水平红层泥岩路堑边坡侧向滑移示意图

红层泥岩吸水易膨胀软化，失水易崩解，风化速度快。雨水沿着张拉裂隙下渗，进一步软化泥岩，导致其风化速度加快；若岩层中存在砂岩，由于两者风化速度不同，还会形成差异风化。竖直的张拉裂隙在雨水和风化作用下将不断变形和扩大，而扩大后的张拉裂隙，又更加有利于雨水等地表水的下渗，进一步导致砂泥岩软化和差异风化速度加快，范围增大，裂隙深度加深，并软化近水平岩层面。

2) 滑坡形成与破坏

在红层广泛分布的南方地区，气候湿润多雨，在大雨或持续降雨条件下，大量地表水将沿着扩大后的张拉裂隙不断下渗，并聚集在透水性差的泥岩层面，进而软化岩层面,加上人工活动等外界因素的影响,岩体近水平层层面强度不断下降。同时,在裂隙水压力、岩体自重增加且强度下降等综合因素作用下,岩体极易沿软弱层面向前蠕动,滑面则逐渐贯通,最后滑坡进入滑动变形阶段,形成红层泥岩的近水平侧向滑移破坏。

## 5.3.2　近水平红层泥岩侧向滑移破坏防治对策

近水平红层地区修建铁路、公路,边坡开挖形成临空面后,由于岩体卸荷作用,红层软岩岩体不可避免地将形成张拉裂隙,在降雨等环境条件下,地表水下渗造成裂隙内岩体风化速度加快,裂隙不断扩大且向深处发展。最终在裂隙静水压力、水沿层面渗流的场压力、重力以及岩体强度降低等综合因素影响下,红层软岩岩体沿层面发生失稳,并向临空面滑移形成滑坡(图5.22)。

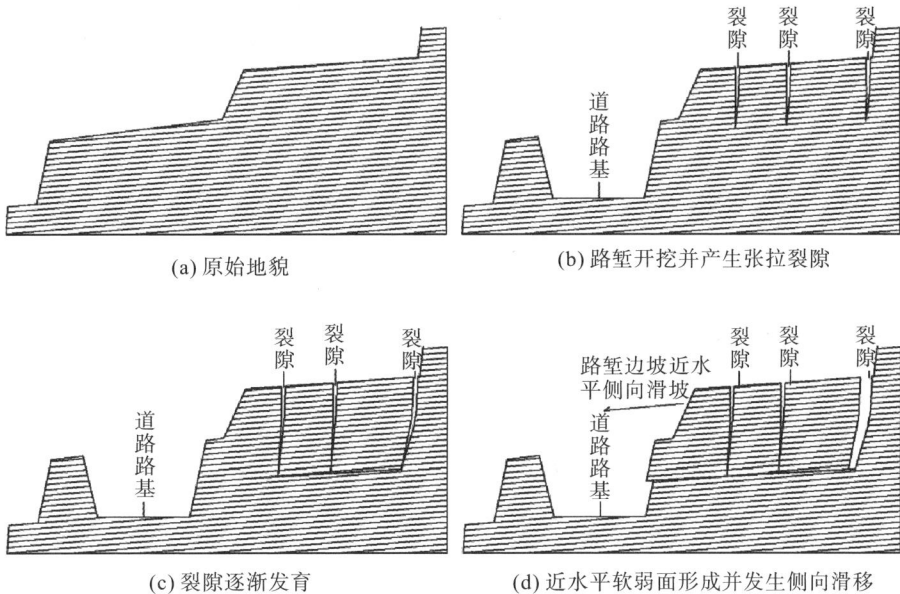

(a) 原始地貌　　　　　　　　　(b) 路堑开挖并产生张拉裂隙

(c) 裂隙逐渐发育　　　　(d) 近水平软弱面形成并发生侧向滑移

图 5.22　近水平红层泥岩边坡侧向滑移破坏示意图

近水平红层软岩的侧向滑移破坏机理表明,在岩体逐渐失稳过程中,水扮演了极其重要的角色。如果没有水,裂隙内的岩体风化速度和强度不会大幅下降,也不会产生静水压力、渗流压力等,边坡稳定性将会大幅提高。因此,在近水平红层泥岩地区开挖路堑边坡过程中,要采取及时封闭后缘张拉裂隙、设置截排水沟等有效防排水措施,防止地表水沿后缘张拉裂隙下渗。

## 5.4　红层泥岩边坡"防塌-抗蚀-阻滑"综合加固防护

红层泥岩极易风化，红层边坡发生破坏时，可能存在多种破坏模式共同作用，且边坡开挖后的红层泥岩随着风化进行，从最初的坡面冲蚀可能逐步发展为溜坍、滑塌、崩塌等，甚至滑坡等严重边坡病害。对此，将红层泥岩边坡的"防塌"、"抗蚀"和"阻滑"有机结合，形成"防塌-抗蚀-阻滑"综合加固防护技术，对铁路等工程建设中的红层边坡加固处理具有重要参考意义[15]。

### 5.4.1　红层边坡"防塌"

红层泥岩作为易风化岩层，在降雨、地下水及树木根劈作用等各种物理、化学及生物风化作用影响下，强度和稳定性将不断降低；此外，由于红层岩体岩层软硬相间现象较为常见，差异风化现象明显；工程中边坡开挖过陡或岩体节理裂隙发育且节理面倾角缓于边坡坡度时，块状、碎裂结构红层泥岩岩体坡面受雨水冲刷或风化作用，浅层岩石局部松动后，在重力作用下从坡面落下，产生落石破坏，造成红层边坡出现崩塌、坠落灾害。上述研究表明，红层边坡易出现坍塌、溜坍以及危岩落石等地质灾害，因此进行红层边坡防塌措施研究具有重要工程价值。针对红层边坡的主要防塌措施如下。

#### 1. 红层边坡危岩落石防护

危岩治理设计可采取工程类比法和理论计算法结合实施。危岩应根据危岩类型和破坏特征，按不同计算模型进行计算。复杂艰险山区边坡危岩体在岩性、结构面、破坏形式、规模、分布、所处相对高度、地貌、危害程度、施工条件等方面差异巨大，适用的治理方案不同，主要包括清除、支撑、锚固、拦石墙(落石槽)、明洞(棚洞)遮挡、柔性防护网、注浆、嵌补、排水等。根据危岩体发育特征、危害程度、周边环境等因素合理确定治理方案。

(1)对于高陡边坡大型危岩，危害程度大，一旦发生崩塌将对下方铁路造成毁灭性破坏，应优先采用清除方案，施工以控爆法为主。

(2)对于下方存在已施工桥梁结构或重要建筑物的大中型危岩，爆破法清除风险大，机械破碎法清除费用过高时，应采取加固为主的治理方案。存在外倾结构面的高陡边坡危岩，应采用锚索、锚杆框架梁(地梁)为主的加固方案，防止危岩发生滑移式破坏。底面临空形成倒悬的高陡边坡危岩，应采用支撑+锚固为主的加固方案，防止危岩发生坠落或倾倒式破坏。

(3)对于风化破碎严重，崩塌、落石的物质来源丰富，规模虽不大但可能频繁发生的中、小型危岩落石地段，可采用拦石墙、落石槽等拦挡工程进行处置，根据滚石运动轨迹、动能进行拦挡结构物设计。坡度不大于 30°，且地表具有一定宽度平台的地段可采用重力式拦石墙，当坡度较陡时可采用桩板式拦石墙，必要时在墙顶部设置防护网以提高拦挡高度。

(4)对于整体稳定、坡面节理裂隙发育、岩体破碎且清理困难的高陡边坡危岩，可采用柔性防护网进行防护，主要有主动防护网、被动防护网和引导防护网。主动防护网不宜用于风化剥落速度快的危岩边坡，易形成"鼓肚子"落石堆积现象；被动防护网因其主要依靠大变形消耗落石冲击动能，应考虑其与被防护结构物之间的安全距离；引导防护网通过控制落石运动范围和轨迹，将落石引导到防护范围之外或预设位置，主要有帘式防护网、分导帘式防护网。

(5)对于崩塌量较大，或物质来源丰富，崩塌、落石发生次数频繁的高陡边坡危岩地段，采用一般拦截措施有困难时，可采用明洞、棚洞等遮拦结构。

(6)艰险复杂山区桥隧边坡危岩落石工点多表现为规模大、落差大、发育特征复杂，通常需要采取多种措施联合的综合处理方案。

### 2. 红层边坡斜交结构防护

斜交结构边坡相对顺层和反倾边坡较为复杂，根据与铁路路线交角的不同，有顺层斜交、反倾斜交、近于正交等各种形式。总体来讲斜交结构的边坡破坏主要为岩层层面和构造节理切割块体的失稳破坏，一般来讲不会发生整个边坡的整体失稳。

斜交边坡开挖需要查明岩层层面、构造节理发育程度及其与开挖面的空间组合关系，其破坏模式与防护加固原则如下。

(1)顺层斜交：一般总体稳定性较好，不存在整体失稳问题，但存在不利结构面切割块体的楔形体滑动破坏问题。采用适宜坡比开挖，浅层加固。

(2)反倾斜交：主要破坏模式为结构面切割楔形块体失稳破坏，主要采用框架锚杆进行加固，同时设置深层仰斜排水孔。

(3)近于正交：主要破坏模式为构造节理、岩层层面切割块体的失稳破坏，采用适宜坡比开挖，浅层加固，尤其注意对潜在失稳块体的加固。

## 5.4.2　红层边坡"抗蚀"

红层泥岩边坡开挖后，表层迅速风化，坡体在降雨及雨水形成的坡面水流作用下，极易出现水蚀和冲刷现象。尤其是红层泥岩岩体强度差，遇水易膨胀软化，红层泥岩边坡坡面在地表水冲刷下易形成冲沟和冲坑等。在红层地区的铁路、公路等工程建设中，当开挖路堑等形成边坡时，坡面冲刷从缓慢的自然侵蚀过程逐步发展为由工程活动引起的加速冲刷过程，从最初的点冲蚀逐渐发展为冲沟冲蚀，且冲沟深度不断加深，最终发展成崩塌、滑坡或其综合作用。

此外，红层中泥岩、页岩和粉砂质泥岩等泥质岩风化作用强烈，边坡表层岩体或由于温度和湿度变化(如干湿交替作用、冰冻时膨胀压力以及其他物理风化作用等)，或由于应力松弛作用，破坏岩石结构而出现碎裂解体形成岩屑或小岩块现象，在泥质易风化岩体中表现尤为显著。红层边坡的这种破坏具有持久性，每年均沿坡表产生一定厚度剥落。边坡不同部位红层软岩表层剥蚀并不相同，坡顶因靠近地表，岩体温度变化受气温影响更大，剥蚀厚度也更大。风化剥落现象在裸露红层边坡中非常普遍。红层边坡风化剥落主要形式有碎粒状剥落、碎片状剥落、碎块状剥落和块状剥落。因此，红层边坡抗蚀具有重要的现实意义，可以防止红层边坡从坡面冲蚀、风化剥落逐步发展为崩塌、滑坡等威胁工程的严重地质灾害。

边坡抗蚀主要采用生态防护方法，但山区铁路、公路开挖边坡一般为岩质边坡，不具备植物生长的条件，必须采用特殊的技术人为在边坡上创造可供植物生长的环境条件，人为创造条件的好坏直接决定生态防护工程的成败。目前铁路和公路等岩质边坡绿化大多采用生态防护与工程防护相结合的方法，常见的有植物防护、喷混植生防护、截水骨架内植物防护、锚杆框架梁内生态防护等，具体情况如下所述。

## 1. 植物防护

(1)植物防护适用于红层路堑基本稳定边坡，坡面冲刷作用轻微，满足植物生长条件红层边坡。红层地区工程建设中，进行边坡植草防护时应主要采用本地物种作为主体，所以需要事先调查当地自然环境。植物防护为坡面种植灌木和草，以灌木为主，灌草结合，必要时辅以横向排水槽。适用于全风化岩层路堑边坡，以及全风化岩土填筑的路堤边坡；单独使用时边坡高度一般不大于3m；路堑边坡坡率不陡于1∶1.25，路堤边坡坡率不陡于1∶1.5；可与骨架、框架梁等防护组合使用。

坡面植草分为种草和喷草两种形式。种草的形式主要有满铺式、网格式等方法，种草成活率高，本地草环境适应能力较强。当红层边坡的植物生长条件较好时，可使用喷草形式，但是喷草使用草种环境适应能力较弱，对草种成活有一定影响。选择种植品种和方式时，宜采用价格相对便宜，资源供应充足，成活率高的植物，能够适应当地气候条件，并可以防护坡面、稳固边坡。同时应该具有景观效应，后期养护管理较为简单。

(2)三维网客土植草防护是指在坡面挂设三维土工网，然后覆土播种的边坡防护方法，三维网、覆盖客土和植草根系相互缠绕，在坡面形成一个具有自身生长能力的防护系统，增强了边坡的抗冲蚀能力。三维网植草适用于不利于草种生长的稳定边坡，常用于坡比为 1：1.5 的边坡，一般不超过 1：1.25，坡比陡于 1：1.0 时不可使用；可与骨架、框架梁等防护组合使用，必要时辅以横向排水槽。使用三维植被网是川渝地区应用最广泛的一种绿化方法。施工工艺简单，造价低，绿化效果好。

(3)生态袋防护是指坡面码砌、叠铺生态袋，采用联结扣或钢丝网固定，袋内填充种植土及有机肥等。适用于风景区或景观要求高却又不适宜植物生长的红层软岩路堑边坡，以及红层泥岩及其改良土填筑的路堤边坡；单级边坡高度一般不大于 10m；路堑边坡坡率不陡于 1：0.75，路堤边坡坡率不陡于 1：1.5；路堑边坡一般不单独使用，应与骨架护坡、框架梁护坡等组合使用。

(4)植生袋防护，指坡面叠铺或平铺植生袋，袋内填充种植土、有机肥及草种、灌木种等，用于路堑时坡面设锚杆、外罩钢丝网。适用于不适宜植物生长的红层软岩路堑边坡，以及红层泥岩及其改良土填筑的路堤边坡；单级边坡高度一般不大于 10m；路堑边坡坡率不陡于 1：1，路堤边坡坡率不陡于 1：1.5；一般不单独使用，应与骨架、框架梁、孔窗式护墙等防护组合使用。

### 2. 喷混植生防护

路堑边坡喷混植生防护，指坡面设锚杆，挂镀锌钢丝网，喷射种植混合基材。适用于不适宜植物生长的红层软岩路堑边坡；单独使用时边坡高度一般不大于 10m；路堑边坡坡率不陡于 1：0.75；可与骨架、框架梁、孔窗式护墙等防护组合使用。

### 3. 截水骨架内植物防护

截水骨架主要有人字形截水骨架、方格形截水骨架、拱形截水骨架等形式，骨架设有截水、排水构造。截水骨架防护适用于路堤边坡，红层岩土、全风化岩层及强风化软质岩路堑边坡；边坡高度一般大于 3m；路堤边坡坡率不陡于 1：1.5，路堑边坡坡率不陡于 1：1.25；可与植物防护、客土植生等防护组合使用。同时需要设置排水系统，减小雨水对边坡的冲蚀作用。

### 4. 锚杆框架梁内生态防护

锚杆框架梁防护，指坡面设现浇钢筋混凝土框架梁，正方形或菱形布置，节点处设置锚杆，框架梁内绿化。适用于红层软岩路堑边坡；单级边坡高度一般不大于 10m；路堑边坡坡率不陡于 1∶0.75；可与植物防护、土工网垫客土植生、空心砖内客土植生、喷混植生、生态袋、植生袋、喷锚网、柔性防护网等防护组合使用。

### 5.4.3　红层边坡"阻滑"

由于红层软岩极易风化，斜坡表面通常堆积一定厚度残坡积层。在重力、雨水、外荷或其他因素作用下，浅部堆积层整体沿软弱界面(多为岩土界面)发生以水平位移为主的向下滑动，即堆积层滑坡、溜坍等现象。此外，由于红层泥岩对水极其敏感，遇水岩体强度下降显著，特别是在水的浸润、软化作用下结构面抗剪强度急剧降低，在重力、外荷及其他因素作用下，岩体完整性不断破坏，岩层层面和岩体中各种软弱结构面逐渐演化为滑动面，形成红层软岩滑坡。特别是红层泥岩顺层边坡，当边坡滑移控制面倾角明显大于该面综合内摩擦角时，上覆岩体在开挖后易出现顺层滑移破坏。红层边坡主要阻滑措施如下。

#### 1.基覆二元结构边坡防护

基覆二元结构边坡在工程开挖作用下，一般都具有牵引式滑移变形的特点，地下水对边坡失稳有重要作用。基覆二元结构边坡岩土分界面是控制边坡稳定性的重要结构面，且斜坡地段岩土分界面往往外倾临空面，边坡开挖后极易失稳。

(1)对基覆二元结构边坡，应加强工程地质勘察，查明岩土分界面的位置、空间形态，分析其与开挖面及路基面的空间关系，查明岩土分界面和土层内软弱夹层力学特性，在稳定性计算分析的基础上，采取清方、开挖预加固、支挡等措施。

(2)对于斜坡上覆盖层厚度不大，边坡开挖将切穿岩土分界面的堆积体，开挖后将沿岩土分界面滑移破坏。开挖前应将土体清除，或先施工抗滑挡墙、抗滑桩等支挡结构，再开挖边坡。

(3)当堆积体覆盖层较厚时，边坡开挖不会切穿岩土分界面时，会发生近似圆弧形滑面的整体滑动破坏模式，应采用缓坡比开挖，或在坡脚设置支挡结构物。

(4)当下卧基岩面呈明显的折线形状分布时，常可产生沿堆积体与下卧硬质岩层界面的滑动变形，形成折线形整体滑动模式。同时，对于块石土中夹杂大孤石堆积体，也可形成折线形整体滑动模式。此类边坡，也应采用开挖预加固措施，或将不稳定土体清除。

### 2. 顺层边坡防护

(1)对于处理困难，处理费用较大，或处理后可能遗留隐患的顺层地段在选线时尽可能绕避；对无法绕避的顺层地段，应采取必要预防措施。

在山区修建道路时，应充分考虑工程地质选线，线路尽可能选在岩层倾向山体一侧，或使线路走向与岩层走向大角度相交；对无法绕避的长大顺层地段，在线位和纵坡选择时，应注意控制中心挖高，尽可能降低切层高度，必要时线路外移做桥或增设路肩挡土墙，或内移做隧绕避顺层。

(2)红层顺层边坡在工程条件允许情况下，尽量采用顺层清方方案，以免顺层边坡坡脚临空，如图 5.23(a)所示。

(3)当岩层倾角为 10°~35°，顺层清方量大或边坡太高时，视边坡稳定情况设置预加固桩、预应力锚索、锚杆、挡土墙等抗滑工程，如图 5.23(b)所示。

(4)当岩层倾角大于 35°、有顺层清方条件时，原则上采用顺层清方；当顺层清方边坡较高时，应对顺层边坡进行稳定性分析，对斜坡较长、岩层较薄、层间结合较差或其下有软弱层面的顺层边坡，原则上应分级清方，并采用坡面防护或锚杆加固，如图 5.23(c)所示。

(5)对于红层软岩顺层边坡，如果需要进行加固，建议优先采用锚固桩、锚索桩等措施，必要时可采用各种组合加固措施，如图 5.23(d)、(e)所示。

(6)顺层边坡稳定性计算时，应根据层面性质、层间充填情况、地下水发育情况、岩层节理裂隙发育情况，选取合理层间力学参数。并应充分考虑岩体结构、产状、结构面力学特性、爆破动力、地震力和地下水作用等因素影响。

(7)红层软岩顺层边坡在开挖过程中，应减少边坡暴露面，及时采取护坡、护墙封闭边坡坡面；同时加强防排水措施，当地下水发育、边坡渗水严重，或岩体节理裂隙发育具有地表水下渗条件时，应在边坡设置仰斜排水孔。

(8)顺层路堑边坡施工需要爆破时，应采用小台阶爆破，并严格控制装药量；或采用深孔爆破与缓冲爆破相结合的预留保护层分步开挖方案，即在路堑主开挖区采用深孔爆破与缓冲爆破方法，在预留保护层区采用小台阶爆破和光面爆破法，最大程度减小爆破产生的岩层层裂范围。

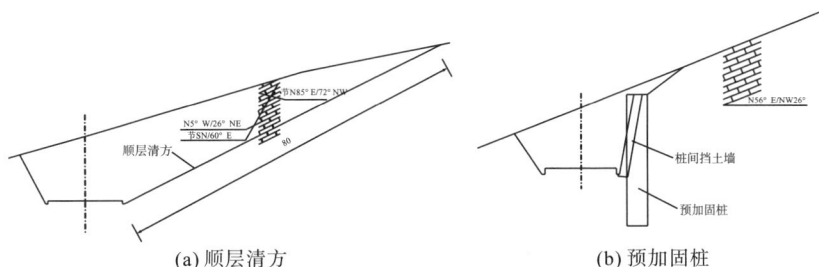

(a) 顺层清方　　　　　　　　　　　(b) 预加固桩

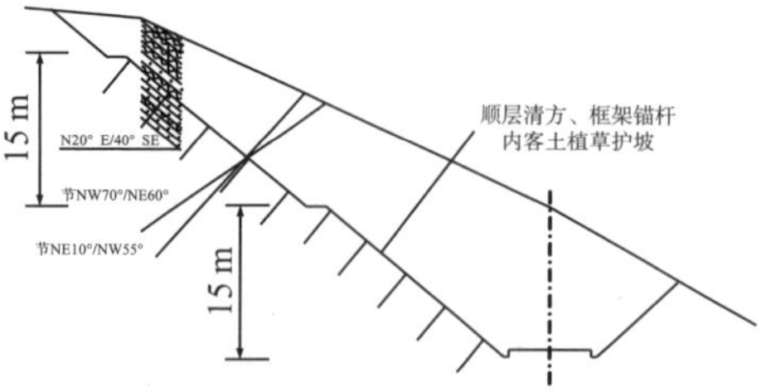

(c) 顺层清方、框架锚杆护坡 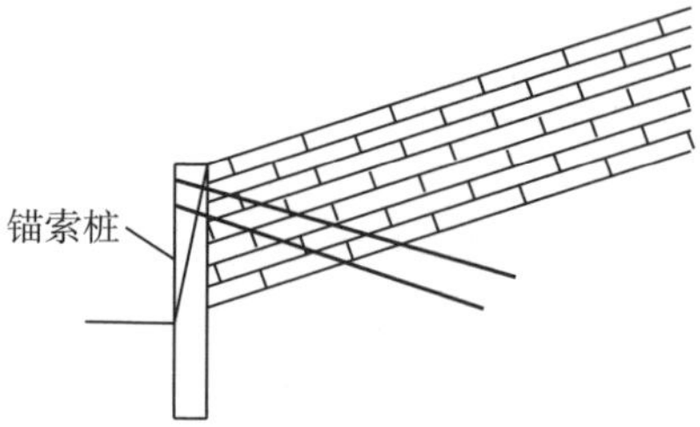　　　　　　(d) 锚索桩加固顺层边坡

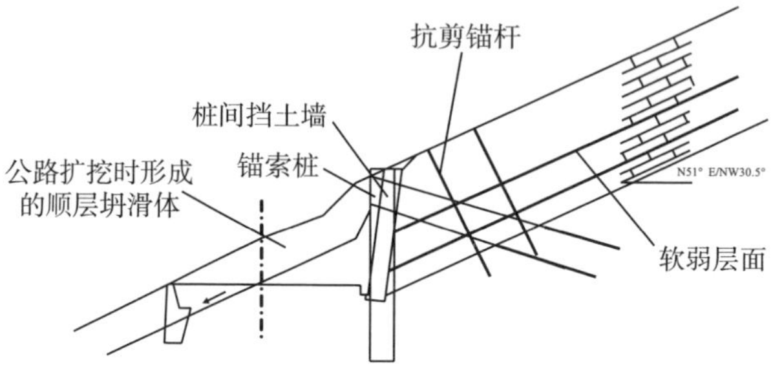

(e) 锚索桩、抗剪锚杆

图 5.23　顺层边坡加固防护示意图

# 5.5　小　　结

基于西南地区红层边坡的大量野外调查和现有研究成果，对红层边坡岩体结构、破坏形式、风化机理、坡比设计和稳定性分析以及加固防护技术进行研究，主要结论如下。

(1)根据野外调查研究，针对红层边坡工程特性，将红层边坡岩体结构划分为层状结构、碎裂结构、散体结构和基覆二元结构四大类。并结合前人研究成果，将红层边坡的破坏形式归纳总结为顺层滑动、崩塌落石、浅层滑动、风化剥落和坡面冲蚀五大类。

(2)通过野外边坡调查，获得红层边坡基本特征和边坡岩体参数统计特征。利用调查数据作散点图研究各参数与坡度的相互关系，在此基础上提出红层边坡坡度公式：$\alpha = 17.39 \lg(\gamma_{w} E_{d}) - 14.58 \lg H$，同时提出基于 RMR、SMR 和 MSMR 的坡度红层软岩坡度设计公式，最后结合边坡实例将 4 种坡度计算公式进行对比分析。

(3)对近水平红层边坡表层堆积体滑移和红层泥岩岩体侧向滑移两种破坏模式进行了讨论，针对近水平红层边坡拉裂-滑移破坏机理，提出了近水平红层路堑边坡侧向滑移破坏防治技术对策。

　　(4)基于红层泥岩常见破坏形式,分别提出"防塌"、"抗蚀"和"阻滑"边坡加固防护措施。防塌措施主要包括清除、支撑、锚固、拦石墙(落石槽)、明洞(棚洞)遮挡、柔性防护网、注浆、嵌补、排水等。抗蚀措施主要采用生态防护与工程防护相结合的方法,常用的有植物防护、客土植生防护、截水骨架防护、生态袋防护和喷混植生防护等。阻滑措施主要有设置预加固桩、预应力锚索、锚杆、挡土墙等抗滑工程。在此基础上,进一步凝练提出基于失稳破坏模式的红层边坡"防塌-抗蚀-阻滑"综合加固防护技术。

# 参 考 文 献

[1] 魏永幸,邱燕玲.基于破坏机理与破坏模式的道路边坡分类浅析[J].中国勘察设计,2019(2):80-82.

[2] 张俊云,周德培.红层泥岩边坡快速风化规律[J].西南交通大学学报,2006,41(1):74-79.

[3] 王智猛,邱恩喜,龚富茂.西南红层边坡分类及加固防护理念研究[J].路基工程,2021(2):9-14.

[4] 王启胜,杨旭升.大保公路路堑边坡病害成因及整治措施[J].铁道标准设计,2002,46(5):34-35.

[5] 邱恩喜,薛元,刘洋.红层软岩边坡稳定性影响因素分析[J].铁道建筑,2015,55(10):122-125.

[6] 邱恩喜,谢强,赵文,等.基于岩体质量的红层软岩边坡坡度设计公式研究[J].岩土力学,2011,32(2):542-546.

[7] 邱恩喜,谢强,石岳,等.修正 SMR 法在红层软岩边坡中的应用[J].岩土力学,2009,30(7):2109-2113.

[8] 邱恩喜,谢强,赵文,等.红层软岩边坡岩体工程特性研究[J].地质与勘探,2007,43(5):96-100.

[9] 邱恩喜.道路软岩边坡设计研究[D].成都:西南交通大学,2009.

[10] Romana M. New adjustment ratings for application of Bieniawski classification to slopes[A]. International Symposium on the Role of Rock Mechanics[C]. Zacatecas:ISRM,1985,49-53.

[11] Roman M R. A geomechanical classification for slope:slope mass rating[J]. Comprehensive Rock Engineering, 1993(3):575-600.

[12] Selby M J. A rock mass strength classification for geomorphic purposes:with tests from Antarctica and New Zealand[J]. Zeitschrift für Geomorphologie,1980,24(1):31-51.

[13] Orr C M. Assessment of rock slope stability using the rock mass rating(RMR)system[J]. Australasian Institute of Mining and Metallurgy,1992,297(2):25-29.

[14] 王子江,王崇艮,王科,等.近水平软岩边坡楔裂扩张力致滑机理研究实例[J].铁道工程学报,2012,29(12):36-41.

[15] 魏永幸,杨建国.边坡地质灾害防治技术研究[J].地质灾害与环境保护,2000,11(3):230-233.

# 第6章 红层泥岩路基面隆起变形控制

## 6.1 红层泥岩路基面隆起特征

成渝客运专线内江北站及邻近区间,在施工运营期间发生三处路基面隆起变形。为此,进行了专项补充勘探、原位测试、室内试验及变形监测,并采取了路改桥、暗挖基床增设桩-板结构等整治措施。

### 6.1.1 工程概况

成渝客运专线是沪蓉快速客运通道及沿江高铁的重要组成部分,由成都东站,向东经简阳、资阳、资中、内江、隆昌、荣昌、大足、永川、璧山、沙坪坝到重庆北站,沿线大部分属四川红层丘陵、低山地区。采用双线无砟轨道,设计时速350km,全长308.2km,其中四川境内185.5km,重庆境内122.7km。2010年3月开工建设,2015年12月26日开通运营。路基施工后及运营中,全线发生基床上拱病害三段,具体分布路段如图6.1所示。

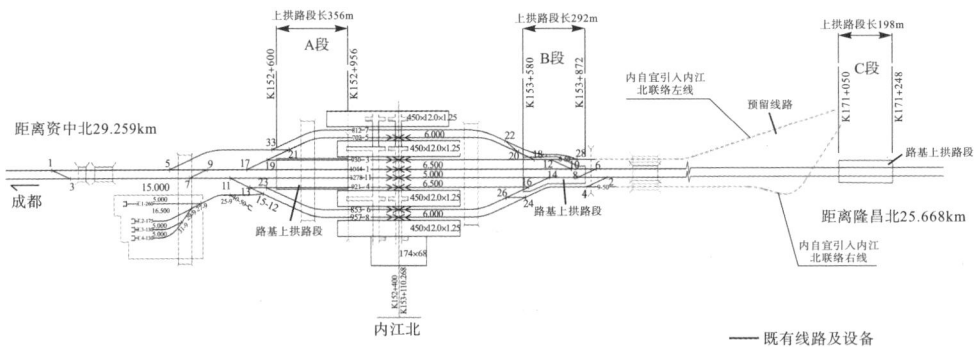

图 6.1 路基上拱路段示意图

**1. K152+600~K152+956 段**

K152+600~K152+956 段位于内江北站成都端咽喉区与站台端部之间,上拱里程 K152+600～K152+956，长度 356m（以下简称 A 段）。该段不涉及道岔区，其中 K152+741.898～K152+778.638 为轨道下有覆土的框架桥。

A 段路堑中心最大挖深 47.8m，左侧路堑边坡最大高度为 530m，右侧路堑边坡最大高度为 24.0m；无砟轨道部分基床表层采用级配碎石（掺 3%水泥），厚 0.4m，路基面以下基床底层换填 1.0～1.5m 厚 A、B 组填料；路基排水横坡 4%，侧沟下方设置纵向盲沟。川南城际铁路施工时，左侧路堑扩挖宽 63～68m，扩挖后的代表性横断面见图 6.2。

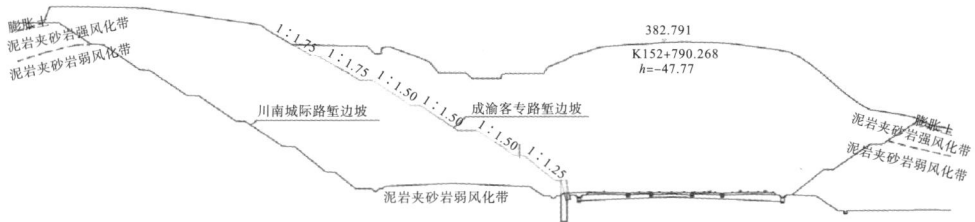

图 6.2　A 段代表性横断面

## 2. K153+580～K153+872 段

K153+580～K153+872 段位于内江北站重庆端咽喉区，上拱里程 K153+580～K153+872，长度 292m（以下简称 B 段）。该段受影响的道岔有左线 6#、10#道岔，右线 2#、8#及 14#道岔。

B 段路堑中心最大挖深 40.0m，左侧路堑边坡最大高度为 26.8m，右侧路堑边坡最大高度为 24.3m；无砟轨道部分基床表层采用级配碎石（掺 3%水泥），厚 0.4m，路基面以下基床底层换填 1.0～1.5m 厚 A、B 组填料；路基填筑排水横坡 4%，路堑两侧侧沟下方均设置纵向盲沟。川南城际铁路施工时，左侧路堑扩挖宽 66～73m，扩挖后的代表性横断面见图 6.3。

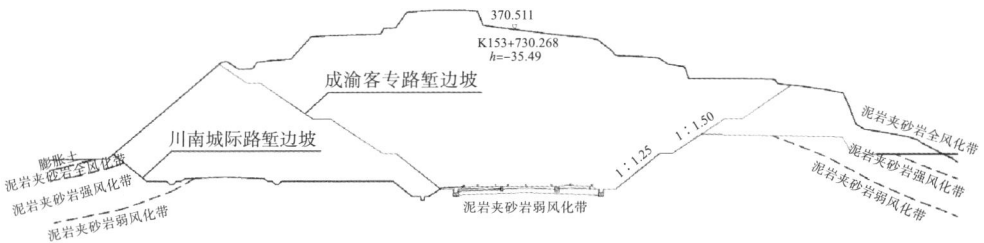

图 6.3　B 段代表性横断面

### 3. K171+050～K171+248 段

K171+050～K171+248 段位于内江北至隆昌北区间，上拱里程 K171+050～K171+248，长度 198m（以下简称 C 段）。

C 段路堑中心最大挖深 31.6m，左侧路堑边坡最大高度为 29.0m，右侧路堑边坡最大高度为 34.0m；无砟轨道部分基床表层采用级配碎石（掺 3%水泥），厚 0.4m，路基面以下基床底层换填 1.0m 厚 A、B 组填料；路基填筑排水横坡 4%。路堑两侧侧沟下方均设置纵向盲沟（图 6.4）。

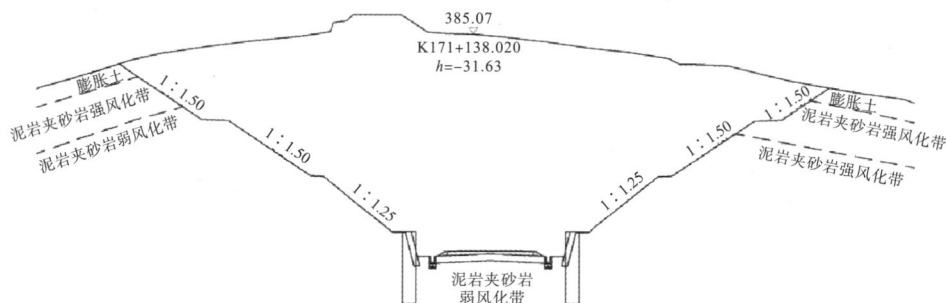

图 6.4　C 段代表性横断面

## 6.1.2　工程地质特征

### 1. 地形地貌

测区属丘陵地貌，丘槽相间，地形波状起伏，丘坡上覆土层较薄，基岩部分裸露，地表多被垦为旱地；沟槽等低洼地带覆土较厚，多被辟为水田[1]。如图 6.5 和图 6.6 所示，A 段丘坡呈哑铃形，坡顶长轴长度大于 190m，中线地面标高 325～385m，相对高差大于 60m，中心最大挖深 47.8m，开挖后左侧路堑边坡高度约 53m。B 段丘坡呈椭圆形，坡顶长轴长度约 110m，中线地面标高 330～375m，相对高差约 45m，中心最大挖深 40m，开挖后左侧路堑边坡高度为 0～22m，右侧路堑边坡高度为 4～25m。C 段丘坡呈长条形，坡顶长轴长度大于 260m，中线地面标高 350～385m，相对高差约 35m，中心最大挖深 31.6m，开挖后左侧路堑边坡高度为 28m，右侧路堑边坡高度为 24.5m。

图 6.5　内江北站红层泥岩路基上拱段分布示意图

图 6.6　测区地形地貌及边坡开挖

## 2. 地层岩性

### 1) 岩性特征

四川红层区属于扬子地层区的上扬子地层分区，主要分布中生界侏罗系、白垩系湖相和河相沉积的红色碎屑岩系，分布面积超过 $11 \times 10^4 km^2$，主要出露侏罗系沙溪庙组，其次是侏罗系遂宁组和侏罗系自流井组地层，侏罗系蓬莱镇组分布较少。

如图 6.7 和图 6.8 所示，测区上覆第四系全新统坡残积粉质黏土等；下伏基岩为侏罗系沙溪庙组泥岩夹砂岩，俗称"川中红层"。泥岩为紫红色，泥质结构，泥质胶结，岩质较软，易风化剥落，具遇水软化崩解、失水收缩开裂等特性；砂岩多为长石石英砂岩，分布不稳定，多呈透镜状，浅灰色、紫红色，中-细粒结构，泥质胶结，中厚-厚层状，质稍硬。全风化带厚 0～10m，岩体风化呈土状及粉砂角粒状，手捏易碎，属Ⅲ级硬土，D 组填料；强风化带厚 2～20m，节理裂隙发育，质较软，属Ⅳ级软石，D 组填料；以下为弱风化带，属Ⅳ级软石，C 组填料。

(a)

(b)

图 6.7　内江北站小里程线路右侧道路边坡

图 6.8　K152+790 线路左侧川南线边坡

2) 地层结构

根据 K152+790、K152+832 和 K153+668、K153+880 代表性地质断面，共布置 14 个钻孔，孔深 10.20～15.0m，其地质剖面如图 6.9～图 6.17 所示。

图 6.9　钻探揭示 A 段为泥岩夹砂岩

图 6.10　钻探揭示 B 段为砂泥岩互层

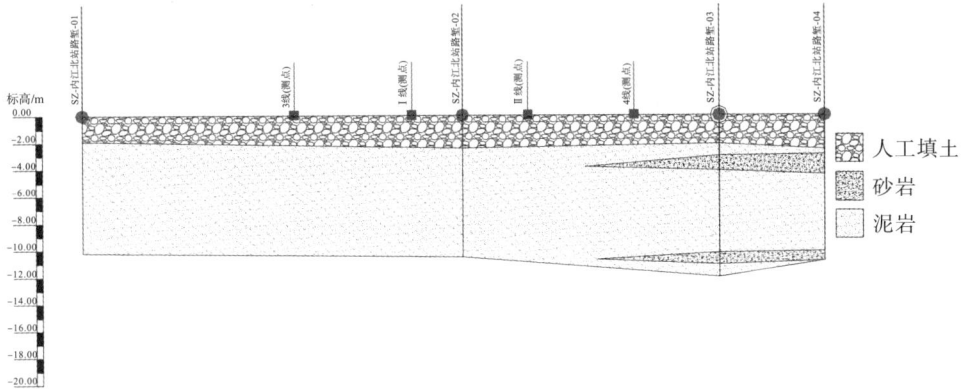

图 6.11　K152+790 地质横断面图

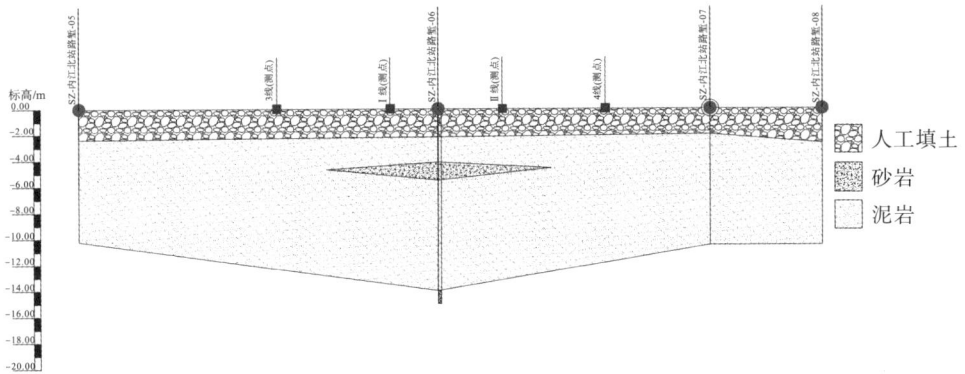

图 6.12　K152+832 地质横断面图

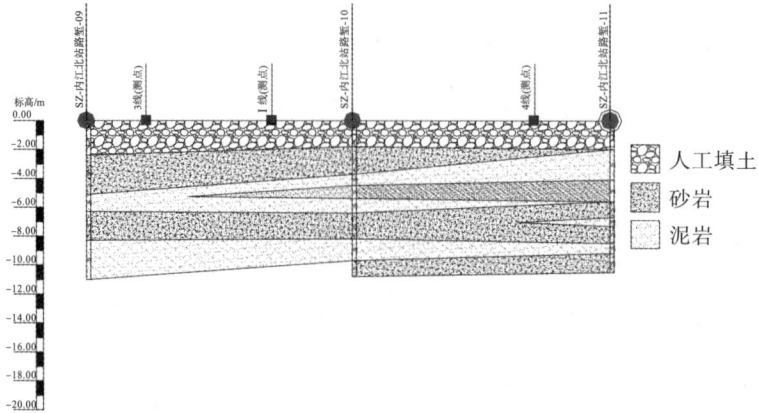

图 6.13　K153+668 地质横断面图

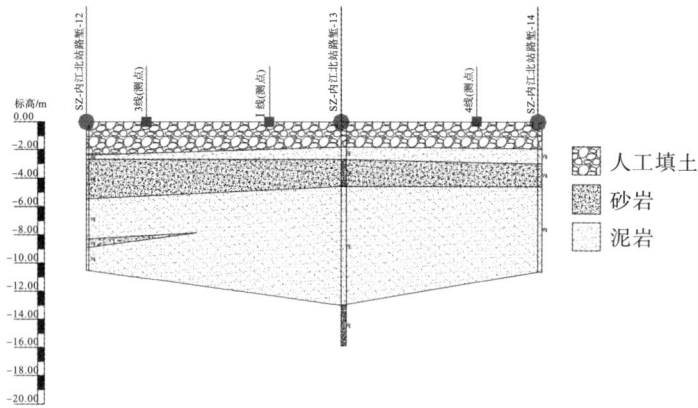

图 6.14　K153+730 地质横断面图

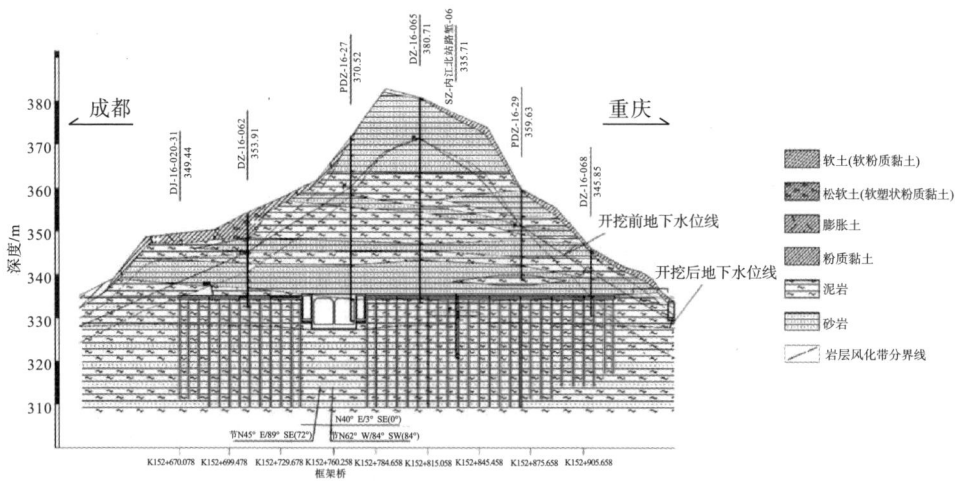

图 6.15　A 段地质纵剖面图

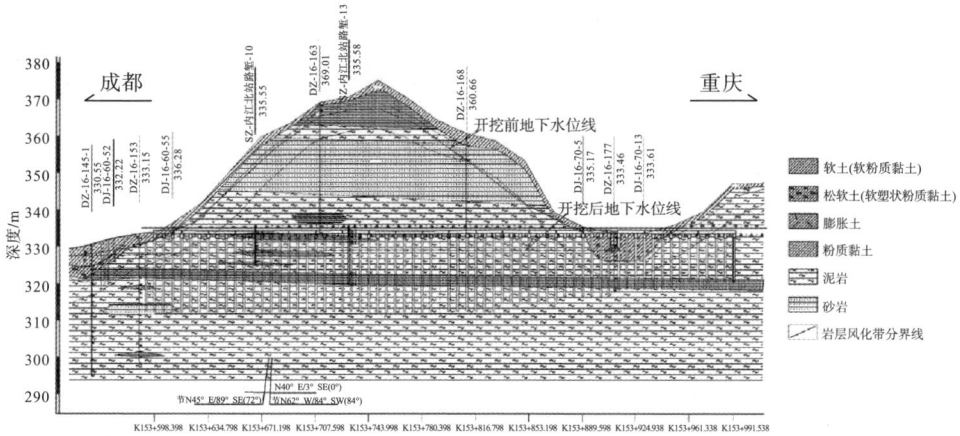

图 6.16   B 段地质纵剖面图

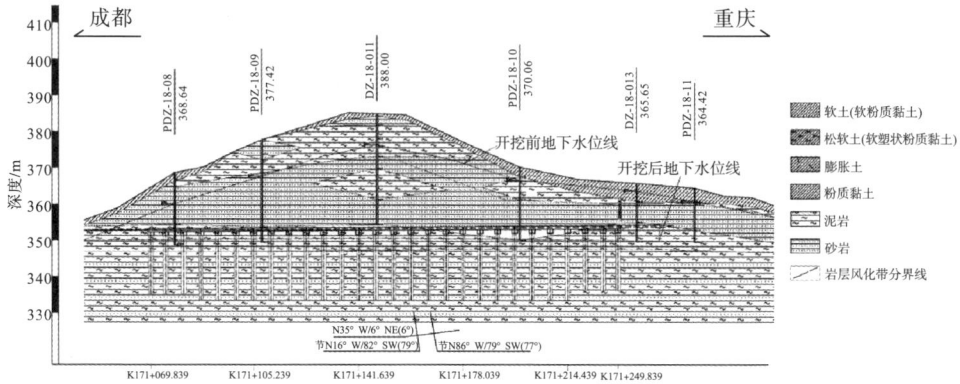

图 6.17   C 段地质纵剖面图

由图 6.11、图 6.12 可见，A 段基底 10.0m 深度范围内岩性较单一，以泥岩为主，局部夹透镜状薄层砂岩，紫红色，泥质结构，泥质胶结，为弱风化，取出岩心呈短柱状、柱状，质稍硬，岩心采集率高，少部分为强风化，取出岩心呈短柱状和碎块，质稍软；由图 6.13、图 6.14 可见，B 段基底岩层呈砂泥岩互层状，K153+668 断面砂岩较泥岩稍厚，K153+730 基底浅层存在一层厚约 2.0m 的砂岩层，以下范围则以泥岩为主，夹薄层砂岩。由图 6.15~图 6.17 可见，A 段基底 12.0m 范围内几乎全部为厚层泥岩，仅局部夹薄层砂岩；B 段基底为紫红色泥岩和灰绿色砂岩互层分布；C 段基底为紫红色泥岩夹透镜状青灰色砂岩相间分布。

3）基床填料

（1）钻探情况。

A 段钻探揭示 A、B 组填料为灰白色，稍湿，接近防水板附近为潮湿，稍密-

中密，粗角砾约占 60%，$\Phi$ 20～60mm，为卵石破碎加工而成，石质为砂岩质，余为砂、砾石充填，底部可见防水板。换填层厚度为 1.5～2.7m，换填层底面坡度为 1%～4%，仅 SZ-内江北站路堑-01 钻孔揭示换填层厚度为 1.9m。换填层底面接触的基岩顶面未见软化现象，一般无虚渣，仅 SZ-内江北站路堑-02 钻孔揭示虚渣厚度为 0.1m。

B 段钻探揭示 A、B 组填料为灰白色，稍湿，接近防水板附近为潮湿，稍密-中密，粗角砾约占 60%，$\Phi$ 20～60mm，为卵石破碎加工而成，石质为砂岩质，余为砂砾石充填，底部可见防水板。换填层厚度为 1.24～1.80m，换填层底面坡度为 3.5%～4.9%。换填层底面接触的基岩顶面未见软化现象，一般无虚渣，仅 SZ-内江北站路堑-09 钻孔揭示虚渣厚度为 0.1m。

(2)室内填料试验。

如表 6.1 所示，A 段取样填料试验 8 组，其中 B 组填料 5 组，C 组填料 3 组；B 段取样填料试验 6 组，均为 B 组填料。

表 6.1　现场钻探取样填料试验统计表

| 序号 | 试验编号 | 钻孔编号 | 定名 | 细粒(过 0.5mm 筛下所做) | | | 填料分组 |
| --- | --- | --- | --- | --- | --- | --- | --- |
| | | | | 塑性指数 | 液性指数 | 自由膨胀率/% | |
| A 段 | C15 成渝填 1 | SZ-内江北站路堑-01 | 土质细角砾 | 12.2 | -0.55 | 23.0 | B 组填料 |
| | C15 成渝填 2 | SZ-内江北站路堑-02 | 土质细角砾 | 15.8 | -0.47 | 15.0 | C 组填料 |
| | C15 成渝填 3 | SZ-内江北站路堑-03 | 土质细角砾 | 12.3 | -0.28 | 18.0 | B 组填料 |
| | C15 成渝填 4 | SZ-内江北站路堑-04 | 土质砾砂 | 12.0 | -0.33 | 17.0 | B 组填料 |
| | C15 成渝填 5 | SZ-内江北站路堑-05 | 土质细角砾 | 11.5 | -0.29 | 12.0 | C 组填料 |
| | C15 成渝填 6 | SZ-内江北站路堑-06 | 土质细角砾 | 12.8 | -0.46 | 14.0 | B 组填料 |
| | C15 成渝填 7 | SZ-内江北站路堑-07 | 土质细角砾 | 11.4 | -0.27 | 12.0 | C 组填料 |
| | C15 成渝填 8 | SZ-内江北站路堑-08 | 土质砾砂 | 11.0 | -0.25 | 13.0 | B 组填料 |
| B 段 | C15 成渝填 9 | SZ-内江北站路堑-09 | 土质细角砾 | 13.6 | -0.23 | 22.0 | B 组填料 |
| | C15 成渝填 10 | SZ-内江北站路堑-10 | 土质细角砾 | 11.7 | -0.69 | 14.0 | B 组填料 |
| | C15 成渝填 11 | SZ-内江北站路堑-11 | 土质细角砾 | 10.7 | -0.16 | 13.0 | B 组填料 |
| | C15 成渝填 12 | SZ-内江北站路堑-12 | 土质细角砾 | 12.1 | -0.33 | 26.0 | B 组填料 |
| | C15 成渝填 13 | SZ-内江北站路堑-13 | 土质细角砾 | 11.2 | -0.55 | 15.0 | B 组填料 |
| | C15 成渝填 14 | SZ-内江北站路堑-14 | 土质细角砾 | 10.5 | -0.65 | 18.0 | B 组填料 |

(3)骨料碱活性试验。

如表 6.2 所示，骨料的碱活性试验砂浆棒法一般小于 0.1%，碱活性骨料反应导致路基膨胀变形上拱的可能性小。

表 6.2　骨料碱活性试验统计表

| 序号 | 样品编号 | 类型 | 岩相法结论 | 砂浆棒法结论 |
|---|---|---|---|---|
| 1 | C19 成渝骨 1 | 粗骨料 | 该组样品中含具碱活性的微晶石英、应变石英，含量约 1.8%，具潜在碱活性，为碱-硅酸反应 | 膨胀率检测结果为 0.02% |
| 2 | C19 成渝骨 2 | 粗骨料 | 该组样品中含具碱活性的微晶石英，含量约 1.2%，具潜在碱活性，为碱-硅酸反应 | 膨胀率检测结果为 0.04% |
| 3 | C19 成渝骨 3 | 粗骨料 | 该组样品中含具碱活性的微晶石英，含量约 1.0%，具潜在碱活性，为碱-硅酸反应 | 膨胀率检测结果为 0.03% |
| 4 | C19 成渝骨 4 | 粗骨料 | 该组样品中含具碱活性的微晶石英，含量约 1.0%，具潜在碱活性，为碱-硅酸反应 | 膨胀率检测结果为 0.03% |
| 5 | C19 成渝骨 5 | 粗骨料 | 该组样品中含具碱活性的微晶石英、应变石英、玉髓，含量 10.1%，具潜在碱活性，为碱-硅酸反应 | 膨胀率检测结果为 0.11% |
| 6 | C19 成渝骨 6 | 粗骨料 | 该组样品中含具碱活性的微晶石英、应变石英、玉髓，含量约 11.8%，具潜在碱活性，为碱-硅酸反应 | 膨胀率检测结果为 0.10% |
| 7 | C19 成渝骨 7 | 粗骨料 | 该组样品中含具碱活性的微晶石英、应变石英、玉髓，含量约 15.8%，具潜在碱活性，为碱-硅酸反应 | 膨胀率检测结果为 0.08% |
| 8 | C19 成渝骨 8 | 粗骨料 | 该组样品中含具碱活性的微晶石英、应变石英、玉髓，含量约 11.9%，具潜在碱活性，为碱-硅酸反应 | 膨胀率检测结果为 0.10% |

### 3. 地质构造

测区位于川中平缓低褶带，岩层产状平缓，呈近水平层状。岩层产状为 N25°E/8°SE、N45°E/5°SE、N58°E/4°SE，节理多为闭合型或微张型，其延伸较远，倾角较陡，局部垂直，主要发育 $J_1$(N58°E/4°SE)、$J_2$(N1°W/89°NE)、$J_3$(N45°E/59°NW)、$J_4$(N89°W/75°NE)、$J_5$(N50°E/80°SE)、$J_6$(N22°W/85°SW)，构成不利结构面。测区地震动峰值加速度为 0.05$g$，地震动反应谱特征周期为 0.35s。

### 4. 水文地质特征

上拱区段地表水主要为坡面暂时性流水，流量受季节影响明显。地下水为第四系土层孔隙潜水及基岩裂隙水，其中第四系土层较薄，孔隙潜水含量较少；基岩中泥岩裂隙水含量小，砂岩中相对较大。地下水位埋深 3～8m。

在 A、B 段分别开展了地下水位、分层沉降等专项监测工作，监测断面布置详见图 6.18～图 6.20。采用投入式水位计对地下水位进行监测，共布设 2 个监测横断面，4 个监测孔。一个监测断面位于 K152+790，另外一个位于 K153+650，每个断面分别在靠山侧与靠站房侧各布置一个监测孔。

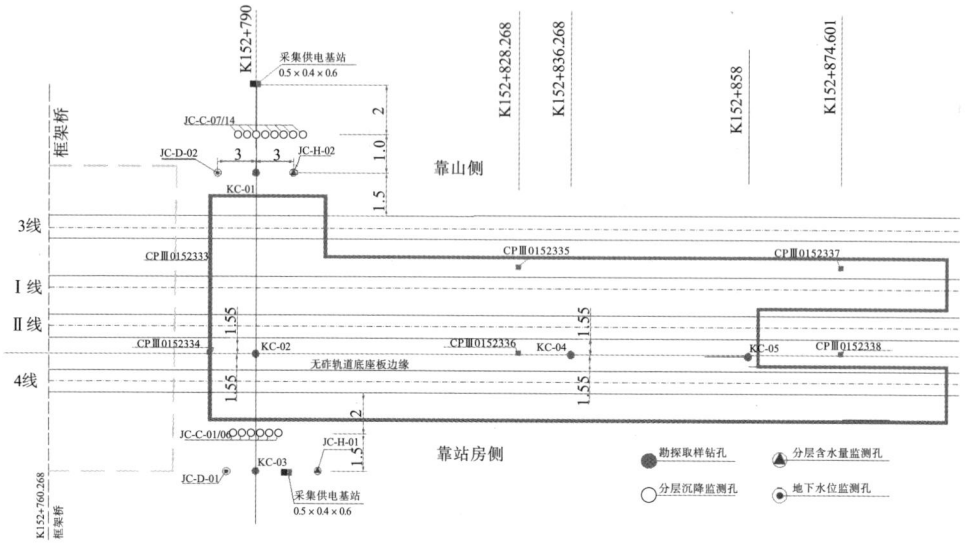

图 6.18　A 段专项监测断面布置图

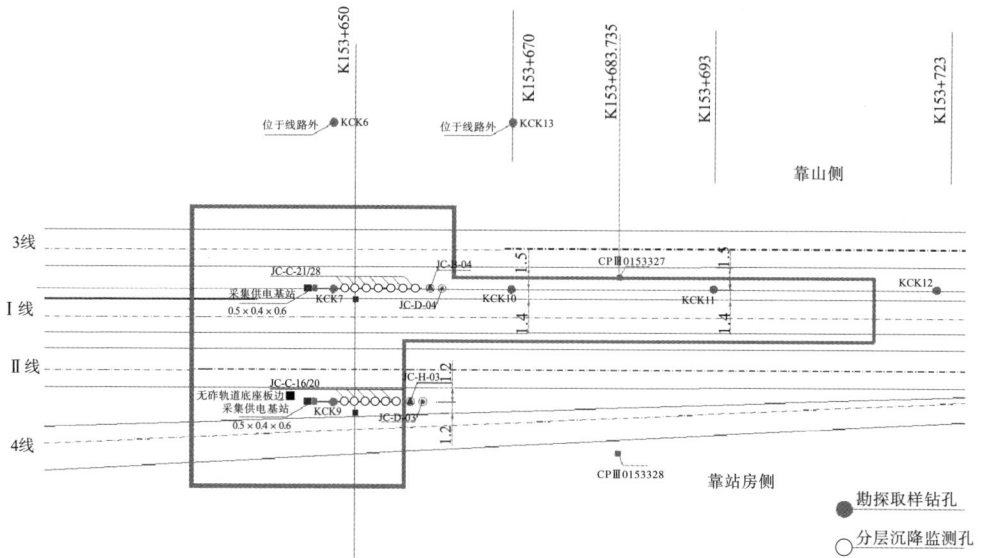

图 6.19　B 段专项监测断面布置图

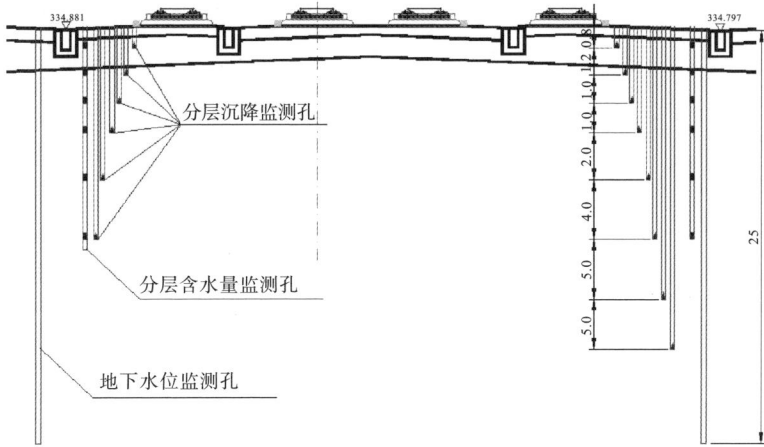

图 6.20　专项监测立面布置示意图

　　图 6.21～图 6.24 分别为两个观测断面的水位变化观测曲线。4 个监测点在近 6 个半月的水位变化幅度均不大，为 50～80cm。

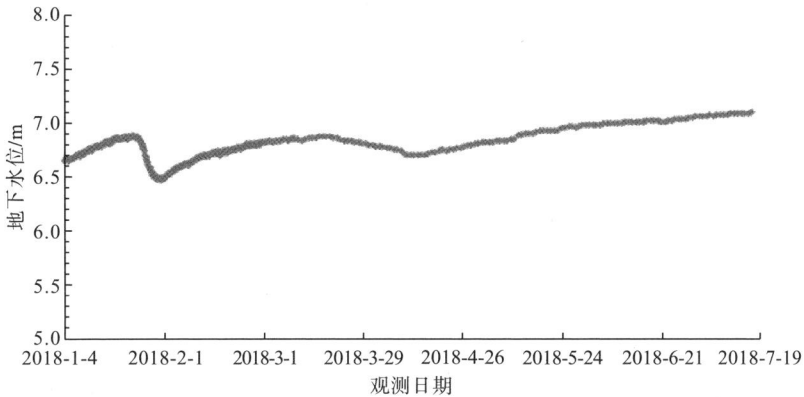

图 6.21　A 段 K152+790 断面(靠站房侧)水位变化曲线

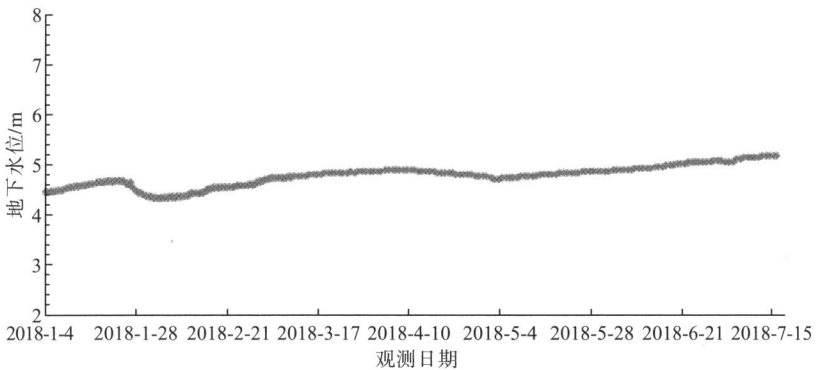

图 6.22　A 段 K152+790 断面(靠山侧)水位变化曲线

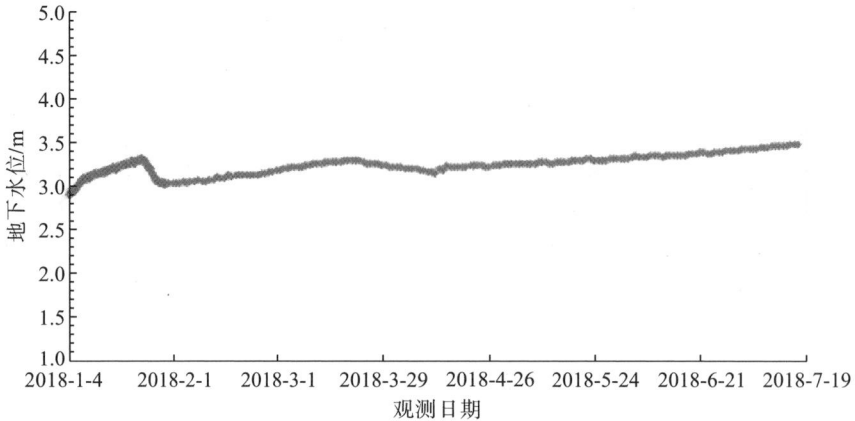

图 6.23　B 段 K153+650 断面(靠山侧)水位变化曲线

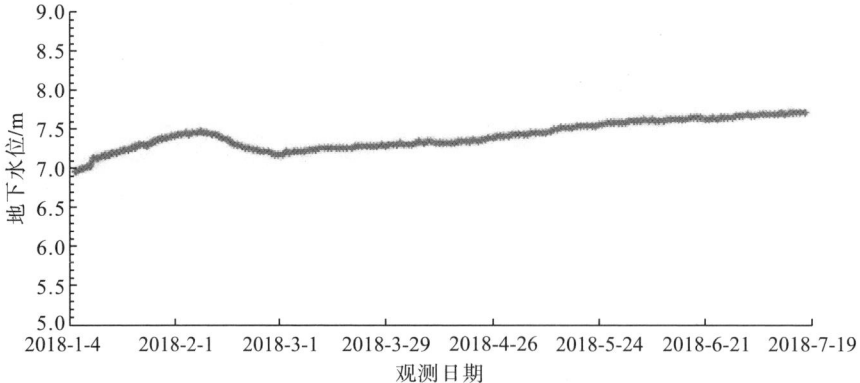

图 6.24　B 段 K153+650 断面(靠站房侧)水位变化曲线

如表 6.3、图 6.25 所示，A 段 K152+790 靠山侧水位距孔口深度为 4.33～5.16m，靠站房侧水位距孔口深度为 6.47～7.10m，地下水位在路基两侧存在一定的差异，表现为靠山侧水位较靠站房侧高 2m 左右。

如图 6.26 所示，B 段 K153+650 靠山侧水位距孔口深度为 2.91～3.48m，靠站房侧水位距孔口深度为 6.91～7.72m，地下水位在路基两侧存在明显的差异，表现为靠山侧水位较靠站房侧高 4m 左右。

如图 6.27 所示，C 段小里程沟槽标高 350m，大里程沟槽标高 348m，路堑两侧盲沟底标高 351m，路堑范围内地下水顺盲沟沿纵向往大小里程的沟槽排泄，地下水位于路肩以下 3.5～5.0m。

表 6.3　各区段地下水位埋深一览表

| 参数 | 区段 | | | | | |
|---|---|---|---|---|---|---|
| | A 段 | | B 段 | | C 段 | |
| | 靠山侧(左侧) | 靠站房侧(右侧) | 靠山侧(左侧) | 靠站房侧(右侧) | 左侧边坡 | 右侧边坡 |
| 距孔口深度/m | 4.33～5.16 | 6.47～7.10 | 2.91～3.48 | 6.91～7.72 | 3.5～5.0 | 3.5～5.0 |

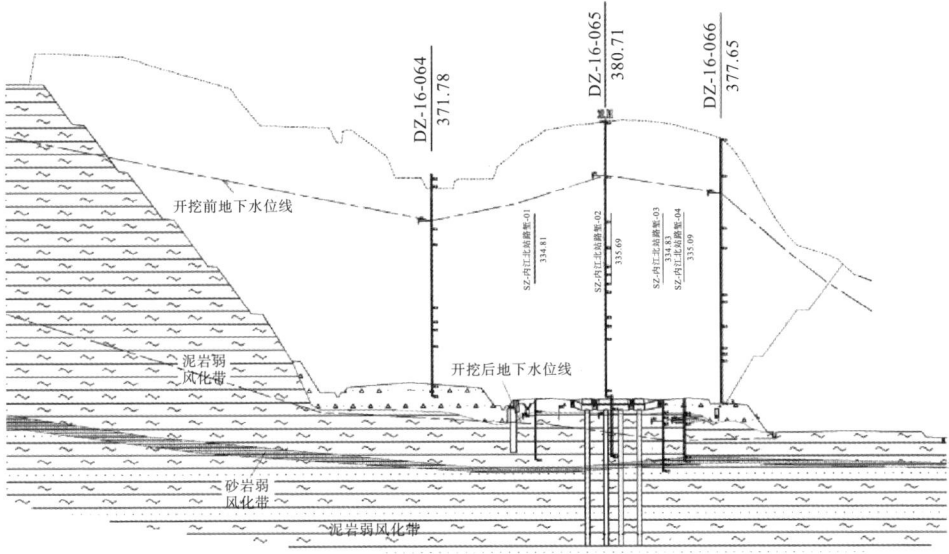

图 6.25　A 段开挖前后地下水位变化情况

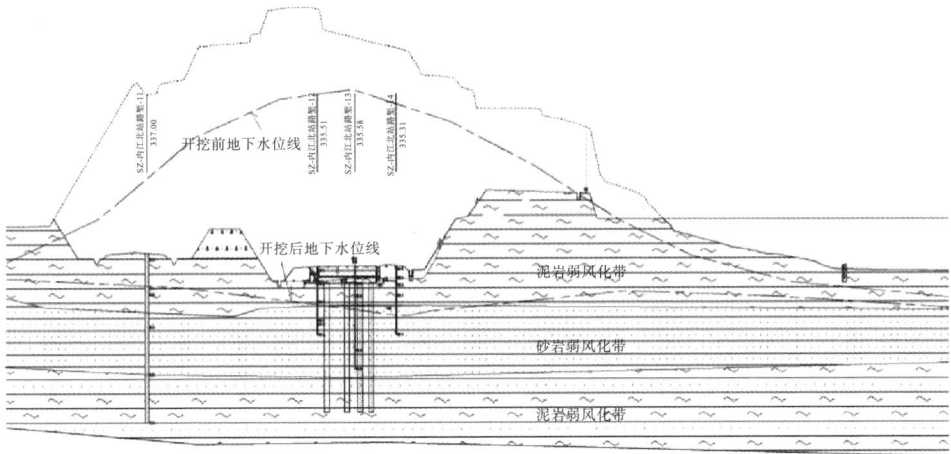

图 6.26　B 段开挖前后地下水位变化情况

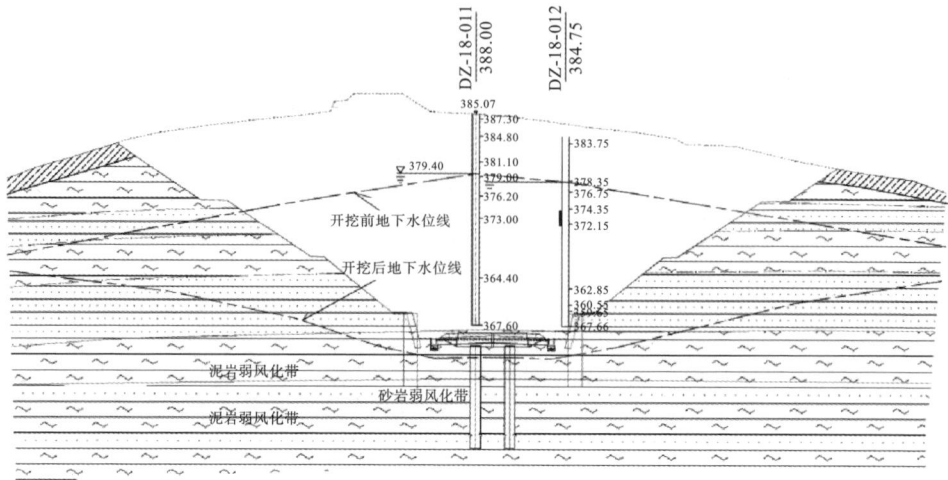

图 6.27　C 段开挖前后地下水位变化情况

2017 年 12 月，对 A、B 段基底岩层进行了勘探取样分析，从 12 个取样孔、124 组样品的含水率试验结果来看，岩样含水率变化范围为 1.33%～9.61%，平均含水率为 4.71%。含水率随取样深度的变化如图 6.28 所示，基岩含水率随深度无明显的变化规律。

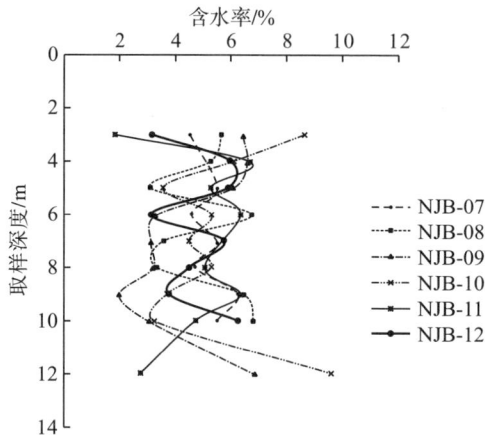

图 6.28　基岩含水率随取样深度分布图

对比 2009～2010 年勘察阶段、2015 年补充勘察阶段和 2017 年补充勘察阶段，各阶段岩石含水率变化见表 6.4。

表 6.4　各阶段岩石含水率变化一览表

| 参数 | 2009~2010 年勘察阶段（中铁二院工程集团有限责任公司） | | | 2015 年补充勘察阶段（中铁二院工程集团有限责任公司） | | | 2017 年补充勘察阶段（中国科学院武汉岩土力学研究所） | | |
|---|---|---|---|---|---|---|---|---|---|
| | 极小值 | 极大值 | 平均值 | 极小值 | 极大值 | 平均值 | 极小值 | 极大值 | 平均值 |
| 含水率/% | 2.60 | 6.50 | 4.56 | 2.40 | 13.10 | 5.17 | 1.33 | 9.61 | 4.71 |

各阶段岩石天然含水量平均值均在 5%左右,表明岩体天然含水率多年来没有发生明显变化。可见,泥岩渗透性小,裂隙水含量甚微,为相对隔水层。

据测段所取地表水(2009-成渝水 W-4、2010-成渝水-33、2010-成渝水-31、2009-成渝水-528)试验,水质类型属 $HCO_3^- \text{-}Ca^{2+} \cdot Na^+$、$HCO_3^- \text{-}Ca^{2+} \cdot Mg^{2+}$、$HCO_3^- \cdot SO_4^{2-} \text{-}Ca^{2+} \cdot Mg^{2+}$ 型水。根据《铁路混凝土结构耐久性设计规范》(TB 10005—2010),在环境作用类别为化学侵蚀环境及氯盐环境时,地表水对混凝土结构具二氧化碳侵蚀和氯盐侵蚀,环境作用等级为 H1 和 L1。

据测段所取地下水(2010-成渝水-43、2009-水-180、2009-水-181)试验,水质类型属 $HCO_3^- \cdot SO_4^{2-} \text{-}Ca^{2+}$、$SO_4^{2-} \cdot HCO_3^- \text{-}Na^+ \cdot Ca^{2+}$、$HCO_3^- \text{-}Ca^{2+}$ 型水。根据《铁路混凝土结构耐久性设计规范》(TB 10005—2010),在环境作用类别为化学侵蚀环境及氯盐环境时,地下水对混凝土结构具硫酸盐侵蚀,环境作用等级为 H1。

## 6.1.3　路基上拱变形规律

成渝客运专线内江北站及区间路堑发现上拱迹象后,从 2015 年 8 月 7 日至 2019 年 12 月 31 日开展了自动化监测[2];从 2017 年 8 月至 2019 年 12 月进行了人工观测,观测内容为 CPIII 基准网复测、沉降变形监测、水平位移变形监测。

### 1. 路堑高度与基底上拱变形分析

内江北站两处上拱区段均处于深路堑区域,A 段上拱区段最大挖深为 48m,位于 K152+790 处;B 段上拱区段最大挖深为 40m,位于 K153+750 处。C 段上拱区段最大挖深为 31.6m,位于 K171+140 处。根据沿线路纵向布置的变形监测点采集的数据,结合原始地形图可以获得线路上拱变形与挖方高度之间的关系,见图 6.29~图 6.31。

总体上看,上拱区段上拱量值在 2015~2019 年均处于增长阶段,其中 A 段上拱量值＞B 段上拱量值＞C 段上拱量值,与路堑挖方高度基本吻合,即挖方越深上拱量越大。A 段 K152+750 和 K152+770 两处由于位于框架涵上，监测数据表明上拱变形值较小。框架涵高度约 8.3m，框架涵两侧监测点上拱量小于相邻段上拱量的 50%。主要原因为岩石的蠕变与应力差呈线性关系，即随着应力差减小，岩石蠕变线性减小。框架涵本身的自重压力导致框架涵基底泥岩应力差较其两侧未设置框架涵的区段显著减小，故其蠕变也相应显著减小，最终体现为 A 段框架涵上拱变形值较小。

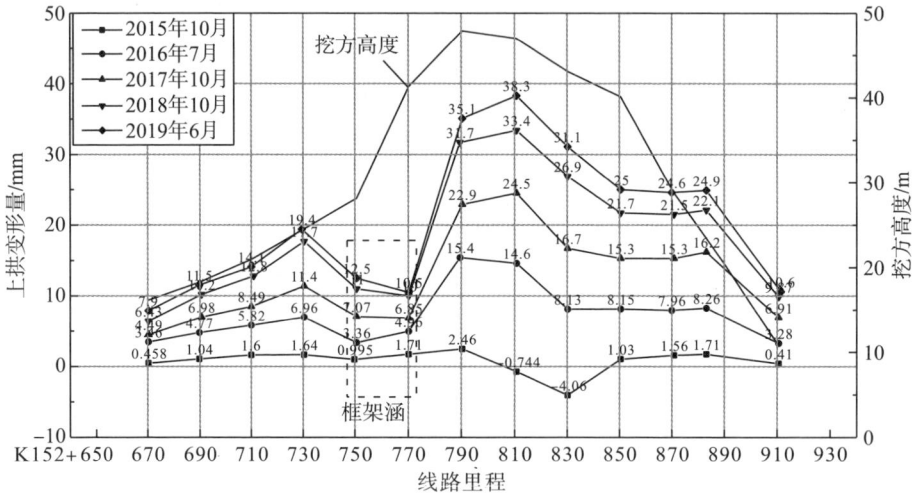

图 6.29　A 段上拱变形监测结果（Ⅰ线）

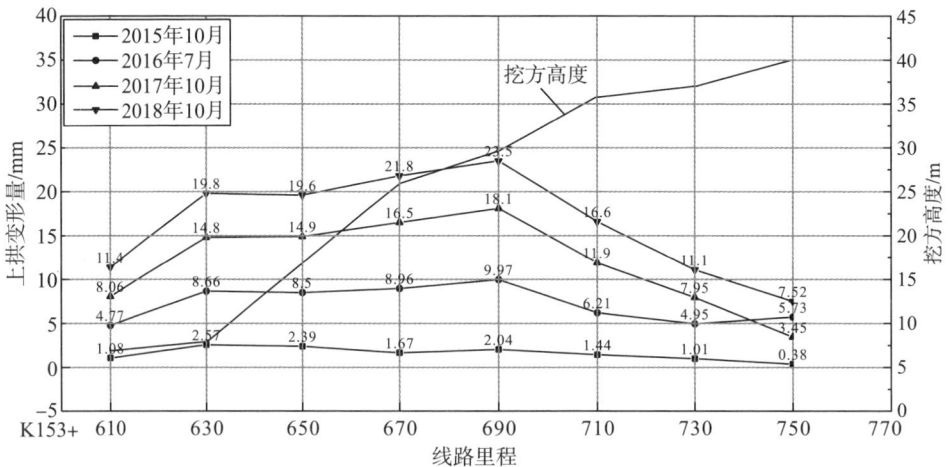

图 6.30　B 段上拱变形监测结果（Ⅰ线）

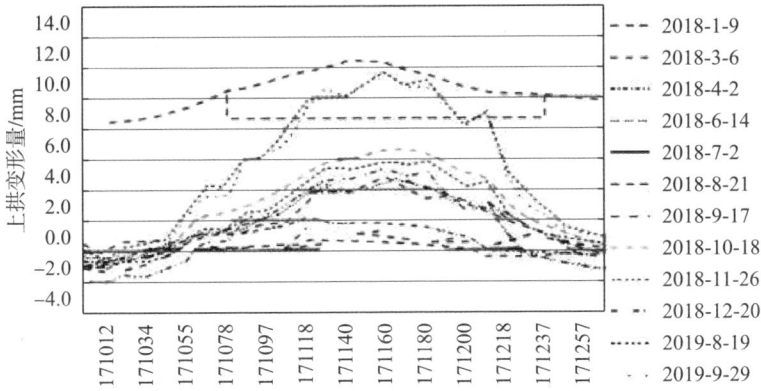

图 6.31　C 段上拱变形监测结果（Ⅰ线和Ⅱ线间）

## 2. 路堑基底上拱变形发展规律

现场路基变形监测数据自 2015 年开始至今，选取两个上拱区段内典型监测断面的持续监测数据，分析近 3 年来路基上拱变形发展规律（图 6.32、图 6.33）。

图 6.32 和图 6.33 为两段路基不同位置上拱变形量随时间的变化规律，整体上看，两处路基均随时间推移表现出单调上拱的变形趋势。从图 6.32 可以看出，K152区段路基在 2016 年 7 月至 2017 年 3 月（调整-1）和 2017 年 9 月至 2018 年 4 月（调整-2）出现上拱变形速率减缓的阶段，在这两个时间段内，线路不同位置上拱变形量基本没有增加，而后又出现线性上拱趋势。这两个时间段都不是典型的雨季，而是大多处于旱季，说明内江北站路基上拱变形规律与降雨量并无明显相关性。更进一步地，K153 区段（图 6.33）没有出现平缓上拱阶段，路基各位置随时间呈线性上拱，同样与大气降雨没有明显相关性。

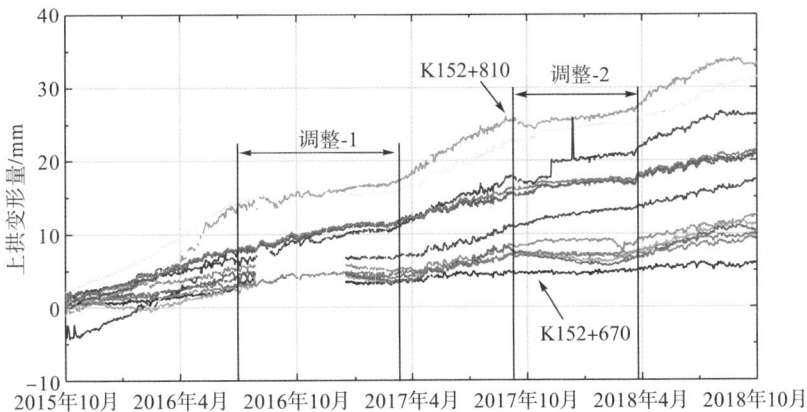

图 6.32　K152 区段路基上拱变形量随时间变化规律

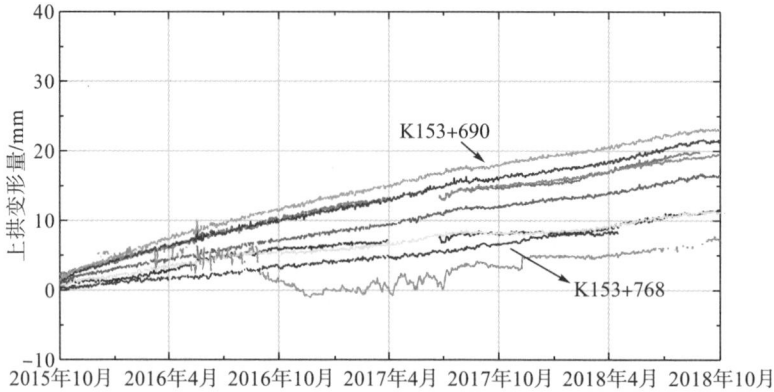

图 6.33　K153 区段路基上拱变形量随时间变化规律

　　泥岩作为一种典型的低渗透性岩石，降雨作用仅对于路基浅表层泥岩产生影响，使其出现快速的软化现象。但是，地表水通过致密泥岩层的渗透性极低，而只能通过泥岩内分布的网状或者贯通节理裂隙迁移。从而，内江北站路基上拱变形与大气降雨没有显著的相关性也说明造成内江北站路基持续上拱的岩层非浅表泥岩层，而应该考虑受大气影响不显著的更深层岩体变形的时效性。

　　图 6.34 和图 6.35 分别为 K152+790 和 K153+650 两个断面 4 条线路位置路基上拱变形量随时间的变化规律，3 线为靠山一侧，4 线为靠站台一侧。可以看出，两处路基均在靠山一侧（3 线）上拱变形量最大。K152+690 处距离路堑边坡越远，上拱变形量越小；K153+690 处距离路堑边坡较远的 I 线、II 线和 4 线上拱变形量相差不大，都比靠山侧的 3 线变形量小。

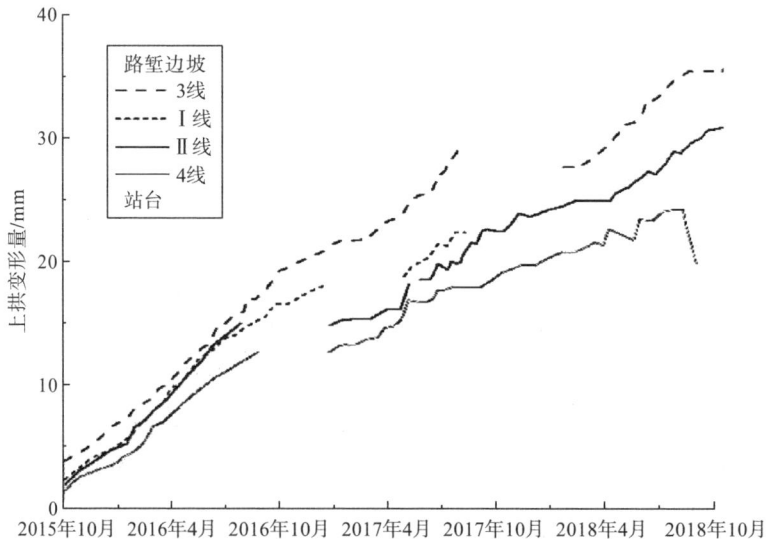

图 6.34　K152+790 断面不同位置路基上拱规律

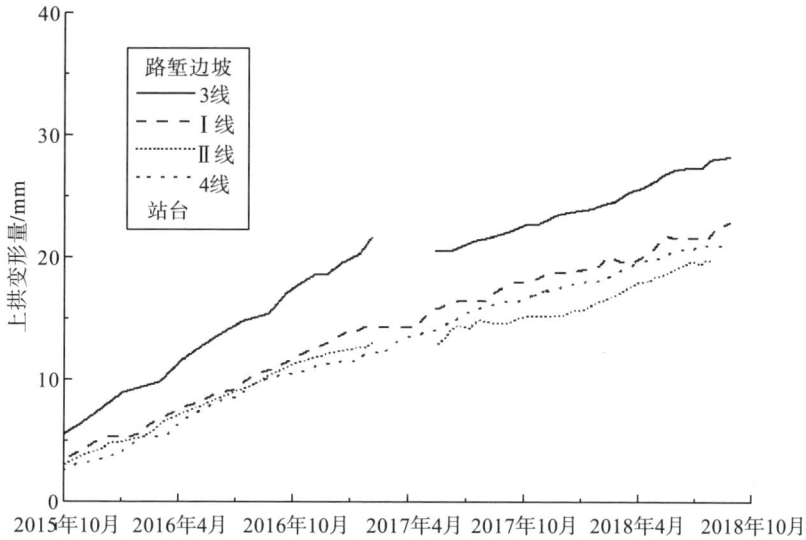

图 6.35　K153+650 断面不同位置路基上拱规律

从 A、B 段上拱变形趋势分析，上拱位移速率持续下降，A 段上拱速率由
2016 年的 1.20mm/月，下降至 2019 年的 0.56mm/月；B 段上拱速率由 2016 年的
0.70mm/月，下降至 2019 年的 0.32mm/月；C 段上拱速率由 2018 年的 0.60mm/
月，下降至 2019 年的 0.45mm/月，具体见表 6.5。

表 6.5　A、B 段上拱变形量趋势分析

| 区段 | 断面 | 参数 | 2015 年 | 2016 年 | 2017 年 | 2018 年 | 2019 年 |
|---|---|---|---|---|---|---|---|
| A 段 | 北京大成国测科技有限公司（K152+810，I 股） | 上拱变形量/mm | 1.93 | 14.39 | 9.60 | 7.46 | |
| | | 上拱速率/(mm/月) | | 1.20 | 0.80 | 0.62 | |
| | 中铁二院工程集团有限责任公司（K152+805，I 股） | 上拱变形量/mm | | | 0.00 | 7.60 | 6.70 |
| | | 上拱速率/(mm/月) | | | | 0.63 | 0.56 |
| B 段 | 北京大成国测科技有限公司（K153+690，I 股） | 上拱变形量/mm | 4.90 | 8.43 | 5.96 | 4.56 | 4.32 |
| | | 上拱速率/(mm/月) | | 0.70 | 0.50 | 0.38 | 0.36 |
| | 中铁二院工程集团有限责任公司（K153+665，I 股） | 上拱变形量/mm | | | 0.00 | 8.00 | 3.80 |
| | | 上拱速率/(mm/月) | | | | 0.67 | 0.32 |
| C 段 | 人工监测（K171+130，1 号点） | 上拱变形量/mm | | | | 7.20 | 5.40 |
| | | 上拱速率/(mm/月) | | | | 0.60 | 0.45 |

# 6.2　红层泥岩变形试验及路基隆起机理研究

## 6.2.1　红层软岩膨胀变形特性

### 1. 勘察阶段红层软岩膨胀性

依据《膨胀土地区建筑技术规范》(GB 50112—2013)和《铁路工程特殊岩土勘察规程》(TB 10038—2022)，红层泥岩开展自由膨胀率、饱和吸水率、膨胀力试验；同时将岩石粉碎，比照膨胀土开展蒙脱石含量和阳离子交换量 $CEC(NH_4^+)$ 试验。

勘察阶段室内试验结果表明[3]，泥岩的自由膨胀率平均值为 23%；膨胀力平均值为 40.8kPa；饱和吸水率平均值为 8.21%；含水率平均值为 4.71%。仅有 1 组试样达到膨胀岩标准(表 6.6)。

表 6.6　勘察阶段泥岩膨胀性试验结果

| 区段 | 试验编号 | 取样深度/m | 含水率/% | 饱和吸水率/% | 膨胀力/kPa | 自由膨胀率/% |
|------|----------|-----------|---------|-------------|-----------|-------------|
| A 段 | 2009-成渝岩 CQ1662 | 11.4～12.0 | 3.10 | 4.30 | 14.2 | 27 |
| | 2009-成渝岩 CQ1773 | 16.4～17.0 | 4.40 | 5.80 | 32.7 | 22 |
| | 2009-成渝岩 CQ1775 | 17.3～17.9 | 4.60 | 5.90 | 41.5 | 24 |
| | 2009-成渝岩 CQ1666 | 13.2～14.1 | 6.10 | 8.00 | 46.8 | 28 |
| | 2009-成渝岩 CQ1789 | 13.0～13.6 | 4.40 | 5.80 | 32.1 | 21 |
| | 2009-成渝岩 CQ1778 | 16.2～17.0 | 6.50 | 8.70 | 42.3 | 31 |
| | 2009-成渝岩 CQ1670 | 25.0～25.9 | 5.10 | 6.50 | 37.5 | 25 |
| | 2009-成渝岩 CQ1795 | 29.2～30.0 | 3.60 | 4.80 | 38.9 | 21 |
| | 2009-成渝岩 CQ1672 | 12.4～13.2 | 3.90 | 5.40 | 20.7 | 25 |
| | 2009-成渝岩 CQ1794 | 13.0～14.2 | 5.10 | 6.70 | 48.9 | 34 |
| | 2009-成渝岩 CQ1678 | 24.9～25.6 | 3.60 | 4.90 | 35.7 | 21 |
| | 2009-成渝岩 CQ1673 | 21.0～21.9 | 5.20 | 6.80 | 25.9 | 14 |
| | 2009-成渝岩 CQ1676 | 21.2～22.0 | 3.10 | 4.50 | 28.9 | 27 |
| | 2009-成渝岩 CQ1683 | 23.0～23.6 | 5.10 | 6.70 | 25.0 | 19 |
| B 段 | 2009-成渝岩 CQ1708 | 36.7～37.3 | 2.60 | 3.80 | 25.9 | 18 |
| | 2009-成渝岩 CQ1709 | 20.0～21.0 | 3.60 | 4.90 | 34.2 | 23 |

续表

| 区段 | 试验编号 | 取样深度/m | 含水率/% | 饱和吸水率/% | 膨胀力/kPa | 自由膨胀率/% |
|---|---|---|---|---|---|---|
| B 段 | 2009-成渝岩 CQ1712 | 14.1～14.9 | 4.90 | 6.30 | 47.3 | 28 |
| | 2009-成渝岩 CQ1716 | 15.0～15.8 | 5.00 | 6.50 | 42.1 | 24 |
| | 2009-成渝岩 CQ1718 | 28.8～29.5 | 5.00 | 6.80 | 51.9 | 34 |
| | 2009-成渝岩 CQ1731 | 19.4～20.0 | 5.00 | 6.50 | 31.5 | 9 |
| | 2010-成渝岩-109 | 24.00～24.69 | 5.40 | 22.55 | 84.0 | 26 |
| | 2009-成渝岩 CQ1735 | 11.4～12.0 | 5.00 | 6.40 | 27.8 | 13 |
| C 段 | 2010-成渝岩-116 | 17.76～18.96 | 2.70 | 5.54 | 25.0 | 10 |
| | 2010-成渝岩-118 | 18.76～19.49 | 7.10 | 23.67 | 133.0 | 28 |
| | Y10912521 | 10.0～10.6 | 4.94 | 6.63 | 23.0 | 20 |
| | 2009-成渝岩-1553 | 17.1～17.7 | 6.20 | 22.60 | — | 23 |
| | 2010-成渝岩-117 | 17.3～18.0 | 5.80 | 14.66 | 63.0 | 22 |
| 统计结果 | 样本数 | 27 | 27 | 26 | 27 | |
| | 极小值 | 2.60 | 3.80 | 14.2 | 9 | |
| | 极大值 | 7.10 | 23.67 | 133.0 | 34 | |
| | 平均值 | 4.71 | 8.21 | 40.8 | 23 | |

### 2. 补勘阶段红层软岩膨胀性

补勘阶段泥岩室内试验结果(表 6.7～表 6.9)表明,25 组泥岩试样中有 6 组试样达到膨胀岩标准,占 24%,但从指标均值来看,泥岩的自由膨胀率平均值为 26%,膨胀力平均值为 51kPa,均没有达到膨胀岩标准,仅饱和吸水率平均值为 21.47%,达到膨胀岩标准。砂岩的膨胀性指标依然很小,都没有达到膨胀岩标准。可见,与 2009 年勘察阶段相比,内江北站基底泥岩膨胀性指标有变化,但依然不属于典型膨胀岩。

表 6.7 补勘阶段地表取样岩石膨胀性试验结果

| 序号 | 试验编号 | 取样深度/m | 阳离子交换量/(mmol/kg) | 蒙脱石含量/% | 饱和吸水率/% | 膨胀力/kPa | 自由膨胀率/% | 定名 |
|---|---|---|---|---|---|---|---|---|
| 1 | Y-内江北站-01 | 地表 | 171.7 | 11.22 | 16.74 | — | 23 | 膨胀岩(粉砂岩) |
| 2 | Y-内江北站-02 | 地表 | 172.6 | 9.90 | 16.22 | — | 24 | 膨胀岩(粉砂岩) |
| 3 | Y-内江北站-03 | 地表 | 179.1 | 7.70 | 25.19 | 106 | 19 | 膨胀岩(泥岩) |
| 4 | Y-内江北站-04 | 地表 | 181.8 | 12.98 | 23.08 | 5 | 28 | 膨胀岩(泥岩) |

| 序号 | 试验编号 | 取样深度/m | 阳离子交换量/(mmol/kg) | 蒙脱石含量/% | 饱和吸水率/% | 膨胀力/kPa | 自由膨胀率/% | 定名 |
|---|---|---|---|---|---|---|---|---|
| 5 | Y-内江北站-05 | 地表 | 176.5 | 12.14 | 26.21 | 15 | 20 | 膨胀岩(泥岩) |
| 6 | Y-内江北站-06 | 地表 | 178.8 | 11.29 | 23.75 | 26 | 20 | 膨胀岩(泥岩) |
| 7 | Y-内江北站-07 | 地表 | 107.8 | 6.61 | 3.87 | 7 | 21 | 砂岩 |
| 8 | Y-内江北站-08 | 地表 | 73.0 | 4.47 | 2.14 | 15 | 11 | 砂岩 |
| 9 | Y-内江北站-09 | 地表 | 62.2 | 4.75 | 3.00 | 10 | 15 | 砂岩 |
| 统计结果 | | 样本数 | 9 | 9 | 9 | 7 | 9 | |
| | | 极小值 | 62.2 | 4.47 | 2.14 | 5 | 11 | |
| | | 极大值 | 181.8 | 12.98 | 26.21 | 106 | 28 | |
| | | 平均值 | 144.8 | 9.01 | 15.58 | 26 | 20 | |

表 6.8　补勘阶段钻孔取样泥岩膨胀性试验结果

| | 序号 | 试验编号 | 钻孔编号 | 取样深度/m | 含水率/% | 岩石单轴天然极限抗压强度/MPa | 饱和吸水率/% | 膨胀力/kPa | 自由膨胀率/% | 定名 |
|---|---|---|---|---|---|---|---|---|---|---|
| A 段 | | C15 成渝岩 10 | SZ-内江北站路堑-01 | 6.0～6.6 | 4.6 | 7.24 | 22.28 | 39 | 23 | 泥岩 |
| | | C15 成渝岩 11 | SZ-内江北站路堑-02 | 6.0～6.7 | 5.8 | 6.74 | 26.97 | 0 | 28 | 泥岩 |
| | | C15 成渝岩 12 | SZ-内江北站路堑-02 | 8.3～8.8 | 3.5 | 8.33 | 20.72 | 0 | 28 | 泥岩 |
| | | C15 成渝岩 19 | SZ-内江北站路堑-03 | 8.0～8.6 | 2.4 | 6.46 | 11.35 | 31 | 27 | 泥岩 |
| | | C15 成渝岩 15 | SZ-内江北站路堑-03 | 11.5～12.0 | 5.0 | 7.32 | 20.84 | 25 | 38 | 膨胀岩 |
| | | C15 成渝岩 20 | SZ-内江北站路堑-04 | 6.0～6.6 | 4.6 | 3.46 | 22.46 | 8 | 27 | 泥岩 |
| | | C15 成渝岩 16 | SZ-内江北站路堑-04 | 8.0～8.6 | 3.3 | 5.36 | 30.74 | 31 | 29 | 泥岩 |
| | | C15 成渝岩 39 | SZ-内江北站路堑-05 | 6.0～6.5 | 3.9 | 6.76 | 18.55 | 136 | 23 | 膨胀岩 |
| | | C15 成渝岩 40 | SZ-内江北站路堑-06 | 6.5～7.4 | 5.5 | 5.04 | 4.22 | 118 | 24 | 泥岩 |
| | | C15 成渝岩 41 | SZ-内江北站路堑-06 | 10.8～11.4 | — | 10.68 | 19.51 | 217 | 33 | 膨胀岩 |
| | | C15 成渝岩 42A | SZ-内江北站路堑-06 | 13.0～14.0 | 5.2 | 8.28 | 30.22 | 47 | 20 | 泥岩 |
| | | C15 成渝岩 43 | SZ-内江北站路堑-07 | 6.5～7.0 | 6.4 | 4.34 | 24.49 | 107 | 24 | 膨胀岩 |
| | | C15 成渝岩 31 | SZ-内江北站路堑-08 | 8.8～9.3 | 6.1 | 5.14 | 29.11 | 61 | 27 | 泥岩 |
| B 段 | | C15 成渝岩 22 | SZ-内江北站路堑-09 | 5.1～5.9 | 3.6 | 9.21 | 9.99 | 41 | 16 | 泥岩 |
| | | C15 成渝岩 23 | SZ-内江北站路堑-09 | 8.4～9.0 | 4.8 | 14.03 | 8.56 | 8 | 19 | 泥岩 |
| | | C15 成渝岩 37 | SZ-内江北站路堑-10 | 5.8～6.4 | 4.9 | 13.25 | 15.73 | 18 | 22 | 泥岩 |
| | | C15 成渝岩 38 | SZ-内江北站路堑-10 | 9.0～9.6 | 3.7 | 15.50 | 25.61 | 13 | 25 | 泥岩 |
| | | C15 成渝岩 24 | SZ-内江北站路堑-11 | 3.4～4.0 | 6.7 | 1.89 | 32.00 | 190 | 24 | 膨胀岩 |

续表

| 序号 | 试验编号 | 钻孔编号 | 取样深度/m | 含水率/% | 岩石单轴天然极限抗压强度/MPa | 饱和吸水率/% | 膨胀力/kPa | 自由膨胀率/% | 定名 |
|---|---|---|---|---|---|---|---|---|---|
|  | C15 成渝岩 25 | SZ-内江北站路堑-11 | 5.0～5.7 | 13.1 | 0.31 | 58.99 | 28 | 32 | 膨胀岩 |
|  | C15 成渝岩 44 | SZ-内江北站路堑-12 | 6.7～7.1 | 3.9 | 17.60 | 31.74 | 34 | 28 | 泥岩 |
|  | C15 成渝岩 32 | SZ-内江北站路堑-13 | 2.1～2.6 | 5.6 | 12.47 | 18.62 | 16 | 29 | 泥岩 |
| B 段 | C15 成渝岩 33 | SZ-内江北站路堑-13 | 4.0～4.6 | 5.6 | 19.10 | 3.07 | 9 | 24 | 泥岩 |
|  | C15 成渝岩 28 | SZ-内江北站路堑-14 | 2.1～2.7 | 5.8 | 7.03 | 16.59 | 67 | 29 | 泥岩 |
|  | C15 成渝岩 29 | SZ-内江北站路堑-14 | 5.0～5.7 | 4.9 | 5.79 | 20.47 | 18 | 24 | 泥岩 |
|  | C15 成渝岩 30 | SZ-内江北站路堑-14 | 9.7～10.3 | — | 18.35 | 14.03 | 20 | 20 | 泥岩 |
| 统计结果 |  |  | 样本数 | 23 | 25 | 25 | 25 | 25 |  |
|  |  |  | 极小值 | 2.4 | 0.31 | 3.07 | 0 | 16 |  |
|  |  |  | 极大值 | 13.1 | 19.10 | 58.99 | 217 | 38 |  |
|  |  |  | 平均值 | 5.2 | 8.79 | 21.47 | 51 | 26 |  |

表 6.9　补勘阶段钻孔取样砂岩膨胀性试验结果

| 序号 | 试验编号 | 钻孔编号 | 取样深度/m | 含水率/% | 岩石单轴天然极限抗压强度/MPa | 饱和吸水率/% | 膨胀力/kPa | 自由膨胀率/% | 定名 |
|---|---|---|---|---|---|---|---|---|---|
|  | C15 成渝岩 13 | SZ-内江北站路堑-03 | 2.7～3.5 | 5.7 | 11.37 | 13.72 | 4 | 14 | 砂岩 |
|  | C15 成渝岩 14 | SZ-内江北站路堑-03 | 10.2～10.8 | 4.1 | 24.93 | 3.84 | 4 | 23 | 砂岩 |
| A 段 | C15 成渝岩 17 | SZ-内江北站路堑-04 | 3.2～3.7 | 4.1 | 21.10 | 3.46 | 8 | 2 | 砂岩 |
|  | C15 成渝岩 18 | SZ-内江北站路堑-04 | 8.0～8.6 | 4.3 | 22.97 | 3.75 | 8 | 24 | 砂岩 |
|  | C15 成渝岩 42B | SZ-内江北站路堑-06 | 14.0～14.5 | 3.3 | 28.60 | 3.94 | 8 | 20 | 砂岩 |
|  | C15 成渝岩 21 | SZ-内江北站路堑-09 | 3.7～4.3 | 5.1 | 19.63 | 3.85 | 4 | 28 | 砂岩 |
|  | C15 成渝岩 36 | SZ-内江北站路堑-10 | 2.7～3.3 | 5.6 | 19.43 | 3.63 | 8 | 22 | 砂岩 |
|  | C15 成渝岩 26 | SZ-内江北站路堑-11 | 7.3～7.8 | 3.5 | 33.13 | 2.26 | 7 | 22 | 砂岩 |
| B 段 | C15 成渝岩 27 | SZ-内江北站路堑-11 | 9.2～9.9 | 1.3 | 34.27 | 1.69 | 7 | 10 | 砂岩 |
|  | C15 成渝岩 35 | SZ-内江北站路堑-13 | 12.0～13.0 | — | 29.17 | 8.36 | 39 | 14 | 砂岩 |
|  | C15 成渝岩 34 | SZ-内江北站路堑-13 | 8.7～9.2 | 4.5 | 13.79 | 11.59 | 4 | 19 | 砂岩 |
| 统计结果 |  |  | 样本数 | 10 | 11 | 11 | 11 | 11 |  |
|  |  |  | 极小值 | 1.3 | 11.37 | 1.69 | 4 | 2 |  |
|  |  |  | 极大值 | 5.7 | 34.27 | 13.72 | 39 | 28 |  |
|  |  |  | 平均值 | 4.2 | 23.49 | 5.46 | 9 | 18 |  |

## 3. 原位膨胀力试验

在内江北站开展了原位膨胀力试验，如图6.36所示，试验在不同渗水深度下，通过对膨胀体的膨胀变形进行控制，读取百分表以及压力表读数来分析泥岩浸水膨胀发展趋势。设计渗水孔深度分别为50cm(NJB-1)、100cm(NJB-2)、150cm(NJB-3)[4]。

图6.36　膨胀力原位试验

从图6.37可见，1#试验坑膨胀力在前期(0～50h)发展较快，基本是线性增长，达到50kPa后发展缓慢并且有轻微下降的趋势，约20天后膨胀力开始下降，后出现回升并超过50kPa，达到70kPa左右。

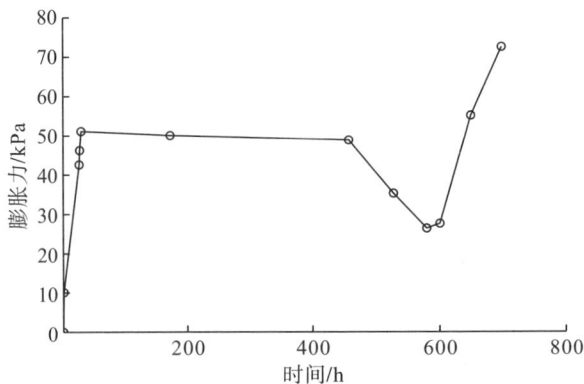

图6.37　1#试验坑膨胀力时程曲线

从图 6.38 可见，2#试验坑膨胀力在前期依旧发展较快，至 55h 左右膨胀力发展至 85kPa，但后续发展膨胀力开始持续下降，直至试验结束，膨胀力下降至 30kPa，但是膨胀力在试验后期下降趋势明显减缓，后续可能有上升趋势。

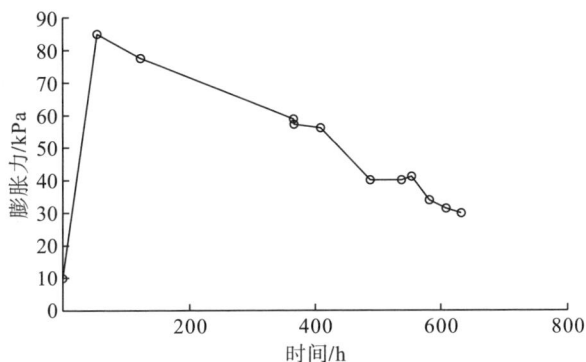

图 6.38　2#试验坑膨胀力时程曲线

从图 6.39 可见，3#试验坑曲线发展前期依旧是膨胀力发展较快阶段，至 30h 左右，膨胀力达到 23kPa，此后膨胀力发展不稳定，既有上升也有下降。

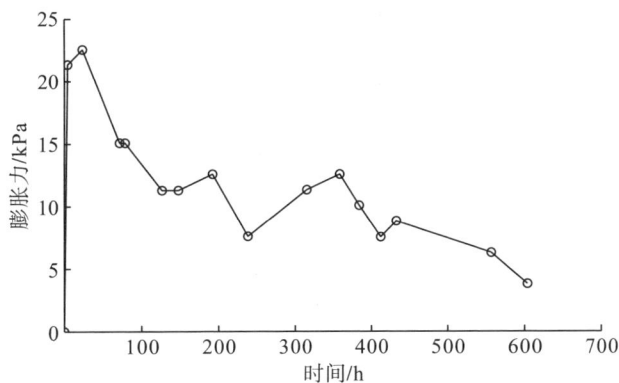

图 6.39　3#试验坑膨胀力时程曲线

试验结束后，开挖试验体，可见渗水孔内有积水，而渗水孔周边泥岩仅在 2～3cm 内有浸润。取试验前后的岩样做含水率试验，试验结果见表 6.10。试验体前后含水率变化较小，不到 1%，直接导致泥岩膨胀潜势只有少量释放。

表 6.10 试验前后含水率

| 试验编号 | 深度/cm | 试验前含水率/% | 试验后含水率/% | 含水率变化/% |
|---|---|---|---|---|
| 1# | 10 | 5.93 | 6.74 | 0.81 |
| | 20 | — | 7.46 | — |
| | 25 | — | 7.81 | — |
| 2# | 10 | 6.21 | 6.94 | 0.73 |
| | 20 | — | 7.17 | — |
| 3# | 10 | 6.88 | 7.11 | 0.23 |
| | 20 | — | 6.75 | — |

综上所述,现场浸水试验膨胀力为 70~90kPa,但并未稳定,仍有上升趋势。试验完成后开挖试验坑表明,仅 5~10cm 深度范围的原岩有吸水,竖向注水孔也仅孔壁周围有浸水现象,说明在 1 个月试验中,水的实际渗透深度很小,表明泥岩以黏土矿物为主,渗透系数小,不易充分吸水后膨胀变形。

### 4. X 射线衍射(XRD)黏土矿物分析

如表 6.11 所示,6 组泥岩均未检测出膨胀性最强的蒙脱石成分,泥岩中黏土矿物以伊利石为主,但是采用 0.1 倍比例折算后的等效蒙脱石含量依然远低于 7%,因此,可以认为以现行膨胀岩判定标准,内江北站红层泥岩未达到典型膨胀岩标准。然而,由于伊利石的存在,依然存在膨胀的物质基础,在岩体结构特征和地下水环境改变的情况下,存在缓慢、微弱膨胀变形的风险。

表 6.11 泥岩 XRD 矿物分析结果

| 编号 | 物相及含量/% | | | | | | | |
|---|---|---|---|---|---|---|---|---|
| C18WX112 | 方解石 | 白云石 | 石英 | 钠长石 | 水滑石 | 磷镁铝石 | 其他 | |
| | 64.1(5) | 11.93(9) | 3.81(10) | 13.3(3) | 0.617(14) | 6.2(3) | | |
| C18WX113 | 石英 | 伊利石 | 钠长石 | 水钠锰矿 | 斜绿泥石 | 白云母 | 其他 | |
| | 54(4) | 29.0(6) | 7.8(5) | 1.22(10) | 3.3(8) | 4(2) | | |
| C18WX114 | 石英 | 白云母 | 钠长石 | 绿泥石 | 伊利石 | 其他 | | |
| | 54(3) | 19(2) | 11.4(10) | 3.94(13) | 5.62(19) | | | |
| C18WX115 | 石英 | 钠长石 | 斜绿泥石 | 方解石 | 钙钛矿 | 白云母 | 伊利石 | 其他 |
| | 49(3) | 11.7(11) | 1.59(18) | 1.3(2) | 4.1(6) | 1.79(6) | 30.1(9) | |
| C18WX116 | 石英 | 斜绿泥石 | 方解石 | 伊利石 | 钠长石 | 钙长石 | 钠镁矾 | 其他 |
| | 28.7(14) | 10.8(8) | 7.6(9) | 24.0(7) | 7.3(2) | 17.1(14) | 4.5(5) | |
| C18WX117 | 石英 | 白云母 | 钠长石 | 钙长石 | 伊利石 | 斜绿泥石 | 其他 | |
| | 29.6(16) | 11.9(9) | 41.2(9) | 3.4(2) | 1.5(4) | 12.4(3) | | |

注:括号为内样本数。

　　综上，根据勘察阶段和补勘阶段泥岩膨胀性试验结果分析，内江北站 A 段和 B 段基底泥岩含水率变化不明显，其自由膨胀率和膨胀力指标较低，饱和吸水率指标相对较高，仅局部达弱膨胀岩判定标准，C 段与内江北站 A 段和 B 段地层岩性及地质构造相似，膨胀性试验指标也无明显差异，结合地形地貌特征，表明三段泥岩有一定膨胀性，不具典型的膨胀岩特征。根据 XRD 矿物成分分析结果，泥岩中黏土矿物以伊利石为主，具有膨胀的物质基础，存在缓慢、微弱膨胀变形的风险。

## 6.2.2　红层软岩蠕变特性

### 1. 侧限单轴加卸载蠕变特性

　　侧向侧限单轴加卸载蠕变试验采用内江北站紫红色泥岩标准圆柱形 $\Phi$ 50mm×100mm 原岩试样(图 6.40)，试验前测得试样初始质量，然后包裹 PET 膜并装入周向带圆孔的钢管中，置于加载设备，通过砝码施加稳定荷载，并记录竖向变形值[5]。

图 6.40　蠕变试验

　　泥岩在加载初期产生瞬时压缩变形 OA 段后，进入减速蠕变阶段 AB，此阶段蠕变速率逐渐减小；而后出现近似稳定蠕变阶段 BC，此时泥岩以近似等速率产生压缩蠕变，但是蠕变速率值非常小，使得蠕变时长很长，如图 6.41 所示。可见，内江北站泥岩在较低应力水平下即表现出显著的流变特性，加载蠕变应变值较大且稳定时间较长。

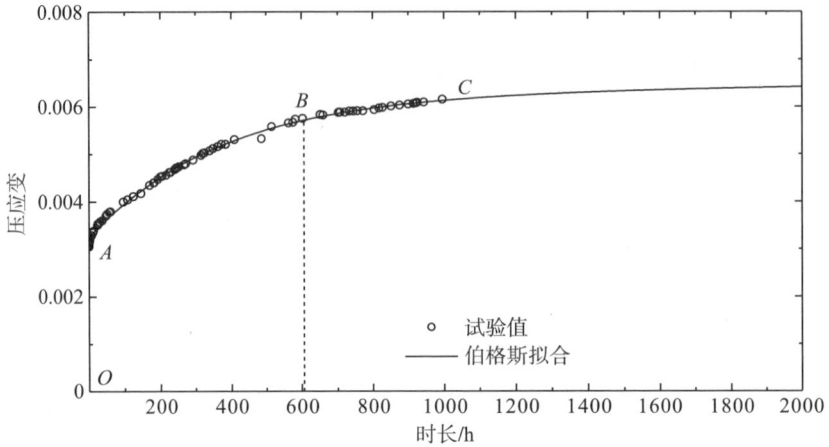

图 6.41　Δσ=300kPa 应力状态下泥岩蠕变规律

## 2. 侧限水-力耦合蠕变特性

如图 6.42 所示，红层泥岩的侧限水-力耦合蠕变试验同样采用稳定恒荷载作用下标准圆柱形试样进行试验，试样同样通过带孔洞钢管约束，同时在加载或者卸载过程中让试样完全浸泡在水中，水通过钢管壁预留空洞及上下断面透水石渗入试样，产生时效性膨胀变形。

图 6.42　水-力耦合蠕变试验

如图 6.43、表 6.12 所示，泥岩若在浸水条件下卸载，产生的水-力耦合膨胀变形量及时效性的蠕变变形量都显著增大，时效性蠕变应变占总应变的比值也显著增大。这是由于，一方面泥岩本身具备吸水膨胀的物质基础，缓慢地吸水产生的膨胀力使得卸载平衡过程变得更长；另一方面，吸水膨胀过程伴随着泥岩力学性能的劣化过程，同时也是泥岩流变性能动态改变的过程，使得蠕变变形量显著增大。

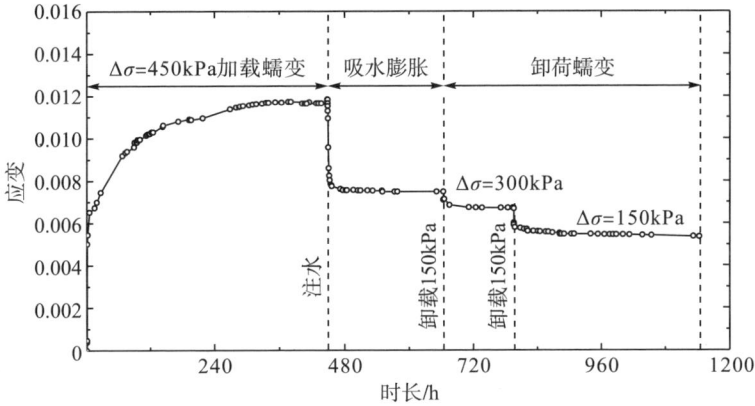

图 6.43　泥岩水-力耦合加载-浸水-卸载蠕变全过程曲线

表 6.12　不同试验条件下泥岩膨胀应变试验结果

| 编号 | 试验条件 | 卸载应力/kPa | 浸水 | 总应变/$10^{-3}$ | 24h 应变/$10^{-3}$ | 蠕变应变/$10^{-3}$ | 蠕变应变比/% |
|---|---|---|---|---|---|---|---|
| 1 | 仅卸荷 | 750→450 | 否 | 1.77 | 1.75 | 0.02 | 1.13 |
|   |   | 450→150 |   | 2.24 | 2.22 | 0.02 | 0.89 |
| 2 | 水-力耦合 | 750→450 | 是 | 2.11 | 1.90 | 0.21 | 9.95 |
|   |   | 450→150 |   | 3.19 | 2.83 | 0.36 | 11.29 |

### 3. 不同岩性的蠕变特性

如图 6.44 所示，将泥岩和砂岩蠕变试验过程中的总应变对比分析，泥岩蠕变特性显著强于砂岩，相同应力状态下泥岩蠕变稳定时长远大于砂岩，泥岩的变形量值也显著大于砂岩。

### 4. 空气湿度对泥岩蠕变变形的影响

如图 6.45 所示，试验同样采用恒荷载作用下的蠕变试验平台，将红层泥岩置于带孔钢管内，保持较低的竖向压应力，通过监测试验环境空气湿度改变及试样变形，探讨泥岩时效变形特性受大气湿度的影响规律。

可见，非饱水状态下，当上覆压力较小时，泥岩的蠕变变形受空气湿度的影响，也就是泥岩具有极强的吸收空气中水分的能力，产生显著的膨胀变形。随着竖向压力的增大，变形不再受水汽影响。也就是说，在地基浅层，岩体处于地下水位以上，上覆压力较小，其变形容易受环境湿度的影响，对应于基底中水汽影响层的变形机理。

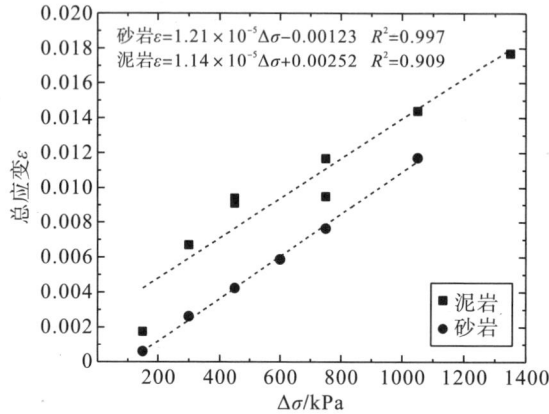

图 6.44　红层砂泥岩侧限压缩蠕变试验总应变对比分析

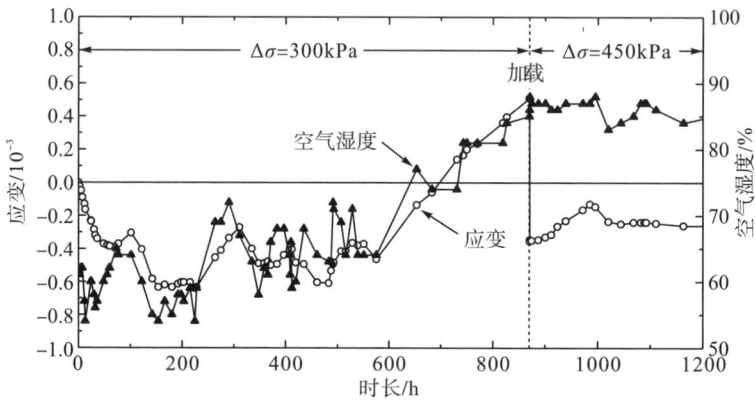

图 6.45　空气湿度对泥岩蠕变试验影响曲线

红层软岩蠕变试验表明，在低应力(应力差大于 300kPa)状态下泥岩即表现出显著的流变性，水的作用使得泥岩蠕变变形量值增大、变形持续时间更长，泥岩在低应力下水-力耦合时效变形现象明显，变形量大、持时长，同时非饱水状态的泥岩具有极强的吸收空气中水分产生显著膨胀变形的能力。

## 6.2.3　红层软岩基底地应力特征

2018 年 8 月，分别对 A 段路基及邻近边坡坡顶进行了不同深度地应力测试。通过水压致裂法测试，获得了开挖路堑坡顶及路基底层岩体的水平最大主应力 $\sigma_H$、最小主应力 $\sigma_h$ 和最大主应力方向，如图 6.46～图 6.48 所示。

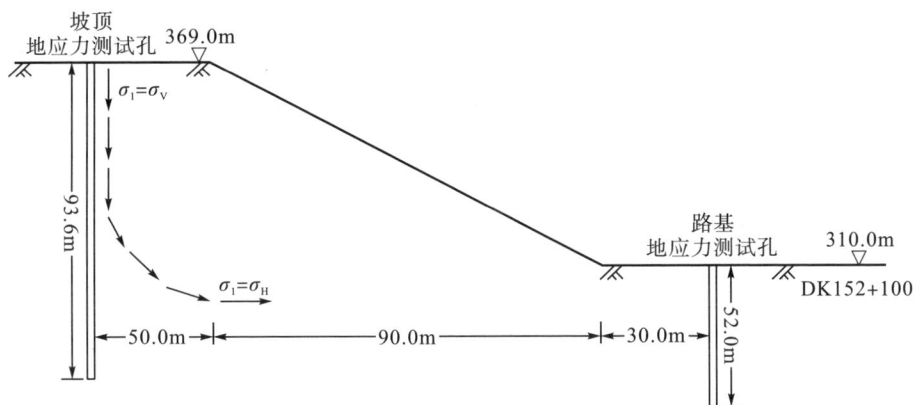

图 6.46　地应力测试孔布置

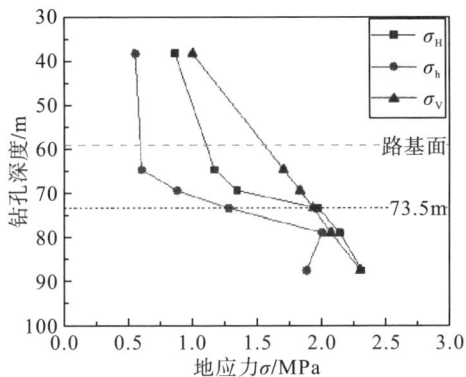

图 6.47　坡顶岩体(钻孔)地应力分布　　　图 6.48　地基岩体(钻孔)地应力分布

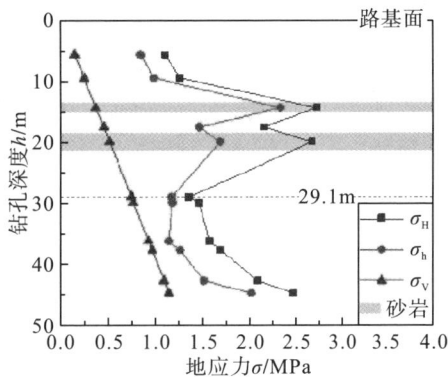

可见，上拱区段原始地应力以竖向自重应力为最大主应力，无水平构造应力影响；深路堑开挖后，坡体应力重分布，表现为随深度增大岩体最大主应力由竖向自重应力向水平应力过渡，使得坡脚以及基底岩体水平应力显著增大，尤其在深度 14.5m 和 20.1m 处分别对应厚度为 0.5m 和 1.5m 的砂岩层，其物理力学性能更好，水平应力在砂岩能干层中集中现象明显。

## 6.2.4　红层软岩隆起变形机理模型

　　根据实际地应力和水环境状态，对基底一定深度范围内的岩层可以建立红层软岩路基分层变形机理模型（图 6.49）。将地基应力影响范围 $h_{cr}$ 深度内岩体按不同变形机理划分为 4 层，依次为大气影响层（C1）、水汽-力耦合变形层（C2）、水-力耦合变形层（C3）、水-力耦合封闭层（C4）。$\Delta\sigma_u$ 和 $\Delta\sigma_l$ 为水-力耦合变形层上、下边界对应的应力差值，$\Delta\sigma_{max}$ 为地基岩体最大应力差值，$\Delta\sigma_{cr}$ 为引起地基上拱变形的临界应力差值；$h_{c1}$、$h_{c2}$、$h_{c3}$、$h_{c4}$ 和 $h_{cr}$ 分别为地基 C1、C2、C3、C4 变形层对应厚度及总变形层厚度[6]。

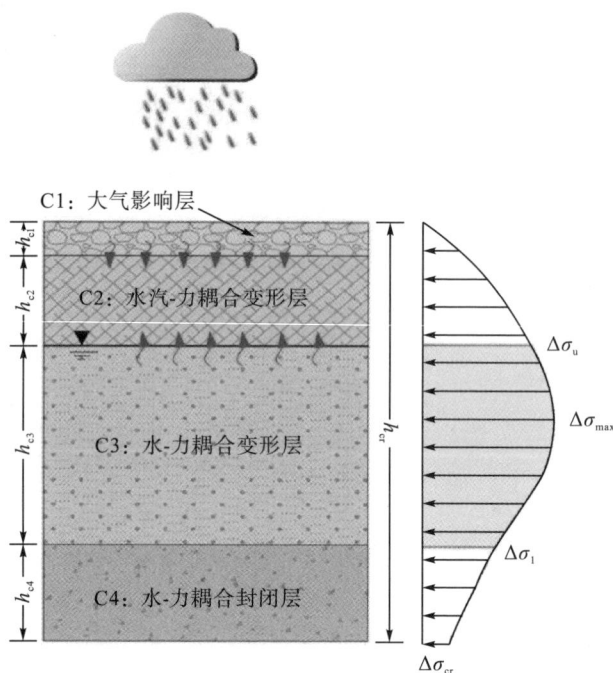

图 6.49　红层泥岩地基分层变形机理示意图

　　从红层软岩吸水时效膨胀及蠕变角度分析，根据变形时期以及对应地基变形层位，实际深路堑开挖后产生的基底持续上拱变形依次分为四个阶段，如图 6.50 所示。

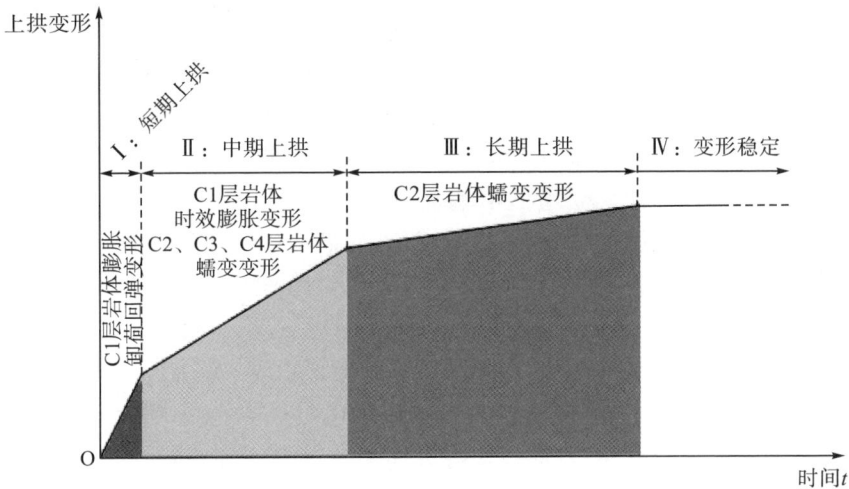

图 6.50　红层泥岩路基时效性上拱变形阶段划分

变形阶段 I：C1 层岩体由于卸荷及大气温湿度循环改变，出现快速的风化过程，风化过程中泥岩力学性能劣化，伴随着产生不均匀的膨胀变形；由于红层泥岩极易风化、崩解，在没有工程保护措施的情况下，此阶段在开挖后数天的短时间内即完成并稳定。同时，开挖卸荷引起的地基临界深度范围内岩体的卸荷回弹变形也在此期间完成。此阶段处于高速铁路施工过程中，因此也不会对路基稳定性产生影响。

变形阶段 II：高速铁路路基施工将表层岩体封闭，限制了 C1 层岩体快速吸水膨胀，而转化为缓慢的时效性膨胀变形；与之相比，C2 层岩体开始受水汽影响产生蠕变上拱，但此层岩体的变形量值较小；受开挖卸荷影响的 C3 岩层在水-力耦合作用下产生蠕变上拱变形，这是引起地基中期上拱变形的主要因素。由于上覆存在较大的压力，饱水层岩体吸水产生的时效性上拱变形将持续较长。另外，C4 层岩体在水-力封闭状态下产生的有限蠕变变形也将在此阶段完成。当然，饱水状态下泥岩卸荷蠕变变形将明显大于仅卸荷作用下的弹性后效变形，也就是说，此阶段变形时长及变形量将显著大于第 I 阶段，变形时长可能持续数月，甚至 2～3 年时间，最后逐渐趋于稳定。

变形阶段III：随着 C1 层岩体膨胀稳定，C4 层岩体饱水蠕变稳定，C3 层岩体在水-力耦合作用下也在第 II 阶段基本达到稳定，此三层岩体的变形基本稳定。此时，C2 层岩体处于典型的非饱和状态，由于其较强的吸水能力，将缓慢吸收环境中的水汽；同时，此层岩体由于开挖卸荷产生的卸荷裂隙密度将比 C3 层大，这也更加有利于其吸湿上拱变形。从而，本层岩体将产生显著的时效性变形。同时，只要地下水位保持稳定，有稳定的水汽补充，本层岩体也将产生稳定的蠕变上拱变形。这也可以解释，路基持续上拱变形规律与降雨、季节没有表现出较强的相关性，而是呈稳定的持续上拱。因为，短期(卸荷回弹及 C1 层岩体上拱变形)或者中期(C3 和 C4 层岩体上拱变形)的时效上拱变形结束后，路基封闭后此层岩体受大气降雨入渗影响极小，从而呈现出受水汽影响长期持续线性的上拱变形现象，上拱变形量与 C2 层岩体厚度、岩体流变特性以及水平应力大小和调整过程有关。此阶段变形将持续数年，变形量总体较第Ⅱ阶段明显减小。

变形阶段Ⅳ：经过前期地基临界深度范围内岩体的短期、中期和长期上拱变形后，地基岩体地应力调整并达到稳定状态，此时地基不再产生明显的上拱变形，路基变形基本稳定。

综上，基于红层泥岩在不同水力环境下的变形机理，将红层泥岩地基划分为四个主要变形层，自上而下依次为大气影响层(C1)、水汽-力耦合变形层(C2)、水-力耦合变形层(C3)和水-力耦合封闭层(C4)。地基岩体的瞬时卸荷回弹及 C1 层岩体的吸水膨胀变形是地基短期上拱变形的主要原因；地基中期上拱变形主要由 C3 层岩体在水-力耦合作用下产生的蠕变变形引起，同时，C1、C2 和 C4 层岩体也产生有限的时效膨胀及蠕变上拱变形；C2 层岩体受开挖卸荷影响明显，损伤岩体吸收水汽能力强，在较低的应力作用下产生长期蠕变上拱变形。

# 6.3  红层泥岩路基隆起变形评价

## 6.3.1  挖方宽度对路基上拱的影响分析

为了揭示挖方边坡宽度对路基上拱的影响，进行了数值模拟研究。选取成渝客运专线 A 段代表性横断面为数值模拟原型，对原始边坡模型进行简化，建立数值模型(图 6.51)。

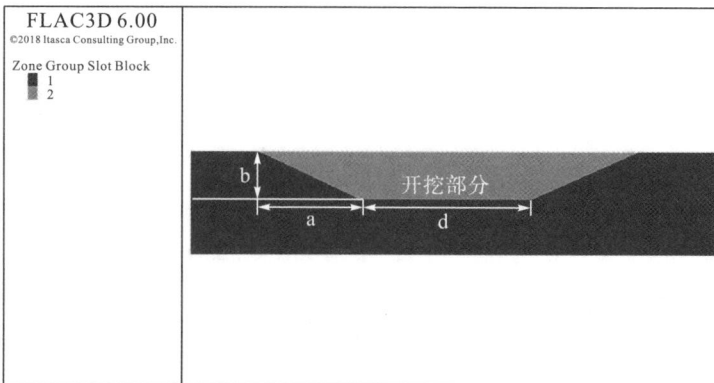

图 6.51  数值模型

路堑边坡坡率为 1 : 1.25，开挖深度为 40m。

## 1. 不同开挖宽度路基中心点的上拱量

路堑开挖宽度以开挖深度的倍数表示，如 1 倍开挖宽度代表开挖的路基面宽度是开挖深度的 1 倍。不同开挖宽度的路基面中心点的上拱量，如图 6.52 所示。

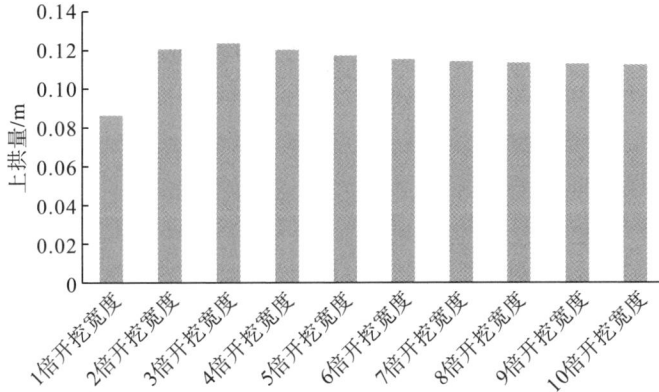

图 6.52　不同开挖宽度时路基面中心的上拱量

可见，随着开挖宽度的增加中间点的上拱量先是快速增加，然后又缓慢减小，并且在 2～3 倍开挖宽度时达到峰值。

## 2. 3 倍开挖宽度路基面的上拱量

开挖宽度为开挖深度的 3 倍时，路基面中心点的上拱量最大，路基面的上拱呈单峰对称分布，如图 6.53 所示。

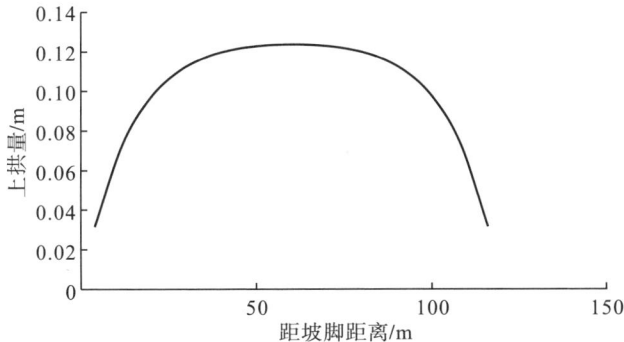

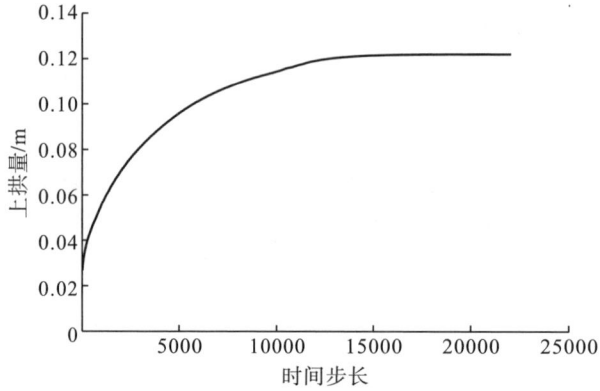

图 6.53　3 倍开挖宽度时路基面中心点的上拱量

## 3. 开挖宽度足够大时的上拱量

当开挖宽度足够大时（10 倍开挖宽度），路基面上的上拱量呈双峰分布，如图 6.54 所示。但最大值出现在距相应坡脚约 2 倍开挖宽度处（约 80m 左右）。

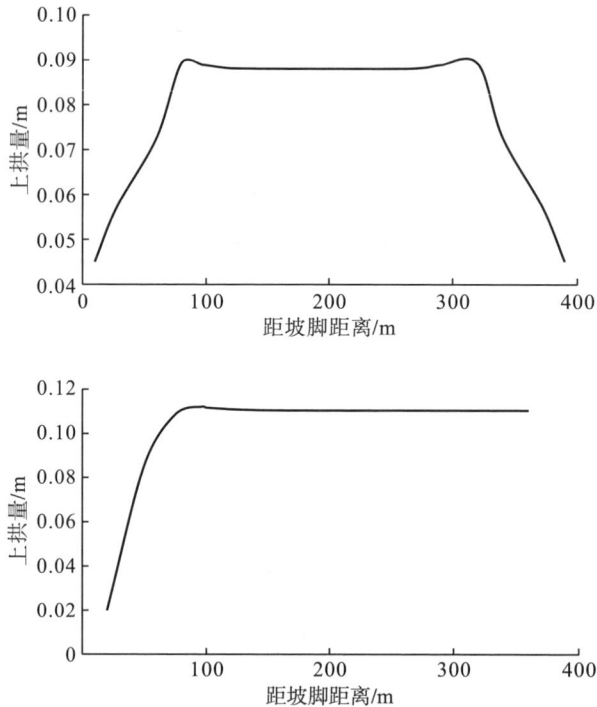

图 6.54　10 倍开挖宽度时路基面的上拱量

数值模拟表明，开挖宽度为开挖深度的 2~3 倍时，上拱最明显，这是垂直卸荷拉张蠕变、水平卸荷挤压蠕变、未开挖山体约束综合作用的结果。A 段开挖宽度为开挖深度的 2.1 倍，B 段开挖宽度为开挖深度的 2.2 倍，C 段开挖宽度为开挖深度的 0.7 倍，现场监测数据表明，A 段和 B 段实际上拱量明显大于 C 段，与数值模拟结果吻合。

## 6.3.2　路基上拱变形危险性评价方法研究

### 1. 评价指标选取原则

通过对前人研究成果及成渝客专上拱案例统计分析，总结得到影响高铁红层软岩基底上拱的三个主要方面：路堑特征、岩性特征、膨胀特征。其中路堑特征主要包括路堑中心开挖高度、堑底宽深比、堑坡坡比、堑坡坡型；岩性特征主要包括泥岩饱和单轴抗压强度、岩体完整性、岩层倾角、砂泥岩沉积韵律；膨胀特征包括膨胀性和水汽影响程度。

#### 1) 路堑特征

路堑特征主要考虑为路堑中心开挖高度和堑坡坡型。根据成渝客专上拱段资料显示，中心开挖高度越大，基底下的应力重分布越大，引起基底下泥岩流变上拱的可能性就越大。堑坡坡型对基底上拱也有影响，上拱量与堑坡坡型的关系为双侧对称路堑＞双侧不对称路堑＞单侧路堑。

#### 2) 岩性特征

岩性特征主要考虑泥岩饱和单轴抗压强度、岩体完整性、岩层倾角，以及砂泥岩沉积韵律。低强度的岩石、较好的岩体完整性、平缓的岩层、纯泥岩地层，易在深路堑开挖后低水平应力或原始水平地应力作用下发生长期的上拱蠕变。较高强度的岩石其抗变形能力较好；破碎的岩体易吸收、消散水平挤压应力；岩层倾角较大会减小竖向上拱变形；砂岩物理力学性质相对泥岩较好，砂岩层分布越多，抗变形能力越强。

#### 3) 膨胀特征

基底下的膨胀主要为吸水矿物的膨胀，裂隙扩张占比较小；考虑到基底下泥岩存在膨胀性矿物，且风化易碎裂和遇水易软化的特征，地表浅层会受到一定程度的水汽影响而发生一定程度的上涨，故对路基基底上拱变形有一定的贡献。

## 2. 评价指标体系构建及权重

根据选定的路堑特征、岩性特征、膨胀特征三个方面，建立高铁红层软岩上拱危险性预测指标层次结构的目标层（A）、准则层（B）和子准则层（C）[7]，如图 6.55 所示。

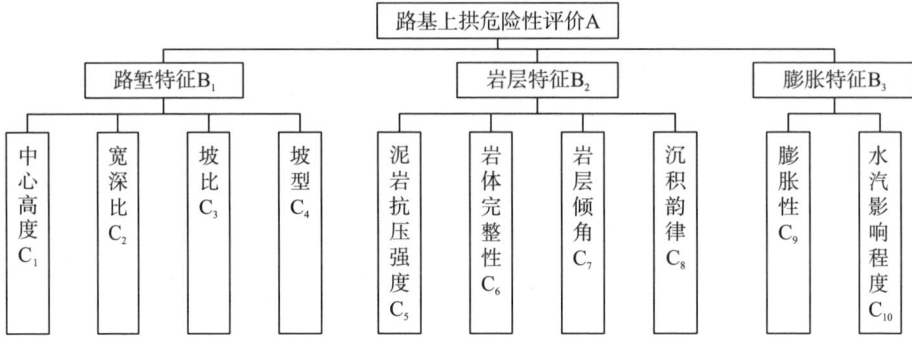

图 6.55　基底上拱影响因子层次结构

各判定矩阵如表 6.13～表 6.16 所示。

**表 6.13　A-B 判定矩阵**

| A-B | $B_1$ | $B_2$ | $B_3$ | W |
|-----|-------|-------|-------|------|
| $B_1$ | 1 | 1 | 4 | 0.44 |
| $B_2$ | 1 | 1 | 4 | 0.44 |
| $B_3$ | 1/4 | 1/4 | 1 | 0.12 |

注：一致性检验 RI=0＜0.1。

**表 6.14　$B_1$-C 判定矩阵**

| $B_1$-C | $C_1$ | $C_2$ | $C_3$ | $C_4$ | W |
|---------|-------|-------|-------|-------|------|
| $C_1$ | 1 | 2 | 3 | 2 | 0.42 |
| $C_2$ | 1/2 | 1 | 1 | 1/2 | 0.16 |
| $C_3$ | 1/3 | 1 | 1 | 1/2 | 0.15 |
| $C_4$ | 1/2 | 2 | 2 | 1 | 0.27 |

注：一致性检验 RI=0.017＜0.1。

表 6.15　B₂-C 判定矩阵

| B₂-C | C₅ | C₆ | C₇ | C₈ | W |
|------|------|------|------|------|------|
| C₅ | 1 | 1 | 3 | 5 | 0.40 |
| C₆ | 1 | 1 | 3 | 5 | 0.40 |
| C₇ | 1/3 | 1/3 | 1 | 0.5 | 0.12 |
| C₈ | 1/5 | 1/5 | 2 | 1 | 0.08 |

注：一致性检验 RI=0.017＜0.1。

表 6.16　B₃-C 判定矩阵

| B₃-C | C₉ | C₁₀ | W |
|------|------|------|------|
| C₉ | 1 | 3 | 0.75 |
| C₁₀ | 1/3 | 1 | 0.25 |

注：一致性检验 RI=0＜0.1。

在计算出各指标的综合权重后，应用专家评分法对各指标的影响进行综合打分，打分细则见表 6.17。

表 6.17　四川盆地红层软岩路基基底上拱变形危险性分区标准

| 基本条件 | 主要影响因素 | 因素水平 | 指标评分 |
|------|------|------|------|
| 路堑特征<br>（44 分） | 路堑中心开挖高度 $h$<br>（17 分） | $h>40\text{m}$ | 12～17 |
| | | $30\text{m}<h\leqslant40\text{m}$ | 8～12 |
| | | $20\text{m}<h\leqslant30\text{m}$ | 4～8 |
| | | $h\leqslant20\text{m}$ | 0～4 |
| | 堑底宽深比 $k$<br>（7 分） | $1.8<k\leqslant2.5$ | 3～7 |
| | | $k\leqslant1.8,\ k>2.5$ | 0～3 |
| | 堑坡坡比<br>（7 分） | $<1:1.5,\ >1:1$ | 3～7 |
| | | $1:1\sim1:1.5$ | 0～3 |
| | 堑坡坡型<br>（13 分） | 双侧对称路堑 | 10～13 |
| | | 双侧不对称路堑 | 8～10 |
| | | 单侧路堑 | 3～8 |
| | | 低坡路堑 | 0～3 |
| 岩性特征<br>（44 分） | 泥岩饱和单轴抗压强度 $R_\text{c}$<br>（16 分） | $R_\text{c}\leqslant5\text{MPa}$ | 10～16 |
| | | $5\text{MPa}<R_\text{c}\leqslant15\text{MPa}$ | 6～10 |
| | | $15\text{MPa}<R_\text{c}\leqslant30\text{MPa}$ | 2～6 |
| | | $30\text{MPa}<R_\text{c}$ | 0～2 |

续表

| 基本条件 | 主要影响因素 | 因素水平 | 指标评分 |
|---|---|---|---|
| 岩性特征<br>(44 分) | 岩体完整性<br>(16 分) | 岩体完整、较完整 | 8~16 |
| | | 较破碎、破碎 | 4~8 |
| | | 极破碎 | 0~4 |
| | 岩层倾角<br>(7 分) | 近水平岩层($\alpha<15°$) | 5~7 |
| | | 缓倾岩层($15°<\alpha\leqslant30°$) | 2~5 |
| | | 陡倾岩层($30°<\alpha\leqslant60°$) | 0~2 |
| | 砂泥岩沉积韵律<br>(5 分) | 夹薄层砂岩 | 3~5 |
| | | 夹层砂岩 | 1~3 |
| | | 泥砂岩互层 | 0~1 |
| 膨胀特征<br>(12 分) | 膨胀性<br>(9 分) | 中、强膨胀岩 | 6~9 |
| | | 弱膨胀岩 | 3~6 |
| | | 易风化碎裂、浸水崩解 | 0~3 |
| | 水汽影响程度<br>(3 分) | 水汽影响程度大 | 2~3 |
| | | 水汽影响程度小 | 0~2 |

### 3. 基底上拱危险性等级划分及分值范围

#### 1) 危险性量化分级

根据上述危险性评估体系可对新建高速铁路红层软岩路基基底上拱变形做危险性评估从而得出路基上拱危险性评分，为了将危险性量化，根据《铁路建设工程风险管理技术规范》(Q/CR 9006—2014)中给出的概率等级标准对应得出危险性概率等级划分，即危险性等级划分如表 6.18 所示，概率值取中心值。

表 6.18    基底上拱危险性等级标准

| 概率范围 | 中心值 | 概率等级描述 | 危险等级 |
|---|---|---|---|
| >0.03 | 0.1 | 可能发生 | III(高) |
| 0.003~0.03 | 0.01 | 偶然发生 | II(中) |
| <0.003 | 0.001 | 很少发生 | I(低) |

#### 2) 基底上拱危险性等级分值范围

对成渝客专 18 处深路堑进行上拱变形预测打分，结果见表 6.19。根据图 6.56 的基底上拱危险性分值范围统计，危险性等级 I(低)、II(中)、III(高)评分区间分别为[0, 68)、[68, 75)、[75, 100]。

表 6.19　成渝客专深挖路堑路段评分一览表

| 序号 | 里程范围 成都端 | 里程范围 重庆端 | 长度/m | 中心最大挖/m | 左侧边坡高度/m | 右侧边坡高度/m | 坡脚开挖宽度/m | 地形地貌 | 基底地质特征 | 地质构造 | 泥岩单轴天然饱和极限抗压强度 $R_b$/MPa | 备注 | 评分(分) |
|---|---|---|---|---|---|---|---|---|---|---|---|---|---|
| 1 | DK52+360 | DK52+580 | 220 | 29.9 | 18.0 | 28.8 | 34.3 | 孤立山包 | 砂岩夹泥岩 | 近水平岩层 | 2.51 | 简阳南站 | 87(中) |
| 2 | DK71+300 | DK71+440 | 140 | 32.7 | 24.8 | 25.3 | 21.6 | 孤立山包 | 泥岩夹砂岩 | 近水平岩层 | 5.34 | | 78(中) |
| 3 | DK73+270 | DK73+390 | 120 | 31.4 | 24.2 | 19.5 | 21.6 | 连片山脊 | 泥岩夹砂岩 | 近水平岩层 | 5.26 | | 80(中) |
| 4 | DK79+160 | DK79+340 | 180 | 29.8 | 22.5 | 17.5 | 21.6 | 孤立山包 | 泥岩夹砂岩 | 近水平岩层 | 5.94 | | 70(低) |
| 5 | DK82+340 | DK83+040 | 700 | 34.0 | 32.3 | 27.0 | 56.5 | 连片山脊 | 泥岩夹砂岩 | 近水平岩层 | 5.86 | 资阳北站 | 83(中) |
| 6 | DK89+420 | DK89+660 | 240 | 35.7 | 24.9 | 22.2 | 21.6 | 连片山脊 | 泥岩夹砂岩 | 近水平岩层 | 4.16 | | 84(中) |
| 7 | DK91+860 | DK92+040 | 180 | 31.8 | 16.0 | 20.6 | 21.6 | 孤立山包 | 泥岩夹砂岩 | 近水平岩层 | 4.15 | | 74(低) |
| 8 | DK92+220 | DK92+400 | 180 | 28.7 | 20.2 | 31.9 | 21.6 | 连片山脊 | 泥岩夹砂岩 | 近水平岩层 | 4.46 | | 84(中) |
| 9 | DK100+380 | DK100+620 | 240 | 31.9 | 25.6 | 30.9 | 21.6 | 连片山脊 | 砂泥岩互层 | 近水平岩层 | 5.11 | | 77(中) |
| 10 | DK115+920 | DK116+065 | 145 | 35.6 | 16.1 | 16.2 | 21.6 | 孤立山包 | 砂泥岩互层 | 近水平岩层 | 5.08 | | 65(低) |
| 11 | DK122+540 | DK122+720 | 180 | 33.7 | 35.6 | 25.3 | 68.2 | 连片山脊 | 砂泥岩互层 | 近水平岩层 | 8.05 | 资中北站 | 80(中) |
| 12 | D1K150+300 | D1K150+540 | 240 | 43.1 | 22.8 | 24.3 | 21.6 | 孤立山包 | 砂泥岩互层 | 近水平岩层 | 4.50 | | 76(中) |
| 13 | DK151+920 | DK152+240 | 320 | 47.8 | 52.9 | 21.8 | 139.8 | 连片山脊 | 泥岩夹砂岩 | 近水平岩层 | 5.31 | 内江北 A 段 | 92(高) |
| 14 | DK152+900 | DK153+160 | 260 | 40.0 | 24.0 | 26.0 | 105.9 | 连片山脊 | 泥岩夹砂岩 | 近水平岩层 | 2.90 | 内江北 B 段 | 90(高) |
| 15 | DK170+360 | DK170+590 | 230 | 31.6 | 27.9 | 24.5 | 21.6 | 连片山脊 | 砂岩夹砂岩 | 近水平岩层 | 5.32 | 区间 C 段 | 90(高) |
| 16 | D2K226+760 | D2K226+925 | 165 | 30.2 | 21.2 | 15.5 | 21.6 | 孤立山包 | 砂岩夹泥岩 | 近水平岩层 | 6.11 | | 70(低) |
| 17 | DK241+320 | DK241+660 | 340 | 29.7 | 33.2 | 27.1 | 38.5 | 连片山脊 | 泥岩夹砂岩 | 近水平岩层 | 6.81 | 永川东站 | 82(中) |
| 18 | DK241+715 | DK242+000 | 285 | 33.8 | 18.4 | 14.3 | 87.3 | 连片山脊 | 泥岩夹砂岩 | 近水平岩层 | 6.81 | 永川东站 | 78(中) |

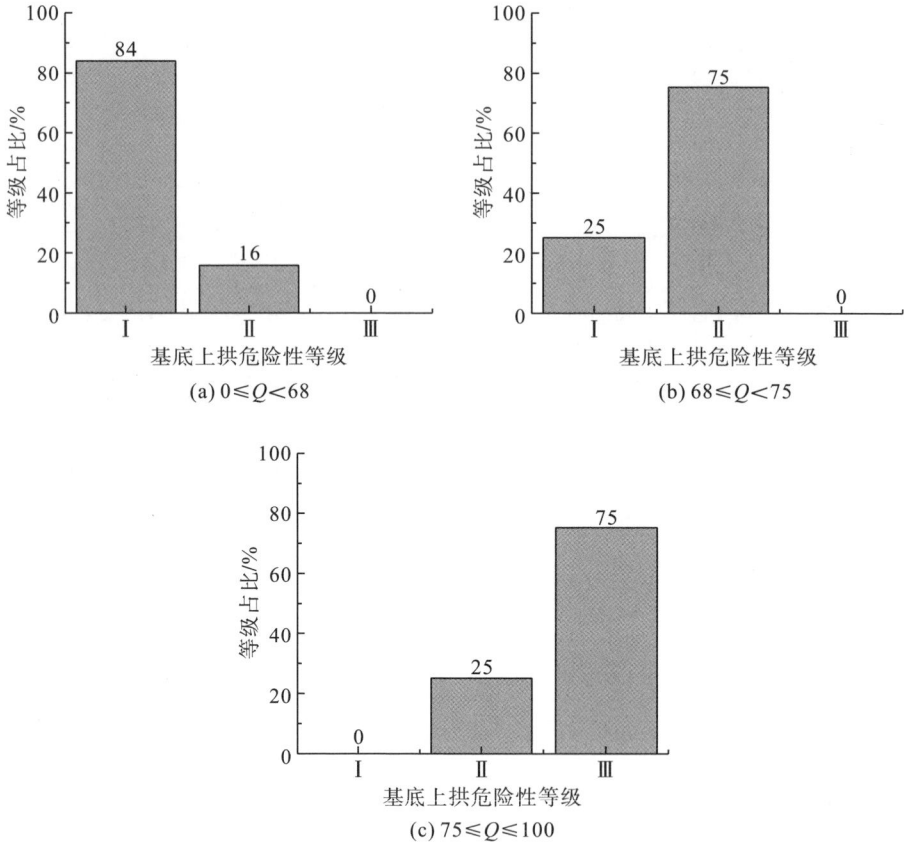

图 6.56　基底上拱危险性分值范围统计

## 6.3.3　路基上拱变形发展趋势预测

### 1. 泥岩流变模型选取

为探究红层泥岩的流变特性，许多学者开展了相应的流变试验并描述其蠕变曲线。朱定华和陈国兴基于南京地区强风化和中风化泥岩、泥质砂岩开展单轴压缩流变试验，并采用伯格斯(Burgers)模型描述其流变特性，得到该红层泥岩的长期强度为单轴抗压强度的 63%～70%；巨能攀等改变红层泥岩的含水率，通过三轴蠕变试验证明，随含水率的增大红层泥岩的初始、稳态和极限加速蠕变速率都随之增大，而长期强度则随之降低，并对 Burgers 模型进行了相应的改变；谌文武等对甘肃红层软岩进行了一系列单轴压缩蠕变试验，得到红层软岩的蠕变特性符合 Burgers 模型，且含水率越高，蠕变量越大，蠕变率也越大，达到稳定的时间也越长；刘小伟等和王志俭等的研究发现，红层软岩的单轴和三轴蠕变特性都符合 Burgers 模型，采用 Burgers 模型可以准确描述红层软岩变形的时效性。不难看出，Burgers 模型对于红层软岩蠕变特性的适用性已经得到较好验证。

　　成渝客专路堑开挖后，基底上拱变形并不是瞬间达到最终值，而是持续数年时间。基底岩体的应力也将随着变形持续增长而不断调整变化。为模拟岩体的卸荷过程及其流变行为，采用 FLAC3D 中嵌入的 CVISC 流变模型，该模型既能通过 Burgers 模型来描述其中的黏弹性和黏塑性，也能用莫尔-库仑模型来表征其塑性体的力学行为，如图 6.57 所示。

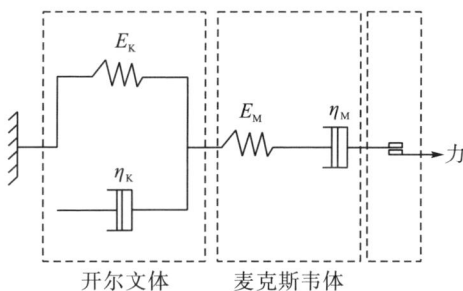

图 6.57　CVISC 流变模型构成

　　采用 Burgers 模型对蠕变实验数据进行参数识别，其中 Burgers 模型由开尔文体和麦克斯韦体串联构成（图 6.57），具有 4 个可调的参数，即 $E_M$、$\eta_M$、$E_K$、$\eta_K$［式（6.1）］。

$$f(x) = \sum_{i=1}^{n} \left[ \frac{\sigma}{E_M} + \frac{\sigma}{E_K} \left( 1 - \exp\left( -\frac{E_K}{\eta_M} t_i \right) \right) + \frac{\sigma}{\eta_K} t_i \right]^2 \qquad (6.1)$$

参数识别结果见表 6.20。

表 6.20　流变参数识别结果

| 岩性 | 流变参数 | | | |
| --- | --- | --- | --- | --- |
| | $E_M$/GPa | $E_K$/GPa | $\eta_M$/GPa | $\eta_K$/GPa |
| 泥岩 | 0.01 | 10.50 | 0.03 | 12000.00 |
| 砂岩 | 1.18 | 122.00 | 118.00 | 1200000.00 |

## 2. 数值模型可行性验证

　　前述成渝客运专线内江北站 K152+790 深路堑边坡最大挖深 48m，开挖后路基宽度为 62m。数值模型如图 6.58 所示，为减小边界效应对计算结果的影响，模型取 x 方向长度为 493m，模型左侧边界高度为 64m，模型右侧边界高度为 50m，作为平面应变模型,取 y 方向 1m,以期减小模型边界效应。建模时,首先在 ANSYS 中建立几何模型,采用四面体单元划分网格,对路基面附近网格加密,总计 59574 个单元,最后导入 FLAC3D 中进行模拟。模型采用位移边界,x 方向两侧边界约束水平向变形,底部为固定边界,全模型约束 y 方向变形。

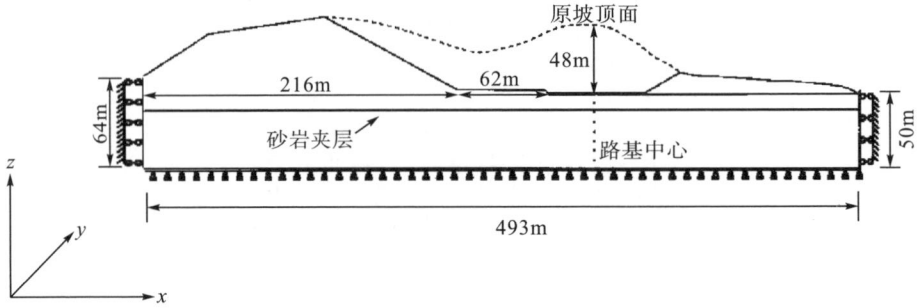

图 6.58　K152+790 断面数值模型

图 6.59 为路基左、右线上拱变形实测值与模拟值对比曲线。可以看出,自 2015 年起 3 年内,路基基底初期上拱变形速率较大,到第三年上拱变形速率开始逐渐减小。现场监测数据与基于软岩流变的上拱模拟数值吻合良好。

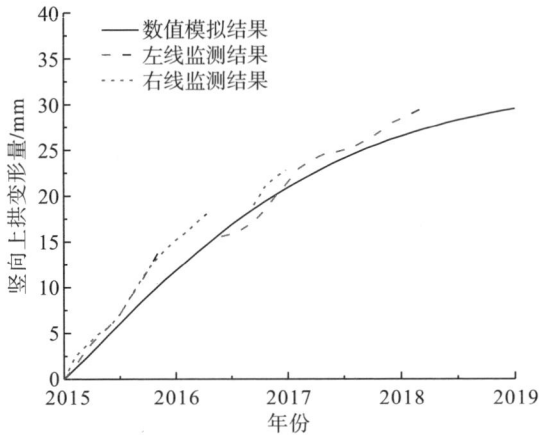

图 6.59　路基上拱变形实测值与模拟值对比曲线

图 6.60 为位于路基中心下不同深度的侧压力系数模拟结果与钻孔实测侧压力系数对比曲线。路堑开挖后,坡体应力重分布,基底应力场表现为随深度增大,岩体侧压力系数逐渐减小,而在 14.5m 处对应厚度为 0.5m 的砂岩层中水平应力集中明显,侧压力系数显著增大,钻孔实测值与数值模拟结果基本吻合。

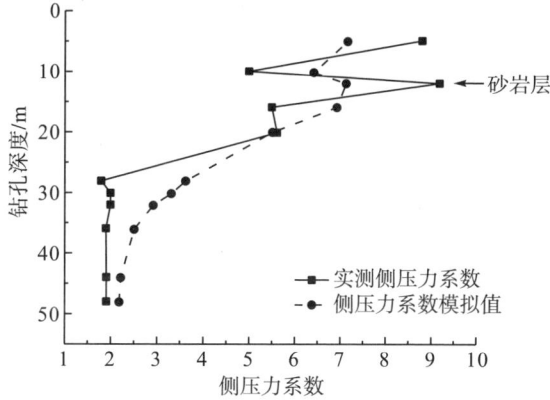

图 6.60　基底侧压力系数模拟值与实测值对比曲线

综上，采用的 Burgers 模型及流变参数能较好地模拟内江北站的基底上拱特性。

### 3. 内江北站变形发展趋势预测

基于内江北站勘察资料，根据各区段地层结构建立数值模型，开展流变作用下的地基长期变形分析[8]。

1）A 段变形发展趋势预测

选取 A 段 K152+790 深路堑建立数值模型，如图 6.61、图 6.62 所示，预测最大上拱变形量为 129.0mm，达到最大上拱变形时间约 6 年，持续变形时间约 14 年。

2）B 段变形发展趋势预测

选取 B 段 K153+690 深路堑建立数值模型，如图 6.63、图 6.64 所示，预测最大上拱变形量为 57.0mm，达到最大上拱变形时间约 9 年。

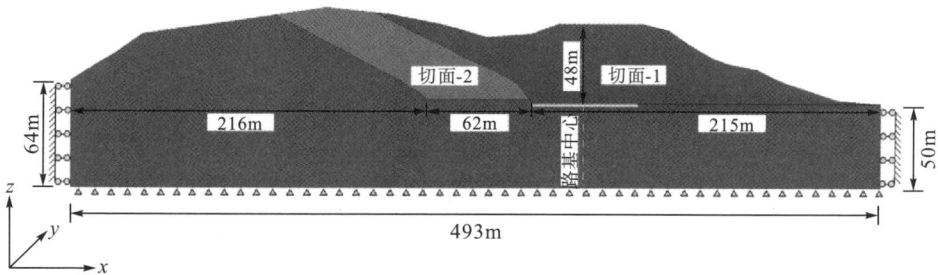

图 6.61　A 段 K152+790 深路堑数值模型

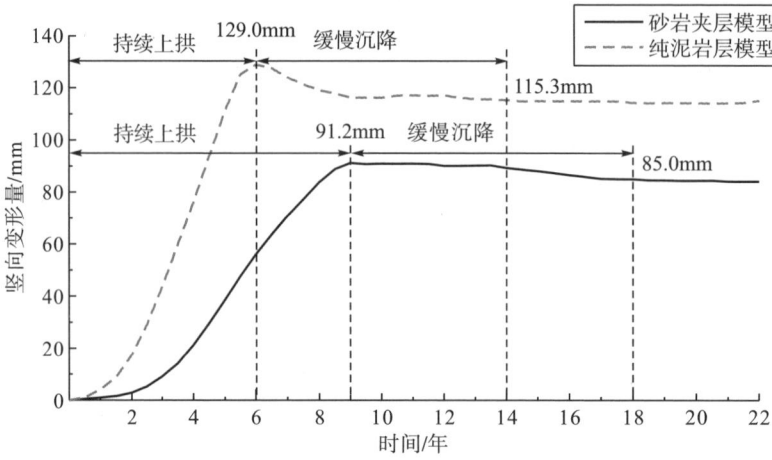

图 6.62　A 段 K152+790 深路堑竖向变形量随时间变化规律

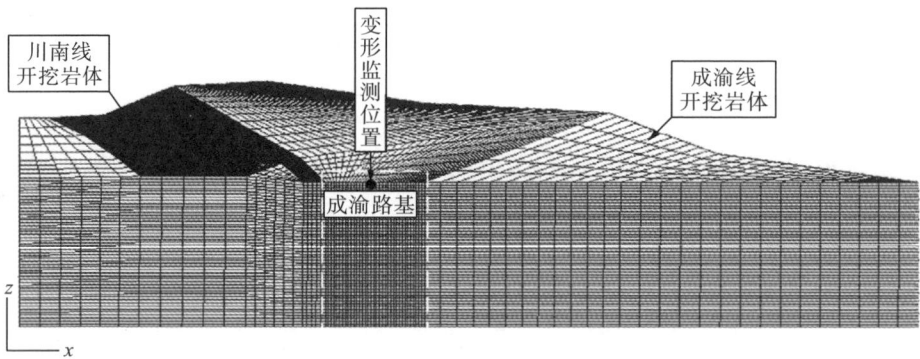

图 6.63　B 段 K153+690 深路堑数值模型

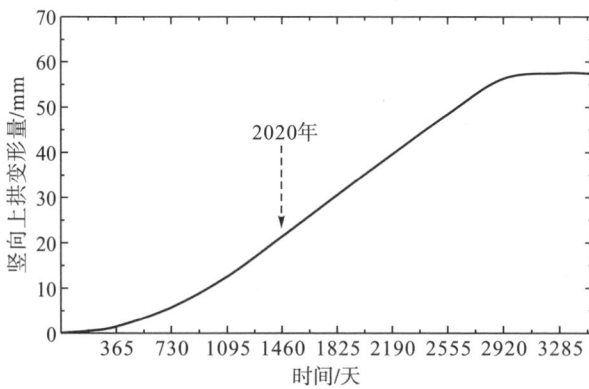

图 6.64　B 段 K153+690 深路堑竖向变形量随时间变化规律

# 6.4　红层泥岩路基面隆起变形综合防控对策

## 6.4.1　红层泥岩路基面隆起变形卸荷松弛圈确定

高速铁路对线下基础变形限制严格，红层泥岩等软质岩深挖方地段，特殊条件下易发生路基面隆起变形，是高速铁路建设面临的一个新的技术问题。究其原因，深大路堑开挖，卸荷效应形成松弛圈，松弛圈内岩体物化膨胀、挤压蠕变，导致路基面隆起变形。卸荷松弛圈的大小主要受路堑特征、岩性特征、膨胀特征3 个方面控制，以及路堑中心开挖高度、堑底宽深比、泥岩饱和单轴抗压强度、岩层倾角、砂泥岩沉积韵律、膨胀性 6 个指标影响。与卸荷松弛圈相对应，存在卸荷临界深度，对特定地质环境的深路堑，卸荷临界深度是一个客观量。当基础埋置深度大于卸荷临界深度，不会发生路基面隆起变形现象，当基础埋置深度小于卸荷临界深度，基础将随着地基的蠕变上拱而发生隆起变形。卸荷临界深度的确定方法有经验公式法和现场观察法。

### 1. 经验公式法

计算公式为

$$H_{cs} = KH$$

式中，$H_{cs}$ 为卸荷临界深度(m)；$H$ 为路基挖方上覆岩层总厚度(m)；$K$ 为经验系数，泥岩夹砂岩 $K=0.38\sim0.42$。

### 2. 现场观察法

在现场观察中，基底岩石产生显著变形的埋深即为岩石的卸荷临界深度。如成渝客专内江北站 A 段和 B 段采用现场观察法进行卸荷临界深度的确定。

1)A 段基底卸荷临界深度确定

在 A 段 K152+790 布置一个监测断面，监测结果如表 6.21 所示。

表 6.21　A 段分层上拱变形监测结果

| 序号 | 位置 | 监测点号 | 深度/m | 观测开始时间 | 观测结束时间 | 相对上拱变形量/mm |
|---|---|---|---|---|---|---|
| 1 | 靠站房侧 | JC-C-01 | 0.8 | 2017-12-28 | 2018-4-9 | 0.21 |

续表

| 序号 | 位置 | 监测点号 | 深度/m | 观测开始时间 | 观测结束时间 | 相对上拱变形量/mm |
|---|---|---|---|---|---|---|
| 2 | 靠站房侧 | JC-C-02 | 2.0 | 2017-12-28 | 2018-4-9 | 0.28 |
| 3 |  | JC-C-03 | 3.0 | 2017-12-28 | 2018-4-9 | 1.12 |
| 4 |  | JC-C-04 | 4.0 | 2017-12-28 | 2018-4-9 | 1.27 |
| 5 |  | JC-C-05 | 6.0 | 2017-12-28 | 2018-4-9 | 1.59 |
| 6 |  | JC-C-06 | 10.0 | 2017-12-28 | 2018-4-9 | 2.00 |
| 7 |  | JC-C-13 | 15.0 | 2017-12-28 | 2018-4-9 | 1.62 |
| 8 |  | JC-C-14 | 20.0 | 2017-12-28 | 2018-4-9 | 2.82 |
| 9 | 靠山侧 | JC-C-07 | 0.8 | 2017-12-28 | 2018-4-9 | 0.16 |
| 10 |  | JC-C-08 | 2.0 | 2017-12-28 | 2018-4-9 | 0.66 |
| 11 |  | JC-C-09 | 3.0 | 2017-12-28 | 2018-4-9 | 0.59 |
| 12 |  | JC-C-10 | 4.0 | 2017-12-28 | 2018-4-9 | 0.71 |
| 13 |  | JC-C-11 | 6.0 | 2017-12-28 | 2018-4-9 | 0.92 |
| 14 |  | JC-C-12 | 10.0 | 2017-12-28 | 2018-4-9 | 2.16 |

如图 6.65 所示，A 段靠站房侧 2m 以内回填层上拱变形量很小，2～6m 范围岩层上拱变形量约 1.31mm，6～10m 范围岩层上拱变形量约 0.41mm，10～20m 范围岩层相对上拱变形量增长约 0.82mm，反映出 10～20m 范围内岩层也可能存在上拱变形趋势，由于在 20.1m 处有一层硬质砂岩在岩体内部形成类似梁板结构，20m 以下发生上拱变形的可能性极小；如图 6.66 所示，A 段靠山侧 2m 以内回填层上拱变形量较小，上拱变形主要岩层为 2～10m 岩层，岩层相对上拱变形量为 2.16mm，与靠站房侧基本吻合。可见 A 段基底卸荷临界深度约 20m。

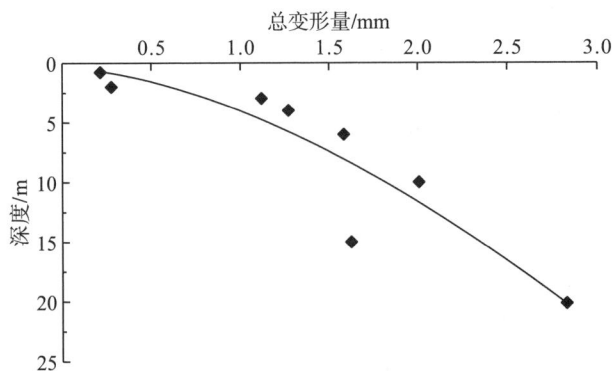

图 6.65　A 段靠站房侧相对上拱变形观测值沿深度的变化曲线

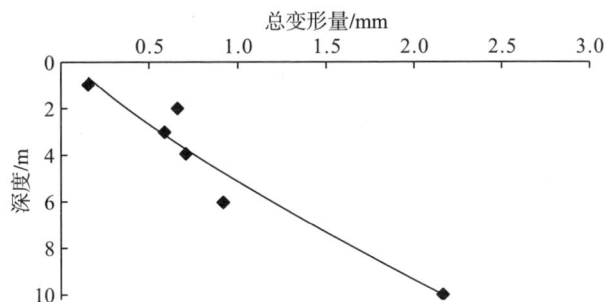

图 6.66　A 段靠山侧相对上拱变形观测值沿深度的变化曲线

2)B 段基底卸荷临界深度确定

在 B 段 K153+650 布置一个监测断面，监测结果如表 6.22 所示。

表 6.22　B 段分层上拱变形监测结果

| 序号 | 位置 | 监测点号 | 深度/m | 观测开始时间 | 观测结束时间 | 相对上拱变形量/mm | 备注 |
|---|---|---|---|---|---|---|---|
| 1 | | JC-C-15 | 0.8 | 2018-1-12 | 2018-4-9 | 0.58 | |
| 2 | | JC-C-16 | 2.0 | 2018-1-12 | 2018-4-9 | 0.92 | |
| 3 | 靠站房侧 | JC-C-17 | 3.0 | 2018-1-12 | 2018-4-9 | 0.79 | |
| 4 | | JC-C-18 | 4.0 | 2018-1-12 | 2018-4-9 | 1.18 | |
| 5 | | JC-C-19 | 6.0 | 2018-1-12 | 2018-4-9 | 1.43 | |
| 6 | | JC-C-20 | 10.0 | 2018-1-12 | 2018-4-9 | 1.35 | |
| 7 | | JC-C-21 | 0.8 | 2018-1-12 | 2018-4-9 | — | 仪器数据异常 |
| 8 | | JC-C-22 | 2.0 | 2018-1-12 | 2018-4-9 | 0.51 | |
| 9 | | JC-C-23 | 3.0 | 2018-1-12 | 2018-4-9 | 0.22 | |
| 10 | 靠山侧 | JC-C-24 | 4.0 | 2018-1-12 | 2018-4-9 | 0.57 | |
| 11 | | JC-C-25 | 6.0 | 2018-1-12 | 2018-4-9 | 0.52 | |
| 12 | | JC-C-26 | 10.0 | 2018-1-12 | 2018-4-9 | 0.74 | |
| 13 | | JC-C-27 | 15.0 | 2018-1-12 | 2018-4-9 | 0.78 | |
| 14 | | JC-C-28 | 20.0 | 2018-1-12 | 2018-4-9 | 0.66 | |

如图 6.67 所示，B 段靠站房侧数据信号可能受到干扰，数据接收时断时续，数据波动较大，3～6m 层位上拱变形量约 0.64mm；如图 6.68 所示，B 段靠山侧上拱变形主要集中在 3～10m 范围内岩层，其上拱变形量约 0.52mm，10～20m 范围岩层上拱变形增长缓慢，反映该范围内岩层上拱趋势不明显。可见 B 段基底卸荷临界深度约 15m。

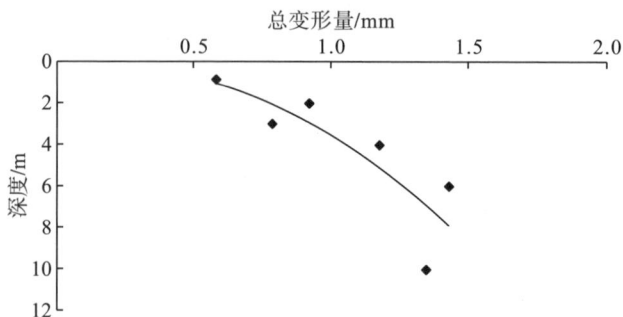

图 6.67　B 段靠站房侧相对上拱变形观测值沿深度的变化曲线

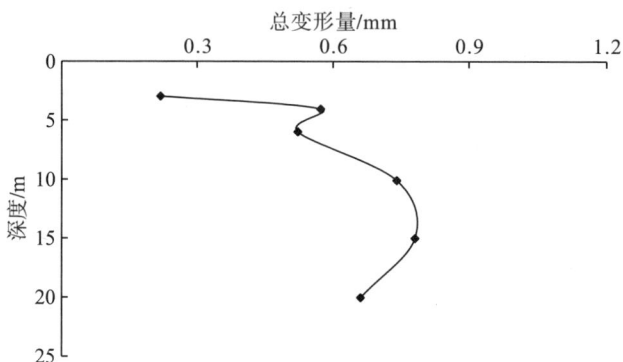

图 6.68　B 段靠山侧相对上拱变形观测值沿深度的变化曲线

## 6.4.2　红层泥岩路基面隆起变形"隔断"、"消能"和"脱离"

基于红层泥岩路基面隆起变形的原因分析，新建高速铁路对潜在路基面隆起变形的深路堑地段，结合减小地层地应力，降低或避开变形体膨胀隆起作用，可分别采取"隔断"、"消能"和"脱离"综合防控对策[9]。

### 1. 红层泥岩路基面隆起变形"隔断"防控对策

如图 6.69 所示，在深路堑一侧，在开挖下部路堑之前，设置阻断深路堑载荷传递路径的桩群，避免松弛圈的形成，从根本上消除路基面隆起变形。通过预先设置防止松弛圈形成的阻断桩群，避免松弛圈的形成，从而从根本上消除路基面隆起变形。将深路堑施工划分为三个步骤，即先开挖上部路堑，再施工隔断桩群，最后开挖下部路堑。隔断桩群，一般为钻孔灌注桩。钻孔深度为预判的松弛圈厚度以下不应少于 0.5m，钻孔直径为 20~50cm，按梅花形布置，间距为 100~150cm。孔内填充钢筋混凝土，混凝土强度采用 C30。

图 6.69　红层泥岩路基面隆起变形"隔断"防控示意图

## 2. 红层泥岩路基面隆起变形"消能"防控对策

如图 6.70 所示，在松弛圈范围，预先钻孔并设置可消散岩层膨胀变形的置换材料，改变松弛圈岩层应力状态，从而消除膨胀而引起的路基面隆起变形。借鉴软岩变形的临界深度概念，给出软岩松弛圈厚度的确定方法。钻孔深度为进入松弛圈厚度以下不应少于 0.5m，钻孔直径为 10~20cm。钻孔按梅花形布置，间距为 100~150cm。孔内填充低强度加筋混凝土。筋材为抗拉强度不小于 10kN/m$^2$的土工格栅筒网，混凝土强度采用 C10。

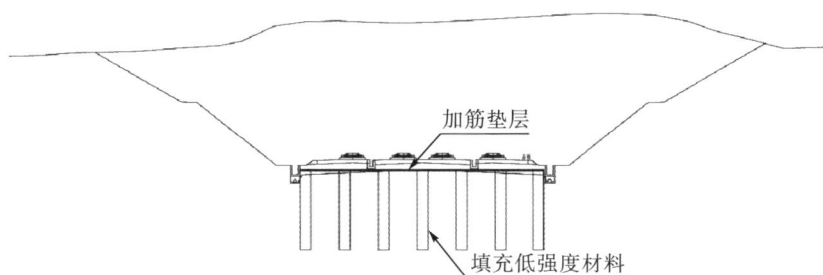

图 6.70　红层泥岩路基面隆起变形"消能"防控示意图

## 3. 红层泥岩路基面隆起变形"脱离"防控对策

如图 6.71 所示，设置预留松弛圈隆起变形空间的刚柔组合板-桩结构，消除隆起变形对路基面形态的影响。刚柔组合板，由上部钢筋混凝土板和下部柔性土工材料组成，下部柔性土工材料可吸收预留松弛区隆起变形能量。刚柔组合板-桩的钻孔灌注钢筋混凝土桩，抵抗松弛区上拔力、传递刚柔组合板及其上路基荷载。刚柔组合板的上部为钢筋混凝土板，厚度为 50~60cm；下部为具有较小模量的柔性土工材料，厚度根据预留松弛区隆起变形量计算确定。桩为钢筋混凝土钻孔灌注桩，钻孔直径为 40~50cm，按梅花形布置，间距为 200~300cm，桩长根据抵抗松弛区上拔力计算确定。

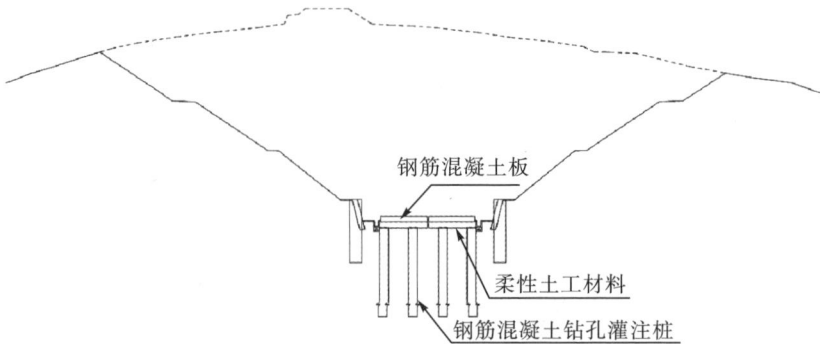

图 6.71　红层泥岩路基面隆起变形"脱离"防控示意图

## 6.4.3　红层泥岩路基面隆起变形病害整治措施

对于运营铁路出现路基面隆起变形的地段，可根据隆起变形的程度，分别采取切割轨道板支承层、减薄置换基床表层、桩-板结构托换等进行整治[10]。

### 1. 切割轨道板支承层

如图 6.72 所示，为不断道限速整治方案，先将支撑层两侧填土及封闭层挖除；在支承层外侧沿横断面方向精确钻孔；沿线路方向分段间隔切割、移除一定厚度支承层；根据目标高程设置不同高度的高程控制垫块，现场通过抬升落道施工智能监控系统，依序移除原有支撑袋并下调轨道结构至高程控制垫块；利用液压千斤顶进行轨向纠偏；最后利用速凝高强聚合物浆液对切割缝进行修复，完成整治。整治过程利用智能限位装置对轨道结构做好横向和竖向限位监控，保证轨道结构不发生偏移，通过智能自动化监测设备和软件，实时监控和指导施工，实时监控被整治结构状态以保证施工期运营安全。

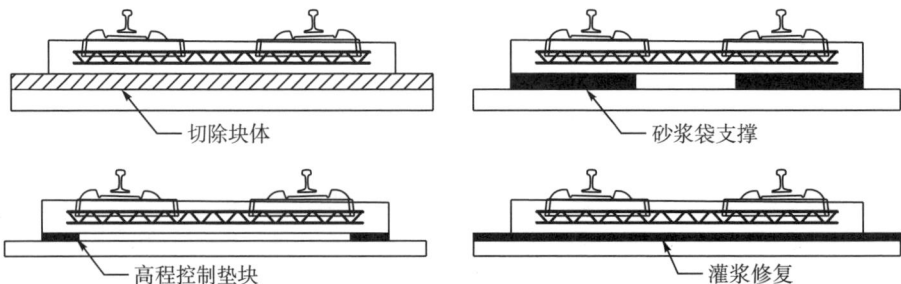

图 6.72　切割轨道板支承层示意图

优点为不断道限速施工，不影响列车运行对数；无其他相关专业工作；整治效率相对较高，人员消耗较小等。缺点为素混凝土底座板、道岔区钢筋混凝土底座板，切割厚度有限，不能预留后期上拱量及调整措施；切割会影响道岔区钢筋混凝土底座板结构与受力；道岔区底座板横向长度大，横向钻孔及切割的平直度难以保证。

## 2. 减薄置换基床表层

如图 6.73 所示，该病害整治措施为不断道限速整治方案，整治范围利用天窗点施工。在道床板外侧沿线路方向开挖工作槽；分段分步暗挖基床；槽内灌注速凝高强聚合物混凝土，并通过智能抬升落道系统对道床板轨道进行标高调整；轨向纠偏；使轨道结构恢复到目标高程及平面位置。

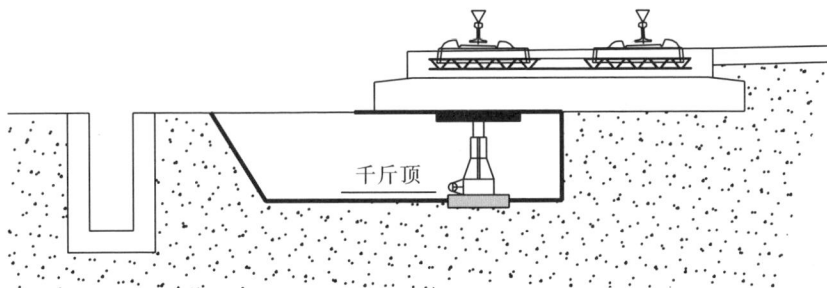

图 6.73　间隔开挖和支撑示意图

优点为天窗点施工，施工期间限速运营，不影响动车开行对数；不破坏轨道结构，特别是对于钢筋混凝土底座板而言，可保证其受力特性与原设计完全一致；该方案预留上拱调整量的同时，设置了预留后期快速切割填充层的部分措施。缺点是主要为人工作业，效率较低；只对目前上拱及平面位移进行处理，并根据预测进行相关的后续预留措施，但未对实际上拱地层进行相应处理，存在一定的不确定性。

## 3. 桩-板结构托换

如图 6.74 所示，桩-板结构由钢筋混凝土板、桩基组成。钢筋混凝土板底以下松弛圈范围的桩孔采用钢护筒扩孔开挖，柱周填塞沥青隔离层，减少地质变形土层上拱变形产生的负摩擦力；松弛圈以下作为承载的桩基，采用挖孔桩。

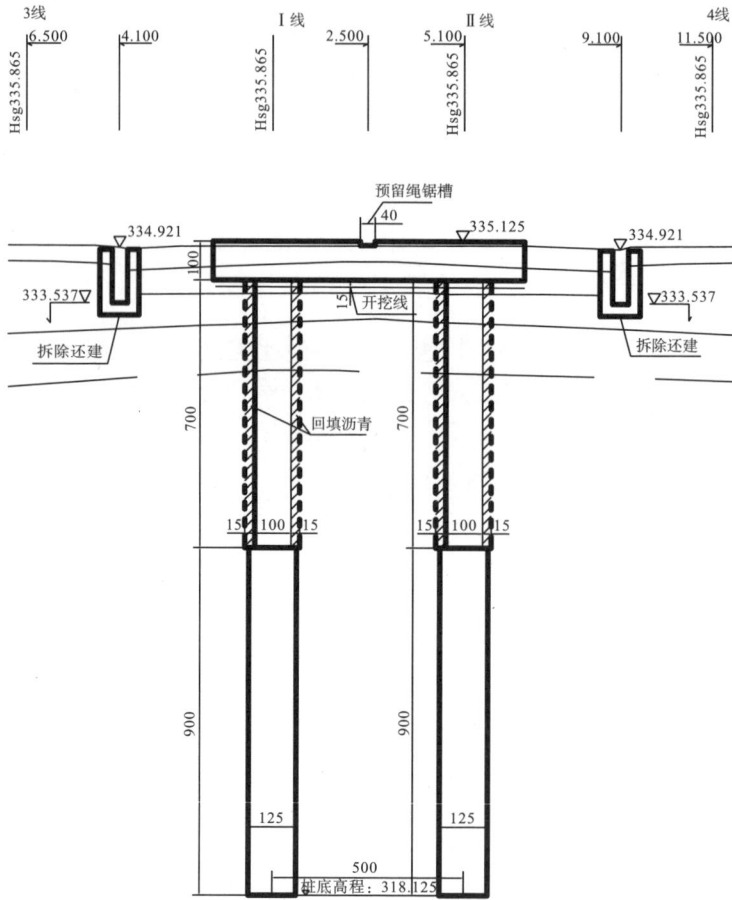

图 6.74　小跨度刚构悬臂板结构横断面示意图

内江北站桩-板结构托换进行路基面隆起变形病害整治，板的孔跨为 $(2+8+8+2)$ m，跨度 8m，悬臂长度 2m，板长 20.0m，板厚 1.0m，板宽 8.2m，板下全部脱空 0.15m。上部桩孔按挖孔桩扩孔开挖，高 7m，直径 1.0m，桩周填塞 0.15m 厚沥青，下部桩基设置为灌注桩，桩长 9m，直径 1.25m，横向桩间距 5.0m。施工工序为人工开挖桩孔→下放下部桩基钢筋笼→浇筑下部桩基混凝土→利用钢护筒作为上部桩的模板，下放钢筋笼→浇筑混凝土→绑扎板钢筋→浇筑混凝土板→恢复轨道。

# 6.5　小　　结

通过对成渝客运专线内江车站及附近三处红层泥岩路堑路基面隆起变形相关资料的分析研究，讨论了红层泥岩路基面隆起变形机理，并重点研究了红层泥岩路基面隆起变形评价方法、红层泥岩路基面隆起变形防控对策，取得以下认识。

(1)路基上拱变形区段，在空间上：纵向上挖方越深，上拱变形量越大；横向上距离路堑边坡越近，上拱变形量越大，挖方深度与路基上拱变形量正相关。在时间上：总体呈单调线型增长趋势，路基上拱变形与大气降雨没有显著的相关性，说明造成路基持续上拱的岩层非浅表泥岩层，而应考虑受大气影响不显著的更深层岩体变形的时效性。在趋势上，上拱变形速率随着时间增加，持续缓慢下降。

(2)红层泥岩在低应力作用下即表现出显著的流变性，尤其是在水、水汽和应力耦合作用下，蠕变变形的时效性特征尤其明显，这是发生红层泥岩路基面隆起变形的内因；深大路堑开挖卸荷形成松弛圈，引起浅层红层泥岩结构特征和地下水环境改变，具有膨胀性的泥岩物化膨胀加剧，这是导致泥岩路基面隆起变形的外因。泥岩流变与浅层泥岩的膨胀变形，是引起泥岩路基上拱变形的主要原因。

(3)选取路堑特征、岩性特征、膨胀特征三个方面作为红层软岩地区高速铁路基底上拱危险性预测模型的准则层，基于成渝客专基底上拱变形规律构建的红层软岩基底上拱危险性评价方法，将路基基底上拱危险性划分为Ⅰ(低)、Ⅱ(中)、Ⅲ(高)级，能较好地应用于红层地区后续新建高速铁路基底上拱变形危险性预测。

(4)对于运营铁路出现路基面隆起变形的地段，可根据隆起变形的程度，分别采取切割轨道板支承层、减薄置换基床表层、桩-板结构托换等进行整治。桩-板结构托换，桩端应置于隆起变形层以下，并考虑抗拔设计；隆起变形层范围，桩周应采取减小桩周负摩擦力的措施。

(5)红层泥岩开挖变形卸荷松弛圈临界深度根据路堑中心开挖高度、堑底宽深比、泥岩饱和单轴抗压强度、岩层倾角、砂泥岩沉积韵律、膨胀性等综合确定。对于新建高速铁路，针对潜在红层泥岩路基面隆起变形的地段可针对性地采取"隔断"、"消能"和"脱离"的综合防控对策。

# 参 考 文 献

[1] 陈明浩，张广泽，丁文富，等.成渝中线高铁主要工程地质问题及减灾选线[J].铁道工程学报，2021，38(12)：13-18.

[2] 北京大成国测科技有限公司.成渝铁路客运专线基础变形自动监测数据报告[R].北京：北京大成国测科技有限公司，2020.

[3] 中铁二院工程集团有限责任公司，等.成都至重庆客运专线路基上拱病害整治工程地质勘察报告[R].成都：中铁二院工程集团有限责任公司，2020.

[4] 中国科学院武汉岩土力学研究所.成渝客专内江北站路基上拱成因及其发展规律分析成果报告[R].武汉：中国科学院武汉岩土力学研究所，2018.

[5] 钟志彬，李安洪，邓荣贵，等.川中红层泥岩时效膨胀变形特性试验研究[J].岩石力学与工程学报，2019，

38（1）：76-86.

［6］钟志彬，李安洪，邓荣贵，等. 高速铁路红层软岩路基时效上拱变形机制研究［J］. 岩石力学与工程学报，2020，39（2）：327-340.

［7］陈明浩，赵晓彦，张广泽，等. 高速铁路路基上拱变形危险性评价方法研究［J］. 铁道工程学报，2021，38（10）：31-36.

［8］中铁二院工程集团有限责任公司，等. 成渝中线高铁深路堑基底上拱变形危险性评价专题报告［R］. 成都：中铁二院工程集团有限责任公司，2021.

［9］魏永幸，陈明浩，赵晓彦，等. 一种控制红层泥岩路基面隆起变形的综合方法：2022111700191［P］. 2022-11-17.

［10］中铁二院工程集团有限责任公司，等. 成都至重庆客运专线路基上拱病害整治可行性研究报告［R］. 成都：中铁二院工程集团有限责任公司，2020.

# 第7章 结论与展望

## 7.1 研究结论

### 7.1.1 红层泥岩路用性评价指标体系及分区分级

#### 1. 路用性评价指标体系

通过 X 射线衍射、扫描电子显微镜、自由膨胀率、击实、CBR、崩解等试验分析得出红层泥岩的矿物组成和物理力学指标等，采用有序的质量最优分割统计方法得到红层泥岩路用性评价指标和分级标准。首次提出了采用最大压实干密度、CBR 值、软化系数、自由膨胀率作为红层泥岩填料选取的基本指标，并确定了控制值。土的干密度是单位体积土中的干土粒重，可以用于评价红层泥岩填料的压实性。软化系数的高低反映了岩石的水理性质和岩石遇水后其强度变化的程度。CBR 是用于评定路基土的强度指标，对路基填筑材料合理性的选择具有重要的参考意义。

#### 2. 红层填料分区分级

根据西南红层泥岩的特点，结合填料的实际可操作性，采用有序的质量最优分割统计方法得到红层泥岩路用性评价指标和分级标准。可将西南地区红层泥岩填料划分为 G1、G2、G3 三个等级。

当红层泥岩路用性评价属于 G1 等级时，可直接作为路基填料；当红层泥岩路用性评价属于 G2 等级时，需适当处理后才可作为路基填料；当红层泥岩路用性评价属于 G3 等级时，需经过物理或化学改良后才可作为路基填料。

基于评价指标及分级标准，对西南地区的红层填料进行了分区分级，如表 7.1 所示。对于代表川渝地区的侏罗系自流井组粉砂质泥岩，侏罗系沙溪庙组泥岩，侏罗系遂宁组粉砂质泥岩，三叠系飞仙关组泥岩，侏罗系沙溪庙组、遂宁组并层粉砂质泥岩和泥岩，侏罗系莲花口组泥岩，侏罗系官沟组泥岩，白垩系飞天山组泥岩，白垩系小坝组泥岩，云南地区的侏罗系妥甸组泥岩、白垩系马头山组泥岩、侏罗系坝注路组泥岩、白垩系景星组泥岩、侏罗系漾江组泥岩，贵州地区的三叠系飞仙关组泥岩、侏罗系自流井组泥岩、侏罗系沙溪庙组泥岩均属于 G1 级别，可直接使用；其余红层泥岩需加强防护或改良后才可使用。西南地区红层泥岩填料的评价中总体以三叠系泥岩的路用性较好(多以 G1 级填料为主)，侏罗系、白垩系红层泥岩相对中等，路用性各有不同，而古近系—新近系红层泥岩路用性相对差一些。

表 7.1 红层填料分区分级表

| 位置 | 地层组 | 岩性 | 填料级别 |
| --- | --- | --- | --- |
| 四川盆东区 | 侏罗系自流井组 | 粉砂质泥岩 | G1 |
| | 侏罗系沙溪庙组 | 粉砂质泥岩 | G2 |
| | 侏罗系沙溪庙组 | 泥岩 | G1 |
| | 侏罗系蓬莱镇组 | 泥岩 | G2 |
| | 侏罗系遂宁组 | 泥岩 | G3 |
| 四川盆中区 | 侏罗系沙溪庙组 | 粉砂质泥岩 | G2 |
| | 侏罗系蓬莱镇组 | 泥岩 | G3 |
| | 侏罗系遂宁组 | 粉砂质泥岩 | G1 |
| | 侏罗系遂宁组 | 泥岩 | G3 |
| 四川盆北西南区 | 三叠系飞仙关组 | 泥岩 | G1 |
| | 侏罗系沙溪庙 | 粉砂质泥岩 | G1 |
| | 组、遂宁组并层 | 泥岩 | G1 |
| | 侏罗系莲花口组 | 泥岩 | G1 |
| | 白垩系灌口组 | 泥岩 | G2 |
| | 古近系—新近系名山组 | 泥岩 | G2 |
| 四川攀西区 | 侏罗系官沟组 | 泥岩 | G1 |
| | 白垩系飞天山组 | 泥岩 | G1 |
| | 白垩系小坝组 | 泥岩 | G1 |
| 云南滇中区 | 侏罗系冯家河组 | 泥岩 | G2 |
| | 侏罗系妥甸组 | 泥岩 | G1 |
| | 白垩系普昌河组 | 泥岩 | G3 |
| | 白垩系马头山组 | 泥岩 | G1 |
| | 白垩系江河底组 | 泥岩 | G3 |
| 云南滇西区 | 侏罗系坝注路组 | 泥岩 | G1 |
| | 侏罗系花开左组(北) | 泥岩 | G2 |
| | 白垩系景星组 | 泥岩 | G1 |
| | 古近系—新近系云龙组 | 泥岩 | G3 |

续表

| 位置 | 地层组 | 岩性 | 填料级别 |
|---|---|---|---|
| 云南滇西区 | 侏罗系漾江组 | 泥岩 | G1 |
| | 侏罗系花开左组(南) | 泥岩 | G2 |
| | 白垩系曼宽河组 | 泥岩 | G3 |
| 贵州黔中(余庆)区 | 白垩系扎佐组、旧州组并层 | 泥岩 | G2 |
| 贵州黔西-黔北区 | 三叠系飞仙关组 | 泥岩 | G1 |
| | 侏罗系自流井组 | 泥岩 | G1 |
| | 侏罗系沙溪庙组 | 泥岩 | G1 |
| | 侏罗系蓬莱镇组 | 泥岩 | G3 |

### 7.1.2　红层泥岩路堤关键技术研究

#### 1. 填料物理力学特性

结合遂渝线和达成线的试验段，开展了红层泥岩填料及其改良土物理力学特性和动力学特征室内试验研究(248 组)，全面系统地掌握了填料压实、强度、水稳定性和动力特性。

红层泥岩的最大干密度为 2.11～2.16g/cm$^3$，CBR 值达到 4.10%～6.98%，临界动应力为 150～175kPa。压实红层泥岩具有密度大，静、动强度高，动力累积变形小，浸水后有微弱的膨胀性并且软化显著的特点，填筑路基时应采取防排水措施。红层泥岩改良土具有强度高，变形小，遇水不易软化，水稳定性好的特点。

#### 2. 红层泥岩路基动力特性及沉降特性

以红层泥岩工程特性为基础，进行了路基层状体系理论计算，开展了数值模拟分析和现场循环加载试验研究，掌握了不同红层泥岩路基结构的动、静工作性能。红层泥岩基床结构的动应力沿路基面横向呈马鞍形分布，沿深度衰减，最大动应力、动位移及加速度分别为 43.89kPa、0.626mm 及 6.201m/s$^2$，动力累积变形量为 3.94～6.3mm。证明红层泥岩及改良土路基结构是合理的。

通过理论计算、离心模型试验、现场路基沉降观测等方法，详细研究了红层泥岩路堤的压密沉降规律。红层泥岩层本身压缩率小于 0.67‰，红层泥岩改良土层本身压缩率小于 0.65‰，变形稳定的时间为 5～7 个月。

### 3. 红层泥岩路堤降雨入渗影响分析

考虑降雨对红层路堤边坡稳定性的影响,采用 FLAC 进行流固耦合模拟分析,研究压实系数、初始饱和度、坡度、坡高、降雨强度、渗透系数等因素的影响,并通过现场降雨试验进行了验证。降雨引起的边坡浸润深度受红层泥岩压实质量、坡率等影响,一般为 0.29~0.44m,雨水较难进入路基内部。工程可采用加强坡面防护、增加路肩宽度等措施解决。

### 4. 红层泥岩路基结构形式

通过研究确立了不同等级铁路红层泥岩及其改良土路基结构形式、设计参数。

时速 200km 及以下有砟轨道,基床厚度为 2.5m,基床表层为 0.6m 级配碎石或 A 组填料,基床底层为 0.2m 中粗砂夹复合土工膜+1.7m 红层泥岩或 1.9m 红层泥岩改良土。路堤本体采用红层泥岩或其改良土。

时速 250km 及以上有砟轨道,基床厚度为 3.0m,基床表层为 0.7m 级配碎石,基床底层为 2.3m 红层泥岩改良土或 A、B 组填料。路堤本体采用红层泥岩或其改良土。

无砟轨道,基床厚度为 2.7m,基床表层为 0.4m 级配碎石,基床底层为 2.3m 红层泥岩改良土或 A、B 组填料。路堤本体采用红层泥岩或其改良土。

### 5. 红层泥岩及改良土填筑施工工艺

通过遂渝线和达成线的现场填筑试验,研究了红层泥岩及其改良土填筑施工工艺、改良工艺及质量控制参数。红层泥岩路基施工要把握好四大控制指标与两大原则,四大控制指标分别为粒径、摊铺厚度、压路机及施工含水量范围;两大原则分别为红层岩块充分崩解原则及红层泥岩路基密实密封原则。路基填筑严格按照"三阶段、四区段、八流程"的施工程序。

## 7.1.3　基于不同沉降控制要求的红层软黏土地基处理技术

### 1. 红层软黏土工程特性

红层软黏土多赋存于低洼汇水的地形地貌环境,导致其界限含水量高,液、塑限及其相应指数的变化范围大,初始孔隙比、饱和度都比较高。红层软黏土物质成分及微结构特征对土的物理力学性质影响较大。水云母鳞片集合体越多,石英等碎屑越少,土体强度越低,压缩性越高。红层软黏土强度低和变形量大,一般不能满足铁路对地基沉降与稳定的要求，需进行加固处理。

## 2. 红层软黏土地基沉降特性及处理措施选择

为实现红层软黏土地基沉降变形的精准控制，建立不同沉降控制标准与地基处理技术的匹配关系，系统研究了红层软黏土地基加固措施及其加固效果。分别通过数值模拟、离心模型试验及现场监测对粉喷桩、碎石桩、水泥粉煤灰碎石桩、桩-网和桩-板结构加固的软黏土地基沉降、坡脚位移、桩顶压力、孔隙水压力等参数随时间及路堤填高的变化规律进行了研究。

研究表明，未加固处理的红层软黏土地基工后总沉降大，不能满足沉降要求。碎石桩桩土应力比为 2~4，可用于加固软土深度 15~18m 的低速有砟轨道铁路软土路基。水泥搅拌桩等柔性桩桩土应力比为 3~5，可用于软土加固深度在 15m 之内的有砟轨道铁路软土路基。水泥粉煤灰碎石桩(CFG 桩)桩土应力比为 11.3~27.8，可用于有砟及无砟高速铁路。对于基底有明显横坡的软土路基可采用钢筋混凝土灌注桩桩-网、桩-板结构加固。

## 3. 斜坡软基"防滑-控沉"设计方法

西南地区斜坡沟谷红层软黏土地段，路基填筑易产生不均匀沉降和失稳垮塌等工程病害。本书在遂渝线和达成线开展了多处斜坡软土工程加固防护试验工作，分析了不同防护结构沉降和位移特征，建立了"防滑-控沉"设计方法。

当斜坡路堤地基为浅层软黏土或基岩时，可通过清除浅层软黏土并在基岩上挖台阶，设置路基纵向和横向路堤路堑过渡段解决纵向、横向刚度不一致和填筑高度不同造成的差异沉降。地基软黏土较厚时，可进行分区复合地基加固，并结合地形在坡脚设置约束桩或采用支挡结构收坡，以限制地基土产生较大的侧向变形。对于艰险山区大量的斜坡沟谷红层软黏土地基，其沟谷软弱地基存在地基不均匀沉降明显大于一般的斜坡土质地基，并且还存在斜坡软土地基的稳定问题，可采用钢筋混凝土桩-网、桩-筏的组合结构，用于解决稳定性问题和不均匀沉降问题。

## 7.1.4 红层边坡"防塌-抗蚀-阻滑"防治技术

### 1. 红层边坡破坏模式

边坡的破坏具有多样性和复杂性，通过野外调查和资料调研，将红层边坡的破坏形式归纳总结为顺层滑动、崩塌落石、浅层滑动、风化剥落和坡面冲蚀五大类。从调查结果来看，红层边坡的风化剥落破坏十分普遍，占所有破坏的44.2%，这是红层的特殊性质导致的，大量风化剥落物堆积在坡脚，堵塞了路边排水沟。其次容易出现的是崩塌落石破坏，对铁路的安全运营有着重要威胁。然后出现较多的分别是浅层滑动和顺层滑动破坏，一旦发生这类破坏，很容易造成较大损失。坡面冲蚀破坏出现相对较少，危害较小。

### 2. 红层边坡简易坡度评价方法

基于调查结果，对红层边坡的影响因素进行统计分析，建立了红层边坡坡度的经验公式 $[\alpha = 17.39\lg(\gamma_w E_d) - 14.58\lg H]$。考虑地下水，引入折减系数 $\gamma_w$。在岩体质量评价方法 RMR 和 SMR 的基础上，考虑红层岩体强度差异，修正 $R_7$ 权值，提出了修正岩体质量法——MSMR 法，并基于此法建立坡度设计公式（$\alpha = 31\ln \text{MSMR} - 52$），其设计结果与基于现场统计的经验公式计算结果基本一致。

### 3. 红层边坡"防塌-抗蚀-阻滑"防治技术

红层边坡极易出现破坏失稳问题，根据红层边坡岩体结构和破坏形式，从防塌、抗蚀和阻滑三方面提出了边坡防治技术，防坍塌的措施有设置锚杆、护墙、放缓边坡等，抗风化冲蚀的措施有设置截水骨架、绿化等，阻止结构面滑动的方法有顺层清方、设置挡墙、抗滑桩等。将工程防护和生态防护相结合，既可以保证边坡质量安全，提高其稳定性，又可以保持土壤，增强红层边坡的抗风化能力，同时增加交通沿线的美观效果。

## 7.1.5 红层泥岩路基面隆起变形控制

### 1. 红层泥岩路基面隆起变形特征

深宽路堑地段发生上拱变形与挖方深度、挖方宽度、岩体强度、岩层产状、地形地貌均有一定关系，现场监测数值及模拟试验表明：挖方深度与宽度决定了岩层内水平应力的大小与分布范围；岩层产状决定了岩层的受力角度与变形方向，而岩体强度决定了岩石抗变形的能力与变形特点，硬质岩石表现为脆性的破坏，软质岩石在低应力作用下则表现出缓慢变形的蠕变特点。总的来说，路堑挖方越深、岩层越近水平、岩体强度越低，上拱变形值将越大。

### 2. 红层泥岩路基面隆起变形机理

深宽路堑早期(2~3 年)变形主要为泥岩卸荷回弹变形和浅层泥岩吸水膨胀

变形，以卸荷回弹变形为主，变形特征表现出上拱变形速率较大。深宽路堑中长期变形主要为泥岩蠕变变形及长期的卸荷蠕变。变形特征表现为以上拱变形为主，变形速率逐渐趋缓。深路堑开挖后引起应力场调整，路基基底水平应力加大，泥岩产生长期低应力蠕变，同时卸荷回弹完成后存在长期的卸荷蠕变，应力蠕变和卸荷蠕变是引起路基长期上拱变形的主要原因。

**3. 红层泥岩路基面隆起变形预测方法及防控对策**

基于红层泥岩路基面隆起变形的原因分析，新建高速铁路对潜在路基面隆起变形的深路堑地段，结合减小地层地应力，降低或避开变形体膨胀隆起作用，可分别采取"隔断"、"消能"和"脱离"综合防控对策；对于运营铁路出现路基面隆起变形的地段，可根据病害原因、隆起变形的程度、运营条件，分别采取切割轨道板支承层、减薄置换基床表层、桩-板结构托换等进行整治。

# 7.2 展　　望

(1)红层在全球广泛分布，不同区域的红层泥岩，在工程特性上存在一些差异，但应用本书总结的方法开展必要的试验研究，相信一定能够顺利解决相关技术问题。

(2)红层泥岩路基面上拱变形对有砟轨道铁路影响较小，而对高速无砟轨道铁路的影响较大，且处置困难。今后，需进一步加强对红层泥岩卸荷流变与物化膨胀特性及其耦合作用的研究，将微地形、微地貌、微地质、微水文与路基上拱变形关联分析，进一步完善路基上拱变形预测方法，并针对性地采取预防措施。

# 附录　红层泥岩路基相关实景图片

附图 1　红层地貌(1)

附图 2　红层地貌(2)

附图3　红层地貌(3)

附图4　红层地区丘间槽谷

附图5　红层地区沟槽软土

附图 6　红层泥岩边坡风化剥落

附图 7　红层泥岩路堑边坡溜坍（1）（雷冲提供）

附图 8　红层泥岩路堑边坡溜坍（2）（张铸提供）

附图 9　红层边坡危岩落石(张铸提供)

附图 10　红层泥岩边坡冲蚀(雷冲提供)

附图 11　红层泥岩填料(1)(雷冲提供)

附图 12　红层泥岩填料(2)

附图 13　红层泥岩填料摊铺

附图 14　红层泥岩填料压实

附图 15　红层泥岩路堤

附图 16　红层泥岩路基

附图 17　红层泥岩路堑边坡(1)(雷冲提供)

附图 18　红层泥岩路堑边坡(2)(雷冲提供)

附图 19　红层泥岩路堑边坡桩间挡墙(雷冲提供)